Understanding of
Accounting
Information for Management

경영관리를 위한
회계정보의 이해

김명희 허동욱 김준호

博 英 社

머 리 말

회계는 외부이용자를 위한 회계정보를 제공하는 시스템과 기업경영을 위한 회계정보를 제공하는 시스템이라는 두 가지의 영역을 가진다. 전통적으로 전자를 가리켜 '재무회계'라 하며, 후자를 가리켜 '관리회계'라 칭한다. 재무회계라는 용어도 그렇지만, 관리회계라는 용어도 역시 자체만으로 그 의미가 이해하기 어렵고, 또한 오해의 소지가 많다. 따라서 본서는 「경영관리를 위한 회계정보의 이해」라는 내용 자체를 책명으로 붙임으로써 그 이름 자체만으로 오해의 소지를 없애고 이해가능성을 높이기로 하였다.

우리 사회에서 영어의 능력은 여러 가지 측면에서 중요한 역할을 차지하고 있으며, 학문에 있어서 국제언어인 영어의 원활한 이용은 필수적인 요소이다.

대학에서의 영어공부는 영어의 기본적인 내용인 문법이나 영어회화를 익히는 것으로부터 탈피하여 전공하는 학문의 습득을 영어로 된 교재를 활용함으로써 전공영어의 독해력을 자연스럽게 습득해 가는 교과과정의 운영으로 시작되어야 한다고 생각한다.

이와 같은 의미에서 저자들은 과거 10여 년 동안 영어로 된 원서를 교재로 채택하여 '관리회계'를 강의함으로써 외국에 유학하거나, 영어가 공용화되는 시대에 학생들이 겪어야 되는 시행착오를 덜어 주고자 하였다. 지방대학에서 수강생 수가 줄어드는 어려움을 감내하면서도 원서교재를 고집스럽게 지켜 왔지만, 아직까지도 대학에서조차 영어의 공용화가 이루어지지 않고 있고(곧 이루어지리라 믿고 있지만), 오히려 관련전공지식의 교수에 애로 및 제한 사항이 되어 왔다는 점을 시인하지 않을 수 없었다.

우리 나라의 학문의 수준이 세계적으로 뒤지지 않는 수월성을 유지하고 있으면서도 대학의 평가가 세계에서 상위에 랭크되지 못하는 이유 중의 하나가 영어가 공용화되지 않고 있다는 점 때문이라는 것은 저자들의 생각만은 아닐 것이다. 우리의 말과 글을 세계의 많은 나라에서 사용하도록 갈고 닦는 것도 중요하지만, 현재 국제어로 통용되는 영어의 공용화가 이루어지지 않는다면 국제화시대에 학문을 선도해 나간다는 것은 불가능하다.

적어도 대학에서 사용되는 언어로서 영어는 우리말과 더불어 주요 언어로서 공용화되어야 한다는 것이 일관된 저자들의 생각이다.

학문의 세계는 열려 있으므로 외국으로 유학가는 학생들도 대단히 많아졌고, 우리 나라에서 수학을 위하여 입국하는 학생들의 수도 많이 늘어 가고 있다. 실제로 더 높은 수준의 학문을 위하여 선진외국에 유학하는 많은 유학생들이 영어 때문에 하지 않아도 되는 많은 고생을 하는 경우가 얼마나 많은가.

이번에 출간되는 「경영관리를 위한 회계정보의 이해」는 다음과 같은 몇 가지의 측면에서 기존의 서적들과는 다른 의도와 배경 하에 만들어졌다.

첫째로 경상대학의 필수전공교과인 관리회계의 이론과 실무를 습득하는 것과 더불어 학습자들로 하여금 전공영어를 자연스럽게 숙지하게 하고, 영어를 활용하는 계기로 삼아 독해력을 지속적으로 증진하고자 하는 기본적인 의도와 배경을 담고 있다. 교과내용의 구성은 우리말로 진술하지만, 각 장이 끝난 뒤에는 내용 중에 제기되는 모든 이론과 기법들은 반드시 장별로 20-30여 개의 연습문제로 추출하고, 이를 영어로 제시하였다.

이와 같이 영어로 제시된 핵심의 실전문제들을 해결함으로써 학습자들은 교과내용의 이해와 더불어 전공영어의 활용으로 영문독해력의 증진에 효과를 발휘할 수 있을 것으로 기대한다.

이를 위하여 학습자들이 새로이 접근하는 실무전공용어들은 책의 내용 중에 반드시 우리말과 아울러 전공영어를 괄호로 삽입하여 함께 습득하도록 하였고, 책 뒷편에 장별로 제시된 영문연습문제의 우리말 용어사전을 부록으로 제시하여 학생들이 영문으로 된 연습문제해결에 어려움이 없도록 하고, 전문용어를 자연스럽게 습득할 수 있도록 하였다.

둘째로 제기되는 모든 이론과 기법은 반드시 실무예제를 통하여 접근하게 하고, 최종적으로 관련되는 여러 가지의 실무문제를 해결함으로써 기억에 정착시키는 과정으로 구성하였다.

경험과학인 경영학의 이론 및 기법들은 실무를 통한 접근이야말로 이해가 쉽고, 기억에 정착되는 것이 가능하다는 것이 저자들의 일관된 생각이다. 새롭게 제기되는 많은 경영이론과 기법들은 실무에 대한 해결과정을 거치지 않고서는 쉽게 이해되기도 어려울 뿐만 아니라, 기억에 정착되기는 더욱 어렵다. 따라서 책에 제시되는 모든 이론 및 기법의 내용은 예외 없이 실무예제를 제시하여 이를 통하여 쉽게 이해하도록 하였으며, 하나의 장(chapter)이 끝나면 이에 관련되는 내용의 핵심문제를 연습문제로 제시하여 이를 해결하도록 함으로써 기억에 정착시키는 절차로 이루어져 있다.

이 책을 통하여 관리회계를 배우는 학습자들은 반드시 장별로 제시된 영문의 연습문제를 해결하고서야 저자들이 의도하는 학습의 목표를 달성할 수 있을 것이다.

셋째로 정보화시대에 발맞추어 강의를 담당하는 교수들에게나 학습자들에게도 인터넷이라는 편리한 정보체제를 활용하여 보다 많은 양의 지식과 충분한 실무문제를 제공함으로써 CPA 등의 전문가시험을 대비하는 학생들에게 문제해결능력을 충분히 배양할 수 있도록 하였다. 따라서 수업현장에서는 on-line 수업과 off-line 수업을 병행하여 강의하고 학습할 수 있도록 책의 내용을 구성하였고, 관련되는 충분한 자료를 제공하고자 하였다.

이 책으로 관리회계를 지도하시는 교수들을 위하여 별책으로 구성되는 "instructers'manuel"과 "power point로 제작된 강의용 slide"를 담은 CD를 제공할 것이다.

이 책에서 이용된 많은 실무과제들은 지난 10여 년 동안 교재로 활용되어 왔던 Ronald W. Hilton의 「*Managerial Accounting*」과 Belverd E. Needles & Susan V. Crosson의 「*Managerial Accounting*」의 두 책에서 제시된 내용들을 많이 참고하였다. 그대로 제시된 문제들도 있고, 우리의 정서에 맞추어 수정하여 제시하기도 하였음을 밝힌다.

끝으로 어려운 출판시장 하에서도 이 책의 출간을 기꺼이 수락해 준 박영사 안종만 회장님과 우수한 품질의 수준으로 나올 수 있도록 꼼꼼한 수고를 아끼지 않으신 편집부 여러분들의 노고에 대하여 진심으로 감사드린다.

2007년 7월

공저자 일동

주요 목차

제 1 편　관리회계의 기초와 구성

제 1 장　관리회계의 구조와 기본개념

제 1 절　기업의 경영활동과 관리회계의 역할 ………… 4

제 2 절　기업경영에서 관리회계의 역할 ………… 7

제 3 절　관리회계환경의 변화와 새로운 과제 ………… 14

제 2 장　경영관리를 위한 원가계산

제 1 절　경영관리에서 원가정보의 중요성과 원가의 기본개념 ………… 33

제 2 절　원가계산의 목적과 개별 원가계산의 절차 ………… 45

제 3 절　종합원가계산의 방법과 절차 ………… 51

제 3 장　경영의사결정을 위한 변동원가계산

제 1 절　변동원가계산의 생성배경과 특징 ………… 74

제 2 절　변동원가계산과 전부원가계산의 차이 ………… 80

제 3 절　손익차이의 유형과 그 조정 ………… 86

제 4 절　변동원가계산의 관리적 유용성과 그 한계 ………… 96

제 4 장　개선된 원가관리시스템 : 활동기준관리

제 1 절　새로운 원가회계제도의 필요성 ………… 109

제 2 절　활동기준원가계산 시스템의 출현과 그 구성요소 ………… 112

제 3 절　활동기준원가계산의 과정과 절차 ………… 127

제 4 절　활동기준원가계산의 관리적 유용성과 한계 ………… 138

제 2 편 원가 및 이익의 통제

제 5 장 원가행태분석

제 1 절 원가추정의 의의 ··· 156
제 2 절 원가추정의 방법 ··· 159
제 3 절 학습곡선 ··· 169

제 6 장 원가, 조업도, 이익분석

제 1 절 CVP 분석의 의의와 가정 ··· 183
제 2 절 CVP 분석의 기본개념 ··· 186
제 3 절 CVP 분석의 응용 ··· 200

제 7 장 예산통제시스템

제 1 절 예산의 개념 ··· 223
제 2 절 종합예산 ··· 227

제 8 장 재고자산에 대한 관리

제 1 절 재고관리 ··· 258
제 2 절 재고관리모형 ··· 261
제 3 절 기타의 재고관리모형 ··· 267

제 3 편 경영성과의 평가와 관리

제 9 장 표준원가에 의한 성과관리

제 1 절 표준원가계산의 본질 ··· 284
제 2 절 표준원가차이분석 ··· 287
제 3 절 배합차이와 수율차이 ··· 303

제10장 책임회계시스템과 균형성과표

제 1 절 조직구조의 본질 …… 319
제 2 절 책임회계의 본질 …… 322
제 3 절 균형성과표의 본질 …… 329

제11장 부문성과의 측정과 관리

제 1 절 사업부문의 의의와 그 유형 …… 353
제 2 절 부문별 이익관리 …… 355
제 3 절 부문별 성과평가 …… 362

제 4 편 경영의사결정과 새로운 관리회계시스템

제12장 관련원가분석과 경영의사결정

제 1 절 경영의사결정의 본질과 과정 …… 394
제 2 절 경영의사결정의 접근방법 …… 405
제 3 절 경영의사결정의 유형 …… 410

제13장 가격결정모형과 목표원가관리

제 1 절 가격결정의 목적과 영향요인 …… 430
제 2 절 가격결정모형 …… 433
제 3 절 기타의 가격결정과 목표원가관리 …… 442
제 4 절 분권화와 대체가격결정 …… 446

제14장 장기적 의사결정 — 자본예산

제 1 절 자본예산의 기초개념 …… 467
제 2 절 자본예산의 모형 …… 477
제 3 절 자본예산에 관련된 제 문제 …… 484

제15장 21세기의 새로운 원가관리시스템

제 1 절 경영환경의 변화와 새로운 관리회계시스템의 출현 501
제 2 절 적시운영관리시스템(Just-In-Time : JIT) 504
제 3 절 새로운 원가관리시스템 512

〈부록 1〉 현금의 미래 및 현재 가치표 543

〈부록 2〉 연습문제 용어정리 545

목　　차

제 1 편　관리회계의 기초와 구성

제 1 장　관리회계의 구조와 기본개념

제 1 절　기업의 경영활동과 관리회계의 역할 ········ 4
1. 기업경영의 목표 ········ 4
2. 경영활동의 순환과정 ········ 4

제 2 절　기업경영에서 관리회계의 역할 ········ 7
1. 회계의 체계와 관리회계 ········ 7
2. 관리회계와 재무회계 ········ 8
3. 관리회계의 목적과 그 내용의 범위 ········ 10

제 3 절　관리회계환경의 변화와 새로운 과제 ········ 14
1. 기업의 경영환경변화 ········ 14
2. 변화하는 제조환경에서 관리회계의 새로운 과제 ········ 15

보　론 : 기업의 유형과 재고자산에 관한 회계 / 20

제 1 장　Key Words / 22

연습문제 / 26

제 2 장　경영관리를 위한 원가계산

제 1 절　경영관리에서 원가정보의 중요성과 원가의 기본개념 ········ 33
1. 경영과정에서 원가정보의 역할 ········ 33
2. 원가의 정의와 그 구성 ········ 34
3. 원가정보의 이용목적과 분류 ········ 37
4. 제조활동의 절차와 원가의 흐름 ········ 43

제 2 절 원가계산의 목적과 개별 원가계산의 절차 ········· 45

1. 원가정보의 유용성과 원가계산의 목적 ········· 45
2. 원가계산의 유형과 방법 간의 차이점 ········· 46
3. 개별 원가계산의 방법과 절차 ········· 48
4. 개별 원가계산에서 원가의 흐름과 매출원가의 계산 ········· 50

제 3 절 종합원가계산의 방법과 절차 ········· 51

1. 종합원가계산의 의의와 특징 ········· 51
2. 종합원가계산의 단계와 제품단위 원가산출의 절차 ········· 53
3. 기말재공품평가의 단계와 방법 ········· 56

(1) 기말재공품평가의 단계 56
(2) 기말재공품의 평가방법 57

제 2 장 Key Words / 60

연습문제 / 63

제 3 장 경영의사결정을 위한 변동원가계산

제 1 절 변동원가계산의 생성배경과 특징 ········· 74

1. 변동원가계산의 생성배경 ········· 74
2. 변동원가계산의 의의와 특징 ········· 76

제 2 절 변동원가계산과 전부원가계산의 차이 ········· 80

1. 원가회계접근법의 차이 ········· 81
2. 제조원가구성상의 차이 ········· 82
3. 기간비용인식시점상의 차이 ········· 83
4. 손익계산서양식의 차이 ········· 83
5. 기간손익의 차이 ········· 85

제 3 절 손익차이의 유형과 그 조정 ········· 86

1. 순손익차이의 유형 ········· 86

(1) 생산량이 판매량을 초과하는 경우 87
(2) 판매량이 생산량을 초과하는 경우 87

(3) 생산량과 판매량이 동일한 경우 88
2. 기간손익차이의 조정 93
제 4 절 변동원가계산의 관리적 유용성과 그 한계 96
1. 변동원가계산의 관리적 유용성 96
(1) 이익계획 및 예산편성상의 유용성 96
(2) 가격정책상의 유용성 97
(3) 원가관리상의 유용성 98
2. 변동원가계산의 한계 98
(1) 투입한 전부원가회수상의 한계 99
(2) 원가분류상의 한계 99
(3) 적정제품믹스 유지상의 한계 99
제 3 장 Key Words / 101
연습문제 / 102

제 4 장 개선된 원가관리시스템 : 활동기준관리

제 1 절 새로운 원가회계제도의 필요성 109
1. 제조환경의 변화 109
2. 제품원가의 왜곡 110
3. 원가의 개념 및 범위의 확대 111
제 2 절 활동기준원가계산 시스템의 출현과 그 구성요소 112
1. 활동기준원가계산의 의의와 출현배경 112
2. 전통적 원가계산과의 비교 114
(1) 기본가정의 차이 115
(2) 제조간접비배부 기준의 차이 116
(3) 기타의 차이점 118
3. 활동기준원가계산의 구성요소와 활동의 유형 120
(1) 활동기준원가계산의 구성요소 120
(2) 활동기준원가계산에서 활동의 유형 122

제 3 절 활동기준원가계산의 과정과 절차 127
1. 활동기준원가계산의 구조모형 127
2. 활동기준원가계산의 절차 128
(1) 활동분석 128
(2) 활동별 원가집계 129
(3) 원가동인결정 129
(4) 원가동인단위당 원가산출 130
(5) 제품별 원가계산 130
3. 활동기준원가계산(ABC)과 활동기준관리(ABM) 135
제 4 절 활동기준원가계산의 관리적 유용성과 한계 138
1. 활동기준원가계산의 관리적 유용성 138
(1) 원가관리 138
(2) 스탭의 행동과 업무활동에 대한 영향력증대 138
(3) 효율적 예산관리 138
(4) 리엔지니어링의 기초 139
(5) 고객수익성분석 효과 139
(6) 업적평가기준의 통합 140
2. 활동기준원가계산의 한계 141
3. 활동기준원가계산의 도입시기 142
제 4 장 Key Words / 144
연습문제 / 146

제 2 편 원가 및 이익의 통제

제 5 장 원가행태분석
제 1 절 원가추정의 의의 156
1. 원가추정의 개념 156
2. 원가추정의 단계 158

제 2 절 원가추정의 방법 159
1. 계정분류법 159
2. 고저점법 161
3. 산포도법 165
4. 회귀분석법 166
제 3 절 학습곡선 169
1. 학습곡선의 의의 169
2. 학습곡선의 적용 170
제 5 장 Key Words / 174
연습문제 / 176

제 6 장 원가, 조업도, 이익분석
제 1 절 CVP 분석의 의의와 가정 183
1. CVP 분석의 의의 183
2. CVP 분석의 기본가정 185
제 2 절 CVP 분석의 기본개념 186
1. 공헌이익 186
2. 공헌이익률 188
3. 원가구조 189
4. 영업레버리지 191
5. 손익분기점 193
6. 목표이익 197
제 3 절 CVP 분석의 응용 200
1. 민감도분석 200
2. 안전한계 204
3. 매출배합 206
제 6 장 Key Words / 208
연습문제 / 210

제 7 장 예산통제시스템

제 1 절 예산의 개념 223
1. 예산의 의의 223
2. 예산편성과 경영사이클 224
3. 예산의 분류 226

제 2 절 종합예산 227
1. 종합예산의 의의 227
2. 종합예산의 편성절차 229
(1) 판매예산 230
(2) 생산예산 232
(3) 직접재료비예산 233
(4) 직접노무비예산 235
(5) 제조간접비예산 236
(6) 제조원가예산 237
(7) 판매관리비예산 238
(8) 자본비용예산 239
(9) 현금예산 240
(10) 예산손익계산서 242
(11) 예산대차대조표 243

제 7 장 Key Words / 245

연습문제 / 248

제 8 장 재고자산에 대한 관리

제 1 절 재고관리 258
1. 재고관리란? 258
2. 재고비용 259

제 2 절 재고관리모형 261
1. 경제적 주문량 261
2. 주문시기 264

3. *EOQ* 모델과 JIT 266
제 3 절 기타의 재고관리모형 267
1. ABC 관리법 267
2. 자재소요계획(MRP) 270
제 8 장 Key Words / 273
연습문제 / 275

제 3 편 경영성과의 평가와 관리

제 9 장 표준원가에 의한 성과관리

제 1 절 표준원가계산의 본질 284
1. 표준원가계산의 개념 284
2. 표준원가계산의 목적 285
(1) 원가관리 285
(2) 계획 및 통제와 예산편성 285
(3) 기장절차의 신속화 및 간소화 285
3. 표준원가계산의 분류 286
(1) 기준표준원가 286
(2) 당좌표준원가 286
제 2 절 표준원가차이분석 287
1. 직접재료비차이 289
(1) 직접재료비 가격차이 289
(2) 직접재료비 수량(능률) 차이 291
2. 직접노무비차이 293
3. 제조간접비차이 295
(1) 변동제조간접비차이 295
(2) 고정제조간접비차이 297
(3) 제조간접비차이의 분석방법 299

제 3 절 배합차이와 수율차이 303

제 9 장 Key Words / 306

연습문제 / 309

제10장 책임회계시스템과 균형성과표

제 1 절 조직구조의 본질 319

1. 조직구조의 개념 319
2. 집권화와 분권화 320

(1) 의 의 320

(2) 분권조직의 의의와 장·단점 320

(3) 분권화조직의 효율성과 선택기준 321

제 2 절 책임회계의 본질 322

1. 책임회계의 의의 322
2. 책임중심점의 유형 325

(1) 원가중심점 325

(2) 수익중심점 326

(3) 이익중심점 327

(4) 투자중심점 327

3. 성과보고서 328

제 3 절 균형성과표의 본질 329

1. 균형성과표의 의의 329
2. 비전 및 전략 332

(1) 비 전 332

(2) 전 략 332

(3) 비전 및 전략과 BSC 333

3. BSC의 네 가지 관점 334

(1) 고객관점 335

(2) 내부프로세스관점 336

(3) 학습 및 성장 관점 336

(4) 재무적 관점 338

4. BSC 시스템구축 성공요소 339

(1) 사용자측면 339

(2) 데이터측면 340

(3) 시스템측면 341

(4) 시스템운영측면 341

제10장 Key Words / 343

연습문제 / 345

제11장 부문성과의 측정과 관리

제 1 절 사업부문의 의의와 그 유형 353

1. 사업부문의 의의 353

2. 사업부문의 유형 354

제 2 절 부문별 이익관리 355

1. 적절한 부문간 원가배부의 제약요소 355

(1) 직접적인 원가추적의 실패 355

(2) 부적절한 배부기준 355

(3) 공통원가의 자의적인 부문간 배부 356

2. 부문원가의 측정 357

(1) 부문공헌이익 357

(2) 부문경영자 공헌이익 357

(3) 법인세차감전순이익 358

3. 부문보고서 358

(1) 부문별 손익계산서 359

(2) 제품별 손익계산서 360

제 3 절 부문별 성과평가 362

1. 원가부문의 성과평가 362

(1) 제조부문의 성과평가 362

(2) 복수생산요소의 원가차이분석 365

2. 판매부문의 성과평가 ······ 370
(1) 판매가격차이와 매출조업도차이 370
(2) 매출배합차이와 매출수량차이 373
3. 투자부문의 성과평가 ······ 374
(1) 투자수익률 374
(2) 잔여이익 376
(3) 경제적 부가가치(EVA) 378
제11장 Key Words / 380
연습문제 / 382

제 4 편 경영의사결정과 새로운 관리회계시스템

제12장 관련원가분석과 경영의사결정

제 1 절 경영의사결정의 본질과 과정 ······ 394
1. 경제적 의사결정과 경영의사결정 ······ 394
2. 경영의사결정의 의의와 유형 ······ 396
3. 경영의사결정의 과정 ······ 397
(1) 문제의 정의 398
(2) 대체안의 개발 400
(3) 의사결정모형의 수립 401
(4) 자료의 수집 402
(5) 대체안의 선택 403
(6) 대체안의 실행 및 평가 404
제 2 절 경영의사결정의 접근방법 ······ 405
1. 관련원가분석법 ······ 405
2. 총액접근법과 증분분석법 ······ 408
(1) 총액접근법 408
(2) 증분접근법 409

제 3 절 경영의사결정의 유형 ········ 410
1. 특별주문에 관한 의사결정 ········ 410
2. 아웃소싱 의사결정 ········ 412
3. 부문의 수익력에 대한 의사결정 ········ 413
4. 제품믹스에 대한 의사결정 ········ 415
5. 판매 혹은 추가가공의 의사결정 ········ 416
제12장 Key Words / 418
연습문제 / 420

제13장 가격결정모형과 목표원가관리

제 1 절 가격결정의 목적과 영향요인 ········ 430
1. 가격결정의 의의와 목적 ········ 430
2. 가격결정에 영향을 미치는 요소 ········ 431
제 2 절 가격결정모형 ········ 433
1. 경제학적 가격결정모형 ········ 433
2. 원가기준 가격결정모형 ········ 437
제 3 절 기타의 가격결정과 목표원가관리 ········ 442
1. 경쟁입찰가격결정 ········ 442
2. 신제품의 가격결정 ········ 443
3. 가격결정과 목표원가관리 ········ 444
제 4 절 분권화와 대체가격결정 ········ 446
1. 조직의 분권화와 대체가격 ········ 446
2. 대체가격의 결정방법 ········ 448
3. 대체가격설정시 고려사항과 일반지침 ········ 451
(1) 대체가격결정시의 고려사항 451
(2) 대체가격결정의 일반적 지침 453
(3) 대체가격의 범위 454
제13장 Key Words / 456

연습문제 / 459

제14장 장기적 의사결정 — 자본예산

제 1 절 자본예산의 기초개념 ······ 467

1. 자본예산의 의의와 특징 ······ 467
   (1) 자본예산의 의의 467
   (2) 자본예산의 특징 469
2. 자본예산의 단계 ······ 470
3. 현금흐름의 시간가치 ······ 471
   (1) 최초투자시점의 현금흐름 471
   (2) 투자기간중의 현금흐름 472
   (3) 투자종료시점의 현금흐름 475

제 2 절 자본예산의 모형 ······ 477

1. 할인현금모형 ······ 477
   (1) 순현가법 477
   (2) 내부이익률법 479
2. 비할인현금모형 ······ 480
   (1) 회수기간법 480
   (2) 회계적 이익률법 481
3. 순현가법과 내부이익률법의 비교 ······ 483

제 3 절 자본예산에 관련된 제 문제 ······ 484

1. 투자안의 투자규모가 다른 경우 ······ 484
2. 투자안의 현금흐름양상이 다른 경우 ······ 485
3. 투자안의 내용연수가 다른 경우 ······ 485
   (1) 최저필수수익률로 투자를 가정하는 경우 485
   (2) 반복투자를 가정하는 경우 486
4. 수익성지수법 ······ 486
5. 상호 배타적인 투자안 ······ 487
   (1) 투자자금이 제한이 없는 경우 488

(2) 투자자금이 제한이 있는 경우 488
6. 이용가능한 자금에 제한이 있는 경우의 자본배분문제 ………… 489
제14장 Key Words / 490
연습문제 / 492

제15장 21세기의 새로운 원가관리시스템

제 1 절 경영환경의 변화와 새로운 관리회계시스템의 출현 ………… 501
1. 경영환경의 변화 ………… 501
2. 관리회계기능의 변화 ………… 502
3. 새로운 관리회계시스템의 기본틀 ………… 503
제 2 절 적시운영관리시스템(Just-In-Time : JIT) ………… 504
1. JIT의 본질과 성공요인 ………… 504
(1) 신뢰성 있는 소수의 공급자와 장기계약 505
(2) 공장설비배치의 개선 506
(3) 소량의 제품생산과 작업준비시간의 단축 506
(4) 전사적 품질관리(TQC) 507
(5) 노동력의 다기능공화 507
(6) 작은 롯트단위로 생산의 평준화 508
2. JIT의 효익과 ABM과의 관련성 ………… 508
3. JIT 환경 하에서의 원가계산(역류원가계산) ………… 510
제 3 절 새로운 원가관리시스템 ………… 512
1. 가치사슬과 전략적 원가관리의 영역 ………… 512
2. 제품수명주기 원가관리시스템 ………… 514
(1) 제품수명주기관리의 관점과 기본개념 514
(2) 제품수명주기 원가계산의 사례와 목표원가계산 519
(3) 제품수명주기 원가정보의 활용 523
3. 품질원가관리시스템 ………… 525
(1) 품질원가의 의의와 분류체제 525
(2) 품질원가의 관리적 이용 529

(3) 품질원가의 유용성과 한계 531

제15장 Key Words / 534

연습문제 / 536

〈부록 1〉 현금의 미래 및 현재 가치표 543

〈부록 2〉 연습문제 용어정리 545

색 인

국문색인 597

영문색인 601

제 1 편
관리회계의 기초와 구성

제 1 장 관리회계의 구조와 기본개념
제 2 장 경영관리를 위한 원가계산
제 3 장 경영의사결정을 위한 변동원가계산
제 4 장 개선된 원가관리시스템 : 활동기준관리

제 1 장

관리회계의 구조와 기본개념

■ **학습목표**

본 장에서는 경영관리를 위한 회계정보를 제공하는 시스템인 관리회계의 전반적 구조와 성격을 소개하고 있다.

본 장을 공부하고 난 후 다음과 같은 내용의 능력을 갖추어야 한다.

① 기업경영의 목표와 경영의 기본과정에 대하여 열거하고 설명할 수 있다.
② 관리회계활동의 네 가지 목적과 관리회계의 내용범위를 열거하고 설명할 수 있다.
③ 회계의 체계와 관리회계와 재무회계의 차이를 이해하고 설명할 수 있다.
④ 경영환경의 변화에 따라 관리회계의 새로운 과제를 열거하고 설명할 수 있다.
⑤ 기업의 유형에 따라 매출원가를 계산하고, 각 계정을 정리할 수 있다.

제 1 절 기업의 경영활동과 관리회계의 역할

1. 기업경영의 목표

최근에 들어 모든 기업들은 변화하는 산업환경에 적응하고, 경쟁력을 가지고 살아남기 위해서 그 조직의 특성에 따라 여러 가지의 목표를 가지고 설정되는 목표를 달성하기 위한 여러 가지의 다양한 경영전략을 수행하게 되는 이른바 목표에 의한 관리(managemant by objectives)를 수행하는 것이 일반적인 상황이 되었다.

가장 일반적으로 언급되는 기업조직의 목표는 다음과 같은 것들이다.

① 수익성(profitability)의 달성
② 우수한 품질(product quality) 수준의 유지
③ 지속적인 성장(growth)
④ 다양한 시장의 확보(market diversification)
⑤ 재무안정성(financial stability)
⑥ 사회적 책임(social responsibility)의 수행
⑦ 원가의 최소화(cost minimization)
⑧ 지역사회서비스(community service)
⑨ 제품선도력(product leadership)의 유지

따라서 경영자들은 시장지향적인 우수한 제품과 서비스(market oriented products and service)를 고객에게 즉각적으로 제공하여야 하며, 투자이익률(return on investment)을 우수하게 달성하여 주당 이익(earning per share)을 성장시키고, 높은 기업윤리기준(ethical standards)을 유지하여야 할 뿐만 아니라, 종업원이나 지사의 인식(recognize employees and agents)을 제고하는 일을 게을리할 수 없게 되었다.

2. 경영활동의 순환과정

기업경영이란 그 기본목표인 이윤을 창출하고, 기타의 다양한 목표를 달

성하기 위하여 계획을 수립하고, 인적 및 물적자원을 취득하고, 경영활동을 조직화하여 지시하며, 활동의 결과를 평가하여 통제하고 조정하는 일련의 활동을 말한다.

이와 같이 기업이 그 목적을 달성하기 위하여 수행하는 일련의 활동을 가리켜 경영활동의 과정(process of business activity)이라고 하는데, 이와 같은 기업의 경영활동의 과정은 보통 아래와 같은 네 가지의 과정을 순환한다.

① 의사결정(decision making)
② 계획의 수립(planning)
③ 조직화 및 지시(organizing and directing)
④ 통제 및 조정(control and coordination)

1) 의사결정(decision making)

경영자가 경영계획을 수립하기 위하여 다음과 같은 문제들에 대한 해답을 제시할 수 있어야 한다.

정해진 목표를 달성하기 위해서는 어떤 방법들이 있을까?
어느 것이 그 목표를 가장 효율적이고 효과적으로 달성할 수 있는가?
이 목표를 달성하기 위한 최선의 방법과 절차는 무엇인가?

결론적으로 의사결정이란 경영자가 여러 가지의 가능한 대체안(alternatives) 중에서 합리적인 안을 선택하는 기능이라 할 수 있다.

2) 계획의 수립(planning)

기업이 달성하고자 하는 목표를 구체화시키는 작업이다.

계획의 수립은 예상되는 결과를 얻기 위하여 재무적 및 운영에 대하여 상세하게 기술(a detailed financial and operational description)하는 기능이라 말할 수 있다.

수립된 계획은 대부분이 재무적인 수치인 화폐액으로 계량화됨으로써 계획의 기능은 완성되는데, 이와 같이 경영계획이 화폐액으로 책정하여 정리된 것을 가리켜 예산(budgets)이라 하며, 결국 경영계획은 예산편성이라는 과정을 통하여 구체적 금액으로 완성된다.

3) 조직화 및 지시(organizing and directing)

경영자가 설정된 계획을 가장 효과적으로 수행할 수 있도록(to carry out established plans effectively) 조직의 인적 및 물적자원(human and other resources)을 조직의 목적에 맞도록 배치하는 것을 가리켜 조직화(organizing)한다 하며, 경영자는 기업의 경영목표를 달성할 수 있도록 합리적으로 조직화가 잘 이루어짐으로써 목표관리(management by objectives)가 가능해지게 된다. 목표관리를 위한 조직화가 이루어지고 나면, 세부조직의 성격에 따라 권한과 책임(authority & responsibility)을 할당하여 모든 조직원들이 충분히 동기부여될 수 있는 체제를 갖춘다.

모든 인적 및 물적자원에 대한 배치가 끝나면 조직이 각각의 기능을 발휘하도록 지시(directing)하게 된다. 모든 종업원들은 업무가 할당되며(assigned), 부문간 및 종업원들 간의 문제들을 명료화하며(clarify), 고객과 관련되어 크고 작은 많은 절차상의 결정들이 이루어지기도 한다. 지시란 결국 일상적인 업무처리에 있어 경영자들의 활동부문이 된다.

4) 통제 및 조정(control and coordination)

경영자가 의도하는 방법(intended manner)으로 조직을 운영하여 그 목표의 달성(achieve its goals)을 확보하고자 하는 수단이다.

여기서 의도하는 방법이란 실제로 달성되는 결과를 계획된 결과로 맞추어 가는 방법을 말하게 되는데, 이 때 실제의 결과와 계획된 결과를 비교(comparing actual results with planned results)하는 것을 평가(evaluation)라 하며, 맞추어 가는 절차를 조정(coordination)이라 한다.

경영자는 적합한 관리회계시스템을 설계하고 구축하여 적절한 통제와 조정을 한다. 그리고 관리회계보고서에 의한 평가의 결과는 차기의 계획의 수립에 feed-back된다.

이와 같은 일련의 경영과정을 가리켜 경영순환(management cycle) 과정이라 하고, 이런 순환과정의 반목으로 기업은 경영목표를 달성하게 된다.

이런 관점에서 Needles and Crosson은 경영의 과정을 경영순환(management cycle)으로 표기하면서 "기업경영은 계획(planning), 실행(executing), 검토(reviewing) 및 보고(reporting)라는 네 가지의 단계를 가진다"라고 설명하고 있고, 또 다른 표현을 제시하기도 하지만 용어사용의 차이에 불과할 뿐 대부분이 같은 내용의 과정을 제시하고 있다.

제 2 절 기업경영에서 관리회계의 역할

1. 회계의 체계와 관리회계

회계(accounting)란 쉽게 '계산'이라는 말을 뜻한다. 따라서 "회계를 한다"라는 말은 "계산을 한다"라는 말과 일반적으로 같은 의미를 가진다 할 수 있다. 그러나 '회계'는 일반적 의미의 '계산'과는 다르게 일정한 대상에 대하여 특정한 목적에 맞도록 기준과 절차에 따라 진행되어야 하므로 계산 및 측정(measuring)이라는 기술적인 측면뿐만 아니라 계산의 논리인 가치체계가 있어야 하며, 계산의 결과인 회계정보를 불특정다수의 이용자들에게 전달하는 보고(reporting) 체계까지의 일련의 과정(process)으로 이해되어야 하므로 일반적인 '계산'과는 크게 다르다고 할 수 있다.

일반적으로 회계는 '정보이용자가 합리적인 판단이나 의사결정을 할 수 있도록 기업실체에 관한 유용한 경제적 정보(economic information)를 식별(identify)하고, 측정(measuring)하고, 분류(classify)하여 전달하는 일련의 과정(a series of process)으로 정의된다.

여기서 회계가 대상으로 하고 있는 유용한 경제적 정보를 가리켜 회계정보(accounting information)라 하며, 회계정보를 산출하여 전달하는 주체는 기업(business enterprise)이 되고, 제공하는 회계정보를 이용하여 의사결정에 이용하고자 하는 수혜자를 가리켜 회계정보이용자(the users of accounting information)라 하는데, 회계정보의 이용자는 기업의 내부관련자인 경영자 및 종업원들도 있지만 주주, 채권자 및 정부규제기관 등의 외부이용자들로 구성된다.

회계정보이용자
- 내부회계정보이용자 : 경영자
- 외부회계정보이용자 : 주주, 채권자 및 정부

이와 같이 회계정보이용자에 따라 회계는 기업내부의 이용자를 위한 관리회계(managerial accounting)와 기업외부의 이용자를 위한 재무회계(financial accounting)라는 두 가지의 영역으로 구분된다.

2. 관리회계와 재무회계

재무회계(financial accounting)는 기업의 외부이해관계자(external interested parties)인 주주, 채권자 및 정부규제기관의 경제적 의사결정에 유용한 정보를 제공하는 것을 목적으로 기업의 재무상태, 경영성과 및 재무상태의 변동에 관한 정보를 제공하는 회계의 한 영역이다.

반면에 관리회계(managerial accounting)는 기업의 내부이해관계자(internal interested parties)인 경영자들에게 관리적 의사결정에 유용한 정보를 제공하는 것을 목적으로 하는 또 하나의 영역이다.

관리회계는 경영자가 기업의 경영목적에 따라 계획(plan)하고, 평가(evaluate)하고, 통제(control)하기 위해서 사용하는 정보(informations)를 인식(identifying)하고, 측정(measuring)하고, 축적(accumulating)하고, 분석(analyzing)하고, 해석(interpreting)하여 전달(communicating)하는 과정으로 정의된다.

간략히 말하여 관리회계에서는 경영자에게 관련정보(relevant information)를 제공함으로써 의사결정과정(decision-making process)을 도와 주는 회계시스템이다.

다음의 [표 1-1]에서 보는 바와 같이 관리회계는 다음과 같은 여섯 가지 측면에서 재무회계와는 서로 다르다.

첫째는 회계정보의 주요 이용자(primary users)가 누구인가? 즉 제공되는 회계정보에 대한 수혜자가 누구인지에 따라서 구분되며, 둘째로 회계행위의 목적이 무엇인가에 따라 달라지며, 셋째로 회계행위를 수행하기 위해서 적용하는 원칙과 기준에 따라서 다르고, 넷째는 제공하는 정보의 성격(nature of information)에 따라서 구분된다. 그리고 다섯째로 측정단위(units of measure)로 무엇을 사용하는가에 따라서도 다르며, 여섯째로 보고의 수단, 즉 회계행위의 결과 작성되는 보고서의 유형에 따라서 양 회계는 분명히 구분된다.

재무회계와 관리회계의 주요 차이점을 비교하여 보면 [표 1-1]과 같다.

[표 1-1]에서 보는 바와 같이 재무회계보고서(financial accounting reports)에서

[표 1-1] 재무회계와 관리회계의 비교

	재무회계	관리회계
회계정보이용자	기업의 외부이해관계자인 주주나 채권자	기업의 내부이해관계자인 경영자
목 적	투자의사결정에 유용한 정보 제공	경영의사결정에 유용한 정보 제공
회계원칙	일반적으로 인정되는 회계원칙(GAAP)	합리적 경영에 필요한 보다 광범위한 원칙
정보의 성격	과거지향적 정보	미래지향적 정보
측정단위	화폐단위에 의한 측정	화폐를 위시한 모든 계량적 수단에 의한 측정
보고수단	일반목적보고서(재무제표)	경영의사결정에 필요한 특수목적보고서

제공되는 회계정보의 주 이용자는 소유자(owners), 채권자(lenders), 고객(customers) 및 정부기관(government agencies)들에게 조직의 과거성과(past performance)에 대한 정보를 제공하는 것이며, 그 목적이 그들의 투자의사결정에 유용하도록 정보를 제공하는 것이다. 그리고 회계행위에서 적용하는 원칙과 기준은 일반적으로 인정되어지는 회계원칙(generally accepted accounting principles)으로 한정되는 엄격한 지침(strict guidelines)에 따르며, 제공되는 정보의 성격은 역사적인 거래의 화폐가치(historical dollar)로 나타내는 현재의 객관적인 정보(present objective information)만을 취급하여 보고의 수단에 있어서도 회계원칙에서 정하는 일반목적의 재무제표만을 작성, 보고한다.

이에 반하여 관리회계에서 제공하는 정보의 주 이용자는 경영자(managers)이고, 목적은 경영자의 경영의사결정(managerial decision making)을 위한 것이며, 적용하는 준거기준은 합리적 경영에 필요한 보다 광범위한 다양한 수학통계적 원칙을 적용하며, 정보의 성격은 과거에 발생된 정보보다는 미래에 대한 예측정보를 주로 사용한다. 그리고 측정단위는 화폐가치 이외에 시간 및 수량(time & units) 등의 물리적 측정치(physical measures)를 포함하며, 회계행위의 결과 제시되는 보고서(reports)의 양식에 있어서도 재무회계와는 다르게 보다 융통적인 다양한 양식(flexible format)을 가지는 특수목적의 회계보고서를 작성, 보고한다.

살펴본 바와 같이 재무회계와 관리회계는 회계의 양대영역으로서 그 개념적인 차이가 분명히 구분되지만, 별개의 회계시스템으로 파악하는 것은 곤란하다. 왜냐하면 같은 회계정보라 할지라도 누가 어떤 목적으로 사용하느냐에 따라 그 성격을 달리할 것이기 때문이다. 다시 말하여 회계정보의 이용자와 그 기능에 따라 관리회계의 영역이 될 수도 있고, 재무회계의 영역이 될 수도 있다는 말이다.

예를 들면 특정의 재무보고서가 외부이용자들의 투자 및 규제를 위한 의사결정을 목적으로 이용된다면 재무회계의 차원에서 파악하여야 하며, 그것이 경영자의 합리적 경영을 위한 의사결정을 목적으로 이용된다면 관리회계의 차원에서 파악되어야 하기 때문이다.

3. 관리회계의 목적과 그 내용의 범위

관리회계는 앞에서 다룬 기업경영의 목적을 달성하기 위한 기업활동의 전 과정 혹은 각각의 활동 즉 의사결정(decision making), 계획의 수립(planning), 조직화 및 지시(organizing and directing) 및 통제 및 조정(control & coordination)의 활동과정에서 경영자들을 지원하는 시스템이다.

그러므로 관리회계활동의 주요 목적(objectives of managerial accounting)은 일반적으로 다음의 네 가지로 요약된다.

① 경영자들의 합리적 의사결정과 경영계획의 수립에 필요한 정보의 제공
② 경영자들이 기업경영활동을 지시하고 통제할 수 있도록 지원
③ 경영자 및 종업원들에게 조직의 목표달성을 위한 동기부여
④ 조직 내의 하부기관, 경영자 및 종업원들에 대한 성과의 평가

1) 경영자들의 의사결정과 경영계획수립을 위한 정보의 제공

대체로 기업의 모든 주요 의사결정(all major decisions)은 주로 관리회계정보에 의존한다. 경영의사결정은 경영목표달성을 위한 여러 가지의 가능한 대체안(alternatives)을 만들어 놓고, 이 중에서 가장 좋은 안을 선택하는 과정이며,

이와 같은 기본적인 의사결정이 이루어지면 결정된 내용에 따라 목표로 하는 예상결과(anticipated results)를 획득하기 위하여 재무적이고 운영상의 세밀한 모든 상황(detailed financial and operational status)을 기술하는 기능(functions to describe)을 가리켜 계획을 수립한다 하며, 경영자의 경영활동은 계획으로부터 시작된다고 할 수 있다.

수립된 경영계획을 구체적으로 화폐단위로 수량화된 것을 예산(budgets)이라 하며, 예산이 편성됨으로써 경영계획은 통제가능한 형태로 구체화된다.

관리회계는 경영자들이 합리적인 의사결정을 가능하게 하기 위하여 대체안을 마련하고, 수립된 계획이 구체화되어 통제가 가능하도록 예산을 편성함으로써 가장 핵심적인 정보를 제공하게 되는 것이다.

2) 경영자들의 기업경영활동에 대한 지시 및 통제의 지원

매일매일 경영활동을 지시하고 통제(directing and controlling operational activities)하는 데 있어서 경영자들은 원가에 관한 정보 등의 다양한 많은 자료를 필요로 한다.

실제의 결과와 계획된 결과를 비교(comparing actual results with planned results)하는 것을 평가(evaluation)라 하며, 계획된 결과로 맞추어 가는 절차를 조정(coordination)이라 하는데, 관리회계활동은 적합한 관리회계시스템을 설계하고 구축하여 경영자로 하여금 적절한 통제와 조정을 할 수 있도록 표준원가를 설정하고, 차이분석(variance analysis)을 실시함으로써 경영자의 지시 및 통제활동을 지원한다.

3) 조직의 목표달성을 위한 경영자 및 종업원들에 대한 동기부여

기업은 여러 가지의 다양한 목표(variety of goals)를 가지고 있다. 동시에 모든 조직원들도 역시 더욱 다양한 많은 목표를 가지고 있으므로, 경영자는 모든 종업원들이 기업의 목표에 따라 일관적으로 행동하는 목표일치(goal congruence)가 이루어지도록 동기부여하는 일이 중요하다.

4) 조직 내의 하부기관, 경영자 및 종업원들에 대한 성과의 평가

경영자들이 조직의 목표를 달성하기 위하여 조직의 각 부문과 종업원들에게 동기를 부여하는 하나의 수단(means)은 목표달성에 따르는 성과를 정확히 평가하는 일이 중요하다. 관리회계에서는 기말 혹은 수시로 하부기관 및 종업원 개개인에 대한 성과평가보고서(performance evaluation reports)를 작성하여 보고함으로써 각 부문 및 제품라인 등의 폐지 혹은 유지 등에 대한 의사결정을 하고 통제할 수 있도록 지원한다. 그리고 관리회계보고서에 의한 평가의 결과는 차기의 계획의 수립에 feed-back됨으로써 더욱 합리적인 의사결정과 향상된 계획이 수립되도록 도와 준다.

한편 관리회계가 취급하는 영역(areas of managerial accounting), 즉 내용의 범위가 어디까지이며, 어떤 내용을 취급하는가에 대하여 명확한 해답을 제시하기는 어려울 것이다. 왜냐하면 관리회계는 기업경영의 전과정에서 전략적 의사결정에 관련되는 모든 정보를 취급하기 때문이다.

관리회계는 기업경영자의 합리적 경영의사결정을 위하여 필요한 회계정보를 제공하는 시스템으로 경영자들이 경영계획을 수립(planning)하고, 통제(controlling)하고, 성과를 평가(evaluating performance)하는 기능(functions)을 수행하는 데 유용한 정보를 제공하도록 설계되어야 하고, 이에 관련되는 내용으로 구성되어야 한다. 따라서 관리회계에서 취급하는 내용, 즉 구성영역은 재무회계나 원가회계 등에 비하여 훨씬 광범위하고 다양하다고 할 수 있다.

제품서비스를 산출하는 데 소비된 경제가치인 원가정보를 제공하는 시스템인 원가회계(cost accounting)에서 취급하는 원가(costs)에 관한 정보는 경영의사결정을 위하여 중요한 역할을 담당한다. 따라서 관리회계의 중요한 영역에 해당되지 않을 수 없으며, 사실 원가회계와 관리회계를 구분하는 것 자체가 무의미하다고 할 정도로 관리회계에서 원가에 관한 정보는 중요하다. 그렇다고 원가회계가 관리회계에 속하는 영역이라든지, 관리회계가 원가회계의 영역에 속한다고 할 수는 없으며, 어느 영역이 더 광범위하다고 한 마디로 말할 수는 없다. 왜냐하면 외부이해관계자들을 위한 회계정보를 취급하는 재무회계에서도 기간이익(period income)의 결정이나 재고자산의 평가(valuation of inventory)를 위한 원가정보가 중요한 정보이며, 경영의사결정을 위해서는 원가회계에서 제공하는 원가에 관한 정보가 중심을 이루는 회계정보임에 틀림없지만, 관리회계에서 취급하는 회계정보는 원가 이외의 많은 다른 정보도 포함하게 되기 때문이다.

일반적으로 관리회계에서 취급하는 주요 내용의 범위는 다음과 같은 내용을 포함한다.

① 경영관리를 위한 원가계산시스템의 이해

관리적 의사결정을 위한 중요한 정보인 원가정보에 대한 전반적 내용은 관리회계의 기초적 및 중심적 내용이 된다.

여기서 원가의 기초개념과 원가계산을 위한 개별원가계산(job-order costing) 및 종합원가계산(process costing), 그리고 전부원가계산(absorption costing)과 변동원가계산(variable costing)의 구분 및 활동기준원가계산(activity based costing)과 활동기준관리(activity based management)로의 확대에 대한 전반적 내용이 관리회계의 기초개념으로 구성된다. 따라서 본서에서는 제 1 편에서 이와 같은 원가계산시스템에 대한 내용을 관리회계의 기초개념으로 다루고 있다.

② 경영계획의 수립과 통제를 위한 원가 조업도 이익분석

경영계획의 수립은 미래에 발생할 원가 및 효익의 합리적인 추산이 필요하므로 원가의 합리적인 추산을 위한 원가행태(cost behavior) 분석과 손익분기점(break even point)을 포함하는 원가 조업도 이익분석(cost volume profit analysis)은 관리회계의 중요한 내용영역이 된다.

③ 이익관리를 위한 예산통제시스템

경영계획을 화폐단위로 계량화하여 구체화시키는 예산(budgets)의 편성과 통제를 위한 제 방법과 기법들은 이익계획과 통제를 위한 기본모형으로서 관리회계의 중요한 내용영역에 포함된다. 구체적으로 종합예산(master budget)과 변동예산(variable budget) 및 현금예산(cash budget) 통제와 재고자산(inventory)에 대한 관리기법들이 그 내용이 된다.

본서에서는 제 2 편에서 원가 및 이익의 통제의 편에서 위의 원가행태분석, 손익분기점분석을 포함하는 원가 조업도 이익분석과 예산통제시스템 및 재고관리기법들을 취급하고 있다.

④ 경영성과의 평가와 관리를 위한 관리통제시스템

조직 내의 여러 부문과 경영자의 성과평가(performance evaluation)는 효과적이고 효율적인 조직관리의 기본적인 내용이 된다. 따라서 과학적 성과평가를 위한 표준원가(standard costs)에 의한 원가관리 및 조직의 분권화(decentralization)에 따라 책임회계시스템(responsibility accounting system)의 도입에 따르는 투자이익률(return on investment) 및 잔여이익(residual income) 등을 측정단위로 하는 부문성과의 측정기법과 방법들이 그 구체적인 내용이 된다.

본서에서는 제 3 편에서 경영성과의 평가와 관리를 취급하고 있는데, 그 구체적 내용은 위에서 언급한 표준원가에 의한 성과관리, 분권화와 책임회계시스템의 성과관리 및 부문성과의 측정과 관리를 다루고 있으며, 최근 기업에서 도입이 증가하고 있는 균형성과표(balanced score card)에 의한 성과관리의 내용을 취급하고 있다.

⑤ 기업의 단기적, 장기적 의사결정기법

경영의사결정의 합리성을 추구하는 것은 기업경영의 제 1 차적인 단계가 되는 것이므로 관리회계의 마지막 중심내용으로 구성된다.

구체적으로 경영의사결정의 특성과 그 과정, 의사결정을 위한 관련원가(relevant cost) 분석, 특별주문(special order)의 수락 혹은 거절, 제품라인결정(product line decision), 아웃소싱(out sourcing) 혹은 리스(lease) 의사결정 및 제품가격(pricing) 결정을 포함하는 단기적 특수의사결정과 장기적인 의사결정기법으로서 자본예산(capital budget) 모형이 그 내용을 구성한다.

본서에서는 제 4 편에서 의사결정과 자본예산관리에서 관련사례와 더불어 취급하고 있다.

제 3 절 관리회계환경의 변화와 새로운 과제

1. 기업의 경영환경변화

기업의 경영환경은 급속한 속도로 변화를 거듭하고 있으며, 이러한 변화는 앞으로도 계속될 것이며, 그 속도도 더욱 빨라질 것으로 전망되고 있다. 이러한 경영환경의 변화를 주도하고 있는 것으로는 첫째는 새로운 기업의 출현(emargence of new industries)이며, 둘째는 산업환경의 글로벌화이다.

높은 기술수준으로 무장된 새로운 기업(new high-tech industries)의 출현은 전통적 산업의 체계에 대한 커다란 도전이며, 시장환경의 글로벌화는 세계를 하나의 시장으로 좁혀 “It’s a small world”의 상황이 현실적으로 전개된 것이다. 미국의 관리회계사들의 견해로는 일본, 독일 및 한국의 기업들이 종전보다 훨씬 우수한 품질의 제품과 서비스로서, 새로운 경쟁자로서 커다란 도전을 받고 있다는 표현을 쓰고 있다.

변화하는 산업환경의 특징으로는 먼저 시장수요의 상황이 급속도로 변화하고 있고, 고객들의 욕구(needs)는 엄청나게 다양화됨에 따라 시장에서의 제품의 수명주기(product life style)는 몇 배나 단축되었다. 과거에 하나의 제품이 5년을 버티던 제품이 이제는 1년도 지나지 않아 바뀌지 않으면 사양화되는 시기에 이르렀다. 또한 기업간의 경쟁의 심화로 인하여 시장에 새로이 출시되는 제품 및 서비스의 내용과 품질의 수준이 과거와는 크게 달라지고 있다.

더구나 기업 내에서 성장의 동반자역할에 충실하였던 종업원들도 강성노동조합의 활동이 차츰 활발해짐에 따라 그 압력의 강도도 과거와는 크게 달라졌으며, 생산과 소비 양쪽 측면에서의 정보기술의 발달은 기업의 내부적 변화를 감내할 수밖에 없게 되었다.

오늘의 시장의 상황은 과거의 고전경제학에서 적용하던 "생산은 수요를 창조한다"는 Say 등의 사고는 이미 어느 부문에서도 적용될 수 없는 낡은 사고가 되었다.

2. 변화하는 제조환경에서 관리회계의 새로운 과제

이와 같은 기업을 둘러싸고 있는 외부환경의 급속한 변화는 기업의 내부혁신을 요구하게 되었으며, 변화하는 환경에 적응하는 내부혁신에 의한 변화 없이는 기업의 생존이 불가능한 상황이 되었다.

최근의 기업은 기술수준의 향상에 의한 제품 및 서비스의 품질수준을 크게 개선하지 않으면 살아남을 수 없으며, 제조의 방식과 그 운영시스템을 변화하는 환경에 맞춰 탄력적으로 적응하지 않으면 시장에서 외면되어 그 경쟁력을 유지할 수 없게 되었다.

자동화를 중심으로 한 새로운 생산시스템을 갖추는 것은 기본적인 것이며, 제품의 수명주기의 단축에 따르는 시장수요의 변화에 따라 제품의 품질과 유형 및 생산양식도 유연하게 대처하지 않으면 안 되게 되었다.

경쟁력유지를 위한 기업의 대책 역시 큰 변화를 맞이하게 되었다. 다른 기업보다 상대적으로 낮은 원가에 의한 기업경쟁력은 상대적으로 그 가치를 상실한 지 오래다.

최근의 글로벌화된 경쟁시장에서 기업이나 제품의 경쟁력유지를 위한 요인(factors of competitiveness)들은 변화되어 가고 있다. 현대기업의 경쟁력요인으로는 다음의 것들이 유력하게 떠오르고 있다.

첫째는 품질(quality) 수준이다. 가격경쟁의 상대적 입지는 달라졌으며, 제품의 품질수준의 향상이 최고의 경쟁력유지의 관건이 되었다.

둘째는 생산 및 마케팅시스템은 시장수요에 대처하는 유연성(flexibility)이다. 생산방식과 시장관리를 위한 시스템은 pushed marketing에서 시장수요의 변화를 미리 예칙하여 그 수요에 맞추어 생산하는 pulled marketing의 체제로 변화해야 할 뿐만 아니라, 생산양식도 시장상황의 변화에 탄력적으로 대처하는 유연생산체제(Flexible Manufaturing System : FMS)를 갖추지 않고서는 지탱하기 어려울 것이다.

셋째는 고객들에 대한 신뢰성(reliability)의 확보이다. 소비시장에서의 정보기술의 발달은 기업의 단기적인 처방으로는 고객들의 신뢰를 받을 수 없게 되었다. 제품 및 기업의 신뢰도는 경쟁력유지의 최고의 처방이며, 기업에서 제공하는 제품 및 서비스에 대한 고객의 신뢰를 잃으면 이를 회복한다는 것은 더욱 많은 희생과 비용이 요구된다.

넷째는 원가(costs) 경쟁력이다. 표준원가계산 시스템에 의한 원가관리의 한계성은 이미 들어나 그 상대적 경쟁력이 떨어졌다. 그러나 원가상의 경쟁력은 시장에서 언제나 중요한 요인이 된다.

이와 같이 변화하는 환경에 적응하기 위한 기업의 노력은 전통적인 관리회계시스템의 체질변화를 요구하게 되었다. 왜냐하면 관리회계는 이와 같은 변화를 반영하는 정보를 경영자들에게 제공하여야 하기 때문이다.

결과적으로 관리회계의 개념과 기술(concept and tools)은 새로운 환경에 경영자들을 지원하기 위하여 새로운 방법으로 진화하기 시작하였고, 최근의 관리회계시스템의 변화로 주목을 받는 새로운 접근법(new contemporary approaches)들이 등장하게 되었는데, 보통 다음과 같은 몇 가지의 새로운 체제의 도입으로 요약된다.

① 통합품질관리(Total Quality Management : TQM)
② 활동기준관리(Activity-Based Management : ABM)
③ 적시운영시스템(Just-In-Time System : JIT)
④ 수명주기원가시스템(product life cycle costing system)
⑤ 목표원가제도(target cost system)

이와 같은 모든 새로운 접근법들은 제품품질(product quality)이 향상하고, 소비되는 자원의 절약(resource waste)으로 원가가 파격적으로 절감되어 결과적으로 고객만족(customer satisfaction)의 증대 및 부가가치활동(value-adding activities)의 강조 등을 위해서 설계된다.

1) 통합품질관리(Total Quality Management : TQM)

이 제도의 시행은 우수한 품질수준의 유지를 통한 제품 및 서비스의 경쟁력확보를 위하여 운영관리(operation management)상의 필수과제이다. 기타의 경쟁력요인들이 많지만, 품질상의 우위가 확보되지 않는다면 고객의 신뢰를 얻어내기는 어려울 것이다.

2) 활동기준관리(Activity-Based Management : ABM)

전통적인 원가관리시스템으로서의 표준원가계산 시스템이 새로운 환경 하에서는 적합성을 상실하였다는 전제 하에 새롭게 각광을 받고 나타난 원가관리기법으로서, 그 기본논리는 사후적으로 발생된 원가(cost)를 계산하고 관리하는 것보다 원가발생의 원인이라 할 수 있는 활동(activity) 자체의 분석 및 관리를 통하여 원가가 배분 및 계산되어야 정확한 원가의 계산 및 관리가 가능하다는 것이다.

전통적 시스템에 의하여 산출되는 원가는 변화된 최근의 환경에서는 그 왜곡이 심하므로, 이를 근거한 경영계획 및 정책의 수립은 무리일 수밖에 없다는 것이다. 활동분석을 통하여 구분된 각 활동별로 원가를 집약하고, 집약된 원가풀(cost pool)은 이에 적합한 원가동인(cost driver)을 찾아 이를 기준으로 원가를 배분하고 계산함으로써 정확한 원가의 산출이 가능하고, 사후에 발생한 원가의 관리보다는 그 원가발생의 원인이 되는 활동 자체를 관리함으로써 합리적인 관리가 가능하다는 것이다. 활동을 기준으로 원가를 계산하는 것을 활동기준원가 계산(Activity Based Costing : ABC)이라 하며, ABM은 ABC를 운영관리로까지 확대한 개념이다. ABM에 의한 원가관리의 초점은 모든 활동은 부가가치활동(value added activity)과 비부가가치활동(non-value added activity)으로 구분하고, 비부가가치활동 자체를 과감하게 절감 혹은 제거(reduction or elimination)하는 데 있다.

비부가가치활동이란 활동을 위한 원가는 발생하지만, 시장가치를 증대시키지 못하는 활동을 말한다.

3) 적시운영시스템(Just-In-Time System : JIT)

적시의 생산관리 및 재고관리 시스템을 통칭하는 말이다. JIT 하에서의 생산관리는 원재료 및 모든 부분품들이 생산과정의 각 단계에서 사용되는 바로 그 시점(just in time)에서 구입되는 방식으로 관리되어야 한다는 말이다. 관리회계에서 적시성(timelyness)의 문제는 정보의 정확성(accuracy)과 더불어 대단히 중요하다. JIT 시스템에서 추구하는 바는 공손 및 감손이 전혀 발생되지 않는 무공손의 생산관리이며, 별도의 재고관리비를 불허하는 무재고를 지향한다. 전통적으로 미국의 재고자산에 대한 관리는 경제적 주문량(Economic Order Quantity : *EOQ*)을 측정하여 최소의 재고관리비를 시현하는 체제였지만, JIT 체제 하에서는 제로(0)의 재고관리비를 달성하고자 하는 것이다. JIT 시스템은 일본의 도요타사가 개발한 운영시스템으로 미국의 자동차 빅 3(GM, Ford, Chrisler)가 벤치마킹한 것이 시초인 것으로 알려져 있다.

4) 수명주기 원가계산시스템(product life cycle costing system)

전통적인 원가계산 및 관리시스템은 '제조과정의 원가'만을 계산하고, 관리의 대상으로 삼는 문제점을 지적하고, 원가계산 및 관리의 대상을 제품수명주기 전반에 걸쳐 확대하여야 한다는 것이다. 제품의 제조와 관련되어 발생되는 원가는 '제품설계원가를 포함하는 제조착수 이전에 발생되는 원가', '제조과정에서 발생되는 원가', '제조 이후에 판매 및 사후관리를 위하여 발생되는 원가'로 나누어 볼 수 있는데, 전통적인 관리회계시스템에서는 제조과정의 원가만을 그 대상으로 삼고, 이전 혹은 이후에 발생되는 원가는 관리의 대상으로 삼지 않았다. 실제의 제품의 수명주기 전반에 걸친 원가를 분석하면 제조과정에서 발생하는 원가보다 그 이전 혹은 이후에 발생하는 원가가 중요한 관리대상의 원가가 되므로, 원가계산 및 관리의 대상을 제품의 수명주기 전반에 걸쳐서 발생하는 원가로 확대하여야 보다 합리적인 원가의 관리가 가능하다는 논리이다.

5) 목표원가(target cost)

제품에 대해 기업이 최대로 허용할 수 있는 원가이면서 동시에 기업이 필요로 하는 필수이익을 얻게 해 주는 원가를 말한다. 타겟코스팅이라 불리우는 목표원가는 시장상황으로부터 원가를 도출하는 방식이라고 할 수 있는데, 그 이유는 고객들의 욕구와 경쟁상품들의 장점을 두루 분석한 후에 목표원가를 산출하기 때문이다. 타겟코스팅에서는 시장상황으로부터 목표원가를 도출한 다음, 모든 아이디어를 짜내서 목표로 하는 원가를 달성할 수 있게 해 주는 제품설계 및 공정설계를 찾아 내기 위해 철저한 연구와 검토를 반복함으로써 이루어진다. 타겟코스팅전략이 원가절감, 품질향상, 개발소요시간 단축 등을 통하여 기업의 경쟁력을 크게 향상시킨 사례는 많다. 대표적으로 미국 자동차 Big 3에 해당하는 크라이슬러가 1990년대 위기의 상황을 타겟코스팅을 핵심전략으로 받아들여 놀라운 성과로 성공하였던 사례가 있고, 타겟코스팅전략은 이미 1960년대에 일본에서 시작된 관리회계기법이었으며, 오늘날에도 조립산업에 속하는 일본기업들의 80%가 타겟코스팅전략을 시행하고 있는 것으로 나타나고 있으며, 가장 성공적으로 실천하는 도요타, 닛산, 소니, 마쓰시다, 일본덴소, 다이하쯔, 케논, 일본적기, 올림푸스, 고마츠 등을 대표적으로 들 수 있다.

보 론 : 기업의 유형과 재고자산에 관한 회계

기업의 유지를 위한 최고의 목표는 이윤의 창출(creation of profit)이 그 기본이 되며, 관리회계시스템은 경영자가 기업이윤의 창출을 위해서 도움이 되는 점에서 설계되어야 한다. 기업에서 목표로 하는 이윤의 창출은 최종적으로 시장에서 고객들에 대한 영업활동의 결과로 이루어지게 된다.

기업에서 영업대상의 자산을 가리켜 재고자산(inventory)이라 하며, 기업의 주 이윤은 영업활동의 결과 발생되는 영업이익(operating income)이 중요하다. 영업이익은 재고자산의 매출에 따라 현실화되는 것이므로 관리회계시스템에서는 재고자산에 대한 회계처리도 중심내용이 된다.

재고자산의 회계처리의 중심은 매출총이익(gross profit margin)의 산출과정이 되는데, 기업의 유형에 따라 그 절차와 처리내용이 차이가 있으므로 그 과정을 정리해 둘 필요가 있다.

일반적으로 기업의 유형(types of business)을 분류한다면, 제조기업(manufacturing organizations), 상기업(merchandising organization) 및 서비스기업(service organization)으로 나눌 수 있다.

본 보론에서는 기업의 유형에 따라 기업의 영업대상의 자산인 재고자산에 관한 회계에서 매출원가(cost of goods sold)의 산출과정을 3개 유형의 조직으로 나누어 정리한다.

관리회계시시템은 제조기업을 기본으로 설계되지만, 상기업 및 서비스기업 조직의 특성과 더불어 각 기업조직의 업무절차상의 특징과 재고자산 및 매출원가 계산상의 과정은 다음과 같다.

• 제조기업(manufacturing organizations)의 특성은 다음과 같다.
  ① 판매를 위한 제품의 설계 및 생산
  ② 대차대조표상에 재고자산계정의 유지
  ③ 매출원가계산을 위한 제품제조원가(cost of goods manufactured)의 포함
• 서비스기업(service organizations)의 특징은 다음과 같다.
  ① 제품(products)이 아닌 서비스(services)를 판매하는 조직
  ② 대차대조표(balance sheet)상에 재고자산(inventory)에 관한 계정은 없다.
  ③ 손익계산에도 매출원가(costs of goods sold) 대신 매출한 서비스원가(costs of services sold)를 계산
• 상기업(merchandising organizations)의 특징은 다음과 같다.
  ① 완성된 형태의 제품(goods in finished form)을 구매하여 그들을 판매
  ② 대차대조표상에 제품(finished goods)이라는 하나의 재고자산계정을 가진다.
  ③ 구매원가(costs of purchase)가 매출원가(costs of goods sold)를 포함

따라서 세 개의 조직의 형태에서 매출원가의 계산은 다음과 같은 차이가 있다.

(서비스업) : 매출원가=매출한 서비스의 순원가
(상기업) : 매출원가=기초상품재고액+당기 순매입원가-기말상품원가
(제조기업) : 제조원가=기초재공품원가+당기 제조비-기말재공품원가
매출원가=기초제품원가+제조원가-기말제품원가

물론 모든 조직에서의 손익계산서의 양식은 아래와 같다.

매출액(sales)-매출원가(CGS)=매출총이익(gross margin)
매출총이익(gross margin)-판매 및 관리비(S and A expenses)=영업이익(operating income)

제1장 Key Words

계속적 개선(continuous improvement)
The management concept that one should never be satisfied with what is; one should constantly seek a better method, product, service, process, or resource.

관리회계(management accounting)
The process of identification measurement, ccumulation, analysis, preparation, interpretation, and communication of financial and non-financial information used to management to plan, evaluate, and control the organization and to assure appropriate use of and accountability for its resources.

균형성과표(Balanced Score-Card : BSC)
A framework that links the perspectives of an organization's stakeholder groups – financial(investors), learning and growth(employees), internal business process, and customers – with the organization's mission and vision, performance measures strategic plan, and resources.

매출가능 제품원가(costs of goods available for sale)
Costs calculated by the following formular;

beginning finished goods + cost of goods manufactured

매출원가(cost of goods sold)
Costs that are sold in a period. They are appeared in income statement, in calculating CGS. There are some differences according to the types of business. They are calculated the following formular in manufacturing organization;

beginning finished goods + cost of goods manufactured – ending finished goods

부가가치활동(value added activity)
An activity that adds value to a product or service as perceived by the customer.

비부가가치활동(non-value added activity)
An activity that adds cost to a product or service but does not increase its market value.

성과측정(performance measures)
An activity tools that gauge an organization's performance in relation to a specific goal or expected outcome.

원가대상(cost object)
The destination of an assigned, or allocated in calculating cost of the products. all of the costs are accumulated in each cost objects.

원가동인(cost driver)
An activity that causes the cost pool to increase in amount as the cost driver increase in volume.

원가배분(cost allocation)
The process of assigning or applying collected indirect costs to specific cost objects using an allocation vase that represents a major function of the business.

원가풀(cost pool)
A collection of similar overhead costs that are relate to a cost object(a production related activity).

원가회계(cost accounting)
A system which accumulates, allocates cost data and calculates costs of the products and services, and report to the interested parties the statement on the costs. they are for use in both managerial and financial accounting.

유연생산시스템(Flexible Manufacturing System : FMS)
A system which can be changed the kinds or the volume of the products and services in the changing environment.

재공품계정(work in process account)
An inventory account used to record the manufacturing costs incurred and assigned to partially completed units of product.

재무회계(financial accounting)
A system which prepares the Financial Statements for general purpose, provides the accounting information to parties outside the organization.

적시운영철학(Just-In-Time operation philosophy : JIT)
A philosophy that requires that all resources, including materials, personnel, and

facilities, be acquire and used only as needed; its objective are to improve productivity and eliminate waste.

제조원가명세서(statement of cost of goods manufactured)
A formal statement summarizing the flow of all manufacturing costs incurred during an accounting period.

제품제조원가(cost of goods manufactured)
The cost of all units completed and moved to finished goods during an accounting period in manufacturing organization. They are calculated the following formular;

> beginning work in process + total costs in this period − ending work in process

조직의 목표(organizational goals)
The goals of business organizations vary widely. some of the most frequently stated organizational goals are profitability, growth, financial self-sufficiency, cost minimization, product leadership, market diversification, product quality, social responsibility and community service, etc.

통합품질관리(Total Quality Management : TQM)
A philosophy that requires that all functions work together to build quality into the organization's product or service.

표준원가계산(standard costing)
A method of cost measurement that uses the estimated costs of direct materials, direct labor, and manufacturing overhead to calculate the standard product unit cost for purposes of cost control.

품질원가(costs of quality)
Both the costs of achieving quality and the costs of poor quality in the manufacture of a product of the delivery of a service.

활동기준관리(Activity Based Management : ABM)
An approach to managing an organization that identifies all major operating activities, determines what resources are consumed by each activity, identifies what causes resource usage of each activity, and categorizes the activities as either adding value to a product or service or not adding value; emphases is on the reduction or elimination of non-value adding activities.

활동기준 원가계산(activity-based costing)

A method that calculates more accurate product costs by categorizing the costs into the activity. Under ABC cost pools are traced to those activities, and assigned activity costs to the products using a cost driver that is related to the cause of the each activity.

활동기준 원가계산(Activity Based Costing : ABC)

A system that identifies all of an organization's major operation activities(both production and non-production), traces costs to those activities, and then assigns costs to the production or services that use the resources and services supplied by those activities.

연습문제

* After reading the each problems, Choose the best item.

1. Which of the following terms best describe(s) the goals of an organization?

Ⅰ－profitability and growth
Ⅱ－cost minimization and product quality
Ⅲ－market diversification and community service

A. Ⅰ only
B. Ⅰ and Ⅱ only
C. Ⅲ only
D. Ⅰ, Ⅱ, and Ⅲ
E. Ⅰ and Ⅲ only

2. In pursuing an organization's goals, Which is not management process that managers engage in their activities?

A. decision making
B. planning
C. directing activities
D. controlling and coordinating
E. manufacturing

3. Which is not the major objectives of managerial accounting activity?

A. decision making among alternatives
B. providing managers with information
C. assisting managers in directing and controlling
D. motivating managers and employees
E. measuring the performance

4. Which is the functions to choose among the available alternatives?

A. directing
B. planning
C. decision making
D. controlling
E. budgeting

5. Which is the functions to describe a detailed financial and operational status to get the anticipated results?

A. decision making

B. planning

C. directing operations

D. controlling

E. measuring

6. What is the functions to be quantifyed management plans in the monetary items?

A. decision making

B. budgeting

C. directing operations

D. controlling

E. evaluating

7. Which is the functions for the manager's decision how best to put the human and other resources to carry out established plans effectively?

A. decision making

B. planning

C. organizing

D. controlling

E. motivating

8. Which is the functions that manager operates the organization in the intended manner and achieve its goals?

A. decision making

B. planning

C. directing operations

D. controlling

E. motivating

9. Which is the functions to compare actual results with planned goals?

A. planning

B. organizing

C. controlling

D. decision making

E. evaluating

10. When a company gathers or reports the financial, production and distribution data, Which is the procedures of management accounting?

A. help stock-holders and creditors to make a reasonable decision

B. help the internal revenue service' requirements

C. meet the management's information needs

D. satisfy the labor union's collective bargaining

E. satisfy the customers' information needs

11. Managerial accounting;

A. is accounting system for stock-holders and creditors.

B. is governed by GAAP.

C. focuses primarily on the needs of internal managers of the organization.

D. provides information for external parties of the organization.

E. prepare the financial statement for the owners.

12. Which is the statements represents a similarity between financial and managerial accounting?

A. Both are useful in providing information for external users.

B. Both are governed by GAAP.

C. Both draw upon data from an organization's basic accounting system.

D. Both use similar methods of reporting financial statements.

E. Both are solely concerned with historical transactions.

13. Which of the following is <u>not</u> an objective of managerial accounting?

A. providing managers with information for decision making and planning

B. assisting in directing and controlling operations

C. reporting the financial statements for the external users

D. measuring the performance of managers and subunits

E. motivating managers toward the organization's goals

14. Which of the following statements is false?

A. Managers are not responsible for preparing a company's annual financial statements for external users.

B. Management accounting are not restricted to using the historical dollar and can employ any unit of measure useful in a situation.

C. Financial accounting has only one restrictive guideline called GAAP.
D. Typically, financial accounting records and reports information on the assets, liabilities, equities, and net income of a company as a whole.
E. The primary users of financial accounting information are managers.

15. The primary difference between a manufacturing organization and a merchandising organization is that
A. a manufacturing organization makes a product to sell, whereas a merchandising organization buys a product ready for resale.
B. a merchandising organization does not need a management accounting system, but a manufacturing organization relies heavily on such a system.
C. a merchandising organization makes a product to sell, whereas a manufacturing organization buys a product ready for resale.
D. a manufacturing organization does not need a management accounting system, but a merchandising organization relies heavily on such a system.
E. manufacturing organization maintain only one inventory account, but merchandising organization has no inventory accounts on the balance sheet.

16. Performance measures may be either financial or nonfinancial in nature. Which is not a financial performance measures?
A. operating income
B. return on investment
C. sales for the month
D. earning per share
E. quality level

17. Which is not the management philosophy that has evolved to assist firms competing in a global market?
A. just-in-time operating philosophy
B. total quality management
C. activity-based management
D. target costing system
E. standard costing system

18. Which is not the statement(s) on JIT operating philophy?
A. require all resources including materials, personnel, and facilities

B. maintain minimum costs for managing the inventory

C. acquire and use only as needed

D. Objectives are to improve productivity and eliminate waste.

E. oriented zelo levels of inventory

19. Which is not the statement(s) on activity based management?

A. The starting point is analyzing the business activities.

B. ABM reduces the wast of resources and increases customer satisfaction.

C. Costs are identified and allocated by cost driver.

D. Non-value-adding activities are reduced and eliminated.

E. Value-adding activities do not increase its market value.

20. Which of the following statements is false about service organization?

A. Service organizations do not maintain inventory accounts.

B. Service organizations use management information to make better decisions.

C. The income statement reports cost of service sold(CSS) instead of cost of goods sold(CGS).

D. The balance sheet includes an inventory account called cost of service.

E. Service organizations sell services, not products.

21. The cost of goods manufactured(CGM) for a manufacturing organization is

A. beginning WIP + manufacturing cost in this period − ending WIP.

B. beginning finished goods + CGM − ending finished goods.

C. ending WIP + manufacturing cost in this period − beginning WIP.

D. ending finished goods + CGM − beginning finished goods.

E. beginning merchandise + net cost of purchases − ending merchandise.

22. The cost of goods available for sale for a merchandising organization is

A. beginning work in process balance + manufacturing cost in this period.

B. beginning finished goods balance + cost of goods manufactured.

C. ending merchandise balance + net cost of purchases.

D. beginning merchandise balance + net cost of purchases.

E. ending finished goods balance + cost of goods manufactured.

23. The cost of goods sold(CGS) for a manufacturing organization is

A. beginning WIP + manufacturing cost in this period − ending WIP.

B. beginning finished goods + CGM − ending finished goods.

C. ending WIP + manufacturing cost in this period − beginning WIP.

D. ending finished goods + CGM − beginning finished goods.

E. beginning merchandise + net cost of purchases − ending merchandise.

24. The gross profit margin for a manufacturing organization is calculated by

A. sales profit − manufacturing costs in this period

B. cost of goods sold − cost of goods manufactured

C. cost of goods sold − manufacturing costs in this period

D. sales profit − costs of goods sold

E. manufacturing costs in this period − cost of goods sold

25. The operating income for a manufacturing organization is calculated by

A. sales profit − manufacturing costs in this period.

B. sales profit − cost of goods manufactured.

C. gross profit margin − income tax.

D. gross profit margin − other expenses.

E. gross profit margin − selling & administrated costs.

제 2 장

경영관리를 위한 원가계산

■ **학습목표**

본 장에서는 경영관리를 위한 원가정보의 중요성과 기본개념 및 제품제조원가를 산출하는 전통적인 원가계산의 방법과 절차를 소개하고 있다.

본 장을 공부하고 난 후 다음과 같은 내용의 능력을 갖추어야 한다.

① 원가의 기본개념과 경영관리를 위하여 원가의 의미와 그 중요성의 인식

② 원가의 3요소를 이해하고, 여러 가지 접근법에 따라 원가를 분류하고, 그 의미를 이해할 수 있다.

③ 재고자산(재료, 재공품, 제품) 계정간의 원가흐름을 이해하고 정리할 수 있다.

④ 원가계산의 목적과 원가계산시스템의 유형간 차이의 구분 및 각각의 유형의 원가계산시스템이 제공하는 정보를 인식할 수 있다.

⑤ 전통적인 원가계산방법으로서 개별 원가계산의 방법에 따라 제품제조원가를 계산하고, 회계처리할 수 있다.

⑥ 종합원가계산에서 기말재공품평가를 위한 물량흐름의 과정을 이해하고, 완성품환산수량을 계산할 수 있다.

⑦ 종합원가계산에서 기말재공품평가를 위한 완성품환산수량, 완성품환산수량 단위원가의 개념을 이해하고, 각각 계산할 수 있다.

⑧ 종합원가계산의 방법과 절차를 이해하고, 종합원가계산의 방법에 따라 제품제조원가를 계산하고, 회계처리할 수 있다.

제 1 절 경영관리에서 원가정보의 중요성과 원가의 기본개념

1. 경영과정에서 원가정보의 역할

기업경영의 모든 과정에서 원가에 관한 정보는 가장 핵심적인 정보가 된다.

기업에서 관리회계담당자들은 원가(costs)를 중심으로 여러 가지의 회계정보를 이용하여 다음과 같은 경영활동의 기본문제를 해결하는 데 도움을 준다.

1) 성적기록(score keeping)

기업의 내부 또는 외부 이해관계자들이 조직의 경영성과 및 재무상태를 파악함으로써 합리적인 투자 및 경영의사결정을 할 수 있도록 재무적인 성적자료를 수집하고, 분류하고, 정리하는 업무를 수행한다.

2) 주의환기(attention directing)

경영자로 하여금 조직의 애로사항, 비능률, 투자기회 등을 파악할 수 있도록 도와 주는 정보의 보고 및 해석과 관련되는 기능을 수행한다. 이는 보통 일상적 영업활동에 대하여 계획 또는 표준과 실제성과의 대비 및 차이의 원인분석 등의 활동을 통하여 수행된다.

3) 문제해결(problem solving)

경영자가 장기적 계획을 수립하고, 특별의사결정을 할 때 도움을 주는 회계의 기능으로 당면한 문제를 해결하기 위한 여러 가지 대체안을 검토하고, 이들을 계량화모형으로 완성하여 경영자가 그 중 최선의 선택을 하도록 한다.

기업에서 관리회계담당자가 위와 같은 자신의 주요 업무를 수행하는 데 이용하는 주요 정보는 원가에 관련되는 정보들이 대부분이라 해도 과언이 아니다. 이들은 경영계획을 수립하고, 실행하고, 검토 및 보고하는 경영의 전과정에서 원가정보(cost information)를 사용한다.

계획단계(planning stage)에서는 제조기업에서는 예산을 편성하기 위한 제품의 제조원가(Cost of Goods Manufactured : CGM) 정보를 필요로 하고, 상기업에서는 매출수준(sales levels)이나 판매가격(selling price)을 결정하기 위해서 상품원가(merchandise costs)에 관한 정보를 필요로 한다. 그리고 서비스기업에서는 예산편성(developing budgets), 요금의 추산(estimating fees) 및 인적자원요구(human resource needs) 계획에 따라 제공한 서비스에 대한 추산원가(estimated costs)를 이용한다.

실행단계(executing stage)에서는 경영자들은 아웃소싱(outsourcing), 특별가격결정(special pricing) 및 특정부문의 유지 혹은 폐지(maintain or drop) 의사결정을 위해서 원가정보를 주로 이용한다.

검토단계(reviewing stage)에서는 실제원가와 추산원가(actual & stimated costs)를 비교하고, 차이(differences)를 발견하여 미래에 어떠한 변화가 필요한지를 결정한다.

보고단계(reporting stage)에서는 대차대조표에 재고자산원가(inventory costs)를 보고하고, 손익계산서상에는 영업에서 소비된 자원을 비교하기 위해서 역시 원가정보를 사용한다.

이와 같이 경영의 모든 과정에서 핵심적인 역할을 수행하는 제품 및 서비스의 원가에 관한 정보는 원가계산(costing)이라는 정교한 절차를 통해서 산출되는 것이므로 본 장에서는 그 개념, 분류 및 그 산출과정에 대하여 공부한다.

2. 원가의 정의와 그 구성

원가(cost)란 "제품을 제조하거나 서비스를 수행하기 위하여 소비된 경제적 가치(economic value consumed)"라고 정의한다. 제조기업에서는 제품의 제조원가, 서비스기업에서는 서비스원가를 말한다. 여기서 말하는 '소비된'이라는 의미는 생산을 위하여 구입하였지만, '미소비된 부분'은 원가에 포함되지 않는다는 것을 의미한다. 그리고 원가라 하면 제조기업에서 제품을 생산하기 위한 생산원가가 일반적이므로, 제조기업의 제품제조원가를 기본대상으로 한다.

제조원가의 3요소

제품을 생산하기 위한 제조원가의 구성요소는 재료비(material costs), 노무비(labor costs), 제조경비(manufacturing overheads)라는 세 가지의 원가로 구성된다. 이들 3가지의 원가는 특정 제품별로 인식되느냐, 여러 제품에서 공통적으로 인식되느냐에 따라 직접비(direct costs)와 간접비(indirect costs)로 나누어지게 되므로 재료비는 직접재료비와 간접재료비로, 노무비는 직접노무비와 간접노무비로, 제조경비들은 직접제조경비와 간접제조경비로 구분될 수 있으나, 일반적으로 제조경비의 대부분은 간접비적 성격을 가지므로 결과적으로 제조원가는 특정 제품을 생산하기 위해서 소비된 직접재료비와 직접노무비, 그리고 여러 가지 제품을 생산하기 위해서 공통적으로 소비된 제조간접비로 구성되어 직접재료비(direct materials), 직접노무비(direct labor) 및 제조간접비(manufacturing over-heads)를 가리켜 제조원가의 3요소라 한다.

원가와 비슷한 개념을 가지는 것으로 '비용'이라는 것이 있다. 비용(expense)은 '수익을 창출하기 위해서 희생된 것'이라고 정의하지만, 제품의 생산 및 서비스의 창출 자체가 수익창출활동이기 때문에 원가와 비용은 혼용하여 사용하기도 하고, 아래와 같이 엄밀히 구분하여 사용하기도 한다.

원가는 비용보다 그 범위가 넓은 부분도 있지만, 비용이 원가보다 더 넓은 범위를 가지기도 한다.

재료비, 노무비, 제조경비 등의 기초원가(basic costs)에 해당하는 원가는 손익계산에서도 목적비용(purposive expense)으로 분류되는 것이므로, 이들은 원가인 동시에 비용에도 해당된다.

그러나 회계기간중 발생하는 영업외비용이나 특별손실 등의 비용은 제품 및 서비스를 산출하기 위한 원가는 아니므로, 이와 같이 원가에는 포함되지 않는 비용을 가리켜 중성비용(neutral expense)이라 한다.

반면에 자기자본에 대한 이자, 무상으로 제공된 노동력의 대가, 감가상각이 완료된 자산의 사용가치 등은 제조원가를 당연히 구성하지만, 손익계산상 비용으로는 계상되지 않는다. 이와 같이 원가의 구성요소이지만, 비용에는 포함되지 않는 원가를 가리켜 부가원가(imputed costs)라 칭한다.

원가는 결국 제품 및 서비스에 대한 가격의 일부를 구성하는 것으로서 단계별로 몇 가지의 개념을 가지게 되는데, 각 단계별 원가의 명칭과 그 구성은 다음과 같다.

1) 직접원가(direct cost)

특정 제품의 제조를 위해서 소비된 직접재료비, 직접노무비 및 직접제조경비만으로 구성되는 원가를 말한다. 직접원가는 제품제조의 기초적 비용으로서 기본원가(prime cost)라 하기도 한다.

2) 제조원가(manufacturing cost)

제조원가는 직접원가에 여러 가지 제품을 제조하기 위해서 공통적으로 소비된 제조간접비를 일정한 배부기준에 따라 할당된 금액을 가산한 원가개념이다. 일반적으로 원가라 할 때에는 이 제조원가를 칭하게 된다.

3) 총 원가(total cost)

총 원가는 제조원가에 제품의 판매 및 일반관리 활동을 위하여 소비된 '판매비 및 일반관리비'를 합한 것으로 판매원가라고도 한다. 이 총 원가는 제품이 제조되어 판매가능한 상태에 이르기까지의 일체의 원가요소를 합한 개념이다.

4) 판매가격(selling price)

이는 총 원가에 일정한 이윤을 가산한 금액으로서 기업에서 판매하고자 하는 가격을 말한다.

[예제 1] 다음 자료에 의하여 직접원가, 제조원가, 판매관리비 및 총 원가를 산출하라.

직접재료 = ₩8,000	직접노무비 = ₩2,000	간접경비 = ₩1,000
간접재료 = ₩3,000	간접노무비 = ₩4,000	판매가격 = ₩24,000
예상이윤 = 총 원가의 20%		

[풀 이]

직접원가 = 8,000 + 2,000 = ₩10,000

제조원가 = 10,000 + (3,000 + 4,000 + 1,000) = ₩18,000

총 원가 = $\frac{24,000}{1.2}$ = ₩20,000

판매관리비 = 24,000 − 20,000 = ₩4,000

* 총 원가를 x라면, 판매가격(₩28,000) = $x + 0.2x = x(1 + 0.2) = 1.2x$

$\therefore\ x = \frac{28,000}{1.2}$

3. 원가정보의 이용목적과 분류

경영자는 자신이 필요로 하는 목적에 따라 서로 다른 원가정보를 요구한다. 이를 가리켜 '서로 다른 목적에는 서로 다른 원가(different costs for different purposes)'라는 말을 사용한다. 따라서 관리회계에서 제공하는 정보가 목적적합성을 가지기 위해서는 경영자의 요구사항에 맞는 원가정보를 제공하여야 한다.

원가는 이러한 경영자의 정보이용목적에 따라 다음과 같이 다양하게 분류된다.

① 직접원가와 간접원가
② 변동원가와 고정원가
③ 기초원가와 전환원가
④ 전부원가와 변동원가
⑤ 관련원가, 기회원가 및 매몰원가

1) 직접원가와 간접원가

원가는 그 추적가능성(trace ability)에 따라 직접원가와 간접원가로 분류된다.

직접원가(direct cost)는 특정 부문 및 제품별로 추적이 가능한 원가를 말한다. 즉 특정 제품만을 제조하기 위해서 소비된 원가를 말하는 것으로, 예를 들어 책상제조을 위한 나무값과 같은 직접재료비, 그 책상만을 제조하는 목수임금과 같은 직접노무비 등이 대표적이다.

간접원가(indirect cost)는 여러 가지 제품을 제조하는 데 공통적으로 소비된 원가로서, 특정 부문별로 추적이 불가능하여 특정 제품의 원가를 계산하기 위해서는 일정기준에 의한 인위적인 배부의 과정를 거쳐야 하는 원가를 말한다. 예를 들어 책상, 의자, 흑판을 만드는 공장에서 일괄적으로 감독하는 감독자의 급여나 공통적으로 소비한 난방비 및 수도광열비 등과 같은 간접노무비 및 대부분의 제조경비가 여기에 속한다.

제품제조를 위해서 발생된 원가를 직접원가와 간접원가로 분류하기 위해서는 특정의 제품만을 제조하기 위해서 소비된 직접재료비와 직접노무비를 제외한 모든 원가는 간접원가에 해당된다. 물론 제조경비라 할지라도 특정의 제품만을 제조하기 위해서 발생되는 특허권사용료, 외주가공비 및 특별감가상각비 등의 특별경비는 직접원가에 포함된다.

[예제 2] 책상과 의자를 제조하는 원광기업에서 발생한 원가는 다음과 같다. 직접원가와 간접원가로 구분하고, 책상과 의자의 제조원가를 산출하라(제조간접비의 제품별 배부는 직접작업시간을 기준으로 한다).

목재구입비(책상용 목재 = ₩4,000,000, 의자용 목재 = ₩3,000,000)
접착제 및 페인트(₩2,000,000)
목공에 대한 임금(시간당 ₩10,000)
목공의 작업시간(책상제조시간 = 300시간, 의자제조시간 = 200시간)
공장장의 급여(₩5,000,000)
전기가스 및 기타 운영비(₩1,000,000)
생산수량(책상 = 500개, 의자 = 500개)

[풀 이]

	책 상	의 자	합 계
직접재료비	4,000,000	3,000,000	7,000,000
직접노무비	3,000,000	2,000,000	5,000,000
제조간접비	(7,800,000)	(3,200,000)	8,000,000
제조원가	14,800,000	8,200,000	20,000,000
단 가	₩29,600	₩16,400	

* 직접원가 = 7,000,000 + 5,000,000 = 12,000,000
제조간접원가 = 2,000,000 + 5,000,000 + 1,000,000 = ₩8,000,000
제조간접비 배부액 : 책상 = ₩8,000,000/500시간 × 300시간 = ₩7,800,000
의자 = ₩8,000,000/500시간 × 200시간 = ₩3,200,000
제조단가 : 책상 = ₩14,800,000/500개 = ₩29,600
의자 = ₩8,200,000/500개 = ₩16,400.

2) 변동원가와 고정원가

원가는 생산량 및 작업시간으로 대표되는 조업도의 변화에 따라 총 원가가 어떻게 변화하는지를 나타내는 원가행태(cost behavior)에 따라 변동원가와 고정원가로 분류된다.

변동원가(variable cost)는 활동수준의 변화에 따라 총 원가가 비례적으로 변화하는 원가를 말한다. 제품제조를 위하여 생산량이 증가함에 따라 일정액씩

[그림 2-1] 변동원가와 고정원가

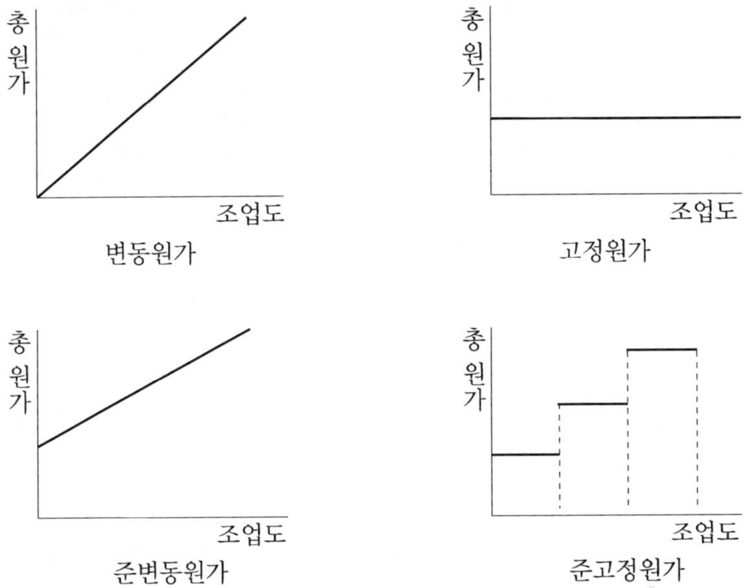

증가하는 직접재료비와 직접노무비는 모두 변동원가에 속한다.

고정원가(fixed cost)는 활동수준의 변화에도 불구하고 총 원가가 전혀 변화하지 않는 원가를 말한다. 제품생산을 위한 기계 등의 설비자산투자나 건물에 대한 임대료 등은 생산량이 증가해도 일정수준까지는 시설수준의 변동이 없으면 변화하지 않으므로, 대부분의 제조간접비는 여기에 속한다.

변동원가와 고정원가 두 가지의 요소를 모두 포함하고 있는 원가로 준변동원가와 준고정원가의 개념이 있다.

준변동원가(semi-variable cost)는 조업도수준이 0인 경우에도 일정수준의 원가가 나타나고, 거기서부터 활동수준이 증가함에 따라 일정비율로 총 원가가 증가하는 원가로서 변동원가이지만 고정원가의 요소를 지니고 있는 원가를 말하며, 사실상 전력료, 판매원의 보상 등의 많은 변동원가가 이와 같은 혼합원가(mixed cost)의 성격을 가지고 있다.

준고정원가(semi-fixed cost)는 계단식 원가(step cost)라고도 하는데, 총 원가가 일정범위까지는 고정원가의 성격을 띠다가 활동범위가 바뀌면 점프하여

[표 2-1]

변동원가표			고정원가표		
활동수준	단위원가	총 원가	활동수준	단위원가	총 원가
1단위	$100	$100	1단위	$1,500	$1,000
4단위	$100	$400	4단위	$250	$1,000
8단위	$100	$800	8단위	$125	$1,000
16단위	$100	$1,600	16단위	$62.5	$1,000

다시 일정범위까지는 고정비의 형태를 취하는 원가를 말한다. 예를 들면 1,000단위까지 제조하는 데에는 1대의 기계로 운영하다가 생산량이 1,000단위를 초과하면 또 하나의 기계를 설치하여야 하며, 일정수준까지는 1명의 감독자가 필요한데 그 한계를 넘으면 또 한 명의 감독자가 필요하게 되므로, 이런 감독자의 급여도 준변동원가에 속한다고 하겠다.

변동원가와 고정원가를 구분하는 것은 활동수준의 변동에 따라 총 원가(total costs)의 변동에 따라 구분하지만, 제품 하나 하나의 원가인 단위원가(unit cost)의 변화는 이와는 대조적으로 달라진다는 점을 유의해야 한다.

[표 2-1]의 원가표에서 보는 바와 같이 변동원가는 활동수준이 1단위에서 4단위, 8단위, 16단위로 증가함에 따라 단위당 원가는 $100로 일정하고 총 원가는 $100에서 $400, $800, $1,600로 증가하여 우상향의 직선의 형태로 나타내지만, 고정원가는 활동수준이 1단위에서 4단위, 8단위, 16단위로 증가할 때, 총 원가는 $1,000로 변하지 않고 그 대신에 단위당 원가는 $1,500에서 $250, $125, $62.5로 줄어드는 형태를 취한다.

3) 기초원가와 전환원가

앞에서 제품제조원가의 구성에 따라 제조원가(manufacturing costs)와 기간원가(period costs)로 구분하는데, 제품의 제조원가는 직접재료비, 직접노무비, 제조간접비로 구성되며, 이를 가리켜 제조원가의 세 요소라 칭한다고 하였다. 그런데 이를 완제품과 직접적으로 연계시켜 추적할 수 있는 직접재료비와 직접노무비를 합한 금액을 가리켜 기초원가(prime cost)라 하고, 직접재료인 원재료를 완제품으로 가공 혹은 전환하는 데 소요되는 직접노무비, 제조간접비를 합한 금액을 전환원가(conversion costs) 혹은 가공원가라 칭하기도 한다.

기초원가＝직접재료비＋직접노무비
전환원가＝직접노무비＋제조간접비

위의 식에서 보는 바와 같이 직접노무비는 기초원가에도 포함되고, 전환원가에도 포함시키는 원가요소(cost element)임을 유의해야 한다.

4) 전부원가와 변동원가

원가의 구성(components of cost)에 관련하여 제조원가는 전부원가와 변동원가로 구분하기도 한다. 전통적으로 제조원가는 직접재료비, 직접노무비, 제조간접비라는 세 가지의 구성요소를 가진다. 관리회계에서는 원가의 관리 및 통제(cost control)를 위하여 제조원가의 구성을 달리 적용하기도 한다.

전부원가(absorption cost)란 전통적인(conventional or traditional) 제조원가의 개념으로서, 위의 세 가지 원가요소를 전부 포함하는 제조원가를 말한다.

전통적으로 재무회계에서 재무제표를 작성하기 위하여 재고자산의 원가를 계산하여 대차대조표에 공시하고, 손익계산서에서 성과평가를 위하여 매출원가를 계산하는 데 전부원가의 개념을 사용하여 왔다.

변동원가(variable cost)란 경영자의 원가관리 및 통제를 위하여 위의 세 가지의 원가요소 중 통제가능한 변동원가만을 구성요소로 삼는 제조원가의 개념이다.

세 가지의 원가요소 중 직접재료비와 직접노무비는 변동원가적인 성격을 가지고 있지만, 제조간접비는 변동원가적인 성격을 지니는 것과 고정원가적인 성격을 지니는 것들로 나눌 수 있다. 따라서 원활한 원가관리를 위하여 통제가능한 성격의 직접재료비, 직접노무비 및 변동제조간접비를 제조원가의 구성요소로 삼고 고정제조간접비는 제조원가의 대상에서 제외하여 기간비용의 대상에 포함시키는 원가계산의 방법이 있는데, 이러한 원가계산방법을 가리켜 직접원가계산(direct costing) 혹은 변동원가계산(variable costing)이라 하고, 이 방식에 의한 원가계산에서의 제조원가는 변동원가로서 직접재료비＋직접노무비＋변동제조간접비로 구성된다.

〈제조원가의 구성요소〉

(전부원가계산) : 직접재료비 + 직접노무비 + 변동제조간접비 + 고정제조간접비

(변동원가계산) : 직접재료비 + 직접노무비 + 변동제조간접비

* 변동원가계산에서는 제조원가에서 제외한 고정제조간접비는 기간비용으로 한다.

5) 관련원가, 기회원가 및 매몰원가

경영의사결정을 기준으로 원가는 관련원가, 매몰원가, 기회원가의 개념으로 이용된다.

관련원가(relevant cost)는 '의사결정 대체안(alternatives)간에 차이가 있는 미래원가'를 말한다. 따라서 두 개 이상의 대체안 간에 차이가 없는 원가이거나, 과거에 이미 발생되었던 역사적 원가는 비관련원가이다. 관리회계에서는 의사결정을 위하여 두 개 이상의 대체안에서 제시되는 관련원가의 차액을 분석하여 경영의사결정을 하게 되는데, 이 때 대체안간의 차이를 차액원가(differential costs)라 하며, 또한 많은 기업에서 단기의사결정을 할 때에 추가적으로 발생하는 원가인 증분원가(incremental cost)를 사용한다.

매몰원가(sunk cost)란 과거에 이미 발생한 원가로서 현재 또는 미래에 어떤 의사결정을 하더라도 변경할 수 없는 원가이다. 즉 고정자산의 장부가액과 같이 과거의 의사결정에 관련되었던 원가로서 경영자가 더 이상 통제할 수 없는 역사적 원가는 모두 매몰원가이다.

예를 들어 과거에 주당 15,000원에 구입한 주식의 현재 시장가격이 주당 12,000원이라고 한다면, 과거의 취득가격인 15,000원은 역사적 원가로서 매몰원가이다. 왜냐하면 취득가격 15,000원은 계속 보유할 것인가, 처분할 것인가라는 의사결정에 아무런 영향을 미치지 않는 원가이기 때문이다. 이 경우 의사결정에 영향을 미치는 것은 단지 이 주식의 가격이 미래에 어떻게 변화할 것인가, 또는 다른 주식의 가격이 어떻게 변화할 것인가 등에 관한 정보이다.

기회원가(opportunity cost)란 여러 가지의 대체안 중에서 하나의 대체안을 선택함으로써 포기한 대체안으로부터 얻을 수 있는 이익(최대이익)을 말한다. 기회원가는 유한한 자원의 활용과 관련되어 나타나는 의사결정시 반드시 고려해야 할 원가이다.

예를 들어 현재 보유하고 있는 현금 1,000,000원을 어떤 프로젝트에 투자

하기로 의사결정하기로 하였다면, 만일 여기에 투자하지 않고 은행에 예금했더라면 80,000원의 예금이자를 받을 수 있었을 텐데 투자함으로써 포기한 예금이자 80,000원을 기회원가라 한다.

4. 제조활동의 절차와 원가의 흐름

제품의 제조와 관련된 활동은 다음과 같은 절차로 이루어진다.

첫째로 필요한 재료를 구매(purchasing), 수취(receiving), 검사(inspecting), 이동(moving) 및 저장(storing) 활동을 통하여 조직 내로 가져오는 활동이 이루어진다.

둘째로 재료를 노동 및 기타 자원들과 결합하는 생산활동을 통하여 제품으로 전환(converting)하는 활동이 이루어진다.

셋째로 완성된 제품을 이동 및 저장 활동을 통하여 제품창고로 이전(transferring)하여 제조와 관련되는 활동이 끝난다.

이와 같은 일련의 제조와 관련되는 활동에 따라 발생하는 원가의 흐름은 아래 [그림 2-2]에서 보는 바와 같이 다음과 같은 계정(accounts)의 흐름을 가지게 된다.

제품제조를 위해서 발생되는 직접재료비, 직접노무비 및 제조간접비는 재공품(work in process)이라는 재고자산(inventory) 계정에 기록된다.

이것이 제품제조를 위해서 투입된 당기 총 제조비(total manufacturing costs)가 되는데, 전기에서 미완성되어 당기로 이월된 기초재공품원가를 합하고, 기말까지 완성되지 않은 미완성품의 원가를 차감하여 당기중의 완성된 제품의 원가를 계산한다.

[그림 2-2] 제조원가의 흐름

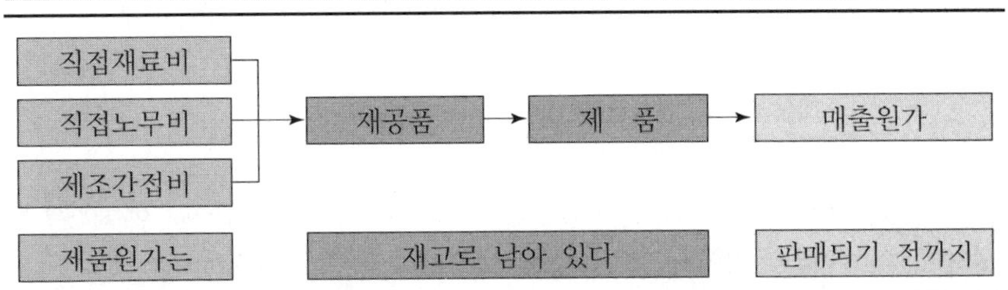

이 당기중의 완성된 제품의 원가(cost of goods completed)는 재공품(work in process) 계정으로부터 제품(finished goods) 계정으로 대체된다. 이 원가가 완성된 제품의 제조원가(Cost of Goods Manufactured : CGM)이며, 이 제품원가 중 판매된 것은 매출원가(Cost of Goods Sold : CGS) 계정으로 대체되고, 판매되지 않은 부분은 재고자산으로 차기이월된다. 따라서 제조기업에 있어서의 재고자산에 해당되는 계정은 재료(materials), 재공품(work in process) 및 제품(finished goods)이라는 세 가지가 존재한다.

제조기업에서는 손익계산서상의 매출원가(cost of goods sold)를 계산하기 위하여 별도로 제조원가보고서(statement of cost of goods manufactured)라는 재무제표를 작성한다.

제조원가보고서는 아래와 같이 세 단계의 과정을 거쳐 작성된다.

1. 당월중의 직접재료비 사용액을 계산한다.

   직접재료 기초잔액(beginning balance materials)
   +당월 매입액(direct materials purchased)

   이용가능한 총 직접재료원가(cost of DM available)
   −직접재료 기말잔액(ending balance materials)

   당월중 직접재료소비액(direct materials used)

2. 당월중에 소비된 총 제조비(total manufacturing costs)를 계산한다.

   직접재료비소비액
   +직접노무비소비액
   +총 제조간접비배부액

   당기 총 제조비(total manufacturing costs)

3. 당월에 완성된 제품의 제조원가(cost of goods manufactured)를 계산한다.

   당기 총 제조비
   +기초재공품원가
   −기말재공품원가

   제품제조원가(cost of goods manufactured)

제조원가가 계산되면, 이것을 손익계산서의 매출원가(cost of goods sold)란에서 다음과 같은 절차에 따라 당기중의 매출원가를 계산한다.

기초제품재고액
+ 제품제조원가
총 매출가능제품의 원가(cost of goods available for sale)
− 기말제품재고액
매출원가(cost of goods sold)

제 2 절 원가계산의 목적과 개별 원가계산의 절차

1. 원가정보의 유용성과 원가계산의 목적

경영의 과정에서 원가정보의 역할은 대단히 중요하다.

계획단계(planning stage)에서 경영자들은 제품 및 서비스의 판매가격을 결정하고, 미래원가를 추산할 뿐만 아니라 영업예산의 편성을 위해서 원가정보를 필요로 한다.

실행단계(executing stage)에서 경영자들은 제품 및 서비스의 실제원가를 계산하고, 생산활동이나 원가통제를 위하여 원가정보를 필요로 한다.

검토단계(reviewing stage)에서 경영자들은 예산원가와 실제원가를 비교하여 성과를 평가하고, 기대성과와 실제성과의 차이를 분석하고, 개선을 위한 사항을 권고한다.

보고단계(reporting stage)에서 경영자들은 목표달성 정도를 결정하고, 조정하고, 미래계획을 위해서 원가보고서를 작성한다.

원가계산(costing)이란 생산과정에서 발생된 원가를 집계하고, 완성된 최종제품에 그 원가를 배부하는 일련의 과정을 말한다. 이와 같은 일련의 과정을 원가계산시스템이라고 하는데, 결국 제품원가는 원가계산시스템의 산물이다.

원가계산시스템에서의 투입(input) 요소는 생산과정에서 발생된 원가이며, 시스템에서 수행되는 활동들은 원가를 수집하고, 최종제품에 배부하기 위해서 이용되는 제 절차이며, 산출물(output)이 제품원가이다. 이와 같은 제품원가는 재무회계와 관리회계 및 이해관계자들에게 똑같이 다양한 목적으로 활용된다.

원가계산(costing)은 일반적으로 다음과 같은 네 가지의 목적을 위해서 이루어진다.

① 재무제표(financial statements)의 작성에 필요한 원가정보의 제공
② 경영자들의 원가관리(cost control)에 필요한 원가정보의 제공
③ 경영자들의 각종 의사결정(decision making)에 필요한 원가정보의 제공
④ 경영계획 및 통제(planning and control)에 필요한 원가정보의 제공

여기서 보는 바와 같이 원가계산은 재무회계와 관리회계의 목적을 달성하기 위해서 똑같이 유용하고 핵심적인 정보를 제공한다. 위의 목적 중에서 ①의 목적은 전통적인 제품원가계산의 목적으로서 재무회계의 입장에서의 목적이고, 나머지의 목적은 관리회계적인 입장에서의 원가계산의 필요성이다.

이와 같은 원가계산의 목적을 달성하기 위해서 관리회계담당자는 항상 적시적(timely)이고 정확한(accurate) 제품의 원가정보를 제공하고자 한다.

2. 원가계산의 유형과 방법 간의 차이점

원가계산의 방법은 여러 가지가 있고 지금도 여러 측면에서 계속적으로 발전되어 가고 있지만, 전통적인 원가계산의 방법으로는 각 기업이 수행하는 생산활동의 성격에 따라 개별 원가계산과 종합원가계산으로 나눌 수 있다.

개별 원가계산(job-order costing)은 제품의 종류나 규격이 다양한 생산형태의 기업에서 제품 및 작업주문서별로 시행하는 원가계산의 방법으로서, 조선업, 건설업, 기계제조업 등 특별주문이나 수요에 따라 특정 제품을 개별적으로 생산하는 기업의 원가계산에 적합한 원가계산방법이다.

종합원가계산(process costing)은 단일종류의 제품을 연속적으로 대량생산하는 업종에서 사용하는 방법으로서, 회계기간(accounting period)별, 제조공정(manufacturing process)별로 종합적으로 이루어지는 원가계산방법이다. 일반적으로 화학공업, 식품가공업, 제지업, 금속제조업 등의 산업분야에서 주로 이용된다.

원가를 산출하는 방법으로서 개별 원가계산과 종합원가계산은 [표 2-2]에서 보는 바와 같이 그 특성상 여러 가지 측면에서 차이(differences)가 있다.

개별 원가계산에서는 제품을 완성하기 위해서 소비되는 원가는 제품(product)별로 추적계산된다. 따라서 개별 제품별로 발생되는 직접비는 즉시 추

[표 2-2] 개별 원가계산과 종합원가계산

	개별 원가계산	종합원가계산
의 의	개별 제품별로 발생한 원가를 집계	회계시간별로 발생한 원가를 종합적 집계
원가의 분류	직접비와 간접비	주요 재료비와 가공비(전환원가)
제조간접비의 배부	적절한 배부기준을 선택하고, 배부율을 산정하여 제품별로 배부	모든 원가를 종합집계하므로 특별한 경우를 제외하고는 제조간접원가 배부는 불필요
원가계산방법	개별 제품별로 발생한 직접비를 집계하고, 공통적으로 발생한 간접비는 배부하여 제품원가를 산정	기간별 종합원가를 집계하고, 기말에 미완성된 기말재공품의 원가를 평가하여 이를 차감하여 제품원가로 산정
재공품의 평가	개별 제품별로 원가가 집계되어 있으므로 평가는 불필요하며, 미완성된 제품에 집계된 원가를 기말재공품원가로 계상	기초재공품의 원가와 당기제조비를 고려하여 기말재공품원가를 평균법 혹은 선입선출법으로 평가
적용가능산업	종류, 규격 등이 서로 다른 제품을 독립적으로 주문생산하는 기계제조업, 항공산업, 조선업, 건축업 등의 산업	종류와 규격이 동일한 제품을 연속적으로 대량생산하는 화학공업, 제지공업, 방직공업, 철강업 등의 산업
중시하는 과 정	제조간접원가의 제품별로 배부하는 과정	기말재공품원가를 평가하는 과정

적계산되지만, 여러 제품에 공통적으로 발생되는 간접원가는 일정한 배부기준에 따라 배분(assignment)의 과정을 거쳐 제품별 원가를 산출하고, 회계기 말까지 미완성된 개별 제품의 원가는 기말재공품으로 처리하고, 완성된 제품의 원가를 제조원가로 취급한다. 반면에 종합원가계산에서는 원가는 기간(periods)별로 종합계산된다. 공정(process)별, 작업셀(work cell)별로 추적하고 집계되는 기간별 종합원가는 최종적으로 미완성된 제품의 원가를 평가하여 기말재공품원가로 추정하고, 기간별 종합원가에서 추정된 기말재공품의 원가를 차감하여 완성된 제품의 원가(costs of goods completed)로 계산한다.

개별 원가계산과 종합원가계산의 특성을 구분하면 [표 2-2]와 같은 차이점을 가진다.

3. 개별 원가계산의 방법과 절차

개별 원가계산은 종류와 규격이 다양한 제품을 개별적으로 생산하는 형태의 기업에 적합한 원가계산방법으로서, 제품원가를 개별 제품(products)별, 작업(job)별로 구분하여 집계하고 계산하는 방법으로 조선업, 건설업, 기계제조업 등과 같이 고객의 주문에 기초하여 고객의 요구에 따라 개별적으로 제품을 생산하는 업종에 적합한 원가계산방법이다.

원가계산의 절차는 당기중에 발생한 원가를 재료비, 노무비, 제조경비라는 원가요소별로 원가를 집계하고, 요소별로 집계된 원가를 다시 직접비와 간접비로 분류한다. 따라서 모든 원가는 재료비는 직접재료비와 간접재료비로, 노무비는 직접노무비와 간접노무비로 재분류되고, 제조경비는 대부분이 간접비적 성격을 가지게 되므로 최종적으로 직접재료비와 직접노무비를 합산하여 제품별로 직접원가를 계산하고, 여기에 간접재료비, 간접노무비 및 간접제조경비를 합계한 제조간접비를 제품별로 배부하는 절차를 가지게 된다. 따라서 제조원가는 제품의 종류별로 직접원가에 제조간접비배부액을 합산하여 계산된다. 제품별로 총 제조원가가 계산되면, 생산수량으로 나누어 개별 제품의 단위원가를 산출함으로써 원가계산의 절차는 모두 끝나게 된다.

개별 원가계산의 절차를 간략히 정리하면 다음과 같이 요약된다.

첫째로 제품제조를 위하여 당기중에 발생한 원가를 원가요소별로 분류집계한다. 제품의 제조과정에서 발생한 모든 원가는 재료비, 노무비, 제조경비로 1차적으로 분류집계하고, 원가요소별로 집계된 원가는 직접비와 간접비로 분류하여 제품별 직접원가와 공통비인 제조간접원가로 구분한다.

둘째로 제조간접비는 일정한 배부기준을 정하여 제품별 배부율을 계산하여 인위적으로 개별 제품에 배부한다.

셋째로 제품별로 발생한 직접비에 제조간접비배부액을 합하여 제품별 제조원가를 산출한다. 이 때 미완성된 제품이 있을 때에는 집계된 미완성품의 합계액을 기말재공품으로 계상하여 이월한다.

넷째로 제품별로 합산된 제조원가를 생산수량으로 나누어 개별 제품의 단위원가(unit cost)를 산출한다.

위의 과정에서 직접비라 함은 특정의 제품별로 발생한 원가를 말하며, 간접비는 여러 가지 제품을 제조하는 데 공통적으로 발생한 원가를 말하는데, 제조간접비의 제품별 배부과정은 개별 원가계산의 하이라이트가 된다. 왜냐하면 기업의 생산체제가 자동화되어 감에 따라 제조원가에서 제조간접비가 차지하는 비율이 커지게 되어 제조간접비의 배부액이 제조원가의 크기를 좌우하는 큰 요소가 되기 때문이다. 따라서 개별 원가계산에서는 정확한 제조원가를 산출하기 위해서 제조간접비를 어떻게 배부하느냐가 특히 중요하다.

제조간접비의 제품별 배부는 일정한 배부기준에 의하여 원가가 발생한 장소인 부문(departments)별로 1차적으로 배부하고, 각 부문의 원가를 다시 2차적으로 제품별 배부를 통하여 최종적으로 제품의 제조원가가 산출되게 되는데, 이 때 어떤 배부기준을 적용하느냐가 중요하다. 사실은 부문별 원가동인(cost driver)이라 하지만, 세밀한 내용은 원가회계에서 익히기로 하고 생략한다.

제조간접비의 제품별 배부의 과정은 정해진 원가동인에 의하여 아래의 공식에 의하여 제조간접비의 제품별 배부율을 계산하고, 배부율에 따라 제품별로 합리적으로 배부하는 절차를 가지게 된다.

$$\text{제조간접비 제품별 배부율} = \frac{\text{제조간접비 발생액}}{\text{총 원가동인의 합계}}$$

[예제 3] 다음 자료에 의하여 A, B, C, D제품의 제조원가를 계산하고, 총계정원장의 재공품계정의 기입면을 표시하라(A, B, C제품은 당기 중 완성되고, D제품은 미완성이다).

	A제품	B제품	C제품	D제품	합 계
직접재료비	₩100,000	₩200,000	₩350,000	₩450,000	₩1,100,000
직접노무비	₩200,000	₩300,000	₩150,000	₩250,000	₩900,000
제조간접비					₩500,000
기계작업시간	200시간	300시간	100시간	400시간	1,000시간

* 제조간접비의 배부는 직접작업시간을 기준으로 한다.

[풀 이]

$$제조간접비\ 배부율 = \frac{₩500,000}{1,000시간} = ₩500/시간$$

A제품의 제조원가 = ₩100,000 + ₩200,000 + ₩500 × 200시간
= ₩400,000

B제품의 제조원가 = ₩200,000 + ₩300,000 + ₩500 × 300시간
= ₩650,000

C제품의 제조원가 = ₩350,000 + ₩150,000 + ₩500 × 100시간
= ₩550,000

D제품의 제조원가 = ₩450,000 + ₩250,000 + ₩500 × 400시간
= ₩900,000

재 공 품

재료비	1,100,000	제 품	1,600,000
노무비	900,000	차기이월	900,000
제조간접비	500,000		

4. 개별 원가계산에서 원가의 흐름과 매출원가의 계산

아래 [그림 2-3]에서 보는 바와 같이 '제조관련계정을 통한 원가흐름도'를 보면, 제품제조를 위해서 발생한 모든 원가는 직접재료비, 직접노무비 및 제조간접비라는 원가요소계정으로부터 재공품계정(work in process), 제품계정(finished

[그림 2-3] 제조계정의 원가흐름도

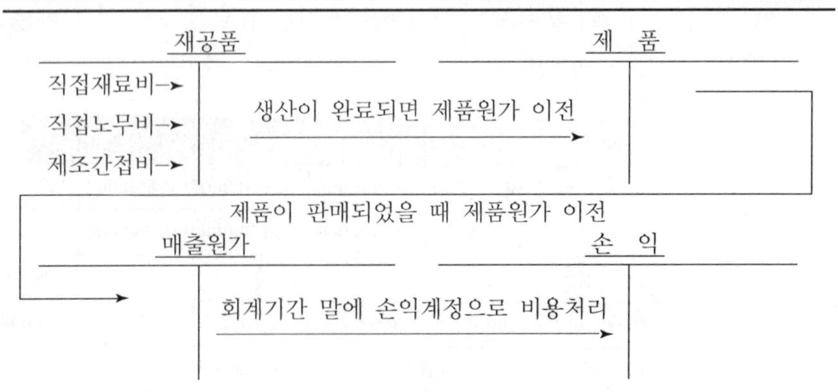

goods), 매출원가계정(cost of goods sold) 및 손익계정(income summary)으로 흘러간다.

[그림 2-3]에서 보는 바와 같이 재공품계정에서는 당기에 소비된 직접재료비, 직접노무비, 제조간접비를 집계하여 완성된 제품의 원가는 '제조원가'로 계산하여 제품계정으로 대체된다. 제품계정에서는 전기에서 이월된 기초제품이 있다면 이를 가산(+)하여 매출가능제품의 원가를 계산하고, 이 중에 판매된 제품은 매출원가계정에 대체된다. 이 매출원가는 회계기 말에 손익(income summary) 계정에 비용으로 대체되어 마감되는 계정흐름을 가지게 된다.

[예제 4] [예제 3]의 자료에 의하여 당월 제품의 제조원가와 매출원가를 계산하라(기초제품은 없었으며, 100개의 제품을 제조하여 80개가 판매되었다).

[풀 이]

제조원가 = 2,500,000 − 900,000 = 1,600,000

$$기말제품 = \frac{1,600,000}{100 \times 20} = 320,000$$

매출원가 = 1,600,000 − 320,000 = 1,280,000(or 16,000 × 80
= 1,280,000)

제 3 절 종합원가계산의 방법과 절차

1. 종합원가계산의 의의와 특징

종합원가계산(process costing)은 단일품종의 제품을 연속대량생산하는 기업의 형태에 적합한 원가계산방법으로서, 제품별(제조지시서별)로 특정 제품의 원가를 계산하는 개별 원가계산과는 달리 원가계산기간의 제품제조에 소비된 원가를 일괄적으로 파악하여 동 기간중에 완성된 제품수량으로 나누어 단위당 제품의 원가를 계산하는 방법이다.

종합원가계산에서는 기간중에 발생한 원가를 생산공정(process)에 따라 종합원가를 산출한다. 따라서 기본적으로 직접원가와 간접원가로 구분하지 않으므로 제조간접원가의 배부의 문제는 발생하지 않고 기간별, 공정별로 종합원가를 산출하는 것이므로 process costing system이라 칭하며, 현대기업들의 제품제조활동의 과정이 공정별, 작업셀별로 이루어지므로 대표적으로 사용되는 원가계산의 방법이다.

종합원가계산은 제품제조의 과정이 계속적으로 착수되고 완성되어지므로 원가계산의 기간과 제품완성의 시기와는 차이가 나는 것이 일반적이어서 기말에는 완성품과 미완성품인 기말재공품으로 나누어진다. 따라서 원가계산의 초점은 당기중에 발생되어 일괄적으로 집계된 총 제조비(total manufacturing costs)를 완성품과 기말재공품으로 배부해 주는 과정이 된다. 이와 같은 의미에서 본다면 종합원가계산의 과정은 총 제조비를 완성품과 미완성품에 나누어 주는 넓은 의미의 원가배분(cost allocation)의 과정이라고 할 수 있다.

원가계산의 절차도 원가요소별로 소비된 금액을 일괄적으로 집계하여 총 제조비를 산출하고 미완성된 기말재공품의 원가를 평가하여 이를 차감(−)함으로써 완성된 제품의 원가를 산출하는 절차로 이루어지므로, 기말에 있어서의 미완성품인 기말재공품을 그 완성도(degree of completion)에 따라 완성품환산량을 계산하여 기말재공품의 원가를 추정해 내는 일련의 과정인 기말재공품원가의 평가(evaluation) 과정은 가장 중요한 절차로 인식된다.

종합원가계산은 생산되는 제품 및 투입되는 원가요소의 특성에 따라 여러 가지의 유형(types)으로 나눌 수 있지만, 대별하면 다음과 같은 세 가지 유형으로 분류할 수 있다.

① 단순종합원가계산
② 공정별 종합원가계산
③ 결합원가계산

단순종합원가계산은 생산활동이 단일공정으로 이루어지고, 생산되는 제품도 단일제품으로 구성되는 단순한 형태의 종합원가계산을 말하고, 공정별 종합원가계산은 이미 언급한 바와 같이 많은 기업의 생산방식은 몇 개의 생산공정을 거치면서 단계별로 최종제품이 완성되어 가는 형태로 이루어지기 때문에 공정별로 완성되는 반제품의 원가를 계산하고, 다음 공정으로 대체하여 추가가공(process further)하여 최종공정에서 완성제품의 원가를 계산하는 방법이다.

공정별 원가계산은 가장 일반적인 종합원가계산의 방법으로서 조별(혹은 반별)로 이루어지기도 하며, 가공비만을 공정별로 계산해 가는 방법도 있다.

결합원가계산(joint costing)은 등급제품이나 연산품의 종합원가를 산출하여 적정한 배분방법을 채택하여 등급제품이나 연산품인 주산품과 부산품에 배분하는 방법을 말한다. 등급제품이거나 연산품이거나 두 종류 이상의 제품의 원가가 결합한 형태의 종합원가이므로 산출된 종합원가를 결합원가(joint cost)라 하고, 이 결합제품(oint product)의 원가는 개별 제품(separable product)으로 분리되는 분리점(split-off point)에서 개별 제품별 원가로 배분하는 과정으로 진행된다.

원가계산의 유형별로 상세한 계산의 과정과 절차는 상급반의 '원가회계'에서 별도로 취급되고 있으므로, 원가의 산출과정보다는 의사결정을 위한 계획과 통제가 중심이 되는 관리회계에서는 가장 단순한 형태의 단순종합원가 계산의 과정과 절차만을 다루고자 한다.

2. 종합원가계산의 단계와 제품단위 원가산출의 절차

종합원가계산의 방법에 따라 경영자가 합리적 의사결정을 위한 완성된 제품의 단위당 원가는 다음과 같은 네 단계의 과정을 거쳐서 산출되어진다.

① 회계기간중의 총 원가(종합원가)의 집계
② 물량흐름의 분석에 의한 기말재공품원가의 계산
③ 총 원가－기말재공품원가＝완성제품원가의 산출
④ 완성제품원가/완성제품수량＝제품단위원가의 산출

1) 총 원가(종합원가)의 집계

총 원가(total costs)는 두 가지의 부문으로 구성된다. 하나는 전기에서 미완성품으로 이월된 기초재공품(beginning work in process)이며, 또 하나는 당기중에 착수한 제품에 대하여 발생한 재료비, 노무비 및 제조경비가 된다. 종합원가계산에서는 개별 제품별로 원가를 계산하는 것이 아니므로, 당기중에 발생한 원가에 대해서는 개별 원가계산에서와 같이 직접비와 간접비를 구분하지 않고 일괄적으로 집계한다.

당기중에 발생한 원가도 세밀하게 분석하자면 주요 재료(main materials)와 가공비(conversions cost)는 생산방식에 따라 그 완성정도가 상이한 것이므로 구분하는 것이 좋지만, 여기서는 단순한 양식으로 구분하지 않고 총 원가는 단지 기초재공품의 원가와 당기투입원가의 두 부분으로만 나누어 인식한다.

총 투입원가＝기초재공품원가＋당기투입원가

전기에 투입하여 당기로 이월된 기초재공품의 원가와 당기중에 투입한 원가는 분명히 시차(time leg)가 있으므로 구분하여 인식하고 계산한다.

2) 물량흐름의 분석에 의한 기말재공품원가의 평가

종합원가계산에서 기말재공품원가(ending work in process)의 평가의 문제는 가장 중요하다. 기말재공품의 원가를 계산하기 위해서는 재고조사를 통하여 재고수량(actual units)을 파악하고, 단위당 평균투입원가를 곱하여 계산하여야 하기 때문에 물량흐름(unit flow)의 분석과정을 거쳐 기말재공품의 수량을 계산하여야 한다. 기말재공품은 근본적으로 미완성품이기 때문에 단위당 평균원가를 계산하기 위해서는 완성수량과 미완성품인 기말재공품을 완성품(product completed)으로 환산한 수량을 합한 총 환산수량의 계산이 중요한데, 이와 같이 '완성수량＋기말재공품을 완성품으로 환산한 수량'의 개념을 가리켜 완성품환산량(equivalent units)이라고 한다. 즉 '완성된 수량과 동등한 단위수로 환산한 수량'이라는 뜻이다.

완성품환산량＝완성제품의 수량＋기말재공품환산량

'완성품환산량'이 계산되면, 총 원가를 이 완성품환산량으로 나누어 평균단위원가(equivalent unit cost)를 계산하여 이 단위원가로서 기말재공품과 완성제품에 총 원가를 배분하면 된다.

$$\text{기말재공품원가} = \frac{\text{총 투입원가}}{\text{완성품환산량}} \times \text{기말재공품환산량}$$

$$\text{완성제품원가} = \frac{\text{총 투입원가}}{\text{완성품환산량}} \times \text{완성제품수량}$$

3) 완성제품원가의 산출

당기중에 완성된 제품의 원가(cost of goods completed)는 기초재공품의 원가와 당기투입원가를 합산(+)한 금액인 총 원가에서 기말재공품의 원가를 차감하여 계산된다.

총 원가(기초재공품원가 + 당기투입원가) − 기말재공품원가 = 완성제품원가

4) 단위당 제품원가의 산출

완성제품의 원가가 산출되면 당기완성수량(units completed in this period)으로 나누어 단위당 제품원가(unit product cost)가 계산된다.

$$\frac{\text{완성제품원가}}{\text{완성제품수량}} = \text{단위당 제품원가}$$

[예제 5] 다음의 자료에 의하여 기말재공품원가를 평가하고, 완성제품의 제조원가를 산출하라.

기초재공품원가 : ₩75,000(직접재료비 = ₩50,000, 가공비 = ₩25,000)
당기 총 제조비 : ₩225,000(직접재료비 = ₩80,000, 가공비 = ₩145,000)

완성제품의 수량 : 40,000단위
기초재공품수량 : 10,000단위(완성도 = 50%)
기말재공품수량 : 20,000단위(완성도 = 50%)

[풀 이]

총 투입원가 = 기초재공품원가 + 당기제조비 = ₩75,000 + ₩225,000
= ₩300,000

완성품환산량 = 완성제품의 수량 + 기말재공품환산량
= 40,000단위 + 10,000단위 = 50,000단위

$$\text{기말재공품원가} = \frac{\text{총 투입원가}}{\text{완성품환산량}} \times \text{기말재공품환산량}$$

$$= \frac{₩300{,}000}{50{,}000\text{단위}} \times 10{,}000\text{단위}$$

= @₩6 × 10,000단위 = ₩60,000

완성제품의 원가 = ₩300,000 − ₩60,000 = ₩240,000 혹은
= @₩6 × 40,000단위 = ₩240,000

* 기말재공품의 환산량 = 기말재공품수량 × 완성도
= 20,000단위 × 0.5 = 10,000단위.

3. 기말재공품평가의 단계와 방법

(1) 기말재공품평가의 단계

기말재공품원가를 평가하는 과정은 다음과 같이 몇 단계로 요약할 수 있다.

1) 제 1 단계(물량흐름의 분석)

총 투입량 = 총 산출량으로 분류하고, 총 투입량은 기초재공품수량과 당기투입량을 합한 수량이며, 총 산출량은 완성수량과 기말재공품수량을 합산한 수량이 되므로 다음과 같은 식이 성립된다.

기초재공품수량 + 당기투입량 = 완성수량 + 기말재공품수량

위의 [예제 5]에서 10,000단위 + X = 40,000단위 + 20,000단위이므로, 당기투입량은 50,000단위로 계산된다.

2) 제 2 단계(완성품환산량의 계산)

완성품환산량(equivalent unit)은 투입요소를 중심으로 계산할 수도 있지만, 산출요소를 중심으로 계산하는 것이 간단하다.

완성품환산수량 = 완성품수량 + 기말재공품을 완성품으로 환산한 수량
(기말재공품수량 × 기말재공품완성도)

위의 [예제 5]에서 완성품환산수량은 40,000단위 + 20,000단위 × 0.5 = 50,000단위이다.

3) 제 3 단계(완성품환산량 단위원가의 계산)

완성품환산량 단위원가(cost of equivalent units)는 아래와 같이 총 투입원가(total inputed costs)를 완성품환산수량(equivalent units)으로 나누어 계산된다.

$$\text{완성품환산량 단위원가} = \frac{\text{총 투입원가}}{\text{완성품환산수량}}$$

위의 [예제 5]에서 완성품환산량 단위원가는 ₩300,000/50,000단위＝@₩6 이다.

4) 제 4 단계(기말재공품원가의 평가)

기말재공품원가는 기말재공품의 완성품으로 환산한 수량을 3단계에서 계산된 완성품환산량 단위원가를 곱하여 계산된다.

기말재공품원가＝완성품환산량 단위원가×기말재공품의 완성품환산량

위의 [예제 5]에서 기말재공품의 원가는 @₩6×10,000단위＝₩60,000이다.

(2) 기말재공품의 평가방법

기말재공품을 평가하는 것은 총 투입원가(total imputed costs)를 총 완성품환산량(total equivalent units)으로 나누어 단위당 원가(unit cost)를 산출하고, 이 단위원가를 적용하여 기말재공품과 완성품에 배분하는 것을 보았는데, 이것은 결국 평준화의 과정(averaging process)을 통하여 기말재공품을 계산하는 방법이다.

그러나 총 투입원가를 구성하는 기초재공품원가와 당기투입원가는 시차로 인하여 함께 묶어 평준화하는 데에는 무리가 있다고 보아야 한다. 따라서 기말재공품을 평가하는 데 전기에서 미완성되어 당기로 넘어 온 기초재공품(first in)은 먼저 완성(forst out)시키는 것이 생산과정의 흐름상 맞는 것이므로, 당기중에 투입한 원가 중의 일부가 기말의 미완성품인 기말재공품으로 남아 있다고 보는 것이 논리상 맞다고 보아야 한다. 이와 같은 생각으로 기말에 남은 재고자산을 평가하는 방법을 선입선출법(First In First Out Method : FIFO)이라 하며, 앞에서 계산했던 바와 같이 전체를 묶어서 일괄적으로 가중적으로 평준화하는 방법을 가중평균법(weighted average method)이라 한다.

결국 기말재공품이라는 재고자산을 평가하는 방법은 가중평균법과 선입선출법이라는 두 가지의 방법이 있다.

앞에서는 이해를 돕기 위하여 가중평균법에 의하여 기말재공품을 평가하였지만, 선입선출법에 의하여 기말재공품이라는 재고자산을 평가하여 보자.

앞에서 살펴본 바와 같이 평균법에서는 기초재공품(beginning work in process)과 당기중의 생산원가(current production cost)를 합하여 평균단위원가를

계산하고, 이 평균단위원가로 완성제품과 기말재공품에 배부(assigned)한다.

$$\frac{\text{기초재공품원가} + \text{당기투입원가}}{\text{완성품환산수량}} = \text{평균단위원가}$$

평균단위원가×완성품수량=완성제품의 원가

평균단위원가×기말재공품 완성품환산량=기말재공품원가

여기서 기말재공품 완성품환산량이란 기말재공품수량에 완성도(%)를 곱(×)하여 기말재공품을 완성품과 동등한 수량으로 환산한 개념이며, 총 완성품환산수량은 당기중에 완성된 제품의 수량에 기말재공품 완성품환산량을 가산(+)하여 당기중의 산출한 수량 모두, 즉 완성품과 기말재공품을 완성품환산량으로 계산하였다.

완성품환산수량은 당기중의 자료만 충분히 있다면, 투입요소를 기준으로 다음과 같이 계산할 수도 있다.

즉 (기초재공품의 완성을 위하여 당기중에 투입한 수량)에 (당기중에 투입하여 완성한 수량)과 (미완성한 기말재공품의 완성환산량)이라는 세 가지 요소를 합산함으로써 계산할 수도 있지만, 기말재공품을 이렇게 분류한다는 것은 사실상 어려운 일이므로 앞서 계산한 바와 같은 투입이야 어떻게 되었든 총 산출량, 즉 '완성품수량+기말재공품의 완성품환산량'을 완성품환산수량으로 계산하는 것이 쉽기 때문에 그렇게 계산하는 것을 권장한다.

이제 선입선출법에 의하여 기말재공품이라는 재고자산의 평가과정을 검토하여 보자.

선입선출법(FIFO)에서는 제품의 단위당 원가(unit costs)의 대상이 되는 총원가가 현재기간에 사용된 원가자료인 당기투입원가가 되고, 기초재공품의 원가는 제외된다. 왜냐하면 기초재공품은 선입선출법에 의할 때 이미 모두 완성되어 기말재공품의 구성요소가 아니기 때문이다. 따라서 평균단가를 계산하기 위한 완성품환산수량에서도 기초재공품의 수량은 다음과 같이 제외하여야 한다.

기말재공품 평균단위원가계산을 위한 총 원가=당기투입원가

완성품환산수량=완성제품수량+기말재공품 완성품환산량−기초재공품 완성품환산량

다시 말하여 선입선출법에서는 기초재공품의 원가는 모두 완성품의 원가요소가 되었으므로 기말재공품은 당기투입원가만이 그 구성요소가 되는 것이므로, 기말재공품원가와 완성제품원가의 구성은 다음과 같이 됨을 알 수 있다.

완성품환산수량 = 완성품수량 + 기말재공품환산량 − 기초재공품환산량

$$\frac{\text{당기투입원가}}{\text{완성품환산수량}} = \text{당기단위원가}$$

기말재공품원가 = 당기단위원가 × 기말재공품 완성환산량

완성제품원가 = 기초재공품원가 + 당기투입원가 − 기말재공품원가

이와 같이 계산하면 기초재공품의 원가는 모두 완성제품의 원가에 포함되고, 기말재공품에는 모두 제외되는 것이다.

앞의 [예제 5]에 의하여 선입선출법에 의하여 기말재공품원가를 평가하고, 이에 의하여 완성품원가를 산출한다면 아래와 같다.

기초재공품원가 : ₩75,000(직접재료비 = ₩50,000, 가공비 = ₩25,000) 당기총 제조비 : ₩225,000(직접재료비 = ₩80,000, 가공비 = ₩145,000) 완성제품의 수량 : 40,000단위 기초재공품수량 : 10,000단위(완성도 = 50%) 기말재공품수량 : 20,000단위(완성도 = 50%)

당기투입원가 = 당기제조비 = ₩225,000

완성품환산량 = 완성제품의 수량 + 기말재공품환산량 − 기초재공품환산량

= 40,000단위 + 10,000단위 − 5,000단위 = 45,000단위

$$\text{기말재공품원가} = \frac{\text{당기투입원가}}{\text{완성품환산량}} \times \text{기말재공품환산량}$$

$$= \frac{₩225{,}000}{45{,}000\text{단위}} \times 10{,}000\text{단위}$$

= @₩5 × 10,000단위 = ₩50,000

완성제품의 원가 = 기초재공품원가 + 당기투입원가 − 기말재공품원가

= ₩75,000 + ₩225,000 − ₩50,000 = ₩250,000

* 기말재공품의 환산량 = 기말재공품수량 × 완성도

= 20,000단위 × 0.5 = 10,000단위

$$\frac{\text{당기투입원가}}{\text{완성품환산량}}$$ = @₩5을 가리켜 환산량단위원가라 한다.

제 2 장 Key Words

가공원가(conversion cost)

The costs of converting direct materials into finished product, the sum of direct labor costs and manufacturing overhead costs.

간접노무원가(indirect labor cost)

Labor costs for production-related activities that cannot be conveniently or economically traced to a unit of product.

간접원가(indirect cost)

Any cost that cannot be conveniently or economically traced to a specific cost object.

간접재료원가(indirect materials cost)

The costs of materials that cannot be conveniently or economically traced to a unit of product.

개별 원가계산시스템(job order costing system)

A product costing system used by companies that make large, unique, or special-order products; the costs of direct materials, direct labor, and manufacturing overhead are traced to a specific job order or batch of products.

결합원가(joint cost)

The cost incurred in a joint production process before the joint products become identifiable as separate products.

고정원가(fixed cost)

A cost that remains constant within a defined range of activity or time period.

공정별 원가계산시스템(process costing system)

A product costing system used by companies that produce large amounts of similar products or liquid products, or by companies that have a continuous production flow; the cost of direct materials, direct labor, and manufacturing overhead are first traced to process, departments, or work cells and then assigned to the products manufactured by those process, departments, or work cells.

관련원가(relevant cost)

A cost that differs between alternatives in a particular decision.

기간원가(period cost)
The costs of resources consumed during the current period and not assigned to products. Also called non-inventoriable cost.

기초원가(prime cost)
The primary costs of production, the sum of direct materials costs and direct labor cost.

기회원가(opportunity cost)
The potential benefit given up when the choice of one action precludes selection of a different action.

매몰원가(sunk cost)
Costs that were incurred in the past and cannot be altered by any current or future decision.

변동원가(variable cost)
A cost that changes in direct proportion to a change in productive output (or any other measure of volume).

변동원가계산(variable costing or direct costing)
A method of product costing in which only variable manufacturing overhead is included as a product cost that flows through the manufacturing accounts.

선입선출법(FIFO costing method)
A process costing method in which the cost follows the actual physical flow of production, and the costs assigned to the first materials processed in a department are the first costs transferred out when those materials flow to the next department.

완성품환산량(equivalent production)
A measure of the number of equivalent whole units produced in a period of time. Also called *equivalent units.*

전부원가계산(absorption costing or full costing)
A method of product costing in which both variable and fixed manufacturing overhead are included in the product costs that flow through the manufacturing accounts.

제조간접원가(manufacturing overhead cost)
Production-related costs that cannot be practically or conveniently traced to an end

product. Also called *Factory overhead, factory burden, or indirect manufacturing costs.*

제조원가(manufacturing cost)
Cost incurred in a manufacturing process, which consist of direct material, direct labor, and manufacturing overhead.

제품원가(product cost)
The costs assigned to inventory, which include the costs of direct materials, direct labor, and manufacturing overhead. Also called *inventoriable cost.*

제품원가계산 시스템(product costing system)
A set of procedures used to account for an organization's product costs and to provide timely and accurate unit cost information for pricing, for cost planning and control, for inventory valuation, and for financial statement preparation.

증분원가(incremental cost)
The amount by which the cost of one action exceeds that of another.

직접노무비(direct labor cost)
The cost of salaries, wages, and fringe benefits for personnel who work directly on the manufactured products.

직접비(direct cost)
A cost that can be traced to a particular department or other subunit of an organization.

직접재료비(direct materials cost)
The costs of materials that can be conveniently and economically traced to specific units of product.

차액원가(differential cost)
The difference in a cost item under two decision alternatives.

평균법(average costing method)
A process costing method that assigns an average cost to all products made during an accounting period, so that cost assignment is linked to the accounting period rather than to the physical flow of production.

연습문제

* After reading the each problems, Choose the best item.

1. Fixed costs are those costs that :

A. vary directly in total with changes in activity level.

B. vary inversely in total with changes in activity level.

C. remain constant on a per unit basis.

D. increase on a per unit basis as activity increases.

E. remain constant in total as activity varies.

2. As activity level decreases, unit variable cost :

A. increases proportionately with activity.

B. decreases proportionately with activity.

C. remains constant.

D. increases by a fixed amount.

E. decreases by a fixed amount.

3. Costs that can be traced to a particular products are called :

A. direct costs.

B. indirect costs.

C. product costs.

D. manufacturing costs.

E. period costs.

4. Manufacturing overhead costs include all of the following except :

A. direct labor.

B. indirect labor.

C. indirect materials.

D. other indirect manufacturing costs.

E. period costs.

5. Depreciation of factory equipment would be classified as :

A. indirect material.

B. indirect labor.

C. manufacturing overhead.

D. depreciation expense.

E. administrative costs.

6. Conversion costs include :

A. direct material, direct labor, and manufacturing.

B. direct material and direct labor.

C. direct labor and manufacturing overhead.

D. prime costs.

E. period costs.

7. Which of the following equations is used to calculate the cost of goods sold during the period?

A. beginning finished goods + cost of goods manufactured + ending finished goods

B. beginning finished goods − ending finished goods

C. beginning finished goods + cost of goods manufactured

D. beginning finished goods + cost of goods manufactured − ending finished goods

E. beginning finished goods + ending finished goods − cost of goods manufactured

8. As production takes place, all manufacturing costs are added to the :

A. work in process inventory account.

B. manufacturing overhead inventory.

C. cost of goods sold account.

D. finished goods inventory account.

E. direct labor account.

9. When products are completed, their product costs are transferred from work in process inventory to the :

A. manufacturing overhead account.

B. cost of goods sold account.

C. finished goods inventory account.

D. direct labor account.

E. indirect labor account.

10. Which of the following industries is most likely to use the job order costing system?

A. jet aircraft company

B. paint producting company

C. chemical manufacturers

D. oil refining company

E. fertilizer manufacturers

11. Which of the following represents a correct formula for calculating equivalent units under the weighted-average method?

A. equivalent units of ending WIP + units started

B. units completed + equivalent units of ending WIP

C. equivalent units of beginning WIP + equivalent units of ending WIP

D. equivalent units of beginning WIP + units completed − equivalent units of ending WIP

E. units completed + equivalent units of ending WIP − equivalent units of beginning WIP

12. Which of the following represents a correct formula for calculating equivalent units under the FIFO method?

A. equivalent units of ending WIP + units started

B. units completed + equivalent units of ending WIP

C. equivalent units of beginning WIP + equivalent units of ending WIP

D. equivalent units of beginning WIP + units completed − equivalent units of ending WIP

E. units completed + equivalent units of ending WIP − equivalent units of beginning WIP

13. In the computation of manufacturing cost per equivalent units, the weighted average method of process costing considers :

A. current costs only.

B. current costs + cost of ending work in process.

C. current costs + cost of beginning work in process.

D. current costs − cost of beginning work in process.

E. cost of beginning work in process + cost of ending.

14. In the computation of manufacturing cost per equivalent unit, FIFO method of process costing considers :

A. current costs only.

B. current costs + cost of ending work in process.

C. current costs + cost of beginning work in process.

D. current costs − cost of beginning work in process.

E. cost of beginning work in process + cost of ending work in process.

15. When a company produces 10,000 units of products, Fixed costs per unit are $10. What are the fixed costs per unit when 12,500 units are produced?

A. $12.00

B. $10.00

C. $8.00

D. $6.00

E. $4.00

16. When a company produces 10,000 units of products, variable costs per unit are $4. What are the variable costs per unit when 8,000 units are produced?

A. 6.00

B. 4.00

C. 4.50

D. 5.50

E. 5.00

17. When a company produces 10,000 units, total costs are $140,000. Of this amount, variable costs are $4 per unit. What are the total costs when 8,000 units are produced?

A. $140,000

B. $136,000

C. $132,000

D. $124.000

E. $112,000

18. When 8,000 units are produced, total costs are $80,000. Of this amount, variable costs are $48,000. What are the total costs when 10,000 units are produced?

A. $80,000

B. $92,000

C. $98,000

D. $100,000

E. $108,000

* By the following data, Solve the problems 19 – 23.

direct material used = $150,000	promotion costs = $5,000
indirect labor = $7,000	administrative costs = $10,000
direct labor = $40,000	overtime premiums paid = $20,000
indirect material = $45,000	
depreciation of factory equipment = $70,000	

19. The prime costs total :

A. $40,000.

B. $150,000.

C. $142,000.

D. $182,000.

E. $190,000.

20. The conversion costs total :

A. $40,000.

B. $150,000.

C. $142,000.

D. $182,000.

E. $190,000.

21. The manufacuring overheads are?

A. $40,000.

B. $150,000.

C. $142,000.

D. $182,000.

E. $190,000.

22. The product costs total :

A. $15,000.

B. $20,000.

C. $182,000.

D. $190,000.

E. $332,000.

23. The period costs total :

A. $15,000.

B. $20,000.
C. $182,000.
D. $190,000.
E. $372,000.

24. If the beginning materials inventory account balance was $4,200, the ending balance was $3,940, and $21,560 of materials were used during the month, what was the cost of the materials purchased during this time period?

A. $21,600
B. $21,820
C. $21,790
D. $21,300
E. $17,620

25. Barrett Industries began the month of June with a finished goods inventory of $15,000. The finished goods inventory at the end of June was $10,000 and the cost of goods sold during the month was $20,000. The cost of goods manufactured during the month of June is determined to be :

A. $35,000.
B. $25,000.
C. $20,000.
D. $15,000.
E. $5,000.

26. Fairchild Inc. began April with a finished goods inventory of $25,000. The cost of goods manufactured during the month was $40,000 and the cost of goods sold during April was $50,000. The finished goods inventory at April 30 is determined to be :

A. $35,000.
B. $25,000.
C. $20,000.
D. $15,000.
E. $10,000.

27. Barrister & Company began July with a finished goods inventory of $10,000. The cost of goods manufactured during the month was $85,000 and the ending finished goods inventory was $20,000. The cost of goods sold for July is determined to be :

A. $55,000.
B. $75,000.
C. $85,000.
D. $95,000.
E. $105,000.

28. At Price Company, the month－end cost of goods sold was $393,910, the beginning finished goods inventory was $40,410, and the ending finished goods inventory was $42,900. What was the total cost of completed goods transferred to finished goods inventory during the month?

A. $396,400
B. $391,120
C. $391,420
D. $393,400
E. $395,120

＊Use the following information to solve the problems 29－32.

Leisure Life manufactures various sports equipment. During its first year of operations the company worked on the following four jobs. The predetermined overhead application rate was 150% of direct labor cost. Jobs #101 and #I02 were completed, Jobs #103 and #104 are still in process at the end of the year. Job #l0l was sold during the year.

job number	101	102	103	104
direct material	$15,000	$9,000	$12,000	$20,000
direct labor	6,000	4,000	?	?
manufacturing overhead applied	?	?	9,000	?
totals	?	?	?	$25,000

29. The manufacturing overhead applied to job #101 during the year was :

A. $－0－.
B. $4,000.
C. $6,000.
D. $8,000.
E. $9,000.

30. The manufacturing overhead applied to job #104 during the year was :

A. $5,000.

B. $3,000.

C. $2,000.

D. $2,500.

E. $−0−.

31. Leisure Life's cost of goods manufactured during the year is calculated to be :

A. $34,000.

B. $49,000.

C. $75,000.

D. $76,000.

E. $101,000.

32. The balance in Leisure Life's work in process inventory account at the end of the year is determined to be :

A. $25,000.

B. $41,000.

C. $46,000.

D. $52,000.

E. $71,000.

* Use the following information to solve the problems 33−34.

	number of units	costs
beginning work in process	30,000(50%)	$10,750
started in May	80,000	$32,000
units completed	85,000	
ending work in process	25,000(40%)	

33. Calculate the cost per equivalent unit by the weighted average method.

A. $0.40

B. $0.45

C. $0.55

D. $0.60

E. $0.65

34. Calculate the cost per equivalent unit by FIFO method.

A. $0.40

B. $0.45

C. $0.55

D. $0.60

E. $0.65

* By the following data of the month of May, solve the problems 35－40.

	units	costs
work in process, May 1(40%)	25,000	$25,000
costs incurred during May		$200,000
units completed	45,000	
work in process, May 31(50%)	10,000	

35. Using the weighted average method, costs per equivalent units during May is :

A. $3.00.

B. $3.50.

C. $4.00.

D. $4.50.

E. $5.00.

36. Using the FIFO method, costs per equivalent units during May is :

A. $4.00.

B. $4.50.

C. $5.00.

D. $5.50.

E. $6.00.

37. Using the weighted average method, the costs in work in process on May 31?

A. $18,500

B. $20,000

C. $20,500

D. $22,500

E. $25,000

38. Using the FIFO method, the total costs in work in process on May 31 are :

A. $18,500.

B. $20,000.

C. $20,500.

D. $22,500.

E. $25,000.

39. Using the weighted average method, the cost of goods completed during May is :

A. $200,000.

B. $202,500.

C. $225,000.

D. $250,000.

E. $252,500.

40. Using the FIFO method, the cost of goods completed during May is :

A. $200,000.

B. $202,500.

C. $225,000.

D. $250,000.

E. $252,500.

제 3 장

경영의사결정을 위한 변동원가계산

■ **학습목표**

본 장에서는 경영계획수립과 원가관리를 위한 변동원가계산의 중요성과 기본개념 및 그 방법과 절차를 소개하고 있다.

본 장을 공부하고 난 후 다음과 같은 내용의 능력을 갖추어야 한다.

① 변동원가계산의 의의와 특성의 이해
② 변동원가계산과 전부원가계산의 개념적 차이를 구분하여 설명
③ 두 가지 원가계산방법상에 나타나는 순손익차이의 유형을 이해
④ 전부원가계산에 의한 손익계산서작성
⑤ 변동원가계산에 의한 손익계산서작성
⑥ 전부원가계산과 변동원가계산 하에서 기간손익의 차이를 이해하고 조정
⑦ 경영의사결정을 위한 변동원가계산의 유용성과 한계를 이해하고 기술

제 1 절 변동원가계산의 생성배경과 특징

1. 변동원가계산의 생성배경

변동원가계산(variable costing)이 최초로 논의되기 시작한 것은 1969년에 미국산업사회를 배경으로 하여 외부이해관계자들에 대한 재무제표를 작성하기 위한 원가회계의 범위를 탈피하여 경영계획의 수립과 원가관리상의 유용성을 확보하기 위하여 제조원가계산의 새로운 방법으로 논의되기 시작한 것으로 알려지고 있다.

변동원가계산의 논리는 전통적인 전부원가계산(absorption costing)의 모순을 지적하는 것으로부터 출발한다.

1940년대까지의 원가회계의 관심사는 정확한 제품의 원가산정에 있었다. 왜냐하면 제품의 판매가격을 결정하거나, 재고자산을 평가하고 매출원가를 계산하기 위해서는 제품제조를 위해서 소비된 원가에 대한 정확한 정보(accurate information)가 필요하였기 때문이다. 따라서 이러한 재고자산의 금액과 매출원가를 정확히 알기 위해서는 제품의 생산에 관련하여 실제로 발생한 모든 원가(all costs)를 제품원가에 포함시키는 전부원가계산의 방법이 유일한 원가회계의 방법으로 존재하였다.

이러한 전통적인 원가회계의 방법은 외부보고를 위한 재고자산의 가격결정이나 기간손익의 산정을 위해서는 유용한 수단으로 이용되었지만, 기업환경의 변화에 따라 원가계산의 초점은 정확한 원가의 산정(accurate costing)보다는 원가를 일정한 수준으로 관리통제(cost control at a certain level)해 나가야 한다는 문제에 직면하게 되었다.

그러므로 효율적 기업경영을 위한 관리적 의사결정에 유용한 원가정보를 적시(timely)에 적절하게 제공하여 원가회계가 기업의 이익창출에 기여하는 것이 되어야 한다는 점에서, 원가회계의 목적은 외부보고(outernal reports) 목적보다는 기업의 내부경영관리(internal management)를 위한 방향으로 크게 선회함으로써 합리적 경영의사결정 및 통제를 위한 원가회계의 방법이 자연스럽게 논의되어 전통적인 전부원가계산의 방법보다는 제품의 제조원가는 통제가능한 원가만(only controllable costs)으로 구성되어야 한다는 의미에서 변동원가계산의 출현을 보게 된 것이다.

변동원가계산은 전통적인 전부원가계산 방법의 문제점을 보완하고, 산업 환경의 변화에 따른 제반 경영전략을 위하여 보다 유용한 회계정보가 되기 위한 수단으로 출발하여 표준원가계산(standard costing)과 결합하여 변동예산(variable budgets), 손익분기점분석(break-even point analysis) 및 제품가격결정(product pricing) 등의 다양한 기법을 개발하여 보다 효율적인 원가관리와 경영의사결정을 하는 데 이용되어 왔다. 왜냐하면 전통적인 전부원가계산 방법에 의한 원가정보는 손익분기점분석, 이익계획 및 기타 관리회계기법을 위하여 적용하기가 곤란하고, 이와 같은 여러 경영관리기법들을 이용하는 데에는 변동원가계산의 방법이 보다 적합한 것으로 인정되었기 때문이다.

변동원가계산 시스템은 모든 원가를 변동원가(variable cost)와 고정원가(fixed cost)로 구분하는 데에 바탕을 두고 있는데, 많은 관리회계기법들이 원가를 통제가능한 변동비와 비교적 통제가 불가능하다고 생각되는 고정비로 분류하여 변동비의 직접적인 통제를 통해서 보다 더 효율적인 경영(efficient administration)을 시도하는 것으로 구상되기 때문에 변동원가계산의 방법이 많은 기업에서 경영관리를 위한 원가계산의 방법으로 이용되기에 이르렀다.

해리스의 변동원가계산 모형이 제창되면서 논의되어 온 변동원가계산의 방법이 손익분기점분석, 이익계획 및 기타의 여러 관리회계기법들과 함께 관리통제 및 의사결정목적에 이용되기 시작한 것은 1950년대 이후이다. 변동원가계산의 방법이 관리적 의사결정을 위한 유용성이 인정되면서도 실무계에서 받아들이기가 어려웠던 점은 제도회계, 즉 각국의 일반적으로 인정되어지는 회계기준이 전부원가계산의 방법만을 인정하고, 변동원가계산의 방법을 외부보고용의 회계정보로 인정하지 않았기 때문이었는데, 최근에 이르면서 변동원가계산에 의한 순손익(net income)을 전부원가계산에 의한 순손익으로의 조정(reconciliation)이 간단히 이루어짐으로써 이러한 문제는 해결되었다. 오늘날 변동원가계산 제도는 외부재무보고를 위한 원가계산방법으로서는 잘 이용되고 있지 않는 형편인데, 그것은 종래의 전통적인 재무제표작성 방식인 전부원가계산이 오랫동안 정보이용자에 대한 보고양식으로 되어 왔고, 세무회계가 이에 근거하고 기타의 대체적인 원가계산방법을 인정하지 않음으로써 관리회계의 재무보고를 위한 방법으로만 이용하는 경우, 이중의 수고가 되므로 회피되어지는 것으로 알려지고 있다.

우리 나라의 산업에서는 아직도 대부분의 기업이 외부보고용 재무제표를 위해서 전부원가계산에 의한 제품의 제조원가를 계산하고 있으면서 합리적 경영을 위한 여러 가지 경영기법을 활용하기 위하여 변동원가계산에 의한 원가분류 등을 별도로 도입하고 있는 형편인데, 경영합리화를 위한 관리회계시스템을 확실히 하기 위해서는 일관적인 제도의 수용이 필요하다고 할 것이다.

2. 변동원가계산의 의의와 특징

변동원가계산(variable costing)이란 모든 원가요소를 변동비와 고정비로 분류하여 변동제조원가만을 제품의 제조원가에 포함시키고, 제조비에 해당되는 내용이라 할지라도 고정비는 제품의 제조원가에서 제외하여 기간비용으로 처리하는 원가계산방법이다. 따라서 제품제조원가의 구성요소로서는 조업도의 변화에 따라 직접적으로 증감하는 변동제조비만으로 구성되어 있으므로 원가의 관리와 여러 가지 관리회계의 의사결정기법들을 이용하기 편리하게 되어 있다.

원래 원가회계에서 변동원가(variable cost)의 개념은 특정 제품의 제조를 위해서 소비되어 특정 제품별로 그 원가의 확인이 가능한 직접비, 즉 직접재료비, 직접노무비 및 직접제조경비의 합계액인 직접원가(direct costs)의 개념과는 다르다. 직접원가는 제조간접비를 포함하여 제조원가를 구성하고, 여기에 판매비와 일반관리비를 포함하여 총 원가로 계산하는 원가구성상의 문제일 뿐이지 변동제조비만으로 제품의 제조원가를 계산하는 변동원가계산에 있어서의 원가개념과는 구별되는 개념이다.

원가를 직접비와 간접비로 구분할 때 직접재료비와 직접노무비는 변동비에 속하지만, 제조간접비는 그 성격상 생산활동의 변동에 따라 직접적으로 증감하는 변동제조간접비(variable overheads)와 생산활동의 변동에도 일정한 고정제조간접비(fixed overheads)로 나누어지게 된다.

다음의 [그림 3-1]에서 보이는 바와 같이 변동원가계산에 있어서의 제품제조원가는 직접재료비와 직접노무비 및 변동제조간접비로 구성되고, 제품제조를 위해 소비된 원가라 할지라도 고정제조간접비는 제조원가에서 제외하여 기

[그림 3-1] 전부원가계산과 변동원가계산

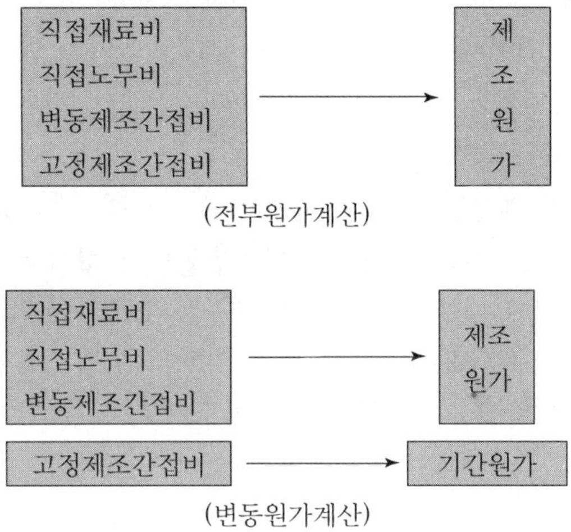

간비용으로 처리된다.

전부원가계산에서 기간원가로 처리하는 판매비와 일반관리비(general selling & administrative costs)도 변동비와 고정비로 나누어지므로, 변동원가계산에서 변동판매비와 일반관리비를 처리하는 방법은 매출액에서 변동제조원가만으로 구성된 매출원가와 변동판매비와 일반관리비를 차감하여 공헌이익(contribution margin)을 계산하게 되는데, 일부의 교과서에서는 매출액에서 변동제조원가로 구성된 매출원가를 차감하여 제조공헌이익(manufacturing contribution margin)을 계산하고, 여기에서 변동판매비와 일반관리비를 차감하여 공헌이익(contribution margin)을 계산하는 방식으로 설명되기도 한다.

명칭의 사용에 대해서 경제학에서 한계분석(marginal analysis)을 할 때 이용되는 한계원가가 변동원가와 유사한 개념이라 하여 한계원가계산(marginal costing)이라 쓰여지기도 하지만, Horngren 등은 변동원가계산(variable costing)으로 사용하여야 한다고 주장하고, 전통적으로 변동원가계산이라는 용어가 오랫동안 통용되어 내려 온 개념이므로 본서에서도 변동원가계산이라는 용어로 사용하기로 한다.

전통적인 전부원가계산의 개념에 맞추어 변동원가계산의 특징(characteristics)을 몇 가지로 요약하면 다음과 같다.

1) 모든 원가를 변동원가와 고정원가로 분리한다

변동원가계산에서는 모든 원가요소(cost element)를 변동원가와 고정원가로 분류한다. 기업경영에서 발생되는 원가는 제조활동에서 발생된 원가이든, 판매활동이나 일반관리활동에서 발생된 원가이든 모든 원가요소를 조업도의 변동에 따라 나타나는 원가행태에 따라 변동원가(variable costs)와 고정원가(fixed costs)로 분류하여 계산된다.

고정원가라 할지라도 장기적으로는 변동비적 성격을 가지는 준고정비의 성격을 가지는 것이 대부분이며, 또한 대부분의 변동원가도 조업도의 증감에 따라 비례적으로 증감하는 것은 아니고 영(0)의 조업도에서도 일정수준의 원가가 필수적으로 발생하는 준변동비가 많으므로, 모든 원가를 변동비와 고정비로 분류한다는 것은 대단히 어려운 작업이고 근본적으로 불가능할지도 모른다.

2) 제조활동에서 발생한 변동원가만을 제품에 배부한다

제조원가의 요소로서는 변동비라 함은 직접재료비와 직접노무비 및 변동제조간접비로 이루어지는 변동제조비(variable manufacturing costs)가 있고, 제조활동을 위한 원가라 할지라도 고정제조간접비(fixed manufacturing costs)가 있지만, 변동원가계산에서는 변동제조비만을 제품의 제조원가로 산입하고 제조활동에서 소비된 원가요소라 할지라도 고정제조간접비는 제품원가에서 제외하여 기간비용(period expense)으로 처리한다. 또한 변동원가라 할지라도 제조활동 이외의 판매 및 일반관리활동에서 발생된 변동원가도 제품제조원가에서 제외한다.

그리고 위의 변동판매관리비는 손익계산을 위한 최초의 이익개념인 공헌이익(contribution margin)을 계산할 때 별도로 차감하여 계산한다.

3) 최초의 이익개념으로 공헌이익을 사용한다

전부원가계산에서는 최초의 이익개념으로 매출액(sales profit)에서 매출원가(cost of goods sold)를 차감한 매출총이익(gross profit margin)이 최초의 이익개념으로 이용된다. 그러나 변동원가계산에서는 최초의 이익개념으로 공헌이익(contribution margin)이 사용되는데, 이 공헌이익은 매출액에서 변동비를 차감한

이익개념으로 매출액에서 변동제조원가와 변동판매비와 일반관리비를 차감함으로써 계산한다.

공헌이익을 제조공헌이익과 공헌이익으로 나누어 표시하는 경우도 있으나, 일반적으로는 변동제조원가와 변동판매비와 일반관리비를 차감하여 한번에 공헌이익을 계산한다.

4) 모든 고정원가는 기간원가로 처리한다

변동원가계산에서는 모든 고정원가는 기간비용(period expense)으로 처리된다. 그것은 제조활동에서 발생된 원가라 할지라도 고정제조간접원가는 기간원가로 처리하여 즉시 비용화한다.

모든 고정원가를 제품제조원가에서 제외하여 기간비용으로 처리함으로써 제조원가의 통제(cost control)가 훨씬 확실해지고, 경영의사결정을 위한 여러 가지 관리회계의 기법들을 적용(application of management accounting technics)하는 데에도 유리하다는 장점을 가지게 된다.

[예제 1] 다음 자료로 전부원가계산과 변동원가계산에 의한 제조원가와 기간비용을 각각 계산하고, 기간중 영업이익을 산출하라.

직접재료비＝₩300,000
직접노무비＝₩200,000
제조간접비 : ₩140,000(변동비＝@₩60, 고정비＝₩80,000)
판매관리비 : ₩100,000(변동비＝@₩30, 고정비＝₩70,000)
생산판매량＝1,000단위(판매가격＝@₩1,000)

[풀 이]

〈전부원가계산〉

제조원가＝직접재료비＋직접노무비＋제조간접비
＝₩300,000＋₩200,000＋₩140,000
＝₩640,000

기간원가＝판매관리비＝₩100,000

영업이익＝매출액－매출원가－기간원가
＝₩1,000,000－₩640,000－₩100,000
＝₩260,000

〈변동원가계산〉

제조원가 = 직접재료비 + 직접노무비 + 변동제조간접비
　　　　 = ₩300,000 + ₩200,000 + ₩60,000
　　　　 = ₩560,000

기간원가 = 변동판매관리비 + 고정비 = ₩30,000 + ₩150,000
　　　　 = ₩180,000

영업이익 = 매출액 − 매출원가 − 기간원가
　　　　 = ₩1,000,000 − ₩560,000 − ₩180,000
　　　　 = ₩260,000

제 2 절 변동원가계산과 전부원가계산의 차이

전부원가계산과 변동원가계산은 제품원가구성 문제, 즉 고정제조간접비를 제품원가(product cost)에 포함시킬 것인가, 아니면 기간비용(period cost)으로 처리할 것인가의 문제로서 아래와 같이 설명할 수 있다([그림 3-2] 참조).

전통적인 원가계산방식인 전부원가계산에서는 원가를 기능별로 분류하여 제조활동을 위해서 발생한 모든 원가를 제조원가로 흡수(absorption)하고, 기간비용으로는 모든 판매비와 일반관리비가 계상된다. 그러나 변동원가계산에서는 제조활동을 위해서 발생한 원가라 할지라도 변동비(직접재료비, 직접노무비, 변동제조간접비)만을 제품제조원가로 계산하고, 고정제조간접비는 제조원가에서 제외하여 기간비용으로 계산한다. 물론 변동원가계산에서도 판매비와 일반관리비는 근본적으로 제조활동과는 무관하므로 항상 기간비용으로 처리한다.

양 계산방법에 따른 주요한 차이점을 요약하면 [표 3-1]과 같다.

[그림 3-2] 변동원가계산의 원가흐름도

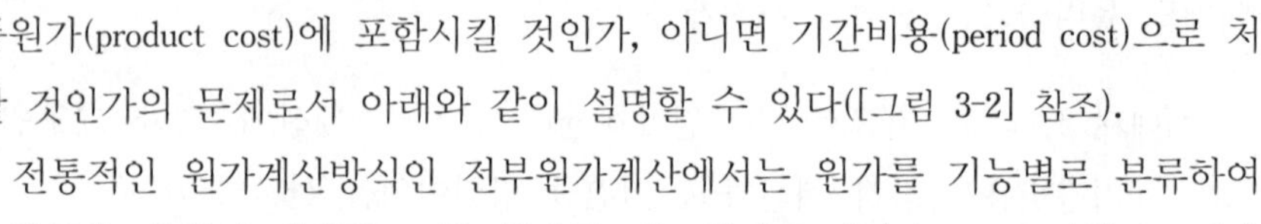

[표 3-1] 전부원가계산과 변동원가계산의 차이비교

항 목	전부원가계산	변동원가계산
보고목적	외부보고목적	내부보고목적
원가의 분류	기능적 분류 (제조원가 및 판매관리비)	기능적 및 형태별 분류 (변동비 및 고정비)
제품원가	변동 및 고정제조원가	변동제조원가
기간비용	변동 및 고정판매관리비	고정제조간접비 변동 및 고정판매관리비

1. 원가회계접근법의 차이

원가회계의 방법과 절차는 기업경영에 있어 원가가 지니는 역할(cost function), 즉 제조활동에 소비되었느냐, 판매활동 혹은 일반관리활동에 소비되었느냐에 따라 분류하여 총 원가를 집계해 나가는 방법과 절차가 있으며, 또 하나는 원가의 행동유형(cost behavior), 즉 조업도의 변동에 따라 변화하는 원가의 특성에 따라 원가를 분류하고 집계(classify and accumulate costs)하는 두 가지의 방법과 절차로 크게 나눌 수 있다.

원가계산의 분류는 시기에 따라 사전원가계산과 사후원가계산으로 나누기도 하고, 집계되는 원가의 성격에 따라 예정원가계산과 표준원가계산으로 나눌 수도 있으며, 원가계산의 방법에 따라 개별원가계산, 종합원가계산으로 분류할 수도 있지만, 더 기본적인 문제로 원가요소의 분류 자체를 어떻게 하느냐, 즉 그 역할에 따라서 분류하는 기능적 접근법(functional approach)과 조업도의 변화에 따라 발생되는 원가의 행동특성에 따라 분류하는 공헌접근법(contributional approach)으로 대별된다.

기능적 접근법이란 전통적으로 받아들여져 왔던 일반적으로 인정되어지는 회계원칙에 따라 원가를 경영활동에 있어서의 직능(function), 즉 제조활동에 소비된 원가, 판매활동에 소비된 원가 및 일반관리활동에 소비된 원가로 분류하여 모든 원가를 제조원가, 판매원가, 일반관리원가로 집계하는 방법으로서, 전통적 원가계산(traditional costing), 흡수원가계산(absorption costing) 또는 전부원가계산(full costing)이라 불리기도 한다.

공헌접근법이란 원가를 원가행동유형(types of cost behavior)에 따라 변동비와 고정비로 나누어 제품의 제조원가는 변동비만으로 산출하고, 고정비는 원가에서 제외하여 손익계산시 기간원가로 처리함으로써 영업이익을 산출하여 경영의사결정에도 이용하는 방법으로 변동원가계산(variable costing) 혹은 직접원가계산(direct costing)이라고도 한다. 따라서 원가회계에 있어서의 기능적 접근법과 공헌접근법은 전통적 원가계산과 관리적 원가계산, 흡수원가계산과 변동원가계산 혹은 전부원가계산과 변동원가계산이라는 다른 이름으로 설명되기도 한다.

2. 제조원가구성상의 차이

전부원가계산이란 기능적 접근법에 의한 원가계산방법으로서 원가를 경영직능에 따라 분류하고, 매출원가의 구성은 제조비로 이루어지므로 기초 및 기말의 재고자산이 없는 경우, 매출원가는 당기제조비가 되어 당기매출액에서 이를 차감하여 매출총이익(gross margin)을 산출하고, 여기에서 판매비 및 일반관리비를 차감하여 영업이익을 산출하는 형식으로 손익계산된다.

변동원가계산은 공헌접근법(contributional approach)에 의한 원가계산방법으로서 원가를 변동비와 고정비로 분류하여 매출원가의 구성은 변동제조원가가 되며, 매출액에서 변동제조원가와 변동판매관리비를 차감하여 공헌이익(contribution margin)을 산출하고, 여기에서 고정비를 차감하여 영업이익을 산출하는 형식으로 손익계산된다.

제조비에도 변동비와 고정비가 있으며, 판매관리비에도 변동비와 고정비가 있으므로 전부원가계산에 의한 제조원가의 구성은 변동제조비와 고정제조비의 합계가 된다. 그러나 변동원가계산에 의하면 제조원가는 변동제조비로 구성되므로, 전부원가계산에서는 제조원가에 포함되는 고정제조비(fixed manufacturing costs)는 변동원가계산에서는 제조원가에서 제외된다. 그러므로 이 두 가지의 원가계산방법의 차이는 고정제조비를 제조원가에 포함시키느냐, 제외시키느냐의 문제가 됨을 알 수 있다.

변동원가계산에서 고정제조비를 제조원가에서 제외시켜 기간원가로 처리하는 이유는 관리적 의사결정에 있어서는 변동비가 주로 고려되고, 고정비는 의사결정에 거의 영향을 미치지 않기 때문이다. 그러나 제품가격결정 및 법인세산출을 위한 제도회계에서는 고정비라 하더라도 제조비는 제조원가에 산입해야 하므로 전부원가계산은 재무회계적 원가계산의 방법이고, 변동원가계산은 관리회계적 원가계산이라 할 수 있다.

3. 기간비용인식시점상의 차이

변동원가계산에서 변동제조원가는 제품제조원가에 포함시켜 그 판매시점(selling point)에서 비용화하지만, 기타의 모든 원가는 기간비용으로 발생시점(accrual point)에서 전액비용으로 처리한다. 따라서 제조원가라 할지라도 고정제조간접원가는 제품제조원가로 포함하지 않고 기간비용으로 인식하게 되는데, 그 이유는 고정제조원가가 특정 제품의 제조에 사용되지 않을 수도 있는 생산시설에 대하여 발생하는 원가일 뿐만 아니라, 특정 제품의 제조와는 관계 없이 시간의 경과에 의해 발생하는 원가라고 생각하기 때문이다.

변동원가계산과 전부원가계산에서 고정제조간접비를 비용으로 인식하는 시점이 다른 이유는 전부원가계산에서는 장기적인 생산시설의 원가가 재고자산의 단위당 원가에 포함되고 그 재고자산이 판매될 때 비용화되어야 한다는 사고에 기초하고 있는 반면에, 변동원가계산에서는 장기적인 생산시설의 원가가 시간이 경과함에 따라 비용화되어야 하므로 재고자산원가에 포함시켜 비용화되는 시점이 이연되어서는 안 된다(not deffered)는 사고에 기초하고 있기 때문이다.

4. 손익계산서양식의 차이

양 방법에 있어서의 제조원가 및 기간비용인식상의 기본적 차이에 따라 기간손익을 산출, 보고하는 손익계산서양식(format of income statement)이 서로 다르게 표시될 수밖에 없어서 서로 다르게 나타남을 볼 수 있다.

전부원가계산에 의한 I/S		변동원가계산에 의한 I/S	
Ⅰ. 매출액	×××	Ⅰ. 매출액	×××
Ⅱ. 매출원가	×××	Ⅱ. 변동비	×××
변동제조원가	×××	변동제조원가	×××
고정제조원가	×××	변동판매비와 일반관리비	×××
Ⅲ. 매출총이익	×××	Ⅲ. 공헌이익	×××
Ⅳ. 기간비용	×××	Ⅳ. 고정비	×××
변동판매비와 일반관리비	×××	고정제조원가	×××
고정판매비와 일반관리비	×××	고정판매비와 일반관리비	×××
Ⅴ. 영업이익	×××	Ⅴ. 영업이익	×××

[예제 2] 다음 자료에 의하여 전부원가계산과 변동원가계산에 따른 매출원가와 기말재고액을 산출하고, 양 방법에 의한 손익계산서를 작성하시오.

> 제조원가 : 변동비＝@₩500, 고정비＝₩300,000
> 판매비와 일반관리비 : 변동비＝@₩100, 고정비＝₩200,000
> 생산판매량 : 1,000단위(판매가격 @₩1,500)

[풀 이]

〈전부원가계산〉

매출액＝판매가격(₩1,500)×판매수량(1,000단위)＝₩1,500,000

제조원가＝변동제조원가(₩500,000)＋고정제조원가(₩300,000)
＝₩800,000

기초제품＝－0－

기말제품＝－0－

매출원가＝기초제품(0)＋제조원가(₩800,000)－기말제품(0)
＝₩800,000

매출총이익＝매출액(₩1,500,000)－매출원가(₩800,000)＝₩700,000

판매관리비＝변동판매관리비(₩100×1,000단위)
＋고정판매관리비(₩200,000)＝₩300,000

영업이익＝매출총이익(₩700,000)－판매관리비(₩300,000)＝₩400,000

〈변동원가계산〉

매출액＝판매가격(₩1,500)×판매수량(1,000단위)＝₩1,500,000

변동제조원가＝변동제조비(@₩500)×생산수량(1,000단위)＝₩500,000

기초제품 = -0-

기말제품 = -0-

변동매출원가 = 기초제품(0) + 변동제조원가(₩500,000) - 기말제품(0)

= ₩500,000

변동판매관리비 = ₩100 × 1,000단위 = ₩100,000

공헌이익 = 매출액(₩1,500,000) - 변동매출원가(₩500,000)

- 변동판매관리비(₩100,000) = ₩900,000

고정비 = 고정제조비(₩300,000) + 고정판매관리비(₩200,000)

= ₩500,000

영업이익 = 공헌이익(₩900,000) - 고정비(₩500,000) = ₩400,000

전부원가계산 손익계산서			변동원가계산 손익계산서		
매출액		₩1,500,00	매출액		₩1,500,000
매출원가		0	매출원가		500,000
변동원가	₩500,000	800,000	변동제조원가	₩500,000	
고정원가	300,000		변동판매관리비		100,000
매출총이익			공헌이익		₩900,000
판매관리비		₩700,000	고정비		500,000
변동비	₩100,000	300,000	제조비	₩300,000	
고정비	200,000		판매관리비	200,000	
영업이익		₩400,000	영업이익		₩400,000

5. 기간손익의 차이

상기의 손익계산서에서 보는 바와 같이 같은 거래의 금액일 때, 원가회계 방법이 달라지더라도 순손익은 차이가 없이 같은 금액(₩400,000)으로 발생하였다. 그러나 언제나 같은 순손익이 발생하는 것은 아니다. 위의 [예제 2]에서는 같은 순손익을 나타내고 있지만, 사실은 원가회계처리의 방법에 따라 순손익은 차이가 나게 된다.

순손익차이(differences of net income)의 원인은 당기중에 생산된 모든 제품이 당기중에 판매되지 않고 기말에 재고자산이 존재하게 되므로, 이 때문에 재고자산 속에 포함된 고정제조간접비에 따라 순손익의 차이가 발생하게 되는 것이다. 결국 순손익차이의 원인은 고정제조간접비를 제품원가에 포함(전부원가계산)하는가, 아니면 기간비용으로 처리(변동원가계산)하는가의 문제인 셈

[그림 3-3] 고정제조간접비의 회계처리

	회계처리	손익귀속시기	비용화금액
전부원가계산 ⇒	제품원가 →	제품판매시 →	판매된 제품에 포함된 금액
변동원가계산 ⇒	기간비용 →	발생즉시 →	발생액 전액

이다.

전부원가계산은 변동제조간접비와 모든 고정제조간접비(all of fixed overheads)를 재고자산의 원가로 하여 제품원가 및 매출원가를 구성하나, 변동원가계산은 변동제조간접비만(only variable overheads)을 재고자산의 원가로 하여 제품원가 및 매출원가를 구성하고, 고정제조간접비는 제품원가에 배부하지 않고 발생기간의 기간비용으로 처리하기 때문이다.

전부원가계산과 변동원가계산에 의한 고정제조간접비의 회계처리와 비용화되는 기간 및 비용화되는 금액을 정리하면 위의 [그림 3-3]과 같다. 따라서 양 방법의 순이익의 차이는 손익계산서에서 비용화되는 고정제조간접비의 차이 때문에 발생되는 것이다.

제 3 절 손익차이의 유형과 그 조정

변동원가계산에 의한 손익계산의 결과 발생한 기간순손익은 전통적인 전부원가계산에 의한 기간순손익과는 일정한 차이가 발생하기 마련이어서 변동원가계산의 제도적 이용을 위해서는 그 관계를 분명히 하고, 그 차이조정(reconciliation of the differences)의 문제를 해결하여야 한다. 그 차이의 몇 가지 유형을 살펴보자.

1. 순손익차이의 유형

양 계산방법에 따른 기간이익의 차이는 일정기간중의 제품의 생산량과 판매량의 변화에 따라 발생된다. 따라서 양 계산방법의 기간이익은 ① 생산량=판매량, ② 생산량〈판매량, ③ 생산량〈판매량 등의 세 가지 유형에서 기말재고자산의 크기에 따라 순이익은 아래와 같이 다르게 나타난다.

(1) 생산량이 판매량을 초과하는 경우

당기의 생산량(producing levels)보다 과소의 판매(lower selling levels)가 이루어진 경우에는 기초의 재고자산(beginning inventory)보다 상대적으로 기말의 재고자산(ending inventory)이 크게 나타난다. 따라서 전부원가계산에서의 순이익이 변동원가계산에서의 순이익보다 더 크게 발생되는 결과를 가져오게 된다. 왜냐하면 전부원가계산에서는 당기 고정제조간접비의 일부를 기말재고에 포함시켜 미래기간으로 이연(deffered)시키는 반면에, 변동원가계산에서는 당기 고정제조간접비 전액을 기간비용(period expense)으로 처리하기 때문에 전부원가계산의 기말재고자산과 순이익은 변동원가계산의 그것보다 크게 계상된다. 생산량이 판매량을 초과(over)하는 경우의 고정제조간접비의 비용화되는 금액을 비교하면 [그림 3-4]와 같다.

[그림 3-4]

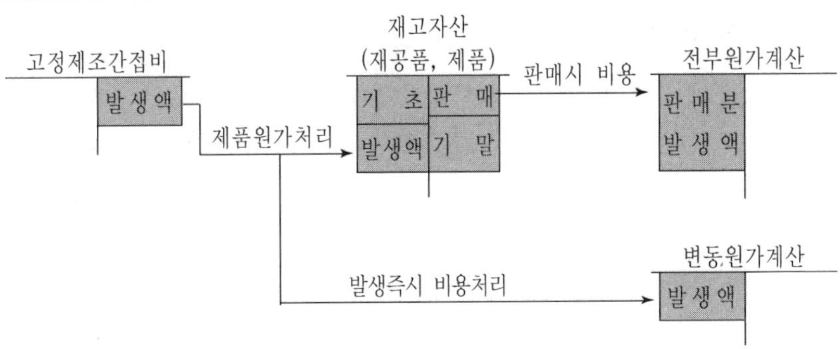

(2) 판매량이 생산량을 초과하는 경우

이 경우에는 기말의 재고자산보다 기초의 재고자산이 더 많게 됨으로써 재고자산의 일부까지 당기중에 판매되어 생산량보다 더 많은 판매가 실현되어 전부원가계산에서는 당기의 고정제조간접비에 기초재고자산에 포함된 고정제조간

[그림 3-5]

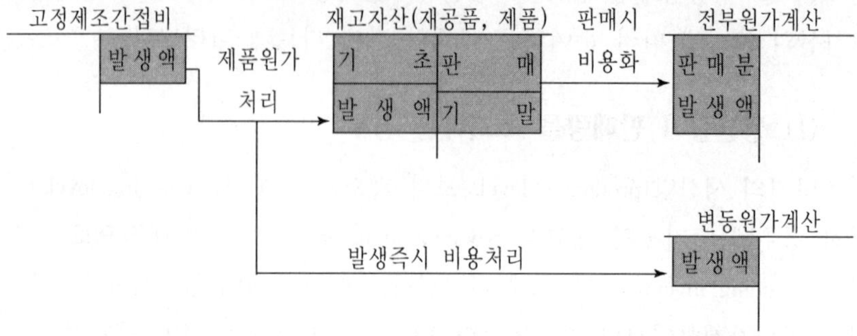

접비의 일부가 당기의 매출원가에 가산됨으로써 매출원가가 상대적으로 크게 계상되고, 순이익은 그만큼 과소(under net income)하게 계상된다. 반면에 변동원가계산에서는 당기에 발생한 고정제조간접비는 전기에 이미 비용으로 처리되어 당기의 매출원가에 포함되지 않으므로 매출원가는 과소(under cost of goods sold)하게 계상되고, 순이익은 그만큼 크게 나타난다.

판매량이 생산량을 초과하는 경우, 고정제조간접비의 비용화되는 금액을 비교하면 [그림 3-5]와 같다.

(3) 생산량과 판매량이 동일한 경우

이 경우에는 일반적으로 전부원가계산에서의 순이익과 변동원가계산에서의 순이익은 같게(same net income) 나타난다. 왜냐하면 변동원가계산시 매출원가에서 제외된 고정제조간접비는 같은 금액으로 기간원가(same period cost)로 가산되기 때문에 매출총이익과 공헌이익의 차이는 있지만, 당기 순손익에는 차이를 가져오지 않기 때문이다.

다시 말해서 생산량과 판매량이 동일한 경우에는 생산된 제품이 전부 판매되었다는 것을 의미하므로 생산량과 판매량은 당연히 일치한다. 생산량과 판매량이 동일한 경우, 고정제조간접비의 비용화되는 금액을 비교하면 [그림 3-6]과 같다.

양 방법에 있어서의 순손익의 차이를 구체적으로 다음의 [예 제]를 통해서 살펴보자.

[그림 3-6]

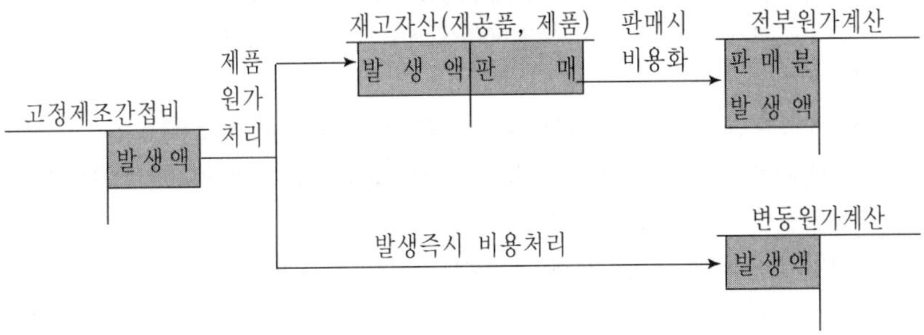

1) 생산량이 판매량보다 많은 경우

앞 절의 [예제 2]에서는 생산량(1,000단위) 모두가 판매되어 기말의 재고액이 없는 경우였다. 그러나 이번에는 생산량 모두가 판매되지 못하고 일부가 남아 있는 경우를 예상하여 보자.

> 제조원가 : (변동비＝@₩500, 고정비＝₩300,000)
> 판매비와 일반관리비 : (변동비＝@₩100, 고정비＝₩200,000)
> 생산량 : 1,000단위
> 판매량 : 800단위(판매가격 @₩1,500)

〈전부원가계산〉

매출액＝판매가격(₩1,500)×판매수량(800단위)＝₩1,200,000

제조원가＝변동제조원가(₩500,000)＋고정제조원가(₩300,000)
＝₩800,000

기초제품＝－0－

기말제품＝제조원가(₩800,000)×(200/1,000)＝₩160,000

매출원가＝기초제품(0)＋제조원가(₩800,000)－기말제품(₩160,000)
＝₩640,000

매출총이익＝매출액(₩1,200,000)－매출원가(₩640,000)＝₩560,000

판매관리비＝변동판매관리비(₩100×800단위)＋고정판매관리비(₩200,000)
＝₩280,000

영업이익＝매출총이익(₩560,000)－판매관리비(₩280,000)＝₩280,000

〈변동원가계산〉

매출액 = 판매가격(₩1,500) × 판매수량(800단위) = ₩1,200,000

변동제조원가 = 변동제조비(@₩500) × 생산수량(1,000단위) = ₩500,000

기초제품 = −0−

기말제품 = 변동제조원가(₩500,000) × (200/1,000) = ₩100,000

변동매출원가 = 기초(0) + 변동제조원가(₩500,000) − 기말(₩100,000) = ₩400,000

변동판매관리비 = ₩100 × 800단위 = ₩80,000

공헌이익 = 매출액(₩1,200,000) − 변동매출원가(₩400,000) − 변동판매관리비(₩80,000)
= ₩720,000

고정비 = 고정제조비(₩300,000) + 고정판매관리비(₩200,000) = ₩500,000

영업이익 = 공헌이익(₩720,000) − 고정비(₩500,000) = ₩220,000

전통적 손익계산서 (I/S by absorption costing)			공헌손익계산서 (I/S by variable costing)		
Ⅰ. 매출액		₩1,200,000	Ⅰ. 매출액		₩1,200,000
Ⅱ. 매출원가		640,000	Ⅱ. 매출원가		400,000
당기제품제조원가	₩800,000		당기제품제조원가	₩500,000	
변동비	₩500,000		기말제품재고액	100,000	
고정비	300,000		Ⅲ. 변동판매비와 일반관리비		80,000
기말제품재고액	160,000		Ⅳ. 공헌이익		₩720,000
Ⅲ. 매출총이익		₩560,000	Ⅴ. 고정비		500,000
Ⅳ. 판매비와 일반관리비		280,000	제조간접비	₩300,000	
변동비	₩80,000		판매비와 일반관리비	200,000	
고정비	200,000		Ⅵ. 영업이익		₩220,000
Ⅴ. 영업이익		₩280,000			

위와 같이 생산량이 판매량을 초과한 경우 양 방법에 의한 손익계산서에 나타난 기간이익은 전부원가계산에서는 ₩280,000의 영업이익이 발생하였으나, 변동원가계산에서는 ₩220,000의 영업이익으로 전부원가계산에 의했을 때보다 ₩60,000이 적게 나타남을 볼 수 있다. 이 기간이익 차이인 ₩60,000은 결국 전부원가계산에 의한 제품의 기말재고액 ₩160,000 중에 고정제조간접비 ₩60,000이 포함되어 당기 매출원가에서 제외되었기 때문이다(기말제품재고액 ₩160,000의 구성은 변동제조비 ₩500 × 200 = ₩100,000과 고정제조비 ₩300,000 × 0.2 = ₩60,000으로 되어 있다).

2) 생산량과 판매량이 같은 경우

앞의 [예제 2]에서와 같이 생산된 수량 1,000개가 모두 판매되었다고 한다면, 기말재고액이 없기 때문에 양 방법에 있어서의 손익계산서는 아래에서 보는 바와 같이 순손익의 차이는 나타나지 않고 똑같이 ₩400,000으로 나타남을 볼 수 있다. 왜냐하면 변동원가계산에 있어서 제품의 제조원가에서 제외된 고정제조비 ₩300,000은 기간손익으로 그대로 계상되어지기 때문이다.

전통적 손익계산서 (I/S by absorption costing)			공헌손익계산서 (I/S by variable costing)		
Ⅰ. 매출액		₩1,500,000	Ⅰ. 매출액		₩1,500,000
Ⅱ. 매출원가		800,000	Ⅱ. 매출원가		500,000
당기제품제조원가	₩800,000		당기제품제조원가	₩500,000	
변동비	₩500,000		기말제품재고액	0	
고정비	300,000		Ⅲ. 변동판매비와 일반관리비		100,000
기말제품재고액	0		Ⅳ. 공헌이익		₩900,000
Ⅲ. 매출총이익		₩700,000	Ⅴ. 고정비		500,000
Ⅳ. 판매비와 일반관리비		300,000	제조간접비	₩300,000	
변동비	₩100,000		판매비와 일반관리비	200,000	
고정비	200,000		Ⅵ. 영업이익		₩400,000
Ⅴ. 영업이익		₩400,000			

3) 판매량이 생산량을 초과하는 경우

위의 생산량이 판매량보다 많은 경우의 사례에서 다음 회계연도에 이르러 원가자료는 현재 회계연도와 같이 나타나고, 생산수량도 전기와 같이 1,000개가 생산되었으나 판매량은 1,100개가 되어 당기 기말재고량이 100개밖에 되지 않는다면, 기간손익의 차이는 어떻게 될까?

> 제조원가 : (변동비 = @₩500, 고정비 = ₩300,000)
> 판매비와 일반관리비 : (변동비 = @₩100, 고정비 = ₩200,000)
> 기초제품 : 200단위
> 생산량 : 1,000단위
> 판매량 : 1,100단위(판매가격 @₩1,500)

<전부원가계산>

매출액 = 판매가격(₩1,500) × 판매수량(1,100단위) = ₩1,650,000

제조원가 = 변동제조원가(₩500,000) + 고정제조원가(₩300,000) = ₩800,000
기초제품 = 제조원가(₩800,000) × (200/1,000) = ₩160,000
기말제품 = 제조원가(₩800,000) × (100/1,000) = ₩80,000
매출원가 = 기초(₩160,000) + 제조원가(₩800,000) − 기말(₩80,000) = ₩880,000
매출총이익 = 매출액(₩1,650,000) − 매출원가(₩880,000) = ₩770,000
판매관리비 = 변동판매관리비(₩100 × 1,100단위) + 고정판매관리비(₩200,000)
= ₩310,000
영업이익 = 매출총이익(₩770,000) − 판매관리비(₩530,000) = ₩240,000

〈변동원가계산〉

매출액 = 판매가격(₩1,500) × 판매수량(1,100단위) = ₩1,650,000
변동제조원가 = 변동제조비(@₩500) × 생산수량(1,000단위) = ₩500,000
기초제품 = 변동제조원가(₩500,000) × (200/1,000) = ₩100,000
기말제품 = 변동제조원가(₩500,000) × (100/1,000) = ₩50,000
변동매출원가 = 기초(₩100,000) + 변동제조원가(₩500,000) − 기말(₩50,000)
= ₩550,000
변동판매관리비 = ₩100 × 1,100단위 = ₩110,000
공헌이익 = 매출액(₩1,650,000) − 변동매출원가(₩550,000) − 변동판매관리비(₩110,000)
= ₩990,000
고정비 = 고정제조비(₩300,000) + 고정판매관리비(₩200,000) = ₩500,000
영업이익 = 공헌이익(₩990,000) − 고정비(₩500,000) = ₩490,000

전통적 손익계산서 (I/S by absorption costing)			공헌손익계산서 (I/S by variable costing)		
Ⅰ. 매출액		₩1,650,000	Ⅰ. 매출액		₩1,650,000
Ⅱ. 매출원가		880,000	Ⅱ. 매출원가		550,000
당기매출가능원가	₩960,000		당기매출가능원가	₩600,000	
기초제품	₩160,000		기초제품	₩100,000	
변동제조비	500,000		제조원가	500,000	
고정제조비	300,000		기말제품	50,000	
기말제품	80,000		Ⅲ. 변동판매비와 일반관리비		110,000
Ⅲ. 매출총이익		₩770,000	Ⅳ. 공헌이익		₩990,000
Ⅳ. 판매비와 일반관리비		310,000	Ⅴ. 고정비		500,000
변동비	₩110,000		제조간접비	₩300,000	
고정비	200,000		판매비와 일반관리비	200,000	
Ⅴ. 영업이익		₩460,000	Ⅵ. 영업이익		₩490,000

[표 3-2] A/C과 V/C에 있어서의 기간손익의 대소관계

	variable costing	absorption costing	비 고
생산량 = 판매량	동 일	동 일	기초재고 = 기말재고
생산량 〉 판매량	작 다	크 다	기초재고 〈 기말재고
생산량 〈 판매량	크 다	작 다	기초재고 〉 기말재고

위 손익계산서에서 보는 바와 같이 양 방법에 있어서의 기간이익은 전부원가계산 ₩460,000, 변동원가계산 ₩490,000으로, 변동원가계산 순손익이 ₩30,000 더 크게 나타남을 볼 수 있다. 결국 이 기간이익차이 ₩30,000은 전부원가계산의 기초제품에 포함된 고정제조간접비 ₩60,000(변동제조비 ₩100,000 + 고정제조비 ₩60,000)과 기말제품 속의 고정제조간접비 ₩30,000(기말제품 ₩80,000 = 변동제조비 ₩50,000 + 고정제조비 ₩30,000으로 구성)과의 차이이다. 다시 말하여 기초제품 속의 고정제조비 ₩60,000이 전부원가계산에서 매출원가에 가산되고, 기말제품 속의 고정제조비 ₩30,000은 매출원가에서 제외됨으로써 결국 매출원가는 그만큼 크게 나타나 기간이익은 적게 되는 것이다. 결론적으로 이것을 하나의 표로 정리하여 보면 [표 3-2]와 같이 나타낼 수 있다.

2. 기간손익차이의 조정

전부원가계산 제도에 의하여 산출된 회계보고서(accounting reports)는 일반적으로 인정되는 회계원칙(GAAP)에 일치하지만, 변동원가계산제도를 채택하고 있는 경우에는 그렇지 못하기 때문에 외부보고용의 회계보고서를 위해서는 기말에 일반적으로 인정되는 회계원칙에 맞도록 순손익을 조정(reconciliation of net income)해야 하는 문제가 생긴다. 그러나 위에서 살펴본 바와 같이 순손익차이의 조정문제는 아주 복잡한 절차가 아니므로 이 문제는 해결되는 것이다. 즉 생산량이 판매량과 일치하지 않을 때 발생하는 재고자산 내에 포함된 고정제조간접비를 가감하여서 순이익의 조정이 필요하다.

변동원가계산으로 산출된 손익계산서를 일반적으로 인정되어지는 전부원가계산에 의한 손익계산서로 조정하기 위해서 필요한 절차는 변동원가계산 하에서 제품의 제조원가에 포함되지 않았던 기초와 기말의 재고자산에 포함된

고정제조간접비를 가감(add or subtract)함으로써 이루어지게 되는데, 이것은 다음과 같이 요약된다.

① 기말재고량이 기초재고량보다 많은 경우, 즉 생산량이 판매량보다 많은 경우

변동원가계산 순이익＋재고자산증가량×단위당 고정제조간접비
＝전부원가계산 순이익
변동원가계산 순이익＋(기말재고량－기초재고량)×단위당 고정제조간접비
＝전부원가계산 순이익
변동원가계산 순이익＋기말재고자산에 포함된 고정제조간접비－기초재고자산에 포함된 고정제조간접비＝전부원가계산 순이익

② 기말재고량이 기초재고량보다 적은 경우, 즉 판매량이 생산량보다 많은 경우

변동원가계산 순이익－재고자산감소량×단위당 고정제조간접비
＝전부원가계산 순이익
변동원가계산 순이익－(기초재고－기말재고)×단위당 고정제조간접비
＝전부원가계산 순이익
변동원가계산 순이익－기말재고자산에 포함된 고정제조비＋기초재고자산에 포함된 고정제조비＝전부원가계산 순이익

물론 위의 공식은 기초와 기말에 있어서의 단위당 고정제조비가 같은 것을 가정한 것이다. 다시 말하여 당기의 제조비와 전기의 제조비가 동일하게 발생되었을 경우에 해당한다. 재고자산의 평가방법에 있어서도 선입선출법으로 재고자산을 평가하는 경우에는 손익계산서의 전환이 간단하지만, 후입선출법이나 평균법에 의하여 재고자산을 평가하는 경우에는 양 방법에 있어서의 순이익의 차이가 수년간에 걸쳐 이연되는 고정비의 함수가 될 것이므로 복잡하게 된다.

순손익조정을 위한 공식를 요약하여 표로 나타내 보면 [표 3-3]과 같다.

[표 3-3] 순손익의 조정

variable costing	absorption costing
당기순이익 ＋기말제품에 포함된 고정제조간접비 －기초제품에 포함된 고정제조간접비	당기순이익 ＋기초제품에 포함된 고정제조간접비 －기말제품에 포함된 고정제조간접비
전부원가계산에 의한 순이익	변동원가계산에 의한 순이익

[예제 3] 다음은 W회사의 변동원가계산에 의한 손익계산서이다. 전부원가계산에 의한 순이익을 계산하고, 전부원가계산에 의한 손익계산서를 작성하라.

〈변동원가계산 손익계산서〉

매 출(800개×@₩1,300)		₩1,040,000
매출원가(800개×@₩500)		400,000
기초재고(200개×@₩500)	₩100,000	
당기제조(1,000개×@₩500)	500,000	
기말재고(400개×@₩500)	200,000	
변동판매관리비(800개×@₩200)		160,000
공헌이익(800개×@₩600)		₩480,000
기간비용		400,000
고정제조비	₩300,000	
고정판매비와 일반관리비	100,000	
순이익		₩80,000

* 고정제조비배부율 = ₩300,000/1,000개 = @ ₩300/개

전부원가계산 순이익 = 변동원가계산 순이익 + 기말재고에 포함된 고정제조비(400개×₩300) − 기초재고에 포함된 고정제조비(200개×₩300) = ₩80,000 + ₩120,000 − ₩60,000 = ₩140,000.

〈전부원가계산 손익계산서〉

1) 매출액			₩1,040,000
2) 매출원가			640,000
당기 매출가능원가		₩960,000	
기초제품	₩160,000		
변동제조비	500,000		
고정제조비	300,000		
기말제품		320,000	
3) 매출총이익			₩400,000
4) 기간비용			260,000
변동판매 및 일반관리비	₩160,000		
고정판매 및 일반관리비	100,000		
5) 영업이익			₩140,000

제 4 절 변동원가계산의 관리적 유용성과 그 한계

1. 변동원가계산의 관리적 유용성

일반적으로 공헌접근법(contributional approach)에 의한 변동원가계산은 전통적인 전부원가계산보다 이익계획의 수립, 가격정책 및 원가관리를 위한 측면의 관리적 의사결정(managerial decision making)을 위하여 유용한 정보를 제공하는 것으로 알려지고 있다. 따라서 변동원가계산은 내부보고목적을 위한 관리회계에서는 전부원가계산보다 그 유용성이 크다고 인정되고 있다. 그 이유는 첫째로 원가를 변동비와 고정비로 분류하고 공헌이익을 산출하는 형식으로 되어 있어 CVP 분석에 적절한 원가분류법을 취하고 있고, 둘째로 기간이익의 흐름과 일치하는 이익개념(매출액의 증가에 의해서 만이 기간이익을 증대)을 가지고 있으며, 셋째로 원가관리상의 혼동하기 쉬운 조업도차이를 발생시키지 않는다는 점 등이다.

변동원가계산의 유용성을 이익계획, 가격정책, 원가관리의 세 가지 측면에서 살펴보자.

(1) 이익계획 및 예산편성상의 유용성

변동원가계산에서는 원가를 변동비와 고정비로 분류하고, 매출액에서 변동비만을 차감하여 공헌이익(contribution margin)이 산출되어지기 때문에 이것은 합리적 경영관리를 위한 이익계획(profit planning) 및 예산편성(budgeting)을 하는 데 다음과 같은 중요한 역할을 하게 된다.

이익계획을 수립하기 위해서는 우선 손익분기점(Break-Even Point : BEP)을 명백히 하고, 여기에 목표이익을 확보하는 방향으로 이익계획을 수립한다. 전부원가계산에서의 공시되는 손익계산서로는 손익분기점을 산출할 수 없다. 그러나 변동원가계산에 의한 손익계산서에서는 매출액에서 변동비를 차감하여 공헌이익을 계산하고, 공헌이익에서 고정비를 차감하여 순이익이 표시되므로 변동원가계산에서 제시되는 회계정보에 의하여 다음과 같이 간단히 손익분기점과 이익계획을 수립할 수 있다.

$$\text{손익분기점(수량)} = \frac{\text{고정비}}{\text{가격} - \text{변동비}} = \frac{\text{고정비}}{\text{단위당 공헌이익}}$$

$$\text{손익분기점(금액)} = \frac{\text{고정비}}{1 - \dfrac{\text{변동비}}{\text{매출액}}} = \frac{\text{고정비}}{1 - \text{변동비율}} = \frac{\text{고정비}}{\text{공헌이익률}}$$

$$\text{목표이익을 위한 매출량} = \frac{\text{고정비} + \text{목표이익}}{\text{단위당 공헌이익}}$$

$$\text{목표이익을 위한 매출액} = \frac{\text{고정비} + \text{목표이익}}{\text{공헌이익률}}$$

[예제 4] 가격=₩400, 단위변동비=₩300, 고정비=₩60,000일 때, 손익분기점을 계산하라. 그리고 기업이 기간중 목표이익 40,000원을 달성하고자 한다면, 몇 개를 판매하여야 하는가?

[풀 이]

$$\text{손익분기점(수량)} = \frac{₩60,000}{₩400 - ₩300} = 600\text{개}$$

$$\text{손익분기점(매출액)} = \frac{₩60,000}{1 - 0.75} = \frac{₩60,000}{0.25} = ₩240,000$$

$$\text{목표이익달성을 위한 매출수량} = \frac{₩60,000 + ₩40,000}{₩400 - ₩300} = \frac{₩100,000}{₩100} = 1,000\text{개}$$

$$\text{목표이익달성을 위한 매출액} = \frac{₩60,000 + ₩40,000}{0.25} = \frac{₩100,000}{0.25} = ₩400,000$$

* 공헌이익률 = ₩100/₩400 = 0.25.

(2) 가격정책상의 유용성

장기적 관점에서 보면 기업이 생산한 제품의 원가는 원칙적으로 기업의 모든 원가를 회수하고, 기업의 성장발전에 필요한 목표이익(target income)을 획득하는 데 공헌할 수 있는 선에서 결정되어야 한다. 그러나 치열한 경쟁시장에서는 기업의 모든 원가를 회수하지 못하더라도 기업이익에 공헌하는 경우라면 언제든지 새로운 투자가 이루어져야 하며, 가격결정(pricing)의 측면에서도 이익에 공헌하는 경우라면 모든 원가를 회수하지 못하는 조금 낮은 가격의 수준에서 판매가 이루어져야 하는 경우가 많다.

가격(price)이란 근본적으로 시장에서 수요공급의 원칙에 따라 결정되어지는 것으로, 기업의 가격정책은 이와 같은 경쟁가격에 탄력적으로 대응하기 위한 정보를 제공하지 못함으로써 기회이익(opportunity profit)을 상실하는 경우가 얼마든지 있다. 그러나 변동원가계산에 의한 원가정보는 변동비와 고정비가 구분되어 있기 때문에 유휴시설이 존재하는 경우에는 단기적으로 변동비를 회수하는 수준에서 탄력적인 가격정책을 가질 수 있다. 유휴시설이 존재하는 경우에는 (+)의 공헌이익이 존재하는 한 기업이익의 증대에 도움이 되기 때문이다.

(3) 원가관리상의 유용성

변동원가계산에 있어서의 원가는 변동비와 고정비로 나누어지기 때문에 특히 현장에서 원가관리(cost control)를 위한 유용한 정보를 즉시 제공할 수 있다. 일반적으로 고정비는 현장에서는 관리불능비(non-controllable cost)에 속하고 변동비만이 유일하게 통제할 수 있으므로, 이를 위한 원가정보를 언제든지 제공하는 원가계산시스템은 변동원가계산 시스템이다. 고정비(fixed costs)는 최고경영층의 전략적인 수단으로 이용되는 것이지 원가의 효율성확보를 위한 원가관리를 위해서는 제외되는 경우가 대부분이기 때문이다.

원가관리의 목적을 효율적으로 달성하기 위해서는 변동원가계산이 표준원가계산과 결합하여 표준변동원가 계산(standard variable costing)이 이루어지지 않으면 안 된다. 원가관리를 위한 변동예산(variable budget)을 편성할 때는 이와 같은 원가표준액에 의한 변동원가와 고정원가를 나누어 예산이 편성되어 통제된다.

2. 변동원가계산의 한계

공헌이익접근법에 의한 변동원가계산은 효율적 경영관리(efficient business management)를 위한 유용한 수단으로 이용되기는 하지만, 다음과 같은 한계점을 가지게 된다.

(1) 투입한 전부원가회수상의 한계

기업이익정책의 궁극적인 목적은 기업활동을 통해서 투입한 전원가(total costs)를 회수하고, 장기적인 기업의 유지발전을 위한 적정이윤을 획득하는 데 있다. 그러나 변동원가계산에 의한 가격정책은 변동원가와 공헌이익에 치중한 나머지 고정비의 요소를 경시하여 기업의 유지 자체를 어렵게 만들고, 도산의 위기까지 몰고 가게 되는 사례들이 있다.

(2) 원가분류상의 한계

변동원가계산에서는 기업활동에 투입되는 모든 원가를 변동원가와 고정원가로 분류하는 것을 전제로 하는데, 사실 모든 원가를 고정원가와 변동원가로 엄격하게 분류(strictly classify)한다는 것은 매우 어려운 일이며 불가능한 일일지도 모른다. 대부분의 많은 원가는 변동비적 성격과 고정비적 성격을 함께 가지고 있기 때문이다.

그러므로 원가분류를 위해서는 회계담당자의 주관적인 판단에 따라 그 내용은 크게 달라질 수 있는 것이다. 따라서 변동원가계산에 의한 변동제조원가는 진정한 의미의 변동제조원가의 근사치에 불과하며, 조업도의 범위가 상당히 넓거나 상당한 기간을 고려할 때 고정원가의 총액이 일정하다는 가정이 성립되지 않게 된다. 왜냐하면 고정비라 할지라도 장기적인 관점에서 보면 변동비에 해당하기 때문이다.

(3) 적정제품믹스 유지상의 한계

변동원가계산에 의한 원가정보에 지나치게 치중하다 보면, 상대적으로 수익성이 낮은 투자안에까지 과다투자하여 적정제품믹스의 유지에 문제를 가져올 수도 있다. 즉 변동원가계산에 의한 공헌접근법에서는 특정 제품의 매출액이 변동원가를 초과하는 한 그 제품을 생산, 판매하는 것을 기본으로 하므로 여러 종류의 제품을 과다하게 생산, 판매하는 경우가 발생할 수 있다.

그러나 기업이 생산능력을 모두 사용하게 되면 정작 수익성이 높은 투자안이 제시되었을 때, 시설규모를 확장하지 않고서는 그 투자안을 받아들일 수 없는 경우가 발생한다. 적정한 제품믹스(product mix)란 가장 수익성이 높은 제품을 현재의 시설규모로 유지되는 것이므로, 기업은 항상 수익성이 높은 투자안을 위하여 적정의 유휴시설이 필요한 것이다.

제3장 Key Words

공헌손익계산서(contribution income statement)
An income statement on which fixed and variable expenses are separate.

공헌이익(contribution margin)
The amount that remains after total variable costs are subtracted from sales.

기간원가(period cost)
The costs of resources consumed during the current period and not assigned to products.

변동원가계산(variable costing or direct costing)
A method of product costing in which only variable manufacturing overhead is included as a product cost that flows through the manufacturing accounts.

전부원가계산(absorption costing or full costing)
A method of product costing in which both variable and fixed manufacturing overhead are included in the product costs that flow through the manufacturing accounts.

연습문제

∗After reading the each problems, Choose the best item.

1. For external reporting purposes, "Generally Accepted Accounting Principles" require that reported net income be based on :

A. absorption costing.

B. variable costing.

C. direct costing.

D. semivariable costing.

E. activity-based costing.

2. An income statement format that subtracts variable expenses from sales revenue to obtain the contribution margin is a(n) :

A. controllable format.

B. segmented format.

C. variavle format.

D. allocated format.

E. absorption format.

3. Under variable costing, fixed overhead is :

A. expensed immediately as it is incurred.

B. inventoried until the time when the goods are sold.

C. applied directly to finished goods inventory.

D. never expensed.

E. applied directly to work in process inventory.

4. Which of the following statements is <u>not</u> a characteristic of absorption costing income statements?

A. Cost of goods sold is determined by multiplying sales in units by cost which includes fixed overhead costs.

B. There is composed of fixed overhead costs as a parts of manufactured costs.

C. Variable and fixed costs are separated.

D. The only period costs are the selling and administrative expenses.

E. Product costs include a fixed and variable component.

5. Income reported under absorption and variable costing is :

A. always the same.

B. sometimes different.

C. always higher under absorption costing.

D. always higher under variable costing.

E. always the same or higher under absorption costing.

6. Consider the following statements?

> Ⅰ – Income reported under absorption costing for a year will differ from that reported under variable costing if production and sales volume differed.
> Ⅱ – Total income over a ten year period will be approximately equal under absorption costing and variable costing because production and sales will be approximately the same.
> Ⅲ – Total income over a ten year period will be significantly different under absorption and variable costing because fixed costs will generally increase significantly over that long of a time period. Which of the above statements is (are) true?

A. Ⅰ is true.

B. Ⅰ and Ⅱ are true.

C. Ⅰ and Ⅲ are true.

D. Ⅱ is true.

E. Ⅲ is true.

7. An increase in finished goods inventory can generally be attributed to :

A. production exceeding profit margin.

B. production exceeding sales.

C. sales exceeding production.

D. cost exceeding production.

E. cost exceeding inventory.

8. In income statement by absorption costing, profit that subtracts cost of goods sold from sales revenue is called :

A. administrative margin.

B. segmented profit.

C. contribution margin.

D. gross margin.

E. sales profit.

9. In income statement by variable costing, profit that adds the fixed costs to net income is called :

A. contribution margin.

B. period revenue.

C. cost of goods sold.

D. gross margin.

E. sales profit.

10. An increase in finished goods inventory can generally be attributed to :

A. production 〈 sales.

B. production 〉 sales.

C. production = sales.

D. cost 〈 production.

E. cost 〉 inventory.

11. At the end of the year, The company's net income under absorption costing is \$15,000 but by the income under variable costing become \$10,000. There was no inventory at the beginning of the year, company produced 20,000 units of products, the fixed manufacturing overhead was \$40,000 for the year. How many units of products are sold during the year, and remained in the finished goods inventory account at the end of the year?

A. sales = 17,000 units & ending inventory = 3,000 units

B. sales = 17,500 units & ending inventory = 2,500 units

C. sales = 18,000 units & ending inventory = 2,000 units

D. sales = 18,500 units & ending inventory = 1,500 units

E. sales = 19,000 units & ending inventory = 1,000 units

12. Galeria's income under variable costing was \$100,000, but income reported under absorption costing was \$140,000. If the variable production costs were \$10 per unit and fixed costs were \$4 per unit, how many units did the inventory increase or decrease during the year?

A. increased 10.000 units

B. increased 20,000 units

C. decreased 10,000 units

D. decreased 20,000 units

E. increased 40,000 units

13. ABC's income under absorption costing during 2006 was $100,000. Fixed manufacturing costs per unit were $2.00, and Sales declined production by 4,000 units during the year. If fixed manufacturing costs per unit have remained constant for the past two years. What was ABC's income under variable costing?

A. $92,000

B. $98,000

C. $100,000

D. $108,000

E. $118,000

* Use the following information in solving multiple choice problems 14-17.

beginning inventory in units = -0-	production in units = 2,500 units
sales in units = 2,000 units	sales price per unit = $60
per unit direct material = $14	per unit direct labor = $16
per unit variable overhead = $8	variable selling expenses per unit = $2
fixed manufacturing overhead = $25,000	
fixed selling and administrative expenses = $5,000	

14. The product cost per unit under absorption costing is calculated to be :

A. $38.00.

B. $40.00.

C. $48.00.

D. $50.00.

E. $50.50.

15. The product cost per unit under variable costing is calculated to be :

A. $38.00.

B. $40.00.

C. $48.00.

D. $50.00.

E. $50.50.

16. The net income under absorption costing is calculated to be :

A. $40,000.

B. $20,000.

C. $15,000.

D. $10,000.

E. $9,000.

17. The net income under variable costing is calculated to be :

A. $40,000.

B. $20,000.

C. $15,000.

D. $10,000.

E. $9,000.

18. Monex reported $65,000 in net income for the year using absorption costing. The company had no units in beginning inventory, Production was 20,000 units, and Sales were 18,000 units during the year. Variable manufacturing costs were $20 per unit and total fixed manufacturing overhead was $100,000. What is calculated to be the net income under variable costing?

A. $115,000

B. $75,000

C. $65,000

D. $55,000

E. $15,000

19. Classix Products reported $28,000 in net income for the year using variable costing. The company had no units in beginning inventory, Production was 30,000 units, and Sales were 25,000 units during the year. Variable manufacturing costs were $15 per unit and Total fixed manufacturing overhead was $150,000. Net income under absorption costing is calculated to be :

A. $3,000.

B. $28,000.

C. $30,000.

D. $53,000.

E. $58,000.

20. Callison Company's income under absorption costing was $15,000 higher than under variable costing. During the year, the company produced 20,000 units for total variable production costs of $80,000. If fixed manufacturing overhead was $40,000, how many units were sold?

A. 20,000 units

B. 12,500 units

C. 10,000 units

D. 7,500 units

E. 5,000 units

21. Galeria's income under variable costing was $20,000 greater than the income reported under absorption costing. Variable production costs were $6 per unit and fixed production costs were $4 per unit. If fixed production costs per unit have remained constant for the past two years, by how many units did inventory increase or decrease during the year?

A. increased 5,000 units

B. increased 2,000 units

C. decreased 2,000 units

D. decreased 5,000 units

E. decreased 3,333 units

22. Informatic's income during 199× under absorption costing was $100,000. Variable manufacturing costs per unit were $5 and Fixed manufacturing costs per unit were $2. Sales exceeded production by 4,000 units during the year. If fixed manufacturing costs per unit have remained constant for the past two years. What was informations income under variable costing?

A. $92,000

B. $72,000

C. $108,000

D. $128,000

E. $100,000

제 4 장

개선된 원가관리시스템 : 활동기준관리

■ **학습목표**

본 장에서는 개선된 원가관리시스템으로서 활동기준원가계산과 활동기준관리에 대해서 소개하고 있다.

본 장을 공부하고 난 후 학생들은 다음의 사항들에 대한 능력을 갖추어야만 한다.

① 경영환경의 변화에 따라서 새로운 원가계산제도의 필요성에 대한 이해
② 전통적 원가계산과의 차이를 이해하고, 양 회계체제 하에서의 제품원가의 계산
③ 활동기준원가 계산의 구성요소를 파악하고, 그 system의 운영방법의 적용
④ 활동기준원가 계산에서 활동의 구조를 이해하고, 활동원가를 절차에 따라 계산
⑤ 활동기준원가 계산과 활동기준관리의 공통점과 차이점에 대하여 열거하고 설명
⑥ 활동분석의 절차를 이해하고, 부가가치 및 비부가가치원가의 구분
⑦ 활동기준관리의 주 과제로서 비부가가치원가의 제거의 단계를 열거하고 설명
⑧ 활동기준원가 계산의 관리적 유용성과 한계 및 도입의 시기를 열거하고 설명

제 1 절 새로운 원가회계제도의 필요성

산업혁명을 계기로 제조기업의 본격적인 출현에 따라 시작되었던 원가계산제도(costing system)는 제조환경의 변화에 따라 전통적인 원가계산에 의한 회계정보의 유용성에 대한 회의가 제기되었다.

20세기 말엽에 들어 전통적인 관리회계시스템의 적합성 상실이라는 화두는 기업경영기술의 전반에 대한 혁신이 요구되었고, 관리회계시스템의 중심정보를 측정보고하는 원가계산제도의 변화에 대한 정보이용자들의 욕구는 21세기 들어 새로운 원가회계제도의 필요성을 촉진하기에 이르겠다.

이와 같은 시대적인 요구에 따라 표준원가계산에 의한 원가관리의 한계성을 극복하고 새로운 제조환경에 적응하는 새로운 원가계산시스템이 등장하게 되었는데, 경영의사결정을 위한 변동원가계산 제도(variable costing system)와 활동기준원가 계산(activity based costing), 적시원가계산(juts-in-time costing), 목표원가계산(target costing) 등이 그 대표적인 예들이다.

그 동안 실무계 및 학계에서는 전통적인 관리회계시스템이 제 2 차 세계대전 이후 실질적으로 정체되어 있다는 판단이었다.

다시 말하여 전통적인 원가계산방법으로서 표준원가계산(standard costing)에 의한 원가관리(cost control)는 변화하는 환경에서 합리적인 경영의사결정을 위하여 더 이상 유용한 정보가 되지 못하게 되었다는 것이다.

21세기 들어 새로운 원가계산제도가 필요하게 된 환경요인을 요약하면 다음과 같다

1. 제조환경의 변화(changes of manufacturing environment)

글로벌화되어 가는 현대시장구조의 다변화와 산업사회가 고도화되어 감에 따라 기업은 소비자의 다양한 욕구를 만족시켜야 생존하게 되었다. 이러한 시장구조의 다변화, 소비자욕구의 다양화는 지금까지의 마케팅시스템이 종전까지의 “pushed system”으로부터 “pulled system”으로의 변화를 강요당하게 되어

현대의 기업은 제조 및 관리시스템의 혁신이 없이는 경쟁시장에서 살아 남을 수 없는 시대가 도래되었다.

이와 같은 시대적 환경에 적응하기 위하여 기업에서는 생산방식의 유연성(flexibility) 확보를 위하여 결국 소품종 대량생산에서 다품종 소량생산으로 생산방식을 변화시켰다.

제조기술의 측면에서는 유연생산시스템(Flexible Manufacturing System : FMS), 컴퓨터통합생산(Computer Integrated Manufacturing : CIM), 적시운영시스템(Just-In-Time : JIT) 등으로 대표되는 새로운 양식의 생산시설의 자동화, 재고수준의 최소화 및 시장관리의 새로운 다변화시스템을 추구하게 되었다.

이러한 제조환경의 변화에 따라 당연히 경영관리시스템의 변화가 요구되어졌고, 기업경영의 언어(language of business)라고 하는 회계정보의 산출 및 보고시스템의 변화는 필수적인 요인이 되었다.

2. 제품원가의 왜곡(bias of product cost)

전통적인 원가계산에서는 생산량과 관계되는 조업도인 직접노동시간, 기계운전시간, 직접재료비 등을 배부기준(applied basis or assigned basis)으로 제조간접비를 제품에 배부하여 왔다.

이와 같은 전통적인 제조원가를 계산하는 방법은 그 계산과정이 용이하고 단순(simple)할 뿐만 아니라, 제품의 종류가 적고 제조간접비의 비중이 낮았던 제조환경 하에서는 제품원가의 정확성(accuracy)에도 심각한 문제가 없었기 때문에 전통적인 기준이 무리 없이 적용되어 왔다.

전통적인 원가계산시스템에 대한 회의(doubt)는 제조원가를 구성하고 있는 원가구조(cost structure)상의 변화에 기인하는 측면이 강하다. 그러나 제조환경의 변화에 따라 제조원가의 구성내용은 종전까지와는 크게 변화하였다.

전통적으로 제조원가를 구성하는 원가요소로서 직접재료비(direct materials)와 직접노무비(direct labors)가 큰 부분을 차지하고 있어 기타 제조간접비의 배부기준(applied basis)은 이들을 중심으로 이루어지게 되어 왔다. 그러나 현대기업의 제조방식이 자동화(automatic)되어 감에 따라 제조원가에서 제조간접비(manufacturing overheads)가 차지하는 비율이 상대적으로 커지게 됨에 따라 제조간접비의 배부방법(assigned approach)에 따라 제조원가의 산출에 큰 영향요인이 되었다.

이와 같이 현대기업에서 제조원가를 구성하는 제조간접비의 비중이 상대적으로 커졌는데, 제품별로 배부되는 배부기준이 전통적인 직접노무비중심으로 되어 있는 것은 제품원가를 왜곡(bias)하는 주요 요인이 되어 지금까지의 원가계산시스템의 근본적인 변화가 요구되었다.

Ronald W. Hilton은 원가계산에 관련하여 "a tale of two cities"라는 이야기로 Aerotech사의 피이닉스공장의 사례자료를 이용하여 전통적인 원가계산에 의한 원가왜곡사례를 지적하고, 이로 인하여 판매가격을 잘못 산정하게 되고, 결과적으로 기업에 손해를 끼치는 결과를 가져오게 되었다고 지적하고 있다.

3. 원가의 개념 및 범위의 확대(expanded the range of cost concept)

지금까지의 원가계산의 방법은 제품의 제조과정(manufacturing process)에 중점을 두어 제품의 제조원가를 정확하게 산출하는 것이 그 주요 목표가 되었고, 원가관리의 대상도 역시 제조원가(manufacturing cost)를 관리하는 것이었다. 그러나 변화하는 제조환경 하에서는 계산하고 관리(calculate and control)하여야 할 원가의 개념과 범위(concept and range)는 크게 확대되어야 한다는 것이 일반적인 논리가 되었다.

새로운 제품이 시장에 출현하여 소멸되기까지를 제품수명주기(product life cycle)라 한다면 현대시장에서의 제품수명주기는 고객들의 욕구를 반영하기 위하여 크게 단축(short)되었으며, 그 짧아진 기간 동안에 관리되어야 할 원가의 내용에 있어서도 제조원가중심에서 벗어나야 할 시대가 되었다.

원가의 개념도 지금까지와는 다르게 넓은 의미로 파악하여 제품수명주기(product life cycle)중에 발생하는 모든 원가로 정의되어야 하며, 계산방식도 종전까지의 제조원가중심의 원가계산의 범위를 확대하여야 한다는 것이다. 왜냐하면 중점적으로 관리하여야 할 원가는 제조과정에서 발생하는 제조원가보다는 오히려 제조착수 이전의 설계과정에서 발생하는 제조 이전의 원가나 제품완성 이후 판매 및 사후보증 활동에서 투입되는 사후관리원가의 비중이 상대적으로 커졌기 때문이다.

관리회계시스템에서 제공하는 원가에 관한 정보가 주요 이용자인 기업경영자의 경영의사결정을 위한 유용성을 확보하기 위해서는 계산 및 관리의 대상인 원가의 범위는 제조원가에 한정하지 않고, 제조 이전 및 제조 이후에 발생하는 제품수명주기 전반에 걸쳐 발생하는 모든 원가의 범위로 확대되어야 한다는 것이다.

제 2 절 활동기준원가계산 시스템의 출현과 그 구성요소

1. 활동기준원가계산의 의의와 출현배경

활동기준 원가계산(Activity Based Costing : ABC)이란 원가를 집계하고 배분하는 과정이 활동(activity)을 기준으로 이루어진다는 것으로서, 이에 대한 여러 가지 정의가 있지만 본질적인 핵심은 거의 같으므로 그 중 대표적으로 소개하면 다음과 같다.

Horngren(1991)은 "ABC란 활동을 원가대상의 중심으로 삼아 활동의 원가를 계산하고, 이를 토대로 다른 원가대상의 원가를 계산하는 것을 중점적으로 다루는 원가계산시스템"이다. Johnson(1988)은 "ABC란 자원을 소비하고 고객에게 가치를 제공하는 활동에 대한 파악을 토대로 제품에 원가를 부과하는 것이다."

상기의 정의에서 보는 바와 같이 ABC는 원가를 집계하는 이상의 다양한 측면을 갖는 시스템인 것을 알 수 있다. 즉 ABC는 단순히 새로운 방식의 제품원가계산만을 지칭하는 것이 아니라 원가관리를 포함한 경영 전반에 걸친 전략적 수행에 필요한 정보제공시스템이라고 할 수 있으므로, 이를 요약하면 ABC를 다음과 같이 정의할 수 있을 것이다.

"새로운 제조기술의 도입과 더불어 점차 증가하는 제조간접비(manufacturing overheads)를 제품에 정확히 배부하고 효과적으로 관리하기 위해 종전의 단순한 수량중심의 배부기준(직접노동시간 등) 대신 제조간접비의 발생원인이라고 할 수 있는 활동(activity)을 기준으로 제조간접비를 배부하고 집계하는 새로운 원가계산시스템"이다. 즉 종전까지의 전통적인 원가계산에서는 경영직능을 중심으로 원가를 분류하고 집계 및 배부하는 방법이었던 것에 반하여, ABC에서는 활동이 원가계산의 중심이 되어 원가의 분류, 집계 및 배부의 모든 과정이 활동별로 이루어진다는 점이다.

활동기준 원가계산(ABC)이란 조직 내의 모든 주요 활동을 확인 및 분류(identify and classify)하고, 제조간접원가를 각각의 활동별로 추적하여 관련되는 원가동인(cost driver)을 찾아 이를 기준으로 원가를 배부(asigned)함으로써 보다 정확한 원가를 계산하기 위한 새로운 원가계산방법이다.

새로운 경영환경 하에서 ABC에 대한 도입은 전통적 원가계산시스템에 대한 회의에서 출발하는데, 제조원가의 발생이 직접노동시간이나 생산량으로 대표되는 조업도(volume)에 따라 좌우되는 것이 아니라 제조활동의 다양성과 복잡성에 따라 발생한다는 인식으로부터 시작한다.

전통적인 원가계산시스템에서 생산량으로 대표되는 조업도를 기준으로 원가를 분류하고, 집계하고, 배부하기 때문에 발생하는 제품원가의 왜곡현상을 ABC에서는 제거하여 보다 정확하고 합리적인 원가계산이 가능하다는 것이다.

변화하는 환경에서 활동기준원가 회계를 도입해야 하는 배경은 다음과 같이 정리할 수 있다.

첫째, 현대기업에서는 제품가격의 결정, 자본투자의 결정, 예산의 결정과 관련하여 잘못된 의사결정의 결과로 초래되는 손실(loss of decision-making)이 점점 더 커지고 있다.

둘째, 보고되는 제품원가의 정확도(accuracy)가 떨어지고 있다. 우선 생산공정의 개선과 자동화 등의 영향으로 기업의 원가구조(cost structure)가 변화하고 있다. 특히 간접원가가 제품원가에서 차지하는 비중이 급격히 증가하고 있다. 따라서 직접노동시간이나 직접재료원가에 기초하여 간접원가를 배부하는 전통적인 원가시스템은 제품원가를 왜곡하고 있다.

셋째, 새로운 시스템에 의한 원가의 측정비용(measurement cost)이 감소되고 있다. 정보와 통신기술의 발달로 정보가 전자화되어 다양한 정보를 정확, 신속하고도 저렴하게 확보할 수 있게 되었다. 또한 정보처리시설의 발달로 계산비용이 지속적으로 하락하고 있다. 이에 따라 재무보고목적의 회계시스템과는 별도로 정확한 원가정보와 전략적 적합성을 갖춘 정보를 제공할 수 있는 시스템을 도입하고 유지하는 것이 가능해졌다.

넷째, 기존의 원가회계시스템은 원가를 절감(cost deduction)하고자 하는 노력에 부응하지 못하였다. 활동기준원가 계산은 간접원가를 발생시키는 개인의 행동에 영향을 미치기 때문에 이 시스템의 도입을 통해 개인의 행동을 관리함으로써 간접원가를 관리할 수 있다.

공장자동화를 비롯한 새로운 생산방식의 출현으로 제조직접비에 비해 제조간접비의 비중이 커짐에 따라 제조간접비의 정확한 배부가 원가계산의 중심이 되었다. 이에 따라 종래 사용되어 오던 전통적인 제조간접비의 배부기준에 대해 비판적인 시각이 대두됨에 따라 활동을 기준으로 보다 정확한 제조간접비의 배부를 위해 제시된 것이 활동기준원가 계산이다.

Ronald W. Hilton은 Aerotech사의 Phoenix 공장과 Bakerfield 공장에서 전통적인 원가계산과 활동기준원가 계산에 의하여 원가계산한 사례에 따라 전통적인 방법의 원가왜곡사례를 밝히고, 그 왜곡의 원인으로 다음의 두 가지를 지적하고 있다.

첫째, 최근의 제품원가는 단위수준(unit level)으로 변화하는 부분이 적다.

둘째, 제품의 다양화(product diversity)이다.

현대기업에서의 제조간접원가의 증감요인은 조업도기준 원가계산에서 전제되는 단위수준, 즉 물량수준으로 변화하는 것이 아니라 묶음활동수준(batch level)이나 제품유지활동 수준(product sustaining level)이나 혹은 시설활동수준(facility level)에 의해서 증감하는 요소가 많다는 것이며, 생산되는 제품의 다양화는 필연적으로 전통적인 방법에 의한 원가계산으로는 원가의 왜곡현상을 피할 수 없으므로 변화하는 환경 하에서 기업이 경쟁력을 갖기 위해서는 개선된 형태의 원가관리시스템의 도입이 필요한데, 이것을 ABC에서 찾는 것이다.

2. 전통적 원가계산과의 비교

전통적 원가계산모델(conventional costing model)에서의 제품원가는 직접비와 제조간접비 배부액의 합계형태로 집계된다. 직접비는 제품별로 집계되지만,

제조간접비는 원가의 흐름에 따라 제품에 배부하는 과정을 거치게 된다.

제품원가 중 비중이 상대적으로 커진 제조간접비는 생산량을 반영하는 배부기준과 관련하여 배부율을 산정하고 일괄적으로 제품에 배부되는 것이 일반적인데, 기계작업시간, 매출액 등 조업도관련 배부기준을 이용하여 조직비용을 개개의 제품에 할당하지만, 제품과 고객이 요구하는 대부분의 자원은 이러한 조업도에 비례하지 않는다. 그 결과 전통적 시스템은 제품을 설계, 제조하고 또한 그것을 고객에게 판매하는 데 이용되는 자원의 원가를 정확히 추정하고 있지 않다는 것이다.

이와 같이 전통적인 원가계산에서의 원가의 배부기준이 생산량이나 작업시간과 같은 조업도(volume)를 기준으로 하기 때문에 조업도기준 원가계산(Volume Based Costing : VBC)이라 칭한다.

활동기준 원가계산(Activity Based Costing : ABC) 모델은 단일 흐름을 기초로 구축되지 않았다. 즉 전통적 원가계산모델처럼 제조직접비와 제조간접비 배부액과의 합이라는 형태로 원가가 집계된 것은 아니다. ABC는 제조부문에서 발생하는 원가가 아니라 보조부문비를 직접대상으로 하기 때문이다.

제조간접비의 제품별 배부(application of overheads to products)에 관련해서도 ABC에서는 제품의 생산량과 비례하는 직접노동시간, 기계시간, 재료비 등을 기준으로 하는 대신에 활동(activity)이 기업의 자원을 소비한다고 가정하여 각 활동별로 원가를 집계하고, 각 활동의 원가는 원가대상이 사용하는 활동의 빈도나 정도, 즉 활동동인(activity driver)을 이용하여 각 원가대상에 배분한다.

양 회계시스템의 차이는 ① 기본가정상의 차이, ② 제조간접비의 배부기준상의 차이, ③ 기타의 차이로 구분할 수 있다.

(1) 기본가정의 차이

전통적인 원가계산(VBC) 방식에서는 각 제품이 기업의 자원을 소비(product consumed the resources)한다고 가정한다. 이에 따라 제품의 생산량(volume)에 비례하여 제조간접비가 발생한다고 본다. 제조간접비는 제품의 생산량과 관련된 배부기준인 직접노동시간, 기계시간이나 재료비 등을 기준으로 배분된다.

하지만 ABC에서는 활동이 기업의 자원을 소비(activity consumed the re-

[표 4-1] 전통적 원가계산과 활동기준 원가계산의 비교

내 용	전통적 원가계산제도	활동기준 원가계산제도
기본가정	제품이 자원소비	제품생산활동이 자원소비
원가대상	제품에 초점	활동에 초점
원가추적	제품에 추적	활동원가를 제품에 추적
원가배부 기 준	조업도관련 배부기준 주로 재무적 측정치 사용	수행된 활동측정치 주로 비재무적 측정치 사용
원가동인	간접제조원가배부 기준이 될 수 있다	전반적인 간접제조원가배부 기준으로 사용된다
간접제조 원 가	조업도의 변동과 관련된 간접제조원가에 초점	조업도의 변동과 무관한 간접제조원가에 초점
원 가 풀	소수사용	다수사용
기본사고	단기적, 부분적 사고	장기적, 전체적 사고

sources)한다고 가정한다. 이에 따라 각 활동의 유발요인을 파악하여 이를 기준으로 각 활동의 비용을 제품에 배분한다. 또한 ABC에서는 기업의 활동수준을 '단위수준활동', '뱃치수준활동', '제품유지활동' 및 '설비유지활동'이라는 네 가지 수준(level) 또는 계층으로 분류하고, 각 활동의 수준에 따라 상이한 활동유발요인을 사용하여 제조간접비를 배분한다.

따라서 활동기준원가계산 제도는 전통적 원가계산제도와 비교하여 근본적으로 기본가정을 달리하고 있으며, 이들 원가계산제도의 기본적인 차이점은 위의 [표 4-1]에 요약하면 다음과 같다.

(2) 제조간접비배부 기준의 차이

ABC에서는 각 활동별로 원가를 집계하고 그 활동에 맞는, 다시 말해서 집계된 제조간접비의 발생과 비례하는 활동유발요인(factors drivened)을 사용하여 제조간접비를 배분함으로써 비교적 정확한 원가의 각 제품에 배분된다. 하지만 VBC에서는 생산량과 비례하지 않는 활동에서 발생한 원가도 생산량에 비례하는 단위기준 활동유발요인을 이용하여 배분하므로 원가가 왜곡된다고 보는 것이다.

ABC에 대한 개념을 더욱 정확히 이해하기 위해 제조간접비배분을 중심으로 살펴보고자 한다.

1) 전통적 원가계산제도

전통적 원가계산제도(volume based costing system)에서 2단계 원가배분과정을 다음 [그림 4-1]과 같이 생각할 수 있다.

1단계에서는 간접제조원가를 원가중심점에 배부한다. 여기서 원가중심점은 보통 원가가 발생하는 장소(place)인 부문(department)이 되는데, 이 단계에서는 간접제조원가를 원가중심점에 배분하기 위하여 배분기준으로 재무적 기준과 비재무적 기준을 사용하기 때문에 어느 정도 원가배분의 정확성을 유지할 수 있다.

2단계에서는 원가중심점의 원가를 제품에 배부한다. 이 단계에서는 산출량에 비례하는 측정치를 배부기준으로 사용하기 때문에 각 제품에 대한 간접제조원가의 배부는 조업도에 비례하는 것으로 가정한다. 이에 따라 전통적 원가계산에서 사용되지 않았던 작업준비시간, 부품의 수 등 다양한 배분기준이 사용되어 많은 수의 원가중심점과 원가유발요인을 이용하여 각 제품별로 보다 정확한 원가계산이 되도록 도모한다.

[그림 4-1] 전통적 원가계산제도의 2단계 원가배분과정

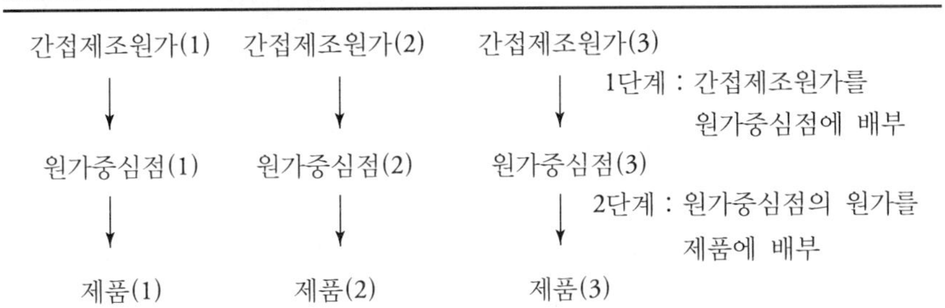

2) 활동기준 원가계산제도

ABC에서 2단계 원가배분과정을 [그림 4-2]와 같이 생각할 수 있다.

[그림 4-2]와 같이 1단계에서는 기업의 자원을 소비한 활동을 식별하고 활동별로 자원소비원가를 배분한다. 그리고 2단계에서는 개별 제품의 자원소비

[그림 4-2] 활동원가계산제도의 2단계 원가배분과정

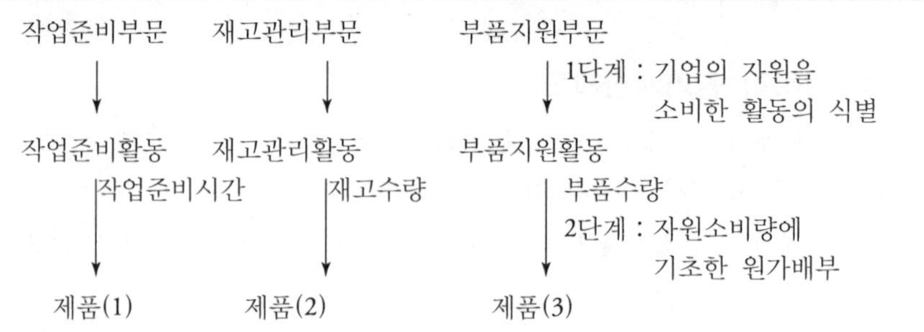

또는 각 활동의 수요에 기초하여 활동원가를 제품에 배부한다. 이 단계에서는 배부기준으로서 조업도와 무관한 비재무적 측정치를 주로 사용한다.

두 가지를 비교해 보면 ABC와 VBC는 공통적으로 2단계 원가배분절차를 수행한다. 그러나 각 단계별로 원가의 배부기준은 서로 상이하며, VBC의 '원가중심점'과 ABC의 '활동중심점'은 성격이 서로 다르다. 따라서 제품원가는 서로 상이한 결과를 나타낸다.

ABC에서는 제품의 배부 수에 의하여 유도된 활동과 다양한 제품라인의 지원에 필요한 활동을 기초로 하여 자원의 소비량을 제품에 귀속시키며, 일단 자원소비의 원인이 되는 원가동인(cost driver)이 식별되면 개별 제품에 더 많은 자원소비원가를 직접적으로 배부할 수 있다. 따라서 ABC의 시작은 활동분석(activity analysis)으로부터 출발한다.

(3) 기타의 차이점

ABC와 VBC의 차이점은 지금까지 살펴본 제조간접비배분 기준 외에도 원가의 분류방식이 다르다. 즉 VBC에서는 원가를 요소별(cost elements)로 분류하여 재료비, 노무비, 제조경비 등으로 구분한다. 그러나 ABC에서는 원가를 개별적인 활동원가(activity costs)로 구분한다. 즉 VBC에서의 제조간접비가 ABC에서는 활동에 따라 독립적인 원가로 구분된다.

또한 VBC에서는 원가를 제품에의 추적가능성 여부에 따라 직접비(direct cost)와 간접비(indirect cost)로 구분하지만, ABC 개념 하에서는 이 원가분류가 무의미해진다. 왜냐하면 원가 이전에 활동분석을 통하여 활동 자체를 구분하고, 발생되는 원가는 원가풀(cost pool)로 2차적으로 세분하여 집계되기 때문이다. 즉 원가동인의 변동에 따라 활동원가는 결과적으로 고정비(fixed cost)와 변동비(variable cost)로 구분된다. 고정비는 활동원가의 변화에도 불구하고 변화하지 않는 원가이며, 변동비는 활동원가의 변화에 따라 비례적으로 변화하는 원가이다.

VBC에서는 변동비와 고정비의 구분을 단기간의 생산량의 변화를 기준으로 하기 때문에 많은 원가가 고정비로 분류된다. 그러나 ABC에서는 활동의 속성을 활동원가로 파악함에 따라 대부분의 원가는 변동비로 분류된다. 즉 원칙적으로 모든 원가는 직접원가가 된다는 것이다.

마지막으로 ABC에서는 장기적인 관점을 취한다. 즉 VBC에서는 단기의 조업도변화와 원가수준과의 관계에서 변동비와 고정비로 분류하고 있으나, ABC에서는 조업도의 변동이 아니라 활동의 관점에서 원가를 파악하므로 모든 원가는 원칙적으로 활동수준에 의하여 변화하는 변동비로 취급된다.

이와 같은 전통적 원가계산과 활동기준원가 계산의 차이점을 요약하면 [표 4-2]와 같다.

[표 4-2] 전통적 원가계산과 활동기준 원가계산과의 차이

분 류	전통적 원가계산	활동기준 원가계산
제조간접비 pool 수	각 부서별 또는 공장 전체로서의 제조간접비 풀(pool)은 하나 혹은 소수에 불과	여러 활동영역을 감안, 원가집합은 다수임
제조간접비 배부기준	• 원가동인일 가능성은 매우 낮음 • 주로 재무적 성격을 띰 (예 : 직접노무비, 직접재료비)	• 원가동인일 가능성이 매우 높음 • 주로 비재무적 성격을 띰 (예 : 작업준비 수, 부품 수, 검사 수)
원가계산	대략적임 (평균치활용)	보다 정확성을 갖게 됨 (인과관계반영)

3. 활동기준원가계산의 구성요소와 활동의 유형

(1) 활동기준원가계산의 구성요소

활동기준 원가계산은 발생되는 원가의 원인이 되는 활동에 대한 분석(activity analysis)을 통하여 보다 정확하고, 합리적인 제품원가(accurate and reasonable cost)의 계산을 함으로써 보다 합리적인 경영관리를 도모하고자 하는 시스템으로서, 다음과 같은 구성요소로 이루어진다.

1) 원가대상

원가대상(cost object)은 기업에서 원가를 산정하고자 하는 측정대상을 말한다. 보편적으로 원가대상은 제품이나 서비스 및 고객을 지칭하지만, 기업에서 측정하고자 하는 모든 분야가 대상이 될 수도 있다. 예를 들어 각 사업부문, 시장, 유통경로, 설계프로젝트 등에 대한 원가정보가 필요할 경우, 이에 맞게 원가시스템을 설계하여 정보를 산출할 수 있다.

2) 활　　동

활동(activity)은 활동기준 원가계산에서 원가를 발생시키는 기본적인 분석단위이며, 어떤 기능의 목적을 수행하기 위하여 필요로 하는 행위이며, 이는 기능(function)을 보다 세분화한 것이다. 다시 말하면 활동이란 자원을 소비하여 가치를 창출하는 작업으로 제품이나 서비스의 생산을 위해 자원을 소비하여 원가를 발생시키는 원인요소이다. 여기서 말하는 자원(resource)은 활동을 수행하기 위해 사용되거나 소비되는 원가로 총계정원장상의 원가나 비용 항목인 재료비, 노무비, 감가상각비 등을 말한다. 활동단위(activity unit)의 일반적인 예로는 재료주문, 재료처리, 생산주문, 설계, 작업준비, 설비재조정, 기계가동, 판촉활동, 품질검사, 선적, 고객관리 등을 들 수 있다.

ABC에서는 보통 활동은 단위관련활동(unit level activity), 뱃치관련활동(batch level activity), 제품수준활동(product level activity), 설비수준활동(facility level activity)의 네 가지 수준(level) 또는 계층으로 분류한다.

3) 자원동인

자원동인(resource driver)이란 활동에 의하여 사용되거나 소비되는 자원의

[표 4-3]

자 원	자원동인
급여, 수당 및 복리비	활동별 소비시간, 인원 수, 활동별 기여도(%)
건물임차료, 보험료 및 감가상각비	면적(m^2, ft^2)
전력비	전력소비량(kwh)
전산유지비	단말기보유 대수
여비교통비	직접귀속

양(quantity)을 측정하기 위한 기준으로 이는 자원과 활동 간의 논리적 인과관계에 기초하여야 하며, 계속적으로 수집이 가능한 계량적 형태의 것이어야 한다. 전형적인 자원동인의 사례를 들면 [표 4-3]과 같다.

여기서 여비교통비의 경우 자원동인을 직접 귀속시키고 있는데, 이것은 여비교통비의 발생특성상 특정 목적의 활동을 수행하기 위한 것이 일반적인 행태이므로 활동별로 할당하기 위한 자원동인의 설정이 필요하지 않다. 따라서 모든 비용항목에 대하여 자원동인이 필요한 것은 아니고, 활동별로 직접귀속이 가능한 경우도 있다.

4) 원가동인

원가동인(cost driver)은 원가를 발생시키거나 또는 발생 정도에 영향을 미치는 요소이며, 활동의 측정치(measure of activity)이다.

활동과 원가동인이 자세히 구분될수록 정확한 원가계산이 가능하다. 원가동인의 수는 원가시스템의 정확성과 제품의 다양성에 의하여 결정이 되는데, 이 원가동인을 선택할 때에 활동별 원가와 상관이 있는 비재무적인 변수로 거래기준원가 동인이 많이 이용된다. 거래기준원가 동인의 예로는 발주횟수, 선적횟수, 주문처리횟수, 생산준비횟수, 작업지시서 수, 검사횟수, 운전거리, 재고이동, 기계사용기간 등이 있다.

일반적으로 ABC에서는 정확하고 합리적인 원가산출을 위하여 보다 다양하고 많은 원가동인이 고려된다.

5) 활동원가

활동에 따른 자원의 소비를 활동원가(activity cost)라고 한다. 따라서 활동원가의 구분은 앞서 구분된 네 가지의 활동에 집계되는 원가풀(cost pool)을 말하게 되므로, 활동원가는 일차적으로 단위관련활동의 원가풀, 뱃치관련활동의 원가풀, 제품유지활동의 원가풀 및 설비유지활동의 원가풀이라는 네 가지 수준 또는 계층의 원가풀로 분류집계한다.

(2) 활동기준원가계산에서 활동의 유형

ABC에서 일차로 집계되는 원가풀은 활동분석을 통하여 분류된 활동에 집계되는데, 앞서 분류한 네 가지의 활동분류는 Cooper(1990)가 사용한 것이다. 여기서 분류되는 설비유지활동, 제품유지활동, 뱃치관련활동, 그리고 단위수준활동 등 네 가지 유형의 각 활동들이 가지는 특성에 대해 살펴보면 다음과 같다.

1) 단위관련활동(unit level activity)

대부분의 단위관련활동으로 발생하는 원가는 직접노무비, 재료비, 에너지비, 기계사용비 등과 같이 일반적으로 단기변동비로 불리던 원가를 지칭한다. 그러나 이들 원가 속에는 기계가동시간에 비례하여 소비되는 자원비용이 포함된다. 기계시간을 원가동인으로 삼아 직접 부과될 수 있는 비용으로는 시설원가, 기계수선유지비 등을 들 수 있다. 이들 비용이 단위기준원가로 불리는 이유는 만약 회사가 생산량을 10% 늘릴 경우, 생산량의 증가와 비례하는 10%의 노동시간 및 기계시간, 그리고 에너지가 추가로 필요하게 되기 때문이다. 결국 단위기준활동으로 발생되는 원가는 생산수량에 정비례적으로 이루어지는 자원소비원가를 의미하는 것으로 일명 조업도기준원가(volume based costs)로 불릴 수 있다.

2) 뱃치관련활동(batch level activity)

일부 자원은 생산수량과는 상관없이 정량 묶음식 생산에 필요한 활동수행시 소비된다. 이들 활동은 주로 기계설치(set-up) 시간이나 횟수 등과 관련을 갖는다. 이를테면 1,000개를 주문하는 경우든, 10개를 주문하는 경우든 동일한 노력이 소요되는 구매주문서작성이 이에 속한다. 이처럼 일괄적인 활동으로 분류되는 활동으로부터 소비되는 원가는 생산을 위한 자원의 소비가 생산량으로 변화하는 것이 아니라 뱃치관련활동 수에 따라 소비되는 것으로 볼 수 있기 때문에 일괄생산기준 원가라 지칭되는 것으로 생산량과 비례적으로 변동하는 단위수준 활동원가와는 구분되어야 하는 것이다.

3) 제품유지활동(product sustaining level activity)

세 번째 유형의 지원활동은 기술변동통보와 공정설계, 공정엔지니어링, 제품개선 등과 같은 특정 제품을 제품라인에 추가하거나, 아니면 특정 제품이 계속 생산될 수 있게 하기 위한 활동을 의미한다. 개별 제품생산에 있어서는 자재청구, 순서일정표작성, 특별검사방식의 개발, 공정기술변경 통지를 행하는 것 등이 필연적이며, 이들 활동들은 특정 제품들과 쉽사리 대응될 수 있다. 이들 제품지원비용들은 제품라인에 제품이 추가될수록 더 늘어나게 되는 반면, 제품생산량이나 뱃치 수에 상관없이 일정하다는 점에서 앞서 설명한 두 유형의 원가와는 성격이 다르다.

4) 설비유지활동(facility level activity)

설비의 일반적인 기능을 계속 발휘하도록 하기 위한 활동과 관련된 설비수준원가는 다양한 제품에 공통적으로 관련되는 것이 일반적이다. 이들 비용은 대개는 기간비용으로 간주되거나 다소 주관적인 방법에 의해서 제품에 배분된다. 설비유지활동의 예로는 공장관리비, 건물과 토지의 유지비, 광열공급비 등이 있다. 일반적으로 이러한 명확한 구분에 의한 완전한 활동기준원가 회계를 기업에서 활동하기는 다소 어려울 것으로 보인다.

Cooper(1990)는 일괄생산기준이나 제품기준이 동시에 활용되지 못하는 이유로 다음과 같은 몇 가지를 들고 있다.

첫째, 원가시스템의 설계자가 3종류의 배부기준을 이해하지 못하고 있기 때문이다.

둘째, 제조공정에 따라서는 활동범주 중 어느 것에 속하는지 분류가 불가능한 것이 있다.

셋째, 특정 활동을 별개의 범주로 구분하여 보고함에 따른 효익은 그에 따른 비용에 비해 크지 않은 것으로 받아들여질 수 있다.

넷째, 원가시스템설계자는 모든 유형의 기준을 알고 있지만, 원가시스템을 보다 이해하기 쉽고 간단하게 하기 위하여 그들 중 2개(단위기준과 일괄생산기준 또는 단위기준과 제품기준)만을 선택하게 된다.

그러나 2가지 형태의 기준만을 사용하는 원가시스템은 결코 완전한 활동기준원가 회계에 의한 원가정보와 통제기능을 기대할 수 없으므로, 비록 처음에는 부분적인 범위에 국한하여 기준을 설정하더라도 점차적인 원가시스템의 개선으로 각 활동수준에 적합한 기준을 적용할 수 있어야 한다.

ABC의 활동구조를 요약하면 [그림 4-3]과 같다.

[그림 4-3] ABC의 활동구조

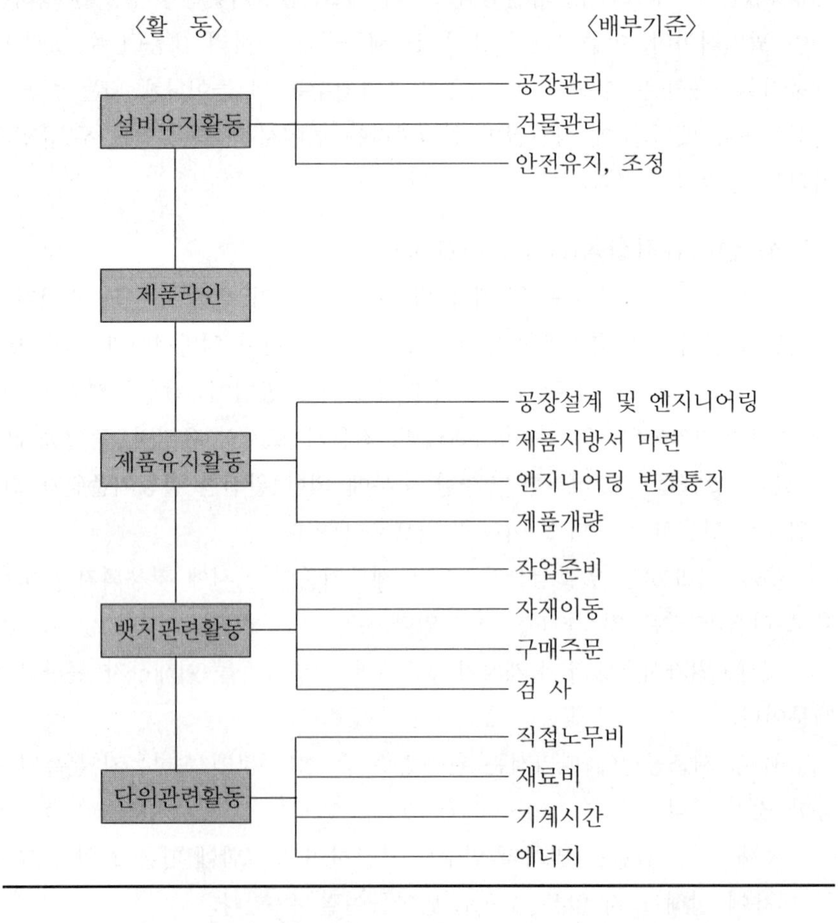

[예제 1] 보배(주)는 두 가지 제품에 대하여 다음의 자료를 수집하였다.

	A제품	B제품
생산량	600	200
기계준비시간	25	25
단위당 직접노동시간	3	3
기계준비활동관련 제조간접비	₩6,000,000	

(1) 제조간접비배부를 VBC 시스템으로 '직접노동시간'을 기준으로 배부될 경우, 각 제품에 배부되는 기계준비활동관련 제조간접비배부액은 얼마인가?

(2) 제조간접비배부를 ABC 시스템에 의하여 운영될 경우, 각 제품에 배부되는 기계준비활동관련 제조간접비배부액은 얼마인가?

[풀 이]

A제품 ₩6,000,000 × 1,800/2,400* = ₩4,500,000

B제품 ₩6,000,000 × 600/2,400 = ₩1,500,000

* (600단위 × 3시간) + (200단위 × 3시간) = 2,400시간.

[풀 이]

A제품 ₩6,000,000 × 25/50 = ₩3,000,000

B제품 ₩6,000,000 × 25/50 = ₩3,000,000

위의 사례에서 기계준비활동 관련의 제조간접비 ₩6,000,000은 VBC에서는 각 제품에 ₩4,500,000과 ₩1,500,000으로 배부되었으나, ABC에서는 A제품과 B제품에 똑같이 ₩3,000,000씩 배부되는 것을 볼 수 있다.

[예제 2] 지구(주)는 여러 종류의 의자를 제조하고 있다. 회사의 작업활동과 관련된 자료는 다음과 같다.

작업활동	배부기준	배 부 율
재료취합	부품의 수	₩3.00
절 삭	부품의 수	24.00
조 립	직접작업시간	220.00
도 색	도색된 제품 수	250.00

A형 의자와 도색작업이 필요 없는 B형 의자의 두 가지 제품이 8월 중에 생산되었다. 그와 관련된 자료가 다음과 같다.

제 품	생산수량	직접재료비	직접노무비	부품의 수	조립시 직접작업시간
A형 의자	6,000개	₩5,000,000	₩3,000,000	110,000개	8,000시간
B형 의자	2,000개	₩6,000,000	₩4,000,000	20,000개	2,000시간

ABC 시스템에 의하여 A형 의자와 B형 의자의 총 제조원가를 계산하시오.

[풀 이]

	A형 의자	B형 의자
직접재료비	₩5,000,000	₩6,000,000
직접노무비	3,000,000	4,000,000
제조간접비		
재료취합	110,000×3＝330,000	20,000×3＝60,000
절 삭	110,000×24＝264,000	20,000×24＝480,000
조 립	8,000×220＝1,760,000	2,200×220＝484,000
도 색	6,000×250＝1,500,000	
	3,854,000	1,024,000
총 제조원가	₩11,854,000	₩11,024,000

위의 제조간접비 ₩4,878,000을 전통적인 VBC로 배부하였다면, 다음과 같이 차이가 나는 제조원가가 산출될 것이다.

A형＝₩5,000,000＋₩3,000,000＋₩3,902,400

＝₩11,902,400

B형＝₩6,000,000＋₩4,000,000＋₩975,600

＝₩10,975,600

총 원가＝₩22,878,000

* A형 제조간접비 배부액＝₩4,878,000/10,000×8,000

＝₩3,902,400

B형 제조간접비 배부액＝₩4,878,000/10,000×2,000

＝₩975,600.

제 3 절 활동기준원가계산의 과정과 절차

1. 활동기준원가계산의 구조모형

활동기준 원가계산의 구조모형은 [표 4-4]의 요약계산모형에서 보는 바와 같이 전통적 원가계산과 비교함으로써 명확해진다. 활동기준원가 계산은 제조원가뿐만 아니라 판매원가와 관리원가도 그 대상으로 한다. 그러나 설명을 간편하게 하기 위하여 제조원가만을 그 대상으로 한다.

전통적인 원가계산제도 하에서 제조간접비는 공장 전체배부율(plant wide overhead rate)을 이용하거나, 부문별 계산시 부문별 배부율(departmental overhead rate)을 이용하여 제품별로 나누어진다. 그러나 활동기준 원가계산은 제조간접

[표 4-4] 활동기준 원가계산의 모형

					비 고
1. 전통적인 원가계산제도					
	A제품	B제품	C제품		비 고
직접비의 제품별 집계	××	××	××		직접재료비
	××	××	××		직접노무비
제조간접비의 집계(×××)					총 제조간접비
원가배부기준의 선정					기계시간, 작업시간 등
제조간접비배부율의 계산					공장 전체 혹은 부문별
제조간접비의 제품별 배부	××	××	××		배부율에 따라
제품제조원가의 산출	×××	×××	×××		제조원가보고서 작성
2. 활동기준 원가계산제도					
활동의 구분	활동 1	활동 2	활동 3	활동 4	활동분석으로 level별로
활동별 원가풀의 할당	××	××	××	××	
원가동인의 선정					활동수준에 따라 다양한 기준
배부율의 산정					활동별 원가동인에 따라
제품별 배부	A제품		B제품		활동배부율에 따라
직접비의 제품별 집계	××		××		
제품제조원가의 산출	×××		×××		제조원가보고서 작성

비를 활동별로 구분하여 활동원가집합(activity cost pool)을 만들고, 이를 각 제품의 활동량에 따라 배부한다. 따라서 전통적인 원가계산제도와 활동기준 원가계산제도의 근본적인 차이는 제조간접비를 어떻게 파악하고 집계하여 어떻게 배부하는가에 있다고 보아도 된다.

2. 활동기준원가계산의 절차

활동기준 원가계산의 절차는 ① 활동분석, ② 활동별 원가집계, ③ 원가동인 결정, ④ 원가동인단위당 원가산출, ⑤ 제품별 원가계산의 순서로 이루어진다.

(1) 활동분석

활동분석(activity analysis)은 경영활동을 기술하고, 그 활동에 대한 원가와 성과를 비교할 수 있는 판단기준을 확립하기 위하여 기업의 주요 활동을 규명하는 것이다. 이 활동분석을 통해서 기업에서는 이익, 품질, 그리고 적시성 등과 같은 성과를 개선시키기 위해 어떻게 해야 하는지를 파악할 수 있게 한다.

활동분석을 통하여 기업에서 이루어지는 모든 활동은 단위수준활동(unit level activity), 뱃치수준활동(batch level activity), 제품유지수준 활동(product sustaining level activity), 설비수준활동(facility level activity)으로 구분된다.

활동분석의 목적은 조직 내에서 이루어지는 활동들을 규명하고, 그들을 체계적으로 분석하여 불필요한 활동을 제거(reduce or deduct non-essential activity)하기 위한 행동을 취하도록 하기 위한 것이다. 이는 곧 필요한 활동을 강화(emphasis essencial activity)하고, 효율적인 방법으로 수행하게 하여 기업의 성과를 증진시키고, 경쟁력을 향상시키기 위한 것이다.

여기서 불필요한 활동이란 부가가치를 증대시키는 활동인가, 그렇지 않은 활동인가에 따라서 결정된다. 어떤 활동으로 인하여 시장가치의 증대를 가져오게 되는 활동을 부가가치활동(value added activity)이라 하며, 활동이 있었으나 시장가치의 증대를 가져오지 않는 활동을 비부가가치활동(non-value added activity)이라 한다. ABC에 의한 원가관리는 결국 비부가가치활동의 감소 및 제거(eliminate or reduce non-value added activity)에 있다고 볼 수 있다.

(2) 활동별 원가집계

이 단계에서는 앞서 실시한 활동분석자료를 이용하여 각 활동별로 원가를 집계(cost pool)하는 과정이다. 즉 활동분석에서 규명된 각 활동들이 어느 정도 자원을 소비하였는지, 각 활동 등 총 원가를 계산하는 것이다. 이 때 어느 정도 정확한 원가를 계산해 내기를 원하느냐에 따라, 그리고 비용-효익분석(cost and benefit analysis)에 입각하여 유사한 활동들은 통합하여 사용할 수 있다. 예를 들어 아주 정확한 원가정보가 필요하고, 또 비용-효익분석을 통하여 유리하게 나타날 경우에는 모든 분석된 활동에 대하여 원가를 추적하여 그에 대한 원가동인을 구할 수 있을 것이다. 하지만 비교적 그리 정확한 원가정보가 필요하지 않고, 또 비용이 효익보다 더 크게 나타난다면 비슷한 활동들을 통합하여 원가동인을 구할 수도 있다.

여기서 구분되는 활동원가풀(activity cost pool)은 전통적 원가계산에서 부문원가(departmental costs)와 비슷하지만 ABC에서의 활동원가는 구분된 활동에서 나타나는 원가이며, VBC에서의 부문이란 원가가 발생하는 장소로 규정되어지기 때문에 구분하여 생각하여야 한다. 그러나 절차에 있어서는 차이가 없다.

활동원가는 부문비보다 다양하고 사용되는 원가동인이 더 많지만, 부문별 원가계산에서 부문개별비와 부문공통비를 구분하여 개별비를 직접집계하고, 공통비를 배분하는 절차는 단순화된다.

(3) 원가동인결정

원가동인(cost driver)이란 활동을 유발시키는 요인으로, 이는 생산과정에서 특정 자원을 소비한 제품에 대하여 생산활동원가를 추적하는 데 사용된다. 하지만 기업에서 이루어지고 있는 모든 활동에 대해서 각각의 원가동인을 사용한다는 것은 경제적이지 못하다. 따라서 실무에서는 몇 가지의 활동들을 통합하여 하나의 원가동인으로 활동원가를 추적한다.

적절한 원가동인을 선택하기 위해서는 다음의 세 가지를 고려하여야 한다.

첫째는 측정비용(cost for measurement)이다. 활동기준원가 계산을 운영할 때 쉽게 자료를 획득할 수 있는 원가동인을 사용하여야 한다. 만약 쉽게 자료를 얻을 수 없는 원가동인이 있다면, 이는 바로 측정비용을 증가시키는 요인이 된다.

둘째는 실제 활동소비와의 상관관계(relationchips to the actual activity consumed)이다. 원가동인에 의해서 측정된 활동소비와 실제 활동소비와의 관계가 높아야 한다. 예를 들어 제품의 불량검사를 함에 있어서 그 제품에 따라 검사하는 시간이 다르다고 할 때, 원가동인으로 검사횟수를 사용한다면 실제 소비시간과의 상관관계가 낮아지고, 이는 결국 왜곡된 정보를 제공하게 되는 것이다.

셋째는 종업원들에게 미치는 영향(motives to the employees)이다. 예를 들어 원가동인의 단위당 원가를 종업원들의 성과로 측정하는 기업에서의 제품설계자는 낮은 원가의 제품을 설계할 수 있는 능력으로 성과보상을 받게 될 것이다. 따라서 그들은 동일한 부품으로 여러 제품에서 사용할 수 있도록 하는 등의 방법으로 제품을 설계하여 원가를 낮추려고 할 것이다.

(4) 원가동인단위당 원가산출

이 단계에서는 앞의 2단계에서 활동별로 원가를 집계(cost pool)한 총 원가를 3단계에서 결정된 원가동인으로 나누어 한 단위 활동당 원가(costs per activity in unit)를 산출한다. 다시 말하면 각 활동의 대용치로 사용하고 있는 원가동인단위당 원가(unit cost per cost driver)를 산출하는 것이다. 이를 식으로 나타내면 아래와 같다.

$$\text{원가동인단위당 원가} = \frac{\text{활동별 원가 pool}}{\text{원가동인의 수}}$$

(5) 제품별 원가계산

4단계에서 산출된 원가동인단위당 원가는 각 활동을 사용한 수, 즉 제품별로 파악된 원가동인의 수만큼 곱하여 그 제품에 할당함으로써 원가계산이 완료된다.

$$\text{제품별 배부액} = \frac{\text{원가동인단위당 원가}}{\text{제품별 원가동인 수}}$$

그리고 전통적인 방법에서 직접원가로 인식되었던 원가는 전통적인 방법

그대로 각 제품에 직접 할당하여 제품원가를 계산한다.

활동기준원가 계산의 단계별 절차는 다음과 같이 요약된다.

① 활동분석으로 몇 개의 특정 활동으로 범주화 : X활동, Y활동
② 총 원가를 범주화된 특정 활동별 원가풀의 추적 : X활동원가풀, Y활동원가풀
③ 특정 활동별 원가동인의 선택 : X=시간, Y=가동 수, Z=거래처 수
④ 활동원가풀비율의 산출 : X활동률=총 X활동원가/X활동 총 시간
⑤ 제품별 배부 : A제품배부액=X활동배부액+Y활동배부액

이상의 과정을 예를 들어 살펴보자.

우리주식회사에서는 A제품과 B제품을 생산한다. 각 제품에 대한 원가는 아래와 같다.

원가항목	A제품	B제품	계
생산량	20,000단위	20,000단위	40,000단위
직접재료비	₩900,000	₩900,000	₩1,800,000
직접노무비	200,000	100,000	300,000
제조간접비			3,450,000
계			₩5,550,000

제조간접비의 내용으로는 간접노무비 ₩2,400,000, 건물임차료 ₩500,000, 동력비 ₩550,000이다.

먼저 이 회사에서는 활동을 분석한 결과 자재조달, 자재검사, 자재저장 등의 세 가지 활동이 파악되었으며, 이들에 대해서 자원동인을 조사결과 다음과 같이 수집되었다.

활 동	자원동인		
	인 원 수	면적(m^2)	사용전력량
자재조달활동	4	30	30
자재검사활동	20	60	50
자재저장활동	6	110	20
계	30	200	100

다음으로 활동별로 원가를 집계하는데, 이상의 자료를 토대로 활동별 원가를 산정하면 다음과 같은 결과를 얻을 수 있다.

활 동	자원동인			활동 pool 원가
	간접노무비	건물임차료	동 력 비	
자재조달활동	₩320,000*	₩75,000	₩165,000	₩560,000
자재검사활동	1,600,000	150,000	275,000	2,025,000
자재저장활동	480,000	275,000	110,000	865,000
계	₩2,400,000	₩500,000	₩550,000	₩3,450,000

* ₩2,400,000×4/30＝₩320,000
₩500,000×30/200＝₩75,000
₩550,000×30/100＝₩165,000.

우리주식회사의 제품간의 인과관계를 근거로 활동분석에 따른 각각의 활동에 대한 원가동인으로 자재조달활동은 부품수량, 검사활동은 검사시간, 저장활동은 저장면적으로 밝혀졌다.

활동별 원가동인에 따르는 실적자료는 다음과 같다.

활 동	원가동인	원가동인실적		
		A제품	B제품	계
자재조달활동	부품수량(단위)	3,000	1,000	4,000
자재검사활동	검사시간(Hr)	200	700	900
자재저장활동	저장면적(m^2)	4,325	4,325	8,650

이제 원가동인단위당 원가를 산출해 보자. 앞에서 언급하였듯이 원가동인단위당 원가는 활동별로 집계한 원가 pool을 원가동인의 수로 나누어 계산한다.

이를 계산하면 다음과 같다.

활 동	활동 pool 원가	원가동인 수	원가동인단위당 원가
자재조달활동	₩560,000	4,000	₩140
자재검사활동	2,025,000	900	2,250
자재저장활동	865,000	8,650	100

* ₩560,000/4,000＝₩140.

마지막으로 제품별 원가를 계산해 보자.

	A제품		B제품	
직접재료비		₩900,000		₩900,000
직접노무비		200,000		100,000
제조간접비				
자재조달활동 *	₩420,000		₩140,000	
자재검사활동 **	450,000		1,575,000	
자재저장활동 ***	432,500	1,302,500	432,500	2,147,500
제품별 원가		₩2,402,500		₩3,147,500
생산량		20,000		20,000
단위당 원가		₩120		₩157

* ₩140×3,000=₩420,000
** ₩2,250×200=₩450,000
*** ₩100×4,325=₩432,500.

만약 우리주식회사에서 제조간접비발생액에 대해 직접노무비를 기준으로 하여 전통적인 원가계산을 한다고 가정한다면, 제품원가는 다음과 같이 산정될 것이다.

	A제품	B제품
직접재료비	₩900,000	₩900,000
직접노무비	200,000	100,000
제조간접비 *	2,300,000	1,150,000
제품별 원가	₩3,400,000	₩2,150,000
생산량	20,000	20,000
단위당 원가	₩170	₩107

* ₩3,450,000×₩200,000/₩300,000=₩2,300,000.

각 계산방법에 의한 제품별 단가를 비교하면 다음과 같다.

	전통적 원가계산	활동기준원가 계산	증(감)률
A제품 단위당 원가	170	120	(29.4)
B제품 단위당 원가	107	157	46.7

[예제 3] (주)자유에서는 활동기준원가 계산을 사용하여 제품의 원가계산을 하려고 한다. A, B, C제품을 각각 100, 250, 200개 생산했을 때의 원가자료가 아래와 같을 때 물음에 답하시오.

활 동	원가 pool	원가동인	A제품 원가동인 수	B제품 원가동인 수	C제품 원가동인 수
작업준비관련활동	₩7,200	작업준비횟수	4회	3회	2회
취급관련활동	₩5,600	취급횟수	30회	10회	30회
부품수관련활동	₩2,400	부품 수	6개	4개	2개

	A제품	B제품	C제품
단위당 직접재료비	₩60	₩50	₩20
단위당 직접노무비	₩30	₩40	₩80

[물음 1] 각각의 활동별 단위당 원가동인은 얼마인가?
[물음 2] 각각의 제품별 단위당 제조간접비배부액은 얼마인가?
[물음 3] 각각의 제품별 단위당 제품원가는 얼마인가?

[풀 이]

1.

활 동	원가동인	원가 pool	총 원가동인 수	단위당 원가동인
작업준비관련활동	작업준비횟수	₩7,200	9회	₩800
취급관련활동	취급횟수	5,600	70회	80
부품수관련활동	부품 수	2,400	12개	200

2.

활 동	A제품	B제품	C제품	합 계
작업준비관련활동	₩3,200 *	₩2,400	₩1,600	₩7,200
취급관련활동	2,400	800 **	2,400	5,600
부품수관련활동	1,200	800	400 ***	2,400
계	₩6,800	₩4,000	₩4,400	₩15,200
생산량	100개	250개	200개	
단위당 제조 간접비배부액	₩68	₩16	₩22	

* ₩800×4회=₩3,200
** ₩80×10회=₩800
*** ₩200×2개=₩400.

3.

	A제품	B제품	C제품
직접재료비	₩60	₩50	₩20
직접노무비	30	40	80
제조간접비	68	16	22
단위당 제품원가	₩158	₩106	₩122

3. 활동기준원가계산(ABC)과 활동기준관리(ABM)

변화하는 제조환경 하에서 기업의 원가관리(cost management system)의 요체는 다음의 다섯 가지로 요약할 수 있다.

첫째, 제조활동을 포함하는 모든 기업활동수행에서 소비되는 자원에 대한 원가의 정확한 측정.

둘째, 비부가가치원가의 인식 및 제거 : 여기서 비부가가치원가란 제품의 품질이나 성과 및 가치를 훼손시키지 않으면서 제거될 수 있는 활동으로부터 발생하는 원가를 말한다.

셋째, 기업의 모든 주요 활동에 대한 효율성과 효과성의 결정 및 증진

넷째, 앞으로 조직의 성과를 증진할 수 있는 새로운 활동에 대한 인식 및 평가

활동기준관리(Activity Based Management : ABM)의 기본이념은 가치를 창조하기 위하여, 다시 말하여 품질(quality), 합리적 가격(reasonable price), 적시배달(delivery on time)을 위한 고객들의 요구에 만족시키기 위하여 공급자 및 고객(with suppliers and customers)과 함께 조직의 모든 활동은 부가가치활동(value adding activities)으로 집중하여 부가가치활동을 위해서만 자원(resources)을 이용하며, 비부가가치활동은 제거 혹은 감소(reduce or eliminate)시킴으로써 고객을 위한 가치창조를 추구한다는 것이다.

이와 같은 ABM의 기본이념을 달성하기 위하여 경영자들은 공급자들과 고객들과 함께 활동함으로써 품질개선(to improve quality), 원가절감(to reduce costs), 배달시간의 개선(to improve delivery time) 등의 목적을 달성하여야 한다.

결론적으로 활동기준관리(Activity Based Management : ABM)란 기업 내에서 수행되고 있는 활동(activity)을 관리함으로써 고객가치를 높이고, 증대된 고객

가치를 토대로 기업의 이익을 제고하고자 하는 경영관리기법이다.

활동기준관리는 활동기준 원가계산시스템(ABC system)으로부터 생성되는 활동관련정보를 토대로 하여 원가동인관리(cost driver management), 성과측정관리(performance evaluation management), 활동분석(activity analysis) 등을 시행함으로써 조직의 효과성과 효율성(effectiveness and efficiency)을 제고하는 데 그 목적이 있다. 다시 말하면 경영관리를 위하여 활동기준원가계산 시스템에 존재하고 있는 정보를 이용하여 원가절감기회 파악, 품질개선, 낭비요인의 파악 및 제거, 이익극대화를 위한 최적자원계획 등을 수행하는 것이 활동기준관리(ABM)의 주요 목적이라고 할 수 있다.

활동기준 원가계산(ABC)과 활동기준관리(ABM)는 활동기준시스템(activity based system)으로 함께 통칭되므로 이를 구분할 필요는 없으나, 그 직능을 구분한다면 다음과 같은 점을 지적할 수 있다.

ABC는 투입자원의 원가를 자원동인에 의하여 활동별로 원가를 집계하고 원가동인을 적용하여 원가대상별 원가를 측정하는 방법인 데 비하여, ABM은 활동분석을 통하여 파악된 정보를 토대로 활동과 프로세스의 효율성과 효과성을 개선하는 원가관리기법이다. 즉 ABC와 ABM의 공통적으로 공유하는 정보는 활동이다. ABC와 ABM의 차이점과 공통점을 요약하면 [표 4-5]와 같다.

[표 4-5] ABC와 ABM 비교

구 분	ABC	ABM
주요 목적	원가대상별 진정한 원가측정	활동과 프로세스개선을 통한 고객가치증대와 초과이익창출
산출정보	전략적 관점의 원가정보 • 수익성분석 • 가격결정지원 원가정보 • 투자타당성분석을 위한 원가정보 • 목표원가	운영적 관점의 원가정보 • 프로세스원가 • 비부가가치활동 원가 • 원가동인 • 성과측정치정보
공통점	• 활동을 중심으로 한 원가관리기법 • 상호 보완적 기법 • 다른 경영관리기법 지원	

따라서 ABC와 ABM을 그 직능에 따라 구분하여 정의한다면 다음과 같은 정의가 가능하다.

ABC는 "원가계산 및 의사결정을 위하여 원가대상별(cost objects)로 활동원가를 배부(assigning activity costs), 가격결정(pricing) 및 수익성증진을 위한 의사결정(profitability decisions)의 개선 및 재고자산평가(inventory valuations) 등에 도움이 되는 ABM 환경에서 사용되는 하나의 기술(tool used in an ABM environment)"인 반면에, ABM은 "모든 주요 경영활동을 확인(identifying)하고, 각 활동을 위해 소비되는 자원을 결정(determining)하며, 부가가치활동과 비부가가치활동을 구분(categorizing)해서 비부가가치활동을 감소 및 제거(reduction or elimination)하는 것과 같은 목표를 달성하기 위한 기업경영방법(approach)이다"라고 구분하여 정의할 수 있을 것이다.

여기에서 부가가치활동(value adding)과 비부가가치활동(non-value adding activities)에 대한 개념의 정의를 분명히 하자면, 부가가치활동(valu adding activity)이란 "고객에게 제공되는 제품 및 서비스의 가치를 증대시키는 활동을 총칭하는 개념으로, 예를 들면 신자동차의 설계활동(designing), 조립활동(assembling), 도장활동(painting) 및 브레이크설치활동(installing brakes) 등"을 말하며, 비부가가치활동(non-value adding activity)이란 "제품 및 서비스의 원가를 증가시키지만 시장가치를 증대시키지는 못하는 활동(not increase its market value)으로서, 예를 들면 재료의 운반(moving) 및 저장(storing) 활동, 대기하는 활동(waiting), 검사활동(inspection) 등"을 말한다.

서비스기업에 있어서의 두 가지의 활동에 대한 구분은 더욱 어려운데, Hilton은 Western Data Service(고전적 편지작성) 회사의 사례를 들어 부가가치활동에 해당하는 활동으로 편지의 설계, 고객명단 및 주소의 데이터베이스의 작성, 우체국서비스에 관한 정보검증, 배달 등을 구분하였고, 비부가가치활동으로는 주문양식 및 작업스케쥴의 작성, 주문(order), 접수(receive), 검사(inspect) 및 편지봉투의 저장(store paper, envelopes), 일정한 편지 크기로 만드는 기계의 설치 등을 포함하는 활동들이 속한다고 하였다.

제 4 절 활동기준원가계산의 관리적 유용성과 한계

1. 활동기준원가계산의 관리적 유용성

(1) 원가관리(cost management)

제품원가의 계산에서 필요한 활동과 원가를 상세히 분석하면 간접부문원가의 내용이 하나하나 구체적으로 밝혀지게 된다. 아울러 간접부문의 원가에 대한 투명도가 높아질 뿐 아니라 이들에 대해 새로운 인식과 관점을 가질 수 있다. 책임자는 전술한 바와 같은 분석을 통해 투입한 생산자원이 어떻게 이용되고 있는가에 관한 정보를 얻을 수 있다. 이 정보는 조직내부에서 행해지는 여러 가지 활동의 가치를 평가하고 탐색할 때 매우 유용하다.

(2) 스탭의 행동과 업무활동(staff's activity)에 대한 영향력증대

ABC에서 이용하는 원가동인과 원가동인별 배부율에 관한 새로운 정보 중에는 스탭의 행동에 큰 영향을 미치는 것도 있다. 특히 이들 정보를 업적평가기준으로 이용할 경우, 이 영향은 더욱더 커진다. 원가동인별 부담률은 활동의 효율성을 반영하는 현업부문의 업무활동을 계량적으로 측정하는 척도이며, 업적평가기준이기도 하다. 따라서 원가동인과 원가를 결부시켜 배부율을 계산하면 현재 실시하고 있는 활동의 효율성을 평가할 때에 매우 유용하다.

(3) 효율적 예산관리(efficient budget control)

ABC는 간접부문의 예산편성과 그 실행에 알맞은 정보도 제공한다. 우선 제일 중요한 것으로 원가동인의 양적 이용가능성은 각 활동의 부문에 대한 척도가 될 뿐 아니라 장래 필요로 하는 생산자원을 평가하는 기초가 된다. 미리 다량의 원가동인을 필요로 하는 것을 알고 있는 부문 또는 부서는 거기에 알맞은 생산자원을 투입할 수 있다. 또한 ABC는 원가차이분석에 대한 상세한 틀을 제공한다.

각 원가차이는 각각의 활동별로 구해진다. 아울러 허용기대최대의 원가동인 수, 예산동인 수, 실제 원가동인 수 및 기대원가동인 수를 비교함으로써 간접부문에 있어 능력의 이용상황에 관한 새로운 분석이 가능하게 된다.

(4) **리엔지니어링의 기초**(basis of re-engineering)

ABC는 부가가치활동과 비부가가치활동을 구분하여 각각 어느 정도 경영자원을 투입하고 있는가를 밝힘으로써 비부가가치활동의 관리에 도움을 줄 수 있다. 그러나 어떻게 비부가가치활동 여부를 판단할 것인가 하는 문제가 있다. 책임자가 어떻게 어떤 활동을 비부가가치활동이라고 판단해도 현장에서 일하는 실제 담당자들은 부가가치활동이라고 생각할 수 있다. 따라서 현장의 사람들을 포함한 전원에게 활동을 처음부터 다시 생각하게 하여 조직재개편 또는 리엔지니어링을 행하도록 하는 것이다. ABC 정보에 기초한 분석을 하게 되면, 납기, 품질, 원가 등의 개선이나 향상을 위해 작업이나 업무활동을 근본적으로 수정하여 철저한 조직 내지 업무개혁을 실시할 수 있다. 이런 의미에서 ABC 정보는 리엔지니어링에 있어서 필수적인 정보이다.

(5) **고객수익성분석**(customer's profitability analysis) **효과**

전통적 원가시스템에서의 수익성분석은 매출수량, 매출액과 같은 단일조업도, 단일원가기준에 의하여 수익과 원가를 인식하지만, 활동기준원가에서는 복수의 원가동인을 인식하므로 기존의 원가시스템에서 고정비로 간주되던 작업준비비, 검사비 등이 ABC 하에서는 각각의 원가동인과 관련하여 변동비처럼 고려되므로 원가변화에 따른 수익성의 관계를 더욱 잘 설명해 준다.

한편 활동기준원가 계산에서는 고객도 원가계산대상이 된다. 따라서 고객별 원가계산이 가능하고, 개별 고객의 수익성을 정확하게 파악할 수 있으므로 주력고객의 판별과 고객서비스가격을 적정하게 결정하여 경쟁력을 강화할 수 있다.

[예제 4] 다음은 인터넷서점 (주)OK의 고객별 매출에 대한 자료이다. 다음의 자료를 참고하여 물음에 답하시오.

	갑고객	을고객	병고객
매출액	₩40,000	₩36,000	₩32,000
매출원가	30,000	27,000	24,000
보유책주문 횟수	2회	10회	2회
미보유책주문 횟수	10회	2회	2회
총 주문횟수	12회	12회	4회

[물음 1] 매출액의 20%를 판매에 관련된 비용으로 인식한다고 할 때, 전통적인 방법에 따른 영업이익을 계산하시오.

[물음 2] 판매관련원가의 원가동인은 주문횟수와 주문품목의 재고보유 여부이고, 고객이 1회 주문시 이를 처리하기 위해서는 ₩420이 소요되며, 만약 보유하고 있지 않은 책을 주문했을 경우에는 1회당 ₩300의 추가비용이 발생한다. 활동기준원가 계산에 따른 영업이익을 계산하시오.

[풀 이]

1.

	갑고객	을고객	병고객
매출액	₩40,000	₩36,000	₩32,000
매출원가	30,000	27,000	24,000
판매관련원가	8,000	7,200	6,400
영업이익	₩2,000	₩1,800	₩1,600

2.

	갑고객	을고객	병고객
매출액	₩40,000	₩36,000	₩32,000
매출원가	30,000	32,000	24,000
판매관련원가			
보유책처리 원가 *	840	4,200	840
보유책처리 원가 **	7,200	1,440	1,440
영업이익	₩1,960	₩3,360	₩5,720

* 2회×₩420=₩840

** 10회×₩720=₩7,200.

(6) **업적평가기준의 통합**(integration of performance evaluation basis)

ABC에 기초한 원가관리시스템은 운영적 영역과 전략적 영역 양자에 대해 유용한 활동기준의 업적평가기준을 제공할 수 있다. 모든 업적평가기준에 관하여 공통적으로 언급되는 것이지만, 이러한 업적평가기준을 적용할 때에는 인간의 행동에 끼치는 영향에 대해 충분히 고려하고 신중하게 적용하지 않으면 안 된다. 이 점을 유의하여 업적평가기준을 사려깊게 이용하면 각 종업원은 기업목표달성을 위해 적절한 행동을 취하게 된다.

ABC에 기초한 업적평가기준의 대부분은 비재무적인 성격을 띤다. 그러나 이들 비재무적 업적평가기준은 업적평가기준을 달성하거나 혹은 개선할 경우, 재무적 업적 또한 저절로 달성되거나 개선될 수 있게 하는 업적평가기준이 아니면 안 된다. ABC에 기초한 운영적 업적평가기준을 이용함으로써 얻는 기본적 이점 중의 하나는 다음과 같다. 즉 기본적이라는 ABC 접근방식에 의하면 업적평가기준은 기존의 여러 부문을 관련지울 뿐 아니라 부문 대신 각 활동, 작업 및 업무활동 등에 초점을 맞추고 있다. 더욱이 활동에 대한 자원의 투입과 이들 활동으로부터의 산출물인 서비스보다도 자원의 투입을 측정하는 것이 일반적으로 훨씬 용이하다.

운영적 업적평가기준과 전략적 업적평가기준을 따로 기술하고 있는 경우가 많지만, 이와 같이 업적평가기준은 수미일관된 것으로 통합시키는 것이 중요하다.

ABC에 기초한 업적평가기준을 이용함으로써 이와 같은 통합을 용이하게 할 수 있다.

2. 활동기준원가계산의 한계

활동기준 원가계산이 완벽한 원가계산방법은 아니다. 활동기준 원가계산의 원가관리 및 효과측면에서의 한계점은 다음과 같다.

첫째, 활동분석에 따른 원가가 많이 소요된다(lots of cost for activity analysis). 전통적인 원가계산에 비해 활동기준 원가계산은 더욱 복잡하고 정교한 시스템이다. 따라서 원가계산의 기본이 되는 활동을 분석하고, 이를 운영하는 데 많은 비용이 들게 된다. 오늘날에 있어서 정보기술이 발전함에 따라 원가를 계산하는 비용이 감소하는 추세이기는 하지만, 경영자는 활동기준원가 계산을 도입하기에 앞서서 활동기준 원가계산의 운영에 따른 효익과 비용을 먼저 따져 볼 필요가 있다.

둘째, 활동을 구분하는 명확한 기준이 없다(no basis of activity). 활동기준 원가 계산이 전통적 원가계산에 비해 비교적 명확하고 정확하지만 절대적인 것은 아니다. 또한 전통적 원가계산에서의 간접부문과 활동기준 원가계산에서의 활동은 항상 일치하는 것은 아니므로, 이러한 문제를 어떻게 처리할 것인가 하는 경영상의 어려움이 있다.

셋째, 자의적 선택의 원가동인(artificial selection of cost driver)이 존재한다. 즉 활동기준 원가계산에서도 여전히 간접부문의 일부는 원가동인으로 설명할 수 없는 작업이 있어 원가동인의 선택이 자의적이며, 본질적으로 원가동인을 발견할 수 없다. 이는 역시 인위적인 방법을 통해서 원가를 배부할 수밖에 없는 것이다.

넷째, 공통된 원가동인(common cost driver)이 존재할 수 있다. 간접원가를 개별 제품에 배부하기 위해서 원가동인을 선정하는 데 선택된 원가동인이 공통 간접원가의 원가행태를 대표하지 못할 수도 있다는 것이다. 즉 여러 개의 간접원가를 묶은 공통간접원가 중에는 원가동인이 한 개 이상일 수도 있기 때문에 단일원가동인을 적용하는 것은 원가배부를 왜곡시킬 수도 있다.

다섯째, 다품종소량생산과 제조간접비비중이 높은 기업에 더욱 적합하다. 활동기준원가 계산은 제조간접비부분에서 전통적 원가계산보다 정확한 정보를 제공하기 때문에 제조간접비, 특히 고정제조간접비 비중이 높은 제품들을 다양하게 생산하는 환경이어야 한다. 즉 제품에 따라 다양한 방식으로 생산을 하고, 시장 및 고객 세분화에 따라 다품종의 제품을 생산하는 기업에 있어서 더욱 적합한 방법이다.

여섯째, 보충적인 원가정보로 이용된다. 활동기준원가 계산을 도입한 공장이나 기업에서 이를 이용하여 얻게 된 정보를 재무회계시스템과 연계하여 통합하지 않고, 특별한 경우에 한해서 수행되는 독립적이고 보충적인 원가정보를 얻기 위한 제도로 인식하고 있다.

3. 활동기준원가계산의 도입시기

새로운 원가계산시스템의 도입을 고려해야 할 시기는 언제인가(When is a

new product costing system needed?)라는 문제에 대하여 Ronald W. Hilton은 다음과 같은 15가지의 징후가 발견되는 시점으로 삼아야 한다는 지침(indicators)을 제시하고 있다.

① 라인경영자(line managers)가 회계부서에서 보고된 제품원가를 믿지 않는다.
② 마케팅담당자(marketing personnel)가 가격결정시 보고된 제품원가를 이용하기를 꺼린다.
③ 생산하기 곤란한 어떤 제품이 가격상 별 프리미엄이 없는 데도 불구하고 매우 수익성이 높은 것으로 보고된다.
④ 제품라인의 매출이익(product-line profit margin)을 설명하기 곤란하다.
⑤ 매출이 증가(sales increase)하는 데도 수익이 감소(profit decline)한다.
⑥ 분명히 수익성이 있는 제품을 담당경영자가 생산중단(product drop)을 주장한다.
⑦ 마케팅 혹은 생산담당자가 비공식적으로 이상한 원가계산시스템(bootleg costing system)을 사용한다.
⑧ 높은 수익(high profit margins)이 있다고 보고 되어 온 어떤 제품이 경쟁업자 때문에 판매가 되지 않는다.
⑨ 회사가 수익성이 높은 제품의 범위(highly profitable product niche)를 스스로 포착해 온 듯 싶다.
⑩ 제조간접원가 배부율(overhead rate)이 매우 높고, 초과시간(over time)이 증가한다.
⑪ 제품라인(제품의 종류 수)이 아주 다양하다.
⑫ 총 원가 중에서 직접노무비가 차지하는 비율이 아주 낮다.
⑬ 경쟁입찰의 결과를 설명하기가 곤란하다.
⑭ 경쟁업자들의 대량생산품이 비현실적으로 낮은 가격으로 판매된다.
⑮ 회계부서에서 특별한 원가계산방법 고안(special costing projects)에 지나치게 많은 시간을 낭비한다.

제 4 장 Key Words

공장전체배부율(plantwide overhead rate)
An overhead rate calculated by averaging manufacturing overhead costs for the entire production facility.

단위관련활동(unit level activity)
An activity that must be done for each unit of production.

뱃치관련활동(batch level activity)
An activity that must be accomplished for each batch of products rather than for each unit.

부문별 배부율(departmental overhead rate)
An overhead rate calculated for a single production department.

비부가가치활동(non-value added activities)
Operations that are either (1) unnecessary and dispensable or (2) necessary, but inefficient and improvable.

설비유지활동(facility level activity)
An activity that is required for an entire production process to occur.

원가대상(cost object)
Responsibility centers, products, or services to which costs are assigned.

원가동인(cost driver)
A characteristic of an activity or event that results in the incurrence of costs by that activity or event.

원가풀(cost pool)
A collection of costs to be assigned to a set of cost objects.

제품유지활동(product sustaining level activity)
A activity that is needed to support an entire product line, but is not always performed every time a new unit or batch of products is produced.

조업도기준 원가계산(Volume Based Costing : VBC)
A product costing in which costs are assigned to products on the basis of a single

activity base related to volume.

활동(activity)
A measure of an organization's output of goods or service.

활동기준관리(Activity Based Management : ABM)
An approach to managing an organization that identifies all major operating activities, determines what resources are consumed by each activity, identifies what causes resource usage of each activity, and categorizes the activities as either adding value to a product or service or not adding value; emphases is on the reduction or elimination of non-value adding activities.

활동기준 원가계산(Activity Based Costing : ABC)
A system that identifies all of an organization's major operation activities(both production and non-production), traces costs to those activities, and then assigns costs to the production or services that use the resources and services supplied by those activities.

활동분석(activity analysis)
The detailed identification and description of the activities conducted in an enterprise.

활동원가풀(activity cost pool)
A grouping of overhead costs assigned to various similar activities identified in an activity based costing system.

연습문제

*After reading the each problems, Choose the best item.

1. Which of the following is not a common characteristic of traditional product costing systems?

A. calculate the cost of each product as the sum of direct material, direct labor, and overhead

B. apply overhead using a predetermined rate based on direct labor

C. are said to be volume-based

D. calculate the accurate & reasonable product costs

E. assume that labor hours are closely related to the volume of activity in the factory

2. Activity-based costing systems :

A. use a single, volume basis to assign overheads.

B. assign overheads on the activities by the various cost driver.

C. is a traditional costing system.

D. use a two-stage cost assignment approach.

E. have a tendency to distort product costs.

3. Which of the items is not the basis of assignment of costs in traditional volume-based product costing systems?

A. direct labor costs

B. machinery hours

C. sales profit

D. management activity

E. products volume

4. Which of the followings about Activity Based Costing(ABC) procedure is not true?

A. analyze the activity

B. accumulate the activity costs

C. determine the activity cost driver

D. calculate the unit costs of activity cost driver

E. calculate the plant wide overhead rate to assign the overheads

5. An activity that adds costs to the product or service but does not increase its market value is :

A. target based activity.

B. an activity induced cost driver.

C. nonvalue-adding activity.

D. value-adding activity.

E. manufacturing activity.

6. Which of the statements is not the component of activity based costing system?

A. cost objectives

B. ativity

C. cost driver

D. activity cost pool

E. management functions

7. Consider the following statements regarding product sustaining activities.

Ⅰ – They must be done for each batch of product that is made.
Ⅱ – They must be done for each unit of product that is made.
Ⅲ – They are needed to support an entire product line.

Which of the above statements is(are) true?

A. Ⅰ only

B. Ⅱ only

C. Ⅲ only

D. Ⅰ and Ⅱ only

E. Ⅱ and Ⅲ only

8. Which is not a broad category of cost classification useful in activity based costing?

A. the unit level category

B. the batch level category

C. the product sustaining category

D. the facility category

E. the differential category

9. Which of the following are examples of batch level activities?

A. machine setup

B. materials handling

C. equipment insurance

D. equipment depreciation

E. plant maintenance

10. Which of the following cannot signal the need for a new product costing system?

A. Line managers do not believe reported product costs.

B. Products have high reported profitability while more basic high-volume products show small margins or even losses.

C. Overhead rates are high and increasing over time.

D. Product lines are very diverse.

E. Product line profit margins are easy to explain.

11. Which of the following is not an objective of cost management systems?

A. to measure the cost of resources used in performing significant activities

B. to identify non-value added costs

C. to calculate the most accurate cost of products

D. to determine the efficiency and effectiveness of activities

E. to identify new activities that can improve the future performance of the organization

12. Which of the following is not a non-value added activity?

A. storage time

B. waiting time

C. inspection time

D. production time

E. moving time

13. The cost per unit for setup for one run of 10,000units, if setup labor is $20 per hour and 10 hours are required to setup, is calculated to be :

A. $0.04 per unit.

B. $0.06 per unit.

C. $2,00 per unit.

D. $0.02 per unit.

E. $20.00 per unit.

* Use the following information to solve multiple choice problems 14 through 25.

HiTech products manufactures three types of CD players : Cheap, Econo, and Deluxe. HiTech uses an activity-based product costing system. The company has identified five activities and the related cost drivers for each activity. Each activity and its budgeted cost and related cost driver is identified below :

activity	budgeted costs	cost driver
material handling	$225,000	number of parts
material insertion	2,475,000	number of parts
automated machinery	840,000	machine hours
finishing	170,000	direct labor hours
packaging	170,000	orders shipped
total manufacturing cost	$3,880,000	

The following information pertains to each product line of CD players for next year.

	Cheap	Econo	Deluxe
units to be produced	10,000	5,000	2,000
orders to be shipped	1,000	500	200
number of parts per unit	10	15	25
machine hours per unit	1	3	5
labor hours per unit	2	2	2

14. HiTech's cost application rate for the material handling activity is :

A. $2,25 per part.

B. $1,00 per part.

C. $6.62 per labor hour.

D. $13.23 per part.

E. $13.23 per unit.

15. HiTech's cost application rate for the material insertion activity is :

A. $2,25 per part.

B. $1,00 per part.

C. $6.62 per labor hour.

D. $11.00 per part.

E. $11.00 per unit.

16. HiTech's cost application rate for the automated machinery activity is :

A. $24.00 per machine hour.

B. $49.42 per unit.

C. $84.00 per machine hour.

D. $24.50 per labor hour.

E. $50.00 per machine hour.

17. HiTech's cost application rate for the finishing activity for next year is :

A. $10.00 per labor hour.

B. $5.00 per machine hour.

C. $5.00 per unit.

D. $5.00 per labor hour.

E. $7.50 per unit.

18. HiTech's cost application rate for packaging activity for next year is :

A. $100.00 per labor hour.

B. $50.00 per machine hour.

C. $50.00 per unit.

D. $50.00 per labor hour.

E. $100.00 per order shipped.

19. The costs per unit of Cheap are calculated to be :

A. $225.

B. $272.

C. $164.

D. $228.

E. $141.

20. The costs per unit of Econo are calculated to be :

A. $272.

B. $282.

C. $164.

D. $228.

E. $320.

21. The costs per unit of Deluxe are calculated to be :

A. $282.

B. $272.

C. $320.

D. $395.

E. $440.

22. Assume HiTech is using a volume based product costing system and manufacturing costs are applied to all products based on direct labor hours. Total manufacturing costs assigned to Deluxe are calculated to be :

A. $961,176.

B. $456,471.

C. $2,282,353.

D. $1,141,176.

E. $646,471.

23. Assume HiTech is using a volume based product costing system and manufacturing costs are applied to all products based on direct labor hours. The total manufacturing costs assigned to Econo are calculated to be :

A. $961,176.

B. $456,471.

C. $2,282,353.

D. $1,141,176.

E. $646,471.

24. Assume HiTech is using a volume based product costing system and manufacturing costs are applied to all products based on direct labor hours. The total manufacturing cost assigned to Cheap are calculated to be :

A. $961,176.

B. $456,471.

C. $2,282,353.

D. $1,141,176.

E. $646,471.

25. Assume HiTech is using a volume based product costing system and manufacturing costs are applied to all products based on direct labor hours. The manufacturing cost per unit assigned to Cheap, Econo and Deluxe are approximately calculated to be :

A. $114, $228, $440.

B. $164, $228, $272.

C. $272, $272, $440.

D. $228, $228, $272.

E. $228, $228, $228.

제 2 편
원가 및 이익의 통제

제 5 장 원가행태분석

제 6 장 원가, 조업도, 이익분석

제 7 장 예산통제시스템

제 8 장 재고자산에 대한 관리

제 5 장

원가행태분석

■ **학습목표**

본 장에서는 원가를 추정하기 위해 원가생태분석을 소개하고 있다.

본 장을 공부하고 난 후 학습자들은 다음과 같은 내용의 능력을 갖추어야 한다.

① 원가추정이 무엇인지 알고, 왜 관련범위 내에서 적용가능한지 안다.
② 원가추정의 단계를 숙지하고, 이를 적용하여 계산할 줄 안다.
③ 원가추정방법, 즉 계정분류법, 고저점법, 산포도법, 회귀분석법에 대해 숙지하고, 이를 이용하여 원가를 추정할 수 있다.
④ 학습효과는 왜 발생하는가를 알고, 학습효과를 적용하여 원가를 계산할 줄 안다.

제 1 절 원가추정의 의의

1. 원가추정의 개념

앞 장에서 설명한 바와 같이 원가를 여러 가지 기준에 의해 분류하였는데, 그 중 경영자 또는 관리회계담당자들은 과거에 발생된 원가에 대해서 궁금하면서, 또 원가가 어떠한 패턴을 가지고 변화를 나타내는가, 즉 미래에는 얼마나 많은 원가가 발생할 것인가 알기를 원한다. 이러한 정보를 산출하기 위해서는 원가를 행태별로 분류를 해야 한다.

원가행태(cost behavior)라는 것은 원가와 활동 사이의 관계를 나타내는 것으로, 다시 말해서 조업도(volume) 및 활동(activity)의 변화에 따라 원가의 변하는 행태(how costs change)를 말한다. 원가관리회계에서 이러한 원가행태에 따라 분류하는 것이 중요한 이유는 경영순환과정(계획, 수행, 검토, 보고단계)에서 경영자의 의사결정에 대단히 유용한 정보를 제공해 줄 수 있기 때문이다.

변동원가와 고정원가에 대해 이를 풀어서 쓰면, 어떤 원가는 조업도가 변화(증가 혹은 감소)하면 따라서 변하는 원가가 있고, 또 어떤 원가는 조업도가 변화하더라도 일정하게 고정되어 있는 원가가 있다. 이렇게 변화하거나 고정되어 있는 원가를 토대로 경영자들은 미래의 변화하는 생산량에 따라 발생되는 원가를 추정하기 위해서 혹은 미래의 수익성(future profitability)을 파악하기 위해서 원가행태의 지식을 활용한다.

즉 원가추정(cost estimation)은 원가항목별로 그 원가행태를 파악함으로써 원가방정식을 도출하는 과정인 것이다.

일반적인 원가추정방정식의 형태는 다음과 같다.

$$Y = a + bx$$

단, Y = 총 원가

x = 조업도

a = 고정원가

b = 단위당 변동원가

[그림 5-1] 원가방정식의 예

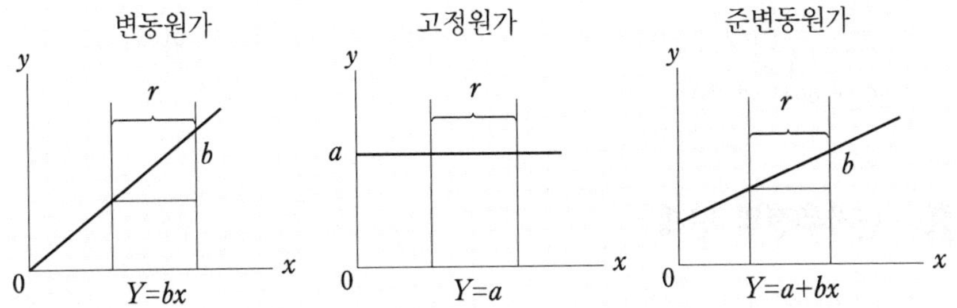

y=총 원가, x=조업도, r=관련범위, a=고정원가, b=단위당 변동원가

앞의 식으로 볼 때 원가추정은 결국 총 원가를 예상하기 위한 것인데, 고정원가(a)와 단위당 변동원가(b)를 알았을 때 일정한 조업도(x)의 상황에서 총 원가(Y)가 얼마인가 하는 것이다.

이렇게 직선의 형태로 표시되는 원가는 모두 앞의 방정식의 형태로 나타난다. 즉 만약 고정원가가 0이 된다면($a=0$), $Y=bx$의 형태로 되어 이는 변동원가의 방정식이 되고, 변동원가가 0이 된다면($b=0$), $Y=a$의 형태로 되어 이는 고정원가의 방정식이 되는 것이다. 그리고 변동원가와 고정원가가 모두 0이 아니면, $Y=a+bx$의 형태로 되어 준변동원가의 방정식이 된다.

하지만 이 선형으로 나타나는 원가행태는 모든 범위에 다 적용가능한 것이 아니라 일정범위의 조업도구간에 한하여 유효하다. 이 때 이 조업도구간을 관련범위(relevant range)라 하는데, 이는 기업의 계획, 운영, 통제가 가능한 원

[그림 5-2] 관련범위와 선형 원가행태

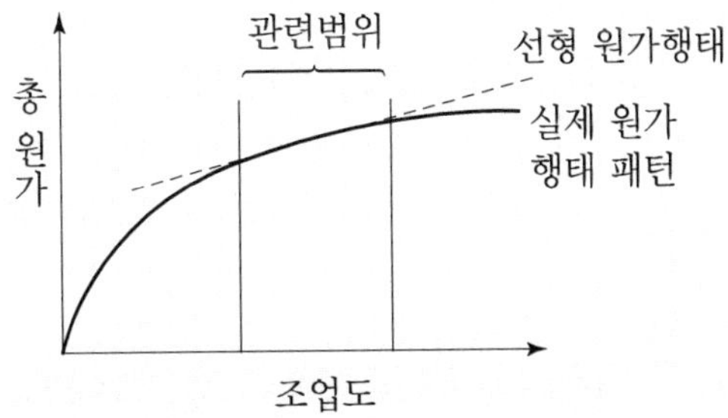

가행태의 일정범위를 말한다. 따라서 준고정원가의 경우, 이 관련범위를 벗어나기 때문에 원가추정에 대해서는 제외가 된다.

[그림 5-2]에서 보는 바와 같은 곡선형의 원가라 할지라도 관련범위(relevant range) 내에서는 원가행태를 직선으로 본다는 것이다.

2. 원가추정의 단계

과거의 원가와 조업도와의 관계에 관한 자료를 분석하여 원가함수를 추정함에 있어서 다음과 같이 여섯 단계를 거쳐 하게 된다.

제 1 단계 : 종속변수를 선택한다.

종속변수란 어떤 원인요인에 반작용 또는 반응하는 변수로 총 원가가 종속변수이다. 이는 $Y=a+bX$의 등식에서 Y로 표시된다. 이는 우리가 알고자 하는(예측해야 하는) 액수로서, 그 목적에 따라 선택된다. 예를 들면 제품제조라인에서의 제조간접원가가 얼마인지 알고자 한다면, 제품제조와 관련하여 발생하는 모든 간접원가가 종속변수에 포함되어야 한다.

제 2 단계 : 독립변수를 식별한다.

독립변수란 원인요인의 역할인 변수로 활동(activity)이 독립변수이다. 이는 $Y=a+bX$의 등식에서 X로 표시된다. 독립변수(원가동인)는 종속변수와 경제적으로 타당한 관계를 가지고 있어야 하고, 또 정확하게 측정될 수 있어야 한다. 원가의 대상이 제품인 경우 원가동인의 예로는 직접작업시간, 기계운전시간 등이 있고, 활동인 경우에는 작업준비시간, 부품 수 등이 있다.

제 3 단계 : 종속변수와 독립변수에 대한 자료를 수집한다.

종속변수와 독립변수가 선정이 되면, 이에 대한 자료들을 수집하게 된다. 즉 원가관리담당자는 회사의 여러 문서, 면접, 심층조사 등을 통하여 원가대상과 원가동인에 관한 자료를 수집하게 된다.

제 4 단계 : 자료를 도표화한다.

이 단계를 통해서 독립변수와 종속변수와의 관계를 대략적으로나마 파악할 수 있다. 즉 두 변수들의 자료를 도면에 표시함으로써 극단적 관찰치를 파악할 수 있고, 또 원가함수가 선형에 근사한지의 여부와 원가함수의 관련범위에 대해서도 알 수 있는 것이다.

제 5 단계 : 원가함수를 추정한다.

원가함수를 추정하는 방법으로 계정분석법, 고저점법, 산포도법, 회귀분석법 등이 있다. 원가관리담당자는 이 방법들 중에서 효익과 비용 간의 관계를 고려하여 가장 적절한 방법을 선택한다. 하지만 이 방법들이 서로 배타적인 방법들이 아니기 때문에 경우에 따라서는 몇 가지 방법들을 같이 사용하여 중대한 오류를 방지하고 정확성을 높이기도 한다.

제 6 단계 : 추정된 원가함수를 평가한다.

원가추정에 있어서 마지막 단계로 추정된 원가함수가 얼마나 정확성을 가지는지 평가하는 단계이다. 즉 제 2 단계에서 선택된 원가동인으로 적절하게 선택되었는가, 제 3 단계에서 선택된 자료들은 일관성이 있고 정확한 것인가, 제 4 단계에서 도표로 파악된 극단치 또는 원가함수의 선형성, 제 5 단계에서 선택된 원가함수의 추정방법 등에 대해서 평가한다.

다음 절에서 원가를 추정하는 방법으로 계정분석법, 고저점법, 산포도법, 회귀분석법 등에 대해서 알아보자.

제 2 절 원가추정의 방법

1. 계정분류법

계정분류법(account classification method)은 계정분석법(account analysis method)이라고도 하며, 총계정원장 각 계정의 원가를 분석하여 모든 원가를 변동원가와 고정원가 또는 준변동원가로 분류하고, 각각 변동원가요인과 고정원가요인의 합계를 이용하여 원가를 추정하는 방법이다. 준변동원가 혹은 혼합원가(mixed cost)는 변동원가와 고정원가 요소의 조합으로 이루어지므로, 원가를 추정하는 데 있어서는 혼합원가의 성격을 가지는 총 원가를 고정원가와 변동원가로 구분하여 합계를 낸다. 이 때 고정원가요인의 합계는 그대로 고정원가가 되나, 변동원가요인의 합계는 이를 총 조업도로 나누어 단위당 변동원가를 산출하여 원가추정방정식을 산출한다.

계정분류법의 장·점은 다음과 같다.

① 적은 비용으로 자료를 얻기가 쉽다.
② 신속하게 원가를 추정할 수 있다.

③ 한 회계기간의 영업결과로 원가추정이 가능하여 신제품생산이나 가격 및 기술 변동상황에 빠른 적용이 가능하다.

④ 다른 방법들보다 설비원가(capacity cost)를 잘 측정할 수 있다.

하지만 계정분류법은 다음과 같은 단점을 가지고 있다.

① 과거자료에 비능률이나 비정상적인 지출이 포함되어 원가추정에 영향을 준다.

② 회계담당자의 주관적인 판단에 의해 원가를 고정원가와 변동원가로 분류한다.

③ 준변동원가를 고정과 변동요소로 분류할 때 주관적인 판단으로 분류한다.

계정분류법은 위와 같은 단점으로 인해 성과를 평가한다든지 표준을 설정하는 데에는 적합하지 않으며, 원가를 개략적으로 추정하는 데 이용이 된다.

[예제 1] (주)SUE의 관리회계 담당부장은 20×7년도의 원가추정을 하기 위해 다음과 같은 20×6년도의 자료를 얻었다.

	합 계	변동원가	고정원가
직접재료원가	₩123,000	₩123,000	
직접노무원가	330,000	330,000	
제조간접원가			
간접재료원가	54,000	54,000	
공장감독관임금	180,000		₩180,000
전기료	22,000	22,000	
감가상각비	31,000		31,000
운반비	62,000	41,000	21,000
	₩802,000	₩570,000	₩232,000

* 20×6년도의 총 직접작업시간은 190,000시간이다.

[물 음]

1. 계정분류법을 이용하여 원가추정방정식을 도출하시오.
2. 만약 20×7년도에 직접작업시간이 210,000시간으로 예상된다면, 총 원가는 얼마인가?

[해 답]

1. 이 경우 원가방정식 $Y=a+bx$에서 a는 고정원가이고, b는 단위당 변동원가, 즉 시간당 변동원가가 된다. 따라서

$$\text{직접작업시간당 변동원가} = \frac{₩570{,}000}{190{,}000\text{시간}} = ₩3$$

고정원가＝₩232,000이므로 원가추정방정식은

$$Y = 232,000 + 3x$$

2. 직접작업시간, 즉 조업도가 210,000시간이므로,

$$Y = 232,000 + 3(210,000)$$

$$Y = 862,000$$

2. 고저점법

고저점법(high-low method)은 두 개의 점 —조업도 수준의 가장 높은 점과 가장 낮은 점— 을 직선으로 연결하여 원가를 추정하는 방법이다.

고저점법은 원가추정선을 도출하기 위하여 3단계 과정을 거치게 되는데, 다음의 (주)유진의 1년 동안의 기계시간과 원가와의 관계에 대한 예와 함께 보자.

월	기계시간	원 가	월	기계시간	원 가
1월	6,250시간	₩24,000	7월	6,100시간	₩23,900
2월	6,300	24,200	8월	6,050	23,600
3월	6,350	24,350	9월	6,150	23,950
4월	6,400	24,600	10월	6,250	24,100
5월	6,300	24,300	11월	6,350	24,400
6월	6,200	23,900	12월	6,450	24,700

제 1 단계 : 최고수준과 최저수준의 단위당 변동원가를 계산하는데, 즉 제일 높은 조업도와 제일 낮은 조업도를 선별하여 기계시간당 평균변동원가를 계산하는 것이다.

		활동수준	원 가
최고조업도	12월	6,450시간	₩24,700
최저조업도	8월	6,050시간	23,600
차 이		400시간	₩ 1,100

단위당 변동원가

$$= \frac{\text{두 총 원가 간의 차이}}{\text{두 조업도 간의 차이}}$$

$$= \frac{\text{최고조업도에서의 총 원가} - \text{최저조업도에서의 총 원가}}{\text{최고조업도} - \text{최저조업도}}$$

기계시간당 변동원가

$$= \frac{₩1,100}{400\text{시간}}$$

$$= ₩2.75$$

제 2 단계 : 총 고정원가를 계산하는데, 제 1 단계에서 계산된 기계시간당 평균변동원가와 최고조업도일 때의 활동수준과 원가 또는 최저조업도일 때의 활동수준과 원가를 이용하여 원가추정방정식, 즉 $Y = a + 2.75x$에 대입하여 계산한다.

총 고정원가 = 최고조업도에서의 총 원가 − (단위당 변동원가 × 최고조업도)

12월 : ₩6,962.5 = ₩24,700 − (₩2.75 × 6,450시간)

또는

총 고정원가 = 최저조업도에서의 총 원가 − (단위당 변동원가 × 최저조업도)

8월 : ₩6,962.5 = ₩23,600 − (₩2.75 × 6,050시간)

제 3 단계 : 관련범위 내의 총 원가계산을 위한 추정방정식을 도출하는데, 제 1 단계에서 계산된 단위당 변동원가와 제 2 단계에서 계산된 고정원가로 원가추정방정식을 완성한다.

총 원가 = Y, 기계시간 = x라면, 총 원가를 추정하기 위한 방정식은

$$Y = ₩6,962.5 + ₩2,75x$$

고저점법의 장점은 다음과 같다.

[그림 5-3] 고저점법에 의한 원가추정

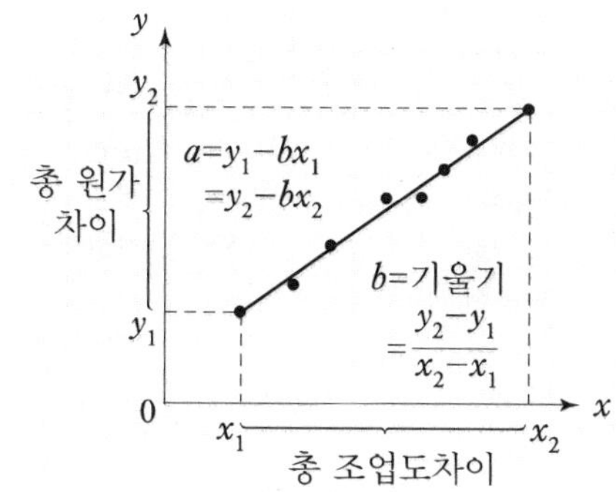

① 비교적 계산절차가 간단하다.

② 계정분석법보다는 더 객관적이다.

하지만 고저점법의 단점으로는 원가추정에 이용가능한 모든 자료를 이용하지 않아 비정상적인 상황에서는 원가정보가 왜곡될 수 있다는 것이다. 즉 위의 예에서 12월의 원가가 어떤 사정으로 인해 ₩30,000이 발생했다면, 이를 근거로 해서 원가를 추정할 경우 원가는 왜곡될 것이다. 이러한 단점을 극복하기 위한 것으로 대표고저점법이 있는데, 이는 가장 높거나 가장 낮은 점이 비정상적으로 나타날 수 있기 때문에 두 번째로 가장 높거나 가장 낮은 점을 선택하여 —위의 예로 든다면 두 번째로 높은 점인 4월(6,400시간, ₩24,600)과 두 번째로 낮은 점인 7월(6,100시간, ₩23,900)— 원가를 추정하는 방법이다.

[그림 5-4] 고저점법의 위험성

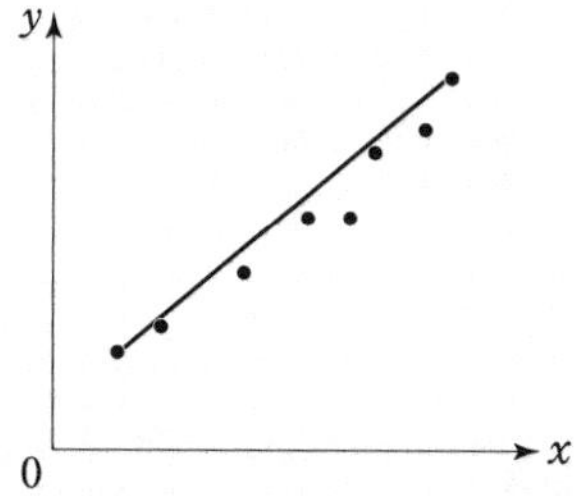

[그림 5-5] 대표고저점법

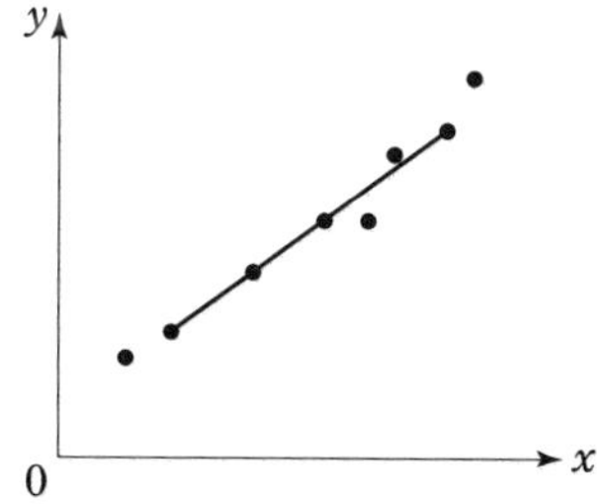

[예제 2] (주)SOB의 20×6년 월별 작업시간과 원가에 관한 자료를 다음과 같이 수집하였다.

월	작업시간	원 가	월	작업시간	원 가
1월	75,000시간	₩5,100	7월	118,000시간	₩7,035
2월	78,000	5,300	8월	112,000	6,728
3월	80,000	5,650	9월	95,000	6,200
4월	92,000	6,300	10월	90,000	6,100
5월	98,000	6,400	11월	85,000	5,600
6월	108,000	6,600	12월	90,000	5,902

[물 음]

1. 고저점법에 의할 경우, 원가추정방정식을 도출하시오.
2. 대표고저점법에 의할 경우, 원가추정방정식을 도출하시오.
3. 고저점법에 의하여 도출된 원가추정방정식을 적용하여 작업시간이 110,000시간일 때, 원가를 계산하시오.

[해 답]

1. 최고조업도 7월(118,000시간, 7,035)
   최저조업도 1월(75,000시간, 5,100)

$$\text{단위당 변동원가} = \frac{₩7,035 - ₩5,100}{118,000\text{시간} - 75,000\text{시간}} = \frac{₩1,935}{43,000\text{시간}} = 0.045$$

$$7,035 = a + (118,000 \times 0.045)$$

$$a = 1,725$$

$$Y = 1,725 + 0.045x$$

2. 두 번째 최고조업도 8월(112,000시간, ₩6,728)
   두 번째 최저조업도 2월(78,000시간, ₩5,300)

$$\text{단위당 변동원가} = \frac{₩6,728 - ₩5,300}{112,000\text{시간} - 78,000\text{시간}} = \frac{₩1,428}{34,000\text{시간}} = 0.042$$

$$6,728 = a + (112,000 \times 0.042)$$

$$a = 2,024$$

$$Y = 2,024 + 0.042x$$

3. $Y = 1,725 + (0.045 \times 110,000)$

$Y = 6,675$

3. 산포도법

산포도법(scatter diagram method)은 목측법(visual fit method)이라고도 하는데, 각 조업도에서 발생한 원가(관찰값)를 좌표에 그린 후 분석자의 판단으로 여러 개의 점들에 대해 최적의 선을 그리는 방법이다.

산포도법은 좌표상에 점을 찍은 후 그 점들을 가장 대표할 만한 곳을 선으로 이어 결정하므로, 정확한 원가추정은 불가능하기 때문에 주로 다른 방법을 사용하기 전에 예비적으로 원가행태를 분석하고자 할 때 이용되는 방법이다.

이 방법의 장점으로는 다음과 같다.

① 원가함수를 결정할 때 모든 관찰값들을 고려한다.
② 개략적으로 간편하게 그려 편리하다.
③ 비정상적으로 발생한 값을 쉽게 알아 낼 수 있다.

하지만 산포도법은 다음과 같은 단점이 있다.

① 정확하게 그리기 어렵다.
② 분석자의 판단에 따라 다른 결과가 나올 수 있어 객관성이 떨어진다.

[그림 5-6] 산포도법의 예

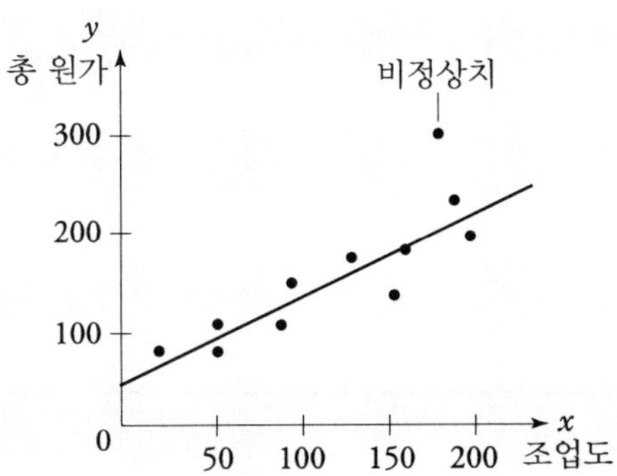

4. 회귀분석법

회귀분석법(least-square regression method)은 제곱된 오차의 합을 최소화하는 회귀선을 만드는 방법으로, 이는 회귀분석(regression method)의 방법 중 최소자승기준(least-squares criterion)으로 원가추정방정식이 생성된다. 즉 원가추정방정식은 실제관측치와 추정치 간의 차이의 제곱을 다 합친 수치를 극소화시켜 주는 선형선이다.

최소자승기준을 수학적 기호로 표시하면 다음과 같다.

$$Min\sum_{i=1}^{n}(y_i-\hat{y}_i)^2$$

여기서 y : 실제관측원가
$\hat{y}$: 추정원가
i : 관찰시점
n : 관찰치 수

위 식에 $\hat{y}_i=a+bx_i$를 대입하면,

$$Min\sum_{i=1}^{n}(y_i-a-bx_i)^2$$

이다.

이를 풀어서 a, b에 대해서 간단하게 정리하면 다음과 같다.

[그림 5-7] 회귀분석법의 예

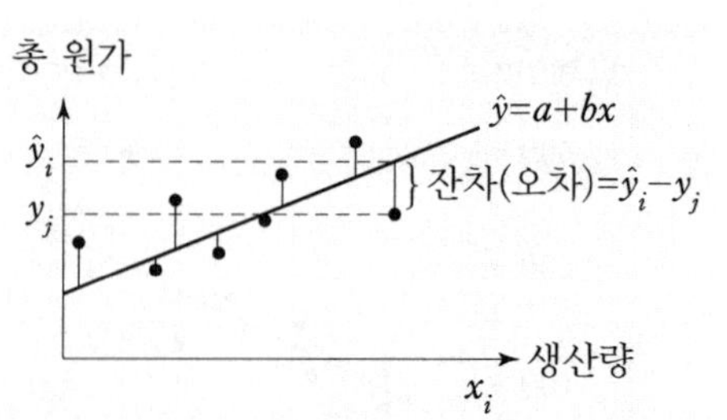

$$b = \frac{n\sum Xxy - \sum x \sum y}{n\sum x^2 - (\Sigma x)^2}$$

$$a = \frac{\sum y - b\sum x}{n}$$

회귀분석법의 장점으로는 다음과 같다.

① 모든 관찰값을 포함하여 통계적 방법으로 원가함수를 추정하는 가장 객관적인 방법이다.
② 변수의 움직임과 관계의 정도, 통계적 유의성, 오차나 분산의 크기를 결정할 수 있다.

그러나 회귀분석법은 다음과 같은 단점도 있다.

① 통계학을 이용하므로 계산과정이 복잡하다.
② 선형성, 오차의 정규분포 등 통계적 가정이 충족되어야 한다.

앞의 [예 제] ㈜유진의 1년 동안 기계시간과 원가와의 관계에 관한 예로 계산해 보자.

월	기계시간(x)	원가(y)	xy	x^2
1월	6,250	₩24,000	150,000,000	39,062,500
2월	6,300	24,200	152,460,000	39,690,000
3월	6,350	24,350	154,622,500	40,322,500
4월	6,400	24,600	157,440,000	40,960,000
5월	6,300	24,300	153,090,000	39,690,000
6월	6,200	23,900	148,180,000	38,440,000
7월	6,100	23,900	145,790,000	37,210,000
8월	6,050	23,600	142,780,000	36,602,500
9월	6,150	23,950	147,292,500	37,822,500
10월	6,250	24,100	150,625,000	39,062,500
11월	6,350	24,400	154,940,000	40,322,500
12월	6,450	24,700	159,315,000	41,602,500
총 계	75,150	₩290,000	1,816,535,000	470,787,500

$$b=\frac{12\times1,816,535,000-75,150\times290,000}{12\times470,787,500-(75,150)^2}=2.5525$$

$$a=\frac{290,000-(2.5525\times75,150)}{12}=8,181.6$$

따라서 회귀분석에 의한 원가추정방정식은 $y=8,181.6+2.5525x$가 된다.

[예제 3] 앞의 [예제 2]의 (주)SOB의 작업시간과 원가에 관한 자료로 다음에 답하시오.

[물 음]

1. 회귀분석법에 의할 경우, 원가추정방정식을 도출하시오.
2. 회귀분석법에 의하여 도출된 원가추정방정식을 적용하여 작업시간이 110,000시간일 때, 원가를 계산하시오.

[해 답]

1.

월	작업시간	원가	xy	x^2
1월	75,000	₩ 5,100	382,500,000	5,625,000,000
2월	78,000	5,300	413,400,000	6,084,000,000
3월	80,000	5,650	452,000,000	6,400,000,000
4월	92,000	6,300	579,600,000	8,464,000,000
5월	98,000	6,400	627,200,000	9,604,000,000
6월	108,000	6,600	712,800,000	11,664,000,000
7월	118,000	7,035	830,130,000	13,924,000,000
8월	112,000	6,728	753,536,000	12,544,000,000
9월	95,000	6,200	589,000,000	9,025,000,000
10월	90,000	6,100	549,000,000	8,100,000,000
11월	85,000	5,600	476,000,000	7,225,000,000
12월	90,000	5,902	531,180,000	8,100,000,000
합계	1,121,000	₩72,915	6,896,346,000	106,759,000,000

$$b=\frac{12\times6,896,346,000-1,121,000\times72,915}{12\times106,759,000,000-(1,121,000)^2}=0.0416$$

$$a=\frac{72,915-(0.0416\times1,121,000)}{12}=2,190.1$$

$y=2,190.1+0.0416x$

2. $y=2,190.1+0.0416\times$(110,000시간)$=$₩6,766.1

제 3 절 학습곡선

1. 학습곡선의 의의

원가추정에 있어서 마지막으로 고려해야 될 사항은 학습효과이다. 학습효과란 누적생산량이 증가함에 따라서 경험에 따른 생산효율이 증가하는 현상을 말한다. [그림 5-8] 학습곡선에서 보는 바와 같이 학습곡선은 우하향의 곡선을 그리게 된다.

이 학습곡선은 보통 직접노무비와 직접노무에 관련되어 있는 제조간접비에 영향을 주게 된다. 원재료비, 소모품비, 판매비, 그리고 고정비 등에 대해서

[그림 5-8] 학습곡선

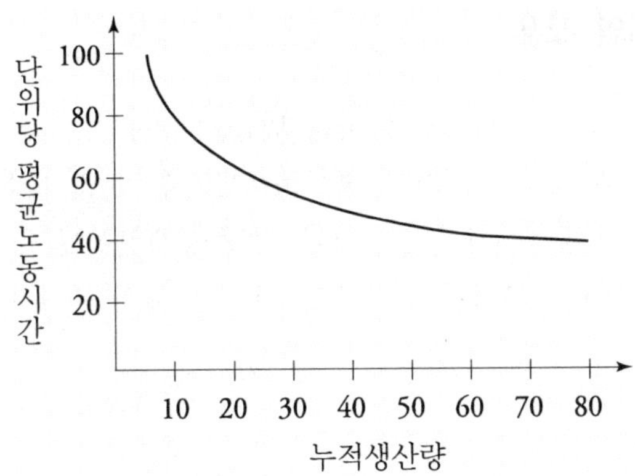

〈학습곡선표〉

누적생산량	단위당 평균노동시간	총 노동시간
5	100.00	500.0
10	80.00	800.0
20	64.00	1,280.0
40	51.20	2,048.0
80	40.96	3,276.8

는 영향을 주지 않는다. 또 자동화된 기계의 조작에 관한 노동과도 역시 관련이 없다. 하지만 연속적인 수작업을 필요로 하는 업무라든가, 근무자의 적응으로 숙련도가 높아지는 노동에는 적용된다.

학습곡선표를 보면 누적생산량(cumulative output)이 5단위, 10단위, 20단위, 40단위, 80단위로 증가함에 따라서 단위당 평균노동시간이 100시간에서 80시간, 64시간, 51.2시간, 40.96시간으로 감소함을 볼 수 있는데, 그 원인은 노동자의 숙련에 따른 당연한 현상이며, 이와 같은 현상을 가리켜 학습효과(learning effect)라고 하고, 이를 그래프로 표시한 것을 학습곡선(learning curve)이라고 한다.

학습효과의 정도를 가리켜 학습률이라 하는데, 학습곡선표에 나타나는 사례와 같이 누적생산량이 2배로 증가할 때마다 단위당 평균노동시간는 80%씩으로 감소했음을 알 수 있는데, 이 때의 학습률은 0.8 혹은 80%의 학습률이 작용한다고 말한다.

2. 학습곡선의 적용

조업도의 변화가 학습곡선을 따라 변동할 때에는 학습곡선을 이용하여 원가를 추정할 경우보다 더 정확한 정보를 얻을 수 있다. 다음의 예를 보자

지구(주)는 비행기 3기를 수주하기 위해 공개입찰에 응하려 한다. 이 회사는 한 달 전에 비행기 1기를 생산하였으며, 그 때의 원가자료는 다음과 같다.

직접재료원가	₩200,000
직접노무원가	1,500,000
변동제조간접원가	300,000
특수공구구입원가	120,000
	₩2,120,000

변동제조간접원가는 직접노무원가에 비례하여 발생한다.

이 번에 생산하는 3기에 대해서 특수공구를 구입할 필요가 없이 예전에 구입한 것을 사용하면 된다. 특수공구의 원가는 이미 1기에 모두 배부되었다.

회사는 변동원가에 30%의 이익을 가산하여 입찰가격을 결정하였으며, 비행기의 건조에는 80%의 학습효과가 있다. 이 때 지구(주)가 제시할 입찰가격

을 계산하여 보자.

먼저 직접재료원가를 계산해 보면, 직접재료원가는 변동원가로 생산량에 따라 비례적으로 증가하는 원가이다. 따라서 비행기 1기 생산하는 데 ₩200,000이 소요되므로,

비행기 3기의 직접재료원가 = ₩200,000 × 3 = ₩600,000

다음으로 직접노무원가를 계산해 보자. 직접노무원가는 학습곡선이 적용되므로 ₩1,500,000 × 3 = ₩4,500,000으로 되지 않는다.

이에 대해서 계산하면 다음과 같다.

생산량	단위당 노무원가	누적노무원가
1기	₩1,500,000	₩1,500,000
2기	1,200,000(1,500,000×80%)	2,400,000
4기	960,000(1,200,000×80%)	3,840,000

따라서 추가로 3기를 생산할 때에는 한 달 전에 생산한 1기에 대한 직접노무원가는 제외되어야 하므로 ₩2,340,000(= 3,840,000 − 1,500,000)의 노무원가가 발생한다. 변동제조간접원가는 직접노무원가에 비례하여 발생하므로 ₩468,000$\left(\frac{2,340,000 \times 300,000}{1,500,000}\right)$이 된다.

마지막으로 특수공구 구입원가는 이미 전에 생산한 1기에 모두 배부되었으므로 3기를 추가로 생산하는 데에는 고려할 필요가 없다. 따라서 총 원가는 다음과 같이 계산된다.

직접제조원가	₩600,000
직접노무원가	2,340,000
변동제조 간접원가	468,000
특수공구 구입원가	−
변동원가총액	₩3,408,000

따라서 입찰가격은 ₩3,408,000 × (1 + 0.3) = ₩4,430,400이다.

이렇듯 학습현상은 경험이 쌓이게 되면서 시간이 절약되고, 그로 인해서 원가가 절감되기 때문에 시간의 함수로 표시되는 모든 원가에 영향을 미치게 된다. 그러므로 원가를 추정함에 있어서 학습현상을 고려하여야 하는데, 이는 제조간접비배부, 신제품생산의 의사결정, 표준설정, 초과근무의 결정 등에 영향을 미치게 된다.

1) 제조간접비배부

학습곡선이 적용이 되면 누적생산량이 증가할수록 한 단위를 생산하는 데 필요한 노동시간은 점차 감소한다. 그런데 학습곡선을 고려하지 않고 직접노동시간에 근거하여 제조간접비를 예정배부하게 되면 노동시간이 줄어들었으므로, 단위당 제조간접비배부액이 과소계상되어 재고자산을 적절히 평가할 수 없게 된다.

2) 신제품생산의 의사결정

신제품의 생산에 대한 의사결정을 할 때, 실제로는 수익성이 있는 제품임에도 불구하고 수익성이 없는 것으로 판단하여 신제품생산에 대한 의사결정을 하지 않을 수도 있다. 그 이유는 처음에는 지출이 많으므로 초기생산단계에서 판매가격보다 변동원가가 더 크게 나타날 수도 있기 때문이다. 하지만 학습곡선에 의해 나중에는 서서히 지출이 줄어들게 되어 신제품의 수익성이 점차 좋아질 수도 있다.

그러므로 이러한 학습곡선을 무시하고 신제품생산의 의사결정을 하게 될 경우, 최적의 의사결정이 되지 못할 수도 있다.

3) 표준설정

학습곡선을 무시하고 표준을 설정하게 되면 특정 활동에 오래 종사한 숙련노동자는 숙련되지 않은 일반노동자보다 표준보다 좋게 나타날 가능성이 높으며, 게다가 숙련노동자를 기준으로 표준을 설정하게 되면 일반노동자들은 표준을 달성할 가능성이 매우 낮아질 것이다. 그러므로 표준을 설정함에 있어서 학습곡선을 고려하여 생산초기의 표준은 다소 여유 있게 설정하고, 생산 후기의 표준은 다소 엄격하게 설정하는 것이 바람직하다.

4) 초과근무의 결정

기업에서는 여러 가지 이유로 인해서 초과근무를 해야 할 경우가 있다. 이 경우 경영자들은 새로운 종업원을 고용하여 초과근무시간을 줄일 것인지, 아니면 일반급여보다 약간 높게 책정이 되더라도 초과근무를 시키는 것이 더 나은 방법인지 고려하게 될 것이다. 학습곡선을 고려한다면, 일반급여보다 더 많은 급여를 주는 초과근무라 할지라도 숙련노동자에게 초과근무를 시키는 것이 유리할 수도 있다.

제 5 장 Key Words

계정분류법(account classification method)

A method for analyzing cost behavior in which each account is classified as either variable or fixed based on the analyst's prior knowledge of how the cost in the account behaves.

고저점법(high-low method)

A cost-estimation method in which a cost line is fit using exactly two data point-the high and low activity levels.

고정원가(fixed cost)

Total costs that remain constant within a relevant range of volume or activity.

관련범위(relevant range)

The range of activity within which assumptions about variable and fixed cost behavior are valid.

독립변수(independent variable)

A variable that acts as a causal factor; activity is the independent variable, as represented by the letter X, in the equation $Y=a+bX$.

변동원가(variable costs)

Total costs that change in direct proportion to changes in productive output or any other measure of volume.

산포도(scatter diagram)

A set of plotted cost observations at various activity levels.

원가행태(cost behavior)

The way costs respond to changes in volume or activity.

종속변수(dependent variable)

A variable that reacts or responds to some causal factor; total cost is the dependent variable, as represented by the letter Y, in the equation $Y=a+bX$.

학습곡선(learning curve)

A graphical expression of the decline in the average labor time required per unit as cumulative output increases.

혼합원가(mixed costs)
A cost that contains both variable and fixed cost elements.

회귀분석법(least squares regression method)
A method of separating a mixed cost into its fixed and variable elements by fitting a regression line that minimizes the sum of the squared deviation.

연습문제

＊After reading the each problems, Choose the best item.

1. Within the relevant range of activity, costs :

A. can be estimated with reasonable accuracy.

B. can be expected to change radically.

C. exhibit decreasing marginal cost patterns.

D. exhibit increasing marginal cost patterns.

E. cannot be estimated satisfactorily.

2. Within the relevant range, a curvilinear cost function can be graphed as a :

A. straight line.

B. jagged line.

C. dashed line.

D. curved line.

E. crooked line.

3. Within the relevant range, a curvilinear cost function can be approximated by a :

A. fixed cost function.

B. variable cost function.

C. semivariable cost function.

D. marginal cost function.

E. step-variable cost function.

4. The cost-estimation method which involves a careful examination of the ledger accounts is termed the :

A. least-squares regression method.

B. high-low method.

C. scatter diagram method.

D. account analysis method.

E. multiple regression method.

5. The method of cost estimation in which a cost line is drawn through a scatter diagram to help the analyst visualize the relationship between cost and activity is known as the :

A. least-squares regression method.
B. high-low method.
C. visual-fit method.
D. account analysis method.
E. multiple regression method.

6. The visual-fit method of cost estimation is used to model cost behavior when :
A. a cost has been classified as a fixed cost.
B. the analyst knows the behavior of the cost item.
C. a cost has been classified as a variable cost.
D. only two data points are used to estimate the cost behavior pattern.
E. the analyst wants to observe a curvilinear cost within the relevant range.

7. Which of the following methods of cost estimation fits a cost line between two data points?
A. least-squares regression
B. high-low method
C. scatter diagram method
D. account analysis method
E. multiple regression method

8. A method of cost estimation that minimizes the sum of the squared deviations between the cost line and the data points is termed :
A. least-squares regression.
B. high-low method.
C. visual-fit method.
D. account analysis method.
E. the scatter diagram method.

9. In regression analysis, the variable that is being predicted is the :
A. the independent variable.
B. the dependent variable.
C. the explanatory variable.
D. the interdependent variable.
E. the functional variable.

10. All cost estimation method assume that :

I – cost behavior is based on one activity variable. Ⅱ – cost behavior is linear. Ⅲ – the variable cost coefficient is greater than zero. Of the above statements is (are) true?

A. I is true.

B. Ⅱ is true.

C. I and Ⅱ are true.

D. I and Ⅲ are true.

E. Ⅱ and Ⅲ are true.

* Technology Company records the following data about the electrical costs : (Data for problem 11 – 13)

month	activity level	cost
April	960 hours	$8,978
May	940 hours	$8,842
June	1,120 hours	$10,066

11. Using the high-low method, the variable cost per hour for the quarter is :

A. $6.80.

B. $8.60.

C. $7.40.

D. $4.70.

E. none.

12. Using the high-low method, What are the monthly fixed costs?

A. $2,230

B. $2,450

C. $2,540

D. $1,890

E. none

13. Assuming the machine hours in July of 2,000 hours, What is the estimated electrical costs in July?

A. $13,600

B. $16,050

C. $17,200

D. $18,450

E. none

* Use the following information to solve multiple choice problems 14 through 17.

Atlanta Co. has determined machine hours to be the cost driver for the company's utility costs. During the first six months of the year the company incurred the following utility costs :

month	cost	machine hours
January	$8,700	800
February	8,360	720
March	8,950	810
April	9,360	920
May	9,625	950
June	9,150	900

14. Using the high-low method, the estimated variable cost per machine hour is calculated to be :

A. $0.18.

B. $4.50.

C. $5.00.

D. $5.50.

E. $6.17.

15. Using the high-low method, the estimated fixed cost per month is calculated to be :

A. $3,764.

B. $4,400.

C. $4,760.

D. $5,100.

E. $8,230.

16. Using the high-low method, the cost formula that expresses the cost behavior of the company's utility costs is :

A. $Y = \$3,764 + \$6.17X$.

B. $Y = \$8,230 + \$0.18X$.

C. $Y = \$5,100 + \$4.50X$.

D. $Y = \$4,760 + \$5.00X$.

E. $Y = \$4,400 + \$5.50X$.

17. Using the high-low method, the utility costs associated with 980 machine hours are calculated to be :

A. $9,510.

B. $9,660.

C. $9,790.

D. $9,700.

E. $9,811.

* Use the following information to solve multiple choice problems 18 through 21.

> Chillicothe Meat Company produces one of th best sausage products in southern Ohio. The company's controller used the account-classification method to compile the following information.
>
> A. Depreciation schedules revealed that monthly depreciation on buildings and equipment is $19,000.
>
> B. Inspection of several invoices from meat packers indicated that meat costs the company $1.10 per pound of sausage produced.
>
> C. Wage records showed that compensation for production employees costs $.70 per pound of sausage produced.
>
> D. Payroll records showed that supervisory salaries total $10,000 per month.
>
> E. Utility bills revealed that the company incurs utility costs of $4,000 per month plus $.20 per pound of sausage produced.

18. The variable cost per pound of sausage produced is :

A. $1.10.

B. $1.80.

C. $2.00.

D. $.20.

E. $0.70.

19. What are the monthly fixed costs?

A. $33,000

B. $19,000

C. $10,000

D. $4,000

E. $29,000

20. The cost formula that expresses the cost behavior of the company's total sausage costs is :

A. $Y = \$4,000 + \$0.18X$.

B. $Y = \$10,000 + \$1.10X$.

C. $Y = \$19,000 + \$0.20X$.

D. $Y = \$33,000 + \$2.00X$.

E. $Y = \$4,000 + \$0.20X$.

21. Assuming the sausage products of 2,000 units, What is the estimated production costs?

A. $5,000

B. $8,000

C. $10,000

D. $12,000

E. $15,000

제 6 장

원가, 조업도, 이익분석

■ 학습목표

본 장에서는 경영계획과 통제를 위한 방법 중 하나인 원가, 조업도, 이익분석을 소개하고 있다.

본 장을 공부하고 난 후 학습자들은 다음과 같은 내용의 능력을 갖추어야 한다.

① 원가, 조업도, 이익분석의 의미를 알고, 이의 활용 방법에 대해서 안다.

② 공헌이익과 공헌이익률의 개념을 이해한다.

③ 원가구조를 이해하고, 이의 변화가 기업에 어떠한 영향을 미치는지 안다.

④ 손익분기점이란 무엇인지 알고, 이를 활용할 줄 안다.

⑤ 판매량, 변동, 고정원가, 가격의 변화에 따라 이익에 어떠한 영향을 주는지 안다.

⑥ 복수의 제품을 생산하는 경우, 매출배합에 따른 손익분기점을 이해한다.

제 1 절 CVP 분석의 의의와 가정

1. CVP 분석의 의의

CVP 분석(cost volume profit analysis)은 원가, 생산물의 조업도, 그리고 이익 사이의 관계에 기초하여 원가행태패턴을 분석하는 것으로, 다시 말하여 생산량 등의 조업도의 변화가 기업의 원가나 이익에 미치는 영향을 분석하는 기법이다. 이러한 CVP 분석은 경영자들이 경영계획과 통제를 위한 기본적 기법으로 활용할 뿐만 아니라, 과학적 기업경영을 위한 분석방법으로도 이용한다.

CVP 분석은 기업이 생산 및 판매 계획을 수립하는 데 있어서 유용하고, 특히 다음과 같은 곳에 이용할 경우 효과적이다.

① 만일 매출액, 변동원가, 그리고 고정원가가 변화한다면, 순이익은 어떻게 변할까?
② 제품생산에 소요된 원가만큼 벌려면 몇 단위를 판매해야 하는가?
③ 현재의 판매량보다 일정량 증가하면 이익은 얼마만큼 증가하는가?
④ 일정한 순이익을 얻고자 한다면, 어느 정도의 수량의 제품을 판매하여야 하는가?
⑤ 그 때의 매출액은 얼마가 될까?

[그림 6-1] CVP 그래프

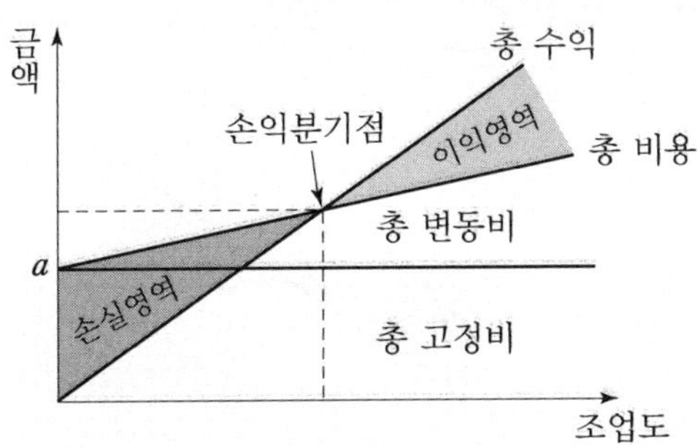

CVP 분석은 기본적으로 이와 같은 현상에 대한 계획 및 통제의 기법(planning and control tool)이다. 결국 CVP 분석은 단기적으로 조업도가 변화함에 따라 수익은 어떻게 변화하고, 또한 비용은 어떻게 변동하고, 결국 수익과 비용의 차액인 이익이 어떻게 달라지는가를 설명하게 된다. 이를 이해하기 위해 [그림 6-1]을 보자.

[그림 6-1]을 보면 조업도의 변화에 따라 총 수익과 총 비용이 변화하는 것을 알 수 있다. 즉 조업도가 증가할수록 a(고정비)에서부터 점차 증가하여 총 비용이 증가하고, 또 원점에서부터 총 수익도 증가한다. 총 수익과 총 비용이 만나는 점이 있는데, 이를 손익분기점이라 한다. 손익분기점은 손실도 이익도 없는 점을 말하는데, 이 손익분기점을 초과하는 조업도부터는 이익이 발생하는 것이다.

경영자들은 CVP 그래프를 사용하기도 하지만, 이를 단순화한 PV 도표를 사용하기도 한다. PV 도표(profit volume graph)는 이익(profit)과 조업도(volume) 간의 관계만을 나타낸 도표로 조업도가 변동함에 따라 이익 또는 손실이 어떻게 변동하는지를 나타내는 도표이다.

CVP 분석의 활용으로 이익계획이 체계화되어지고, 기업 내의 부문의 성과를 측정할 수 있으며, 의사결정의 대체안(alternatives)에 대한 지원을 한다. 그리고 이 기법은 변동원가(variable costs), 고정원가(fixed costs), 판매가격(selling prices) 및 판매량(sales volume)의 변화와 같은 대체적인 선택(alternative choices)의 효과를 측정하는 데 적용되기도 한다.

또한 CVP 분석은 제품가격결정(product pricing), 제품믹스분석(product mix

[그림 6-2] PV 도표

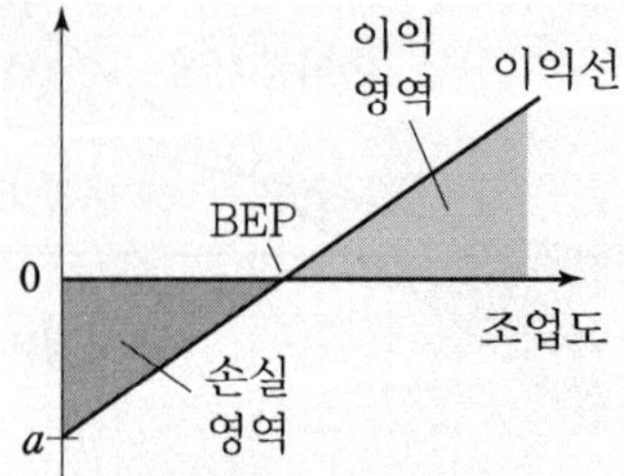

analysis), 제품라인의 추가 혹은 제거(adding or deleting a product line), 특별주문의 수락(accepting special orders) 등과 같은 특별의사결정을 위한 지원기법으로 이용되기도 한다.

2. CVP 분석의 기본가정

CVP 분석은 원가행태의 개념을 기초로 전개되며, 경영자들이 합리적이고 과학적인 기업경영을 위한 문제해결의 절차(problem-solving procedures)를 안내한다. 하지만 이러한 CVP 분석을 적용하기 위해서는 몇 가지의 가정이 필요하다.

첫째, 모든 원가는 관련범위 내에서 선형이다. 일반적으로 모든 원가의 행태는 관련범위 내에서 선형인 것으로 간주한다. 따라서 기본적인 CVP 분석에서는 관련범위 내에서 선형이 아닌 준고정원가에 대해서는 고려하지 않는다. 만약 준고정원가가 의미 있는 영향을 주게 된다면 이 역시 원가추정에 포함되어야 하는데, 이 때에는 손익분기점이 한 개 이상 존재할 수 있다. 본 교재에서는 이에 대해서 언급하지 않고, 고급관리회계 영역을 참고하기 바란다.

둘째, 모든 원가는 고정원가와 변동원가로 분류된다. 기본적 CVP 분석은 분석대상이 되는 모든 원가가 변동원가와 고정원가로 완전하게 분리될 수 있다는 가정이다. 따라서 혼합원가도 고정원가와 변동원가의 두 요소로 분류가 된다. 만약 이러한 가정이 전제되지 않으면, CVP 분석모형의 핵심개념이 공헌이익을 측정할 수 없게 된다.

셋째, 조업도만이 원가에 영향을 미치는 유일한 요인이다. 사실상 원가에 영향을 미치는 요인으로 조업도 외에 다른 요인이 있을 수 있다. 예를 들어 재료원가의 경우 재료의 무게, 부피, 품질, 기계의 상태, 작업자의 기술 등에 따라 원가는 달라지게 된다. 그러므로 이러한 여러 요인들을 분석하여 총 원가에 어떠한 영향을 미치는가 분석하여야 한다. 하지만 이렇게 분석할 경우 복잡할 뿐만 아니라 이를 분석하는 데 들어가는 원가와 효익 측면을 고려하여야 할 것이다. 즉 복잡한 모형을 사용하여 얻는 효익이 이를 분석하는 데 들어가는 원가와 비교하여 큰 이점이 없다면, 조업도만이 원가에 영향을 미친다고 단순화하여 고려하는 것이 경제적 관점에서 어느 정도 타당성을 가질 것이다.

넷째, 단위당 판매가격은 일정하다. 할인판매, 매출할인 등으로 인해 판매가격에 변화가 있을 수 있다. 하지만 기본적인 CVP 분석에서는 여러 변동요인에 관계 없이 항상 일정하다고 가정한다.

다섯째, 단일제품만을 고려한다. 기업에서는 단 한 가지만의 제품을 생산한다고 가정하는데, 만약 복수의 제품을 생산한다면 매출배합이 일정한 경우를 가정한다. 만일 매출배합이 변동하고 모든 제품의 공헌이익이 각각 다를 경우에는 손익분기점도 하나 이상이 존재하게 된다. 하지만 매출배합이 일정하게 유지된다면, 다품종생산기업은 모든 종류의 제품들을 일정한 비율로 배합시킨 제품패키지라는 형태로써 단일제품을 생산하는 기업처럼 하나의 손익분기점을 계산할 수 있다.

여섯째, 재고자산의 수준은 일정하다. 이 가정은 CVP 분석을 할 때에는 기초재고자산과 기말재고자산은 일정하게 유지되거나 하나도 없는 것으로 한다는 것이다. 다시 말하면 생산량과 판매량이 동일하다는 것이다. 만약 이 가정이 성립되지 않을 경우 기말재고자산이 증가하게 되면, 고정제조간접비가 총원가에 포함되지 않고 재고자산으로 이연되기 때문에 총 원가를 과소평가하게 된다(이 부분에 대해서는 제 3 장 변동원가계산을 참고하기 바람). 그러므로 재고자산의 수준이 일정하다는 가정은 CVP 분석에서 조업도는 생산량인 동시에 판매량을 의미한다.

일곱째, 기본적 CVP 분석은 단기이다. 이로써 화폐의 시간가치가 중요하지 않게 되며, 의사결정문제를 분석할 때 설비자산의 변화에 따른 고정원가의 변동이나 그것에 투입되는 자본의 기회비용을 고려할 필요가 없어진다.

제 2 절 CVP 분석의 기본개념

1. 공헌이익

공헌이익(contribution margin)은 매출액에서 총 변동원가를 차감한 후 남아 있는 금액으로, 이는 한 기간중 발생된 고정원가를 회수하는 데 공헌하고 이익을 올리는 데 기여한 금액을 말한다. 또 단위당 공헌이익(contribution margin per unit)이라 하면 단위당 판매가격에서 단위당 변동비를 차감하여 계산하거나, 또는 공헌이익을 판매량으로 나누어서 계산이 된다.

공헌이익 = 매출액 − 총 변동원가

일반적으로 이익은 다음과 같은 식으로부터 계산된다.

이익 = 총 수익 − 총 원가

여기에서 총 수익은 정상적인 영업을 통하여 얻어진 수익으로 일반적으로 매출액을 의미한다. 따라서 매출액은 한 단위당 판매가격에 총 판매량을 곱해서 계산이 되고, 모든 원가는 변동비와 고정비로 분류될 수 있기 때문에 총 변동비와 총 고정비의 합이 된다.

이익 = (단위당 판매가격 × 판매량) − (총 변동비 + 총 고정비)

그리고 총 변동비는 단위당 변동비에 판매량을 곱하여 계산되고, 이를 정리하면 다음과 같다.

이익 = (단위당 판매가격 × 판매량) − ((단위당 변동비 × 판매량)
+ 총 고정비)
= (단위당 판매가격 − 단위당 변동비) × 판매량 − 총 고정비
= 공헌이익 × 판매량 − 총 고정비

[예제 1] 다음의 자료로 물음에 답하시오.

(주)SYE 테이블에서는 월 임차료로 1,000,000원을 지급하고 있고, 직원에 대한 급여는 월 800,000원이다. 테이블 하나를 만들기 위해 필요한 원목금액은 45,000원이고, 기타 보조재료 및 소모공구의 금액은 13,000원이다. 테이블광고비로 월 200,000원이 소요되고 있으며, 테이블판촉을 위해 1개 판매시마다 5,000원의 미니화분을 제공하고 있다. 테이블 한 개의 판매가격은 180,000원이다.

[물 음]

1. 위의 자료를 근거로 변동비와 고정비로 구분하시오.

2. 단위당 공헌이익을 계산하시오.

[해 답]

1.

비 용	원가행태	단위당 변동비	총 고정비
임차료	고정비		₩1,000,000
급 여	고정비		900,000
원목재료비	변동비	₩45,000	
간접재료비	변동비	13,000	
광고비	고정비		410,000
판촉홍보비	변동비	5,000	
합 계		₩63,000	2,310,000

2. 단위당 공헌이익 = 단위당 판매가격 − 단위당 변동비
= ₩180,000 − ₩63,000 = ₩117,000

2. 공헌이익률

공헌이익률(contribution margin ratio)은 매출수량의 변화로 인해서 공헌이익과 순영업이익의 변화를 계산하기 위해 사용되는데, 총 매출액이 ₩1 증가할 때마다 공헌이익이 얼마나 증가하는가를 나타내 준다. 이는 단위당 공헌이익을 단위당 판매가격으로 나누어 계산된다.

$$\text{공헌이익률} = \frac{\text{단위당 공헌이익}}{\text{단위당 판매가격}}$$

$$= \frac{\text{단위당 판매가격} - \text{단위당 변동원가}}{\text{단위당 판매가격}}$$

$$= 1 - \frac{\text{단위당 변동원가}}{\text{단위당 판매가격}}$$

공헌이익률은 다음과 같은 방법으로 계산할 수도 있다.

$$\text{공헌이익률} = \frac{\text{단위당 공헌이익}}{\text{단위당 판매가격}} \times \frac{\text{판매량}}{\text{판매량}}$$

$$= \frac{\text{총 공헌이익}}{\text{총 매출액}}$$

$$= \frac{\text{총 매출액} - \text{총 변동원가}}{\text{총 매출액}}$$

$$= 1 - \frac{\text{총 변동원가}}{\text{총 매출액}}$$

공헌이익률의 나머지 비율을 변동비율이라 하는데, 매출액에서 변동비가 차지하는 비율을 말한다. 따라서 공헌이익률과 변동비율의 합은 항상 1이 되며, 이들의 관계를 식으로 나타내면 다음과 같다.

$$\text{변동비율} = \frac{\text{단위당 변동비}}{\text{단위당 판매가격}} \text{ 또는 } \frac{\text{총 변동비}}{\text{총 매출액}}$$

$$\text{변동비율} = 1 - \text{공헌이익률}$$

만약 기업이 여러 개의 제품라인을 가지고 있다면, 공헌이익보다는 공헌이익률이 더 편리한 개념이다. 왜냐하면 경영자가 공헌이익률만을 가지고 의사결정을 하게 된다면 공헌이익률은 비율로 나타나기 때문에 제품간 비교가 가능하고, 이 때 경영자는 공헌이익률이 가장 큰 제품을 선택하면 되기 때문이다.

[예제 2] [예제 1]의 (주)SYE 테이블의 사례를 이용하여 공헌이익률과 변동비율을 계산하시오.

[해 답]

$$\text{공헌이익률} = \frac{\text{단위당 공헌이익}}{\text{단위당 판매가격}} = \frac{₩117{,}000}{₩180{,}000}$$

$$= 65\%$$

$$\text{변동비율} = \frac{\text{단위당 변동비}}{\text{단위당 판매가격}} = \frac{₩63{,}000}{₩180{,}000} \text{ 또는}$$

$$= 1 - 0.65$$

$$= 35\%$$

3. 원가구조

원가구조(cost structure)는 조직 내에서 발생하는 고정원가, 변동원가의 상대적인 비율을 의미한다. 기업에서는 이 원가구조를 기업의 현 상황에 맞게 적당한 비율을 유지하는데, 이는 고정원가의 비중이 큰 원가구조가 좋은지 또는 변동원가의 비중이 큰 원가구조가 좋은지는 일률적으로 말하기는 어려우며, 기업의 생산방식이 자동화되어 있으면 고정원가의 비율이 증가할 것이며, 수작업의 생산방식이라면 변동원가의 비율이 늘어나게 되므로 적정한 원가구조는 달라질 것이다.

다음의 예로 원가구조를 비교해 보자.

디지털시계를 만드는 깜찍시계사와 수작업으로 모자를 만드는 예쁜모자사, 그리고 자동화된 시스템으로 화분을 만드는 좋은화분사의 원가구조는 다음과 같다. 깜찍시계사, 예쁜모자사, 좋은화분사의 원가구조를 비교하면, 변동원가와 고정원가의 합, 즉 총 원가는 ₩450,000으로 같지만 원가구조는 다르다. 다시 말하면 깜찍시계사를 기준으로 해서 볼 때, 예쁜모자사는 수작업으로 생산이 이루어지다 보니 인건비, 즉 변동원가가 많이 발생하게 될 것이고, 좋은화분사는 공장이 자동화되어 있기 때문에 기계설비비, 즉 고정원가가 많이 발생하게 될 것이다.

	깜찍시계사	예쁜모자사	좋은화분사
매출액	₩500,000	₩500,000	₩500,000
변동원가	300,000	400,000	50,000
공헌이익	₩200,000	₩100,000	₩450,000
고정원가	150,000	50,000	400,000
순이익	₩50,000	₩50,000	₩50,000

따라서 공헌이익률이 아래와 같이 다르고, 매출액의 증감에 따른 순이익의 증감에 차이가 발생하게 될 것이다.

	변동원가율	고정원가율	공헌이익률
깜찍시계사	30/45＝약 67%	15/45＝약 33%	20/50＝40%
예쁜모자사	40/45＝약 89%	5/45＝약 11%	10/50＝20%
좋은화분사	5/45＝약 11%	40/45＝약 89%	45/50＝90%

이 때 3개 회사의 매출액이 모두 10% 또는 ₩50,000씩 증가했다고 가정하자. 그러면 아래의 표에서 보는 바와 같이 순이익의 증가는 ₩20,000, ₩10,000,

₩45,000로 달라지고, 순이익의 증가률도 40%, 20%, 90%로 달라진다.

	매출액의 증가	×	공 헌 이익률	=	순이익의 증가	순이익의 증가율
깜찍시계사	₩50,000	×	40%	=	₩20,000	40%(₩20,000÷₩50,000)
예쁜모자사	₩50,000	×	20%	=	₩10,000	20%(₩10,000÷₩50,000)
좋은화분사	₩50,000	×	90%	=	₩45,000	90%(₩45,000÷₩50,000)

높은 변동비율과 낮은 공헌이익률을 가진 예쁜모자사는 다른 회사에 비해 상대적으로 순이익의 증가율이 낮다. 이와는 대조적으로 낮은 변동비율과 높은 공헌이익률을 가진 좋은화분사는 순이익의 증가율이 높다. 이는 기업의 원가구조에 있어서 고정원가의 비율이 더 높으면 매출액의 변화에 따라 이익에 더 많은 영향을 미친다는 것을 의미한다. 결국 매출액이 점차 증가하는 상황에서는 상대적으로 고정원가의 비중이 큰 원가구조를 갖는 좋은화분사가 유리하고, 매출액이 점차 감소하는 상황에서는 상대적으로 변동원가의 비율이 큰 예쁜모자사가 유리하다.

4. 영업레버리지

지렛대(레버지리)는 작은 힘으로 큰 물체를 움직일 수 있다. 경영에 있어서 레버리지는 매출이나 자산의 작은 증가로 어떻게 순이익의 많은 증가를 낼 수 있는가를 설명해 준다. 이 레버리지 중의 하나로 영업레버리지가 있다.

앞의 [사 례]에서 보는 바와 같이 매출액과 총 비용이 같지만, 원가구조가 다르면 공헌이익률의 변화에 따라 순이익의 증감변화는 다르게 된다. 영업레버리지(operating leverage)란 원가구조상 조직이 고정원가를 사용하는 범위를 말하며, 관리회계사들은 특정의 매출수준에 있어서의 영업레버리지 지수(operating leverage factor)를 측정, 활용하게 되는데, 아래와 같은 공식으로 계산되며, 매출액의 증가율에 영업레버리지 지수를 곱하여 순이익의 증가율을 계산한다.

$$\text{영업레버리지 지수} = \frac{\text{공헌이익}}{\text{순이익}}$$

$$\text{매출액증가율} \times \text{영업레버리지 지수} = \text{순이익증가율}$$

[사 례]의 내용으로 영업레버리지 지수를 계산하면, 아래와 같다.

	공헌이익	÷	순이익	=	영업레버리지 지수
깜찍시계사	₩200,000	÷	₩50,000	=	4
예쁜모자사	₩100,000	÷	₩50,000	=	2
좋은화분사	₩450,000	÷	₩50,000	=	9

따라서 매출액이 10% 증가함에 따라 순이익의 증가율은 각 사별로 아래와 같이 크게 달라진다.

	매출액증가율	×	영업레버리지 지수	=	순이익증가율
깜찍시계사	10%	×	4	=	40%
예쁜모자사	10%	×	2	=	20%
좋은화분사	10%	×	9	=	90%

영업레버리지 지수는 고정원가가 증가할수록 커지고, 결국 일정한 매출액의 증가율이 있을 때 영업레버리지 지수로 인해 순이익증가율이 크게 증가하는 것을 알 수 있다. 여기서 영업레버리지가 커진다는 것은 그 기업에 있어서 순이익이 많다는 것을 의미하는 것이 아니라, 매출액의 증감에 따라 순이익이 매우 민감하게 변한다는 것을 의미한다.

[예제 3] 다음은 (주)수공업과 (주)자동화의 자료이다. 이 자료를 근거로 다음의 물음에 답하시오.

	(주)수공업	(주)자동화
매출액	₩300,000	₩300,000
변동원가	240,000	120,000
공헌이익	₩60,000	₩180,000
고정원가	30,000	150,000
순이익	₩30,000	₩30,000

[물 음]

1. 각 회사별로 영업레버리지 지수를 계산하시오.
2. 위에서 계산한 영업레버리지 지수를 이용하여 매출액이 30% 증가하

였을 때와 30% 감소하였을 때의 각 회사의 순이익을 계산하시오.

[해 답]

1. (주)수공업의 영업레버리지 지수 : ₩60,000÷₩30,000=2
   (주)자동화의 영업레버리지 지수 : ₩180,000÷₩30,000=6

2.

	매출 20% 증가시		매출 20% 감소시	
	(주)수공업	(주)자동화	(주)수공업	(주)자동화
매출액	₩360,000	₩360,000	₩240,000	₩240,000
매출액증가율	20%	20%	-20%	-20%
영업레버리지 지수	2	6	2	6
순이익증가율	40%	120%	-40%	-120%
순이익	₩30,000	₩30,000	₩30,000	₩30,000
순이익증가액	₩12,000	₩36,000	-₩12,000	-₩36,000
총 순이익	₩42,000	₩66,000	₩18,000	(₩6,000)

5. 손익분기점

손익분기점(Break Even Point : BEP)이란 기업의 총 수익과 총 비용이 같게 나타나는 조업도수준을 나타낸다. 다시 말해서 손익분기점이란 수익과 원가가 같아서 순이익이 0이 되는 조업도를 가리킨다. 손익분기점에는 두 가지의 개념이 포함되어 있는데, 즉 손익분기점의 매출액과 손익분기점의 수량이다. 다시 말하여 수익과 비용이 같아서 순이익이 0이 되는 조업도(매출수량)도 몇 단위가 될까라는 개념과 순이익이 0이 되는 매출액은 얼마가 될까라는 개념이다.

다음의 (주)봉황의 사례를 보고 손익분기점을 계산하여 보자. 손익분기점을 계산하는 방법으로는 등식법, 공헌이익법 및 도표법이라는 세 가지의 방법이 있다.

단위당 판매가격 : ₩16	단위당 변동원가 : ₩10	고정원가 : ₩48,000

1) 등 식 법

순이익은 총 수익에서 총 비용을 차감하여 계산된다. 이 때 손익분기점은 총 수익(매출액)과 총 비용이 같은 점이다. 이와 같은 방법으로 손익분기점을 계산하는 것을 등식법(equation method)이라 하는데, 이는 다음과 같이 표시할 수 있다.

총 수익(매출액) − 총 비용 = 순이익

매출액 − 변동원가 − 고정원가 = 순이익

여기서 손익분기점은 순이익이 0이 되므로,

매출액 − 변동원가 − 고정원가 = 0

(단위당 판매가격 × 판매량) − (단위당 변동원가 × 판매량) − 고정원가 = 0

판매량 × (단위당 판매가격 − 단위당 변동원가) − 고정원가 = 0

판매량 × (단위당 판매가격 − 단위당 변동원가) = 고정원가

따라서 손익분기점의 판매량을 계산하기 위해서는

$$\text{손익분기점의 판매량} = \frac{\text{고정원가}}{\text{단위당 판매가격} - \text{단위당 변동원가}}$$

$$\text{손익분기점의 판매량} = \frac{\text{고정원가}}{\text{단위당 공헌이익}}$$

가 된다. 그리고 손익분기점의 판매액은

손익분기점의 판매액 = 손익분기점의 판매량 × 단위당 판매가격

앞의 [사 례]를 가지고 계산해 보자. 판매량을 X로 놓으면,

$(₩16 \times X) - (₩10 \times X) - ₩48{,}000 = 0$

$(₩16X - ₩10X) - ₩48{,}000 = 0$

$₩6X - ₩48{,}000 = 0$

$₩6X = ₩48{,}000$

$X = ₩48{,}000/₩6$

$X = 8{,}000$단위

그리고 이 때의 판매액은 8,000단위 × ₩16 = ₩128,000이 된다.

2) 공헌이익법

공헌이익법(contribution margin method)은 단위당 공헌이익으로 고정비를 나누어 손익분기점 매출수량을 계산하는 방법이다. 그리고 손익분기점의 매출액은 고정원가를 공헌이익률로 나누어 계산한다.

$$\text{손익분기점의 판매량} = \frac{\text{고정원가}}{\text{단위당 공헌이익}}$$

$$\text{손익분기점의 판매량} = \frac{\text{고정원가}}{\text{공헌이익률}}$$

여기서 공헌이익률은 $\frac{\text{단위당 공헌이익}}{\text{단위당 판매가격}}$ 또는 $\frac{\text{총 공헌이익}}{\text{매출액}}$이므로,

$$\text{손익분기점의 판매액} = \frac{\text{고정원가}}{\frac{\text{단위당 공헌이익}}{\text{단위당 판매가격}}} = \frac{\text{고정원가}}{\frac{\text{총 공헌이익}}{\text{매출이익}}}$$

가 된다.

이상의 식들로 인해 알겠지만 공헌이익법은 등식법을 변형하여 재진술한 것에 지나지 않는다. 상황에 따라 적절한 방법을 선택하여 손익분기점의 판매량과 판매액을 구하면 된다.

앞의 [사 례]를 가지고 공헌이익법으로 손익분기점의 판매량과 판매액을 계산해 보자.

$$\text{공헌이익} = ₩16 - ₩10 = ₩6$$

$$\text{공헌이익률} = \frac{₩6}{₩16} = 0.375$$

$$\text{손익분기점의 판매량} = \frac{₩48{,}000}{₩6} = 8{,}000\text{단위}$$

$$\text{손익분기점의 판매액} = \frac{₩48{,}000}{0.375} = ₩128{,}000$$

다시 말하여 앞의 [사 례] 자료에 의하면 8,000단위를 판매해야 손익분기

점이 되며, 이 때의 매출액은 ₩128,000이라는 것이다.

3) 도 표 법

도표법(graphical method)은 다음의 7단계로 이루어지는데, 이를 위의 [사례]에 맞게 그리면 [그림 6-3]과 같다.

제 1 단계 : 금액을 나타내는 세로선과 판매량을 나타내는 가로선의 그래프를 작성한다.

제 2 단계 : 가로선과 수평으로 고정원가에 해당하는 선을 긋는다.

제 3 단계 : 임의의 조업도에 맞는 총 비용을 계산한다(그림에서는 6,000단위를 선택했으며, 이 때의 비용은 ₩108,000(=(₩10×6,000단위)+₩48,000)이 된다).

제 4 단계 : 변동원가선을 그리는데, 이 선은 제 3 단계에서 산출된 점(*A*)과 고정원가 점(그림에서 ₩48,000)을 통과하도록 그린다. 결국 이 선은 총 원가를 나타내는 선이 된다.

제 5 단계 : 임의의 조업도를 선택하여 총 매출액을 산출한다(그림에서는 조업도를 6,000을 선택했으며, 이 때의 매출액은 ₩96,000(=6,000단위×₩16)이 된다).

제 6 단계 : 총 수익선을 그린다. 이 선은 제 5 단계에서 산출된 점(*B*)과 원점을 통과하는 선이 된다. 이 선은 총 매출액선, 즉 총 수익선이 된다.

제 7 단계 : [그림 6-3]에서 보이는 바와 같이 총 매출액선과 총 비용선이 교차하는 점이 손익분기점이며(break-even point), 이 때의 조업도는 8,000단위

[그림 6-3] 도표법에 의한 손익분기점

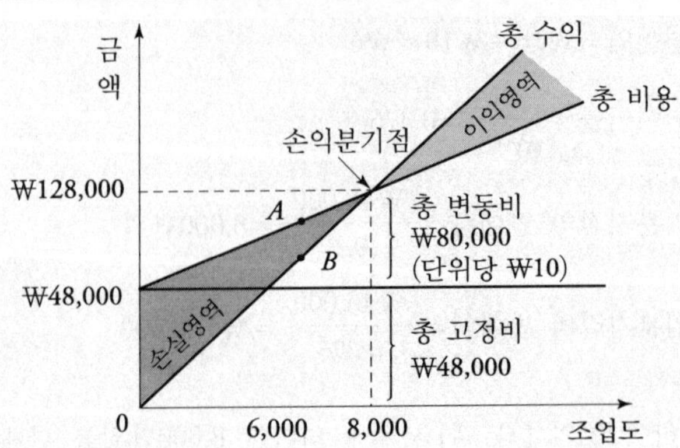

[그림 6-4] PV 도표에 의한 분석

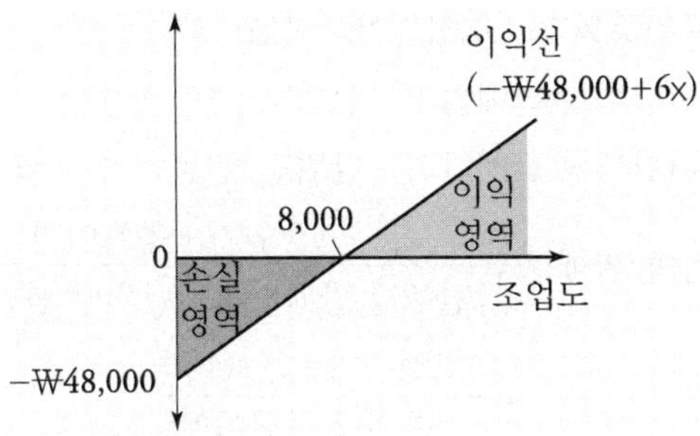

이고, 총 비용과 총 수익은 ₩128,000으로 같고, 순이익은 0인 점이 된다. 도표상 손익분기점의 우측부분은 순이익영역(profit area)이 되고, 좌측부분은 순손실영역(loss area)이 된다.

6. 목표이익

지금까지 손익분기점, 즉 총 수익과 총 비용이 같아서 순이익이 0이 되는 판매량과 판매액에 대해서 살펴보았다. 그렇다면 목표이익(target profit), 즉 경영자가 일정한 이윤을 확보하고자 할 때, 판매량과 판매액은 얼마가 될까?

경영자가 일정한 이윤을 확보하고자 한다면 손익분기점에서는 이익을 0으로 놓았으나, 일정한 이윤(목표이익)을 얻고자 한다면 그만큼을 더 벌어야 목표이익을 얻을 수 있을 것이다.

따라서 손익분기점의 계산은

$$\text{매출액} - \text{변동원가} - \text{고정원가} = 0$$

$$\text{판매량} \times (\text{단위당 판매가격} - \text{단위당 변동원가}) - \text{고정원가} = 0$$

$$\text{판매량} \times (\text{단위당 판매가격} - \text{단위당 변동원가}) = \text{고정원가}$$

$$\text{손익분기점의 판매량} = \frac{\text{고정원가}}{\text{단위당 판매가격} - \text{단위당 변동원가}}$$

$$= \frac{\text{고정원가}}{\text{단위당 공헌이익}}$$

이렇게 계산되었으나 이제 목표이익을 더 확보해야 하므로,

$$매출액-변동원가-고정원가=목표이익$$

$$판매량\times(단위당\ 판매가격-단위당\ 변동원가)-고정원가=목표이익$$

$$판매량\times(단위당\ 판매가격-단위당\ 변동원가)=고정원가+목표이익$$

$$목표이익의\ 판매량=\frac{고정원가+목표이익}{단위당\ 판매가격-단위당\ 변동원가}$$

$$=\frac{고정원가+목표이익}{단위당\ 공헌이익}$$

이 된다. 또한 목표이익의 판매액은

$$목표이익의\ 판매액=\frac{고정원가+목표이익}{공헌이익률}$$

이 된다.

앞의 [사 례]에서 목표이익을 ₩3,600이라고 한다면, 이는 손익분기점공식에다 목표이익(₩3,600)을 첨가하면 될 것이다.

$$목표이익의\ 판매량=\frac{₩48,000+₩3,600}{₩6}=8,600단위$$

$$목표이익의\ 판매액=\frac{₩48,000+₩3,600}{0.375}=₩137,600$$

결과적으로 목표이익 ₩3,600을 확보하기 위해서는 8,600단위의 판매량을 가져야 하며, 이 때의 판매액은 ₩137,600이 된다.

그런데 지금까지는 법인세를 전혀 고려하지 않고 계산한 것이다. 즉 목표이익 ₩3,600에는 세금까지 포함된 것이기 때문에 실제로 기업이 얻는 이익은 ₩3,600보다 적게 된다. 하지만 기업에서 세금을 모두 빼고 실제로 얻는 이익이 ₩3,600이 되려면 어떻게 해야 할까?

이 때도 역시 앞의 식을 이용하여 계산해 낼 수 있다. 단지 앞에서의 목표이익은 법인세를 차감하기 전의 이익이기 때문에, 이를 법인세를 차감한 후의 이익으로 바꿔 주면 된다. 이에 대해서는 다음과 같다.

$$\text{법인세차감 후 목표이익} = \text{법인세차감 전 목표이익} - (\text{법인세차감 전 목표이익} \times \text{법인세율})$$

$$\text{법인세차감 후 목표이익} = \text{법인세차감 전 목표이익} \times (1 - \text{법인세율})$$

$$\text{법인세차감 전 목표이익} = \frac{\text{법인세차감 후 목표이익}}{(1 - \text{법인세율})}$$

이를 가지고 법인세차감 전 목표이익을 앞에서 산출된 목표이익에 대체하면 다음과 같다.

$$\text{법인세차감 후 목표이익판매량} = \frac{\text{고정원가} + \dfrac{\text{법인세차감 후 순이익}}{(1 - \text{법인세율})}}{\text{단위당 공헌이익}}$$

$$\text{법인세차감 후 목표이익판매액} = \frac{\text{고정원가} + \dfrac{\text{법인세차감 후 순이익}}{(1 - \text{법인세율})}}{\text{공헌이익률}}$$

또는

$$\text{법인세차감 후 목표이익판매액} = \text{법인세차감 후 목표이익판매량} \times \text{단위당 판매가격}$$

이제 앞의 [사 례]에서 법인세차감 후 목표이익이 ₩3,600이고 법인세율이 20%라고 하였을 때, 법인세차감 후 목표이익판매량과 법인세차감 후 목표이익판매액을 계산하여 보자.

$$\text{법인세차감 후 목표이익판매량} = \frac{₩48{,}000 + \dfrac{₩36{,}000}{(1 - 0.2)}}{₩6} = 8{,}750\text{단위}$$

$$\text{법인세차감 후 목표이익판매액} = \frac{₩48{,}000 + \dfrac{₩3{,}000}{(1 - 0.2)}}{0.375} = ₩140{,}000$$

따라서 법인세를 차감하고 난 후에 목표이익 ₩3,600을 확보하기 위해서는 8,750단위의 판매량을 가져야 하며, 이 때의 판매액은 ₩140,000이 된다.

제 3 절 CVP 분석의 응용

1. 민감도분석

민감도분석(sensitivity analysis)은 의사결정에 있어서 기본적인 요인이 변화함에 따른 영향을 분석하는 것이다. 다시 말해서 의사결정모형에 있어서 하나 또는 그 이상의 어떤 독립변수가 변화함에 따라 그에 대한 결과로 종속변수를 어떻게 변화시키는지를 분석하는 것이다. CVP 분석을 응용하여 이 민감도분석을 행함으로써 다음과 같은 질문에 답할 수 있다.

① 판매량의 변화에 따른 의사결정은?
② 판매가격의 변화에 따른 의사결정은?
③ 변동원가의 변화에 따른 의사결정은?
④ 고정원가의 변화에 따른 의사결정은?

다음의 [사 례]를 이용하여 위의 질문들에 답해 보자.

> 인기가수 이허리는 탁탁탁이라는 타이틀곡을 가지고 새로운 음반을 출시하였다. 이 음반의 제작을 위해 음반제작실을 월 ₩1,000,000에 임대하였고, 이 음반의 판매가격은 ₩20,000이고, 이 앨범을 제작하기 위해 들어가는 공 CD, 포장비닐, 음반설명서, CD 케이스 등으로 발생하는 변동비는 ₩6,000이다. 판매촉진을 위해 이 앨범을 구매하는 사람들에게 이허리 브로마이드를 제공하는데, 이는 ₩1,000이다. 또 이 앨범의 홍보를 위해 매달 ₩100,000의 홍보비를 지출하고 있다. 현재 매월 100개의 음반을 판매할 것으로 예상하고 있다.

	단위당	100개에 대한 금액
매출액	₩20,000	₩2,000,000
변동원가		
제조비	6,000	600,000
판매비	1,000	100,000
공헌이익	₩13,000	₩1,300,000
고정원가		1,000,000
순이익		₩ 300,000

다음의 각 문항은 서로 별도의 문제로 각각의 상황에 대해 의사결정을 해 보자.

1) 고정원가와 판매량이 변화하는 경우

월 광고비를 ₩50,000 증가시키면 5개의 CD를 더 판매할 수 있을 것으로 예상된다. 이 경우 어떠한 의사결정을 내려야 할 것인가?

공헌이익의 증가(₩13,000*×5)	₩65,000
광고비의 증가	(50,000)
이익의 증감	₩15,000)

* ₩20,000 − ₩6,000 − ₩1,000 = ₩13,000.

위에서 보는 바와 같이 광고비를 ₩50,000 증가시키면 이익이 ₩15,000이 증가하게 된다. 그러므로 이러한 의사결정시에는 이 안을 채택해야 할 것이다.

2) 판매가격과 판매량이 변화하는 경우

공 CD의 구입가격을 ₩500 저렴한 것으로 바꾸고자 한다. 만약 ₩500 저렴한 것으로 바꾸게 되면, CD 품질이 다소 떨어져 판매량이 10장이 줄 것으로 예상된다. 이 경우 어떠한 의사결정을 내려야 할 것인가?

예상총공헌이익(₩13,500*×90)	₩1,215,000
현재총공헌이익(₩13,000×100)	(1,300,000)
이익의 증감	(₩85,000)

* ₩20,000 − ₩5,500 − ₩1,000 = ₩13,500.

공 CD의 구입가격이 ₩500 저렴한 것으로 바꿀 경우, 이익이 ₩85,000 적게 나타나므로 이 안을 채택해서는 안 된다.

3) 고정원가와 판매가격이 변화하는 경우

판매가격을 ₩2,000 인하하는 대신에 홍보비를 ₩50,000 줄이려고 한다. 이로 인해 음반의 판매량이 20장 늘어날 것으로 예상된다. 이 경우 어떠한 의사결정을 내려야 할 것인가?

예상총공헌이익(₩11,000*×120)	₩1,320,000
현재총공헌이익(₩13,000×100)	(1,300,000)
홍보비의 감소	50,000)
이익의 증감	₩70,000)

* (₩20,000 − ₩2,000) − ₩6,000 − ₩1,000 = ₩11,000.

판매가격의 ₩2,000 인하와 홍보비 ₩50,000 감소로 인해 음반의 판매량이 20장 늘어날 경우, ₩70,000의 이익이 발생하므로 이 안을 채택한다.

4) 고정원가와 판매량이 변화하는 경우

홍보를 위해 홍보도우미를 고용하려고 하는데, 이 때 월 ₩700,000의 월급을 지급해야 한다. 홍보도우미로 인해 판매량이 50장 늘어날 것으로 예상된다. 이 경우 어떠한 의사결정을 내려야 할 것인가?

예상총공헌이익(₩13,000×150)	₩1,950,000
현재총공헌이익(₩13,000×100)	(1,300,000)
홍보도우미 월급	(700,000)
이익의 증감	(₩50,000)

고정비의 ₩700,000 증가로 판매량이 50장 증가할지라도 ₩50,000의 손실이 발생하므로, 이 안을 채택하지 않는다.

5) 변동원가와 판매량이 변화하는 경우

홍보를 위해 홍보도우미를 고용하는데, 성과급으로 앨범 1장 판매당 ₩3,000의 급여를 주기로 하였다. 이 때 판매량이 20장 늘어날 것으로 예상된다. 이 경우 어떠한 의사결정을 내려야 할 것인가?

예상총공헌이익(₩10,000*×120)	₩1,200,000
현재총공헌이익(₩13,000×100)	(1,300,000)
이익의 증감	(₩100,000)

* ₩20,000 − ₩6,000 − ₩1,000 − ₩3,000 = ₩10,000.

변동비의 ₩3,000 증가로 판매량이 20장 증가할지라도 ₩100,000의 손실이 발생하므로, 이 안을 채택하지 않는다.

6) 고정원가와 변동원가 및 판매량이 변화하는 경우

홍보를 위해 홍보도우미를 고용하는데, ₩200,000의 월급을 지급하고, 성과급으로 앨범 1장 판매당 ₩2,000의 급여를 주기로 하였다. 이 때 40장의 판매가 늘 것으로 예상된다. 이 경우 어떠한 의사결정을 내려야 할 것인가?

예상총공헌이익(₩11,000* × 140)	₩1,540,000
현재총공헌이익(₩13,000 × 100)	(1,300,000)
홍보도우미 월급	(200,000)
이익의 증감	₩40,000)

* ₩20,000 − ₩6,000 − ₩1,000 − ₩2,000 = ₩11,000.

고정비 ₩200,000과 단위당 변동비 ₩2,000의 증가로 판매량이 40장 증가할 경우, 이익이 ₩40,000 증가하므로 이 안을 채택한다.

7) 정상가격 이하의 특별주문

앨범 50장을 ₩15,000에 구입하겠다는 특별주문이 들어 왔다. 이 주문을 받아들였을 경우, 야간근무수당으로 총 ₩300,000이 추가적으로 들어간다. 이 경우 어떠한 의사결정을 내려야 할 것인가?

단위당 예상총공헌이익	₩8,000*
변동비적 추가비용	0
단위당 이익의 증감	₩8,000
특별주문수량	×50
	₩400,000
야간근무수당	(300,000)
이익의 증감	₩100,000)

* ₩15,000 − ₩6,000 − ₩1,000 = ₩8,000.

정상가격보다 ₩5,000 저렴한 가격에 구입하겠다는 특별주문이 들어온 경우, 이 때에는 기존의 고정비는 이미 기존의 판매를 통해 배부가 되었기 때문에 고려대상이 아니다. 단지 이번 주문에 의해서 추가적으로 들어가는 고정비만을 고려하여 ₩300,000만 차감한다. 이 때에 ₩100,000의 이익이 발생하기 때문에 이 특별주문을 받아들인다.

8) 특별주문에 대한 판매가격

앨범 50장을 구입하겠다는 특별주문이 들어왔다. 이 주문을 받아들였을 경우, 추가적인 변동비용이 ₩1,000이 들 것으로 예상된다. 이 주문으로 ₩400,000의 이익을 얻기 위해서는 판매가격을 얼마로 하여야 하는가?

단위당 변동비	₩7,000
변동비적 추가비용	(1,000)
총 변동비	₩8,000
단위당 목표이익(₩400,000÷50)	8,000)
단위당 판매가격	₩16,000)

앨범 50장 판매를 통해 ₩400,000의 이익을 얻고자 할 때, 추가적인 변동비가 ₩1,000이 들 경우 판매가격을 ₩16,000으로 해야 한다.

2. 안전한계

안전한계(safety margin)란 예산매출액(또는 실제매출액)과 손익분기점 매출액의 차이로, 다시 말해 BEP를 초과하는 매출액을 말한다.

매출수준이 손익분기점 미만으로 떨어지게 되면 손실이 발생하게 되는데, 안전한계는 현재의 매출수준으로 볼 때, 어느 정도 여유가 있는가를 알아보고자 할 때 이용된다. 만약 안전한계가 높으면 기업이 불황에도 비교적 잘 대처해 나갈 수 있는 여유를 가지고 있을 것이고, 만약 그렇지 못할 경우 매출이 조금만 감소해도 쉽게 영업손실이 발생할 것이다. 따라서 안전한계가 낮으면 경영자는 고정원가 또는 변동원가의 절감을 통해서 손익분기점을 낮추거나 판매량증대 또는 판매단가의 인상을 통하여 판매수준을 높이는 노력을 마련해야 할 것이다.

$$\text{안전한계} = \text{예산매출액(또는 실제매출액)} - \text{손익분기점의 매출액}$$

$$\text{안전한계율} = \frac{\text{안전한계}}{\text{예산매출액}} \times 100$$

$$= \frac{\text{예산매출액} - \text{손익분기점의 매출액}}{\text{예산매출액}} \times 100$$

[예제 4] 다음은 (주)KBG와 (주)WCG의 자료이다. 물음에 답하시오.

	(주)KBG	(주)WCG
매출액	₩8,000,000	₩8,000,000
변동원가	(6,400,000)	(1,600,000)
공헌이익	₩1,600,000	₩6,400,000
고정원가	(800,000)	(5,600,000)
순이익	₩800,000	₩800,000

[물 음]

1. (주)KBG와 (주)WCG의 손익분기점 매출액을 계산하시오.
2. (주)KBG와 (주)WCG의 안전한계를 계산하시오.
3. (주)KBG와 (주)WCG의 안전한계율을 계산하시오.

[해 답]

1. 손익분기점 매출액

	(주)KBG	(주)WCG
손익분기점의 매출액 = 고정원가 / (총 공헌이익 / 매출액)	₩800,000 / (₩1,600,000 / ₩8,000,000) = ₩4,000,000	₩5,600,000 / (₩6,400,000 / ₩8,000,000) = ₩7,000,000

2. 안전한계

	(주)KBG	(주)WCG
실제매출액	₩8,000,000	₩8,000,000
(손익분기점의 매출액)	₩4,000,000	₩7,000,000
안전한계	₩4,000,000	₩1,000,000

3. 안전한계율

	(주)KBG	(주)WCG
안전한계율 = 안전한계 / 실제매출액	₩4,000,000 / ₩8,000,000 = 0.5(50%)	₩1,000,000 / ₩8,000,000 = 0.125(12.5%)

3. 매출배합

매출배합(sales mix)이란 기업에서 총 판매제품 중 각 제품의 상대적 비율을 의미하는데, 이는 총 판매액에 대한 각 제품 판매액의 백분율로 나타낸다. 오늘날의 기업들은 대부분 여러 종류의 제품을 생산하고 있으며, 제품마다 판매가격, 변동원가, 공헌이익이 다르다.

여러 제품을 판매하는 경우, 손익분기점을 계산하기 위해서는 다음의 3단계를 거치게 된다.

① 가중평균공헌이익의 계산
② 가중평균손익분기점의 계산
③ 각 제품에 대한 손익분기점계산

여기서 가중평균 공헌이익(weighted average unit contribution margin)은 각 제품의 상대적인 매출비율로 가중치를 두어 기업의 제품들에 대한 공헌이익을 평균낸 것을 의미한다.

다음의 예를 통해 알아보자.

> 지존음반(주)에서는 유명 여가수 나는비와 남자 가수 박몽수의 음반을 제작해서 판매하려 한다. 나는비의 음반에는 이번 컨셉에 맞게 고급스러움을 강조하기 위해 음반에 금장 등 여러 장식을 해서 판매하려 한다. 반면 박몽수의 앨범은 일반적인 수준에서 제작하려 한다. 총 500장을 판매하려고 하는데, 이 중 나는비의 음반이 300장, 박몽수의 음반이 200장으로 매출배합은 3 : 2이다. 총 고정원가는 ₩32,000이고, 판매가격은 나는비 앨범 ₩90, 박몽수 앨범 ₩40이고, 변동비는 나는비 앨범 ₩50, 박몽수 앨범 ₩20원이다.

먼저 가중평균 공헌이익을 계산해 보자.

	판매 가격		변동 원가		공헌 이익		매출배합 비율		가중평균 공헌이익
나는비 앨범	₩90	−	₩50	=	₩40	×	0.6	=	₩24
박몽수 앨범	40	−	20	=	20	×	0.4	=	8
									₩32

다음으로 가중평균 공헌이익으로 가중평균 손익분기점을 계산하면 다음과 같다.

$$\text{가중평균 손익분기점} = \frac{\text{총 고정원가}}{\text{가중평균 공헌이익}} = \frac{₩32,000}{₩32} = 1,000\text{장}$$

이제 마지막으로 각 제품별 손익분기점을 계산하면 다음과 같다.

	가중평균 손익분기점		매출배합		제품별 손익분기점
나는비 앨범	1,000장	×	0.6	=	600장
박몽수 앨범	1,000장	×	0.4	=	400장

이 때의 금액은 나는비 앨범은 ₩54,000(600장×₩90)이고, ₩16,000(400장×₩40)이 된다.

한편 가중평균 공헌이익률을 계산하여 손익분기점을 계산할 수도 있는데, 이는 다음과 같다.

	박몽수 음반		나는비 음반		합 계
매출액	₩40×2=	₩80	₩90×3=	₩270	₩350
변동원가	₩20×2=	₩40	₩50×3=	₩150	₩190
공헌이익		₩40		₩120	₩160
공헌이익률	50%		44.4%		45.7%

$$\text{손익분기점 매출액} = \frac{₩32,000}{0.457} \fallingdotseq ₩70,000$$

따라서 나는비 음반은 $₩70,000 \times \frac{₩270}{₩350} = ₩54,000$이고, 박몽수 음반은 $₩70,000 \times \frac{₩80}{₩350} = ₩16,000$이다.

제 6 장 Key Words

가중평균공헌이익(weighted average unit contribution margin)
The average of a firm's several products' unit contribution margins, weighted by the relative sales proportion of each product.

공헌이익(contribution margin)
The amount that remains after total variable costs are subtracted from sales.

공헌이익률(contribution margin ratio)
The ratio that compute change in contribution margin and net income resulting from changes in sales volume.

공헌이익법(contribution margin method)
A method of computing the break even point in which the fixed expenses are divided by the contribution margin per unit.

등식법(equation method)
A method of computing the break-even point that relies on the equation sale = variable expenses + fixed expenses + profits.

매출배합(sales mix)
The proportion of each product's unit sales relative to the organization's total unit sales.

목표이익(target profit)
The profit level set as management's objective.

민감도분석(sensitivity analysis)
The analysis of the effect of a change in a parameter on a decision.

손익분기점(break even point)
The point at which total revenues equal total costs.

안전한계(safety margin)
The excess of budgeted(or actual) sales revenue over the break even sales revenue.

원가-조업도-이익분석(Cost Volume Profit(CVP) analysis)
An examination of the cost behavior patterns that underlie the relationships among cost, volume of output, and profit.

원가구조(cost structure)
The relative proportion of fixed and variable costs found within an organization.

원가행태(cost behavior)
The way costs respond to changes in volume or activity.

연습문제

* After reading the each problems, Choose the best item.

1. The break-even point is that level of activity where total revenue equals :

A. total cost.

B. fixed cost.

C. variable cost.

D. product cost.

E. period cost.

2. The unit contribution margin is calculated as the difference :

A. the selling price and fixed cost per unit.

B. the selling price and variable cost per unit.

C. the selling price and product cost per unit.

D. fixed cost per unit and variable cost per unit.

E. fixed cost per unit and product cost per unit.

3. The contribution margin ratio is :

A. the difference between the selling price and the variable cost.

B. fixed cost per unit divided by variable cost per unit.

C. variable cost per unit divided by the selling price.

D. unit contribution margin divided by the selling price.

E. unit contribution margin divided by fixed cost per unit.

4. The break-even point in sales dollars can be calculated by dividing :

A. fixed expenses by the unit contribution margin.

B. variable expenses by the unit contribution margin.

C. fixed expenses by the contribution margin ratio.

D. variable expenses by the contribution margin ratio.

E. the selling price by the contribution margin ratio.

5. The total contribution margin is calculated as the difference between :

A. sales price and variable cost per unit.

B. sales price and fixed cost per unit.

C. total revenue and total fixed cost.

D. total revenue and total cost.

E. total revenue and total variable cost.

6. Cost-volume-profit analysis is based on certain general assumptions. Which of the following statements about these assumptions is not true?

A. The price of the product will remain constant as volume varies within the relevant range.

B. Expenses can be categorized as fixed, variable, or semivariable.

C. The efficiency and productivity of the production process and workers remain constant.

D. Total fixed expenses remain constant as activity changes.

E. Unit variable expense decreases as activity increases.

7. If the operating leverage factor is known, which one of the following can be determined?

A. contribution margin ratio

B. contribution margin in dollars

C. fixed expenses

D. break-even point in sales dollars

E. percentage change in profit for a given percentage change in sales

* Use the following information in solving multiple choice problems 8 through 10.

Allclear Pool & Spa presently provides a weekly maintenance service to 150 homes. Variable costs amount to approximately $12 per week for labor, mileage, chemicals, and other supplies. Fixed costs are approximately $13,000 per quarter(13 weeks). Customers pay $270 per quarter for the weekly service. All contacts are written for one quarter(13 weeks).

8. Which of the following choices has an equivalent expression for the variable that is stated?

	per month	per quarter
A. revenue	$90	$270
B. variable cost	$48	$156
C. fixed cost	$4,000	$13,000
D. revenue	$85	$270
E. variable cost	$50	$150

9. The number of customers required to break even is calculated to be :

A. 95.

B. 103.

C. 114.

D. 124.

E. 197.

10. Assume the contracts with customers are restructured such that the price per quarter is $300 and the contribution margin percentage is 57%. Assume the tax rate is 25%. The sales dollars (to the nearest $100) necessary to obtain an after-tax profit of $9,600 per quarter are calculated to be :

A. $39,567.

B. $45,263.

C. $52,857.

D. $59,950.

E. $90,263.

11. Ribco Co. makes and sells only one product. The unit contribution margin is $6, and the break-even point in unit sales is 24,000. The company's fixed expenses are calculated to be :

A. $4,000.

B. $14,400.

C. $40,000.

D. $144,000.

E. $400,000.

12. Epex Inc. makes a single product. Annual fixed expenses are $48,000, and the contribution margin ratio is 30%. The necessary volume in sales dollars for Epex to achieve a target profit of $15,000 is calculated to be :

A. $63,000.

B. $68,571.

C. $90,000.

D. $160,000.

E. $210,000.

* Use the following information in solving multiple choice problems 13 through 17.

Maxie & Co. makes and sells two types of shoes, plain and fancy. Data concerning these products are as follows :

	plain	fancy
unit selling price	$20.00	$35.00
variable costs per unit	12.00	24.50

Sixty percent of the sales in units are plain and annual fixed expenses are $45,000.

13. The weighted-average unit contribution margin is calculated to be :

A. $18.50.

B. $17.00.

C. $9.25.

D. $9.00.

E. $4.80.

14. Assuming the sales mix remains constant, the total number of units Maxie & Co. must sell to break even is calculated to be :

A. 9,375.

B. 5,000.

C. 4,737.

D. 2,647.

E. 2,432.

15. Assuming the sales mix remains constant, the number of units of plain the company must sell to break-even is calculated to be :

A. 9,375.

B. 5,625.

C. 5,000.

D. 3,375.

E. 3,000.

16. Assuming the sales mix remains constant, the number of units of fancy the company must sell to earn a target profit of $31,500 is calculated to be :

A. 1,654.

B. 2,000.

C. 3,400.
D. 7,286.
E. 8,500.

17. Assume the sales mix remains constant, and assume an income tax rate of 20%. The number of units of plain the company must sell to earn an after-tax profit of $18,000 is calculated to be :
A. 4,500.
B. 7,875.
C. 3,960.
D. 3,240.
E. 8,437.

* Use the following information in solving multiple choice problems 18 through 24.

Edco Company produced and sold 45,000 units of a single product last year. Data concerning the previous year's income statement is as follows :

sales revenue	$1,350,000	
manufacturing costs :		
variable	585,000	
fixed	270,000	270,000
selling costs :		
variable	40,500	
fixed	54,000	
administrative costs :		
variable	184,500	
fixed	108,000	

18. Edco's break-even point in unit sales for the previous year is calculated to be :
A. 15,882.
B. 24,000.
C. 25,411.
D. 26,832.
E. 36,000.

19. Edco's break-even sales volume in dollars is calculated to be :
A. $720,000.

B. $762,330.

C. $1,080,000.

D. $1,134,000.

E. $1,242,000.

20. Edco's total contribution margin is calculated to be :

A. $495,000.

B. $540,000.

C. $724,500.

D. $765,000.

E. $810,000.

21. Edco's cost of goods sold is calculated to be :

A. $495,000.

B. $540,000.

C. $810,000.

D. $855,000.

E. $895,500.

22. Edco's operating leverage is calculated to be :

A. 4.

B. 5.

C. 6.

D. 7.

E. 8.

23. If Edco's sales revenue increases 15%, what will be the percentage increase in income before income taxes?

A. 15%

B. 45%

C. 60%

D. 75%

E. 100%

24. Assuming all cost relationships will remain constant for the upcoming year, how many units must be sold for the company to earn an after-tax profit of $180,000 if the income tax rate is 40%?

A. 45,000

B. 47,500

C. 61,000

D. 70,000

E. 73,500

* Use the following information in solving multiple choice problems 25 through 29.

Alfay company manufactures and sells three products, Algo, Bego, and Cego, Annual fixed costs as $1,210,000.

	Algo	Bego	Cego
sales mix in units	50%	30%	20%
selling price	$200	$600	$800
variable costs per unit	(100)	(280)	(320)
unit contribution margin	$100	$320	$480

25. The weighted-average unit contribution margin and percentage are calculated to be :

A. $242 and 55%.

B. $100 and 50%.

C. $320 and 30%.

D. $480 and 20%.

E. $562 and 85%.

26. The break-even volume in units and in sales dollars in total are calculated to be :

A. 2,500units and $2,200,000.

B. 5,000units and $2,200,000.

C. 5,000units and $5,400,000.

D. 7,500units and $5,400,000.

E. 2,500units and $5,400,000.

27. The break-even volume in units and in sales dollars for Algo are calculated to be :

A. 1,000units and $800,000.

B. 1,500units and $900,000.

C. 2,000units and $600,000.
D. 2,500units and $500,000.
E. 3,000units and $400,000.

28. The break-even volume in units and in sales dollars for Bego are calculated to be :
A. 1,000units and $800,000.
B. 1,500units and $900,000.
C. 2,000units and $600,000.
D. 2,500units and $500,000.
E. 3,000units and $400,000.

29. The break-even volume in units and in sales dollars for Cego are calculated to be :
A. 1,000units and $800,000.
B. 1,500units and $900,000.
C. 2,000units and $600,000.
D. 2,500units and $500,000.
E. 3,000units and $400,000.

* Use the following information in solving multiple choice problems 30 through 32.

Garden Industries manufactures birdbaths, statues, and other decorative items for sale to retail home and garden centers and to florists. The company's design department has proposed a new product : a humorous－looking statue of a frog. Management believes that the frogs will be popular with home gardeners. Expected variable unit costs are as follows : direct materials, $9.25 ; direct labor, $4.00 ; production supplies, $.55 ; selling costs, $2.40 ; and other, $33,000. The following are fixed costs : depreciation, building and equipment, $33,000 ; advertising, $40,000 ; and other, $6,000. Management plans to sell the product for $29.25.

30. Using the contribution margin approach, the number of statues the company must sell to break-even units and earn a profit of $50,000 are calculated to be :
A. 7,000units and 11,800units.
B. 7,400units and 18,700units.
C. 7,400units and 13,300units.

D. 8,100units and 13,300units.
E. 7,900units and 12,900units.

31. Using the same data, the number of products that must be sold to earn a target profit of $70,000 if advertising costs rise by $20,000 is calculated to be :
A. 15,100units.
B. 16,900units.
C. 17,800units.
D. 18,300units.
E. 19,500units.

32. Using the original information and sales of 15,000units, the new selling price the company must charge to make a target profit of $100,000 is calculated to be :
A. $27.51.
B. $29.15.
C. $30.90.
D. $31.18.
E. $32.37.

* Use the following information in solving multiple choice problems 33 through 37.

Bob Luchinnin, the accountant at acoustic concepts, wanted to demonstrate to the company's president Prem Narayan how the concepts developed on the preceding pages can be used in sensitivity analysis. Bob gathered the following basic data :

	per unit	percent of sales
selling price	$250	100%
less varialbe expeses	150	60
contribution margin	$100	40%

Recall that fixed expenses are $35,000 per month. Bob Luchinnin will use these data to show the effects of change in variable costs, fixed costs, sales price, and sales volume on the company's profitability in an variety of situations.

33. Acoustic Concepts is currently selling 400 speakers per month(monthly sales of

$100,000). The sales manager feels that a $10,000 increase in the monthly advertising budget would increase monthly sales by $300,000 to a total of 520 units. Should the advertising budget be increased?

A. The increase in the advertising budget should be approved since it would lead to an increase in net operating income of $1,000.
B. The increase in the advertising budget should not be approved since it would lead to an decrease in net operating income of $1,000.
C. The increase in the advertising budget should be approved since it would lead to an increase in net operating income of $2,000.
D. The increase in the advertising budget should not be approved since it would lead to an decrease in net operating income of $2,000.
E. The increase in the advertising budget should be approved since it would lead to an increase in net operating income of $4,000.

34. Refer to the original data. Management is considering the use of higher-quality components, which would increase variable costs by $10 per speaker. However, the sales manager predicts that the higher overall quality would increase sales to 480 speakers per month. Should the higher-quality components be used?

A. The higher-quality components should be used, since the $3,200 increase in net operating income.
B. The higher-quality components should not be used, since the $3,200 decrease in net operating income.
C. The higher-quality components should be used, since the $7,200 increase in net operating income.
D. The higher-quality components should not be used, since the $7,200 decrease in net operating income.
E. The higher-quality components should be used, since the $8,000 increase in net operating income.

35. Refer to the original data. To increase sales, the sales manager would like to cut the selling price by $20 per speaker and increase the advertising budget by $15,000 per month. The sales manager argues that if these two steps are taken, unit sales will increase by 50% to 600 speaker per month. Should the changes be made?

A. The changes should be made, since the $12,000 increase in net operating income.

B. The changes should not be made, since the $12,000 decrease in net operating income.

C. The changes should be made, since the $7,000 increase in net operating income.

D. The changes should not be made, since the $7,000 decrease in net operating income.

E. The changes should be made, since the $8,000 increase in net operating income.

36. The sales manager would like to pay a sales commission of $15 per speaker sold, rather than pay sales persons flat salaries that now total $6,000 per month. The sales manager is confident that the change will increase monthly sales by 5% to 460 speakers per month. Should the change be made?

A. The changes should be made, since the $5,100 increase in net operating income.

B. The changes should not be made, since the $5,100 decrease in net operating income.

C. The changes should be made, since the $900 increase in net operating income.

D. The changes should not be made, since the $900 decrease in net operating income.

E. The changes should be made, since the $6,900 increase in net operating income.

37. The company has an opportunity to make bulk sale of 150 speakers to a wholesaler if an acceptable price can be worked out. This sale would not disturb the company's regular sales and would not affect the company's total fixed expenses. What price per speaker should be quoted to the wholesaler if Acoustic Concepts wants to increase it monthly profits by $3,000?

A. $270

B. $170

C. $230

D. $130

E. $250

제 7 장

예산통제시스템

■ **학습목표**

본 장에서는 조직목표달성 및 효율적 관리를 위한 예산통제시스템을 소개하고 있다.

본 장을 공부하고 난 후 학습자들은 다음과 같은 내용의 능력을 갖추어야 한다.

① 예산의 의미를 알고, 예산편성과 경영사이클의 관계를 안다.

② 여러 목적에 따라 예산을 분류하고, 이들에 대해 인지한다.

③ 제조업, 상기업, 서비스업에서의 종합예산에 대해 안다.

④ 종합예산의 편성절차에 따라 종합예산을 편성할 줄 안다.

제 1 절 예산의 개념

1. 예산의 의의

예산(budget)은 특정 기간중에 이용가능한 자원을 어떻게 취득하고 사용할 것인가를 계량화하여 표시한 세밀한 계획을 말한다. 다시 말해서 기업에서 미래에 대한 경영활동의 계획을 화폐단위로 계량화하여 공식적으로 표현한 것이다.

예산편성(budgeting)이라는 것은 조직의 미래활동에 대하여 재무적 및 비재무적 정보를 인식(identifying)하고, 수집(gathering)하고, 요약(summarizing)하여 전달(communicating)하는 과정이다. 따라서 예산편성의 과정은 경영자들에게 경영목적달성에 필요한 자원을 인식하고, 조직의 목표를 달성할 수 있도록 하는 기회를 제공한다.

예산편성시스템(budgeting system)이란 예산을 세우기 위하여 사용되는 일련의 절차를 말하는데, 예산편성시스템은 일반적으로 아래와 같은 다섯 가지의 목적이 있다.

1) 계획적 경영을 위하여

예산의 가장 궁극적인 목적은 행동의 계량적 계획을 세우기 위해서이다. 경영자는 기업의 목표를 설정하고, 그 목표를 능률적이며 효율적으로 달성하기 위해서 계획을 수립한다. 그리고 이 계획을 달성하기 위해 많은 사람들의 노력이 들어가게 된다. 예산편성은 이 계획을 각 측면에서 측정가능하도록 구체화시키는 하나의 틀을 제공한다. 이렇게 계량적 계획을 설정함으로써 경영자들은 목표달성을 위한 비용과 효익을 비교하여 자원이 적절하게 배분되었는지를 평가할 수 있게 된다.

2) 의사소통과 조정을 용이하게 하기 위하여

어떤 조직이 효율적으로 움직이기 위해서는 각 관리자들은 다른 관리자들이 만든 계획에 대해서도 반드시 알고 있어야 한다. 예산편성과정은 조직의 모든 관련당사자들 간의 생각을 교환하고 계획을 조정하는 도구이다. 여러 부문의 관리자들이 세운 계획이 예산편성과정에서 문제가 노출될 때 조정의 기능이 필요한데, 이 때 예산시스템은 의사소통 및 조정의 기능을 하게 되는 것이다.

3) 이용가능한 자원을 합리적으로 배분하기 위하여

일반적으로 조직의 자원은 한정적이다. 그래서 기업에서는 그 자원을 여러 부문에서 경쟁적으로 사용하고자 할 때, 한정된 자원을 배분하도록 하는 하나의 수단을 제공한다.

4) 이익과 운영을 통제하기 위하여

예산은 실제결과와 비교, 분석하여 이를 통제한다. 즉 계획과 실제성과와의 비교를 통해 부문관리자가 얼마나 효율적으로 목표를 달성하였는가를 평가하고, 또 이를 기초로 다음 계획에 이를 적절히 반영하고 개선시켜 나가야 한다.

5) 성과평가 및 동기부여를 위하여

예산편성을 효과적으로 하기 위해서는 목표를 세우고, 조직의 구성원들이 이 목표를 이루기 위해 노력해야 한다. 조직의 목표는 조직을 성공으로 이끌어 줄 수 있고, 또 조직의 구성원들로 하여금 그 목표를 달성하도록 동기부여해 줄 수도 있다. 또한 이 목표에 대한 실제업적과 예산으로 나타난 기대업적과 비교하여 예산은 기대값을 나타내고, 경영자들에게는 자신의 업적을 스스로 감독하는 역할을 하게 된다.

예산편성과정에 있어서의 성공요인은 참여예산편성(participated budgeting)의 과정이라 할 수 있는데, 그것은 모든 단계에 조직원들을 예산편성의 과정에 의미 있게(meaningfully), 그리고 적극적으로(actively) 참여시키는 것이다.

일반적으로 참여예산편성을 할 때에는 비용에 대한 통제의 책임이 있는 부문관리자가 이 예산편성에 참여하게 하여 스스로 예산을 설정하도록 한다.

이 참여예산편성으로 인한 장점은 다음과 같다.

첫째, 예산편성시 업무를 가장 잘 알고 있는 실무담당자가 예산편성에 참여하므로 보다 정확하고 신뢰도가 높은 예산이 편성될 수 있다.

둘째, 타인에 의하여 편성된 예산보다 자기 자신이 참여하여 예산을 편성한 경우, 이를 달성하고자 하는 동기유발이 크다.

셋째, 모든 조직원들의 공동의식과 판단이 예산편성에 반영이 되므로 조직원들 각자가 팀의 일원이라는 인식을 심어 줄 수 있다.

넷째, 자기 자신이 예산편성을 하였으므로 자신이 이에 대한 책임을 져야 한다는 통제적 요소가 포함된다.

2. 예산편성과 경영사이클

경영자들은 조직의 목표를 달성하기 위해 조직의 재무활동(financing), 투자활동(investing) 및 영업활동(operating activities)에 대하여 계획(plan)하고, 실행(execute)하고, 검토(review)하고, 보고(report)하는 경영사이클 전반에 걸쳐 예산편성을 하고 관리한다. [그림 7-1]은 예산편성과 경영사이클의 관계를 나타내는데, 주로 예산은 계획단계에 관련되어진다.

[그림 7-1] 예산편성과 경영사이클

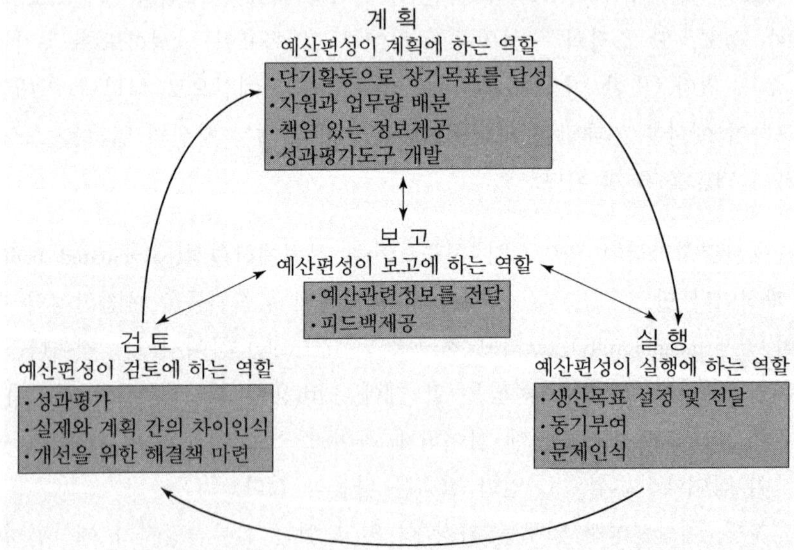

1) 계 획

계획과정은 고품질제품, 저렴한 원가, 그리고 적시의 배달 같은 중요 성공요인을 달성하기 위한 단기계획과 장기계획을 포함한다. 예산은 특정 제품, 부서, 판매영역 등과 같은 자원과 업무량을 적정하게 배분하여 단기경영활동을 원활하게 하고, 결국 조직의 장기목표에도 일치하여 그 목표를 달성하게 할 것이다. 참여적 예산편성을 할 경우, 예산팀은 조직의 특정 부문에 대해 잘 알고 있는 개인이 책임지고 제공한 정보를 이용하여 예산을 편성하게 된다. 또한 이 계획단계에서 성과평가도구를 개발하게 되는데, 성과평가를 하는 경우 목표를 달성했을 때 개인 또는 팀의 공로에 대해 보상을 주도록 하여 그들이 도전하고, 동기부여되도록 할 수 있다.

2) 실　행

실행단계에서 관리자는 전달, 벤치마킹, 그리고 문제인식에 대한 예산정보를 사용한다. 관리자는 성과와 각 부문의 자원의 이용도에 관한 예측을 하기 위해 일별, 주별, 월별 예산정보를 이용한다. 이 단계에서 관리자는 생산목표를 설정하여 종업원들을 독려하기도 하고, 종업원들이 좋은 품질의 제품을 생산하도록 동기부여하기 위한 성과평가로서 불량품의 수를 측정할 수도 있다. 또한 이 예산기간 동안에 주문판매에 대한 입찰승인, 이익의 추정, 기대되는 수익성의 계산 등을 위해 표준제품원가를 사용하기도 한다.

3) 검　토

검토단계에서 관리자는 성과를 측정하고, 완료된 활동에 대한 적시성을 검토하고, 계속적인 개선을 위한 해결책을 만든다. 관리자는 실행단계에서 실제로 나타난 성과를 계획단계에서 만든 성과평가도구와 비교하여 실제와 계획간의 차이를 인식한다. 이로써 관리자들은 제품, 판매, 구매, 포장, 선적, 회계, 그리고 다른 경영활동에서 버려야 할 것과 유지해야 할 것을 검토한다. 만약 문제가 발견되면 생산과 공정을 개선하기 위한 해결책을 찾을 것이다. 그리고 예를 들면 미래의 운영과 과거성과를 차트로 그려 예산분석을 한다. 이렇게 함으로써 조직의 목표를 잘 달성할 수 있도록 도움을 줄 수 있다.

4) 보　고

관리자는 예산정보에 관한 계속적인 보고가 필요하고, 조직의 운영, 투자, 재무활동에 관한 피드백을 제공해야 하기 때문에 1년에 걸친 내용을 보고한다. 이 보고서는 많은 다른 곳에서 참고할 수 있도록 하는데, 예를 들면 예산에 기초한 성과보고서를 통해 보너스나 승진에 참고할 수 있을 것이다.

앞으로 이 장에서는 계획단계에서 예산을 어떻게 설정할 것인가에 초점을 맞추어 다루어질 것이다.

3. 예산의 분류

예산은 목적에 따라 다른 형태로 작성된다. 종합예산(master budget)은 조직에 있어서 미래의 일정기간 동안의 재무정보를 예산재무제표에 통합시킨 일련의 예산(a set of budgets)을 말하는데, 다시 말해서 판매, 생산, 구매, 재무 등의 기업 전체를 예산대상으로 하여 편성한 예산을 말한다. 보통 종합예산은 1년을 기준으로 하여 설정하는 단기예산이다.

예산재무제표(budgeted financial statements)는 계획대로 조직을 운영했을 때, 예산기간 기말에 그 기간 동안의 기대되는 전체적인 재무상황을 나타내는 재무제표를 말한다. 예산재무제표는 예산손익계산서, 예산대차대조표, 예산현금흐름표를 포함한다.

자본예산(capital budget)은 토지, 빌딩, 장비 등과 같은 자본성자산을 취득과 매각하기 위한 계획을 보여 주는 장기예산이다. 이 자본예산에 대해서는 나중에 자세히 다룰 것이다.

재무예산(financial budget)은 조직이 주식발행이나 차입 같은 방법으로 재무적 자원을 어떻게 얻을 것인가에 대한 계획이다. 다시 말해서 영업활동이나 설비구입 등에 사용할 자금이 기업에 미치는 영향에 대해 초점을 맞춘 것이다.

운영예산(operating budget)은 조직의 제품 또는 서비스를 생산하기 위해 조직을 어떻게 운영할 것인가에 대한 상세한 계획이다. 이 운영예산의 기간은 회계기간과 일치한다.

계속예산(continuous budget 또는 rolling budget)은 가장 최근에 지난 기간은 빼고 다른 늘어난 시간을 추가하여 계속적으로 재작성하는 예산을 말한다. 예를 들면 1월부터 12월까지 12개월의 예산을 설정하였는데, 1월이 지났다면 지난 1월을 빼고, 다음 연도 1월을 추가하여 12개월의 예산기간을 맞추도록 재작성하는 것을 말한다.

제 2 절 종합예산

1. 종합예산의 의의

종합예산(master budget)은 앞에서 설명한 바와 같이 1년을 기준으로 해서 설정하는 예산으로 기업의 모든 세부단위에 대해 기능별로 작성된다. 종합예산을 수립하는 절차는 기업의 형태에 따라 다르게 나타나는데, 제조기업과 상기업, 서비스기업별로 나누어 볼 수 있다. 세 가지의 기업의 형태에 관계 없이 종합예산은 크게 두 영역으로 나누어 볼 수 있는데, 기업의 판매, 생산, 관리, 운영에 관련된 운영예산과 자금의 조달과 같은 재무활동을 위한 재무예산이다.

이 중 재무예산은 세 형태의 기업공통으로 예산대차대조표, 현금예산, 그리고 자본비용예산을 포함하며, 이것들은 기업의 활동에 대한 계획, 실행, 검토 및 보고하여 기업운영에 관한 정보를 제공한다.

[그림 7-2] 제조기업의 종합예산

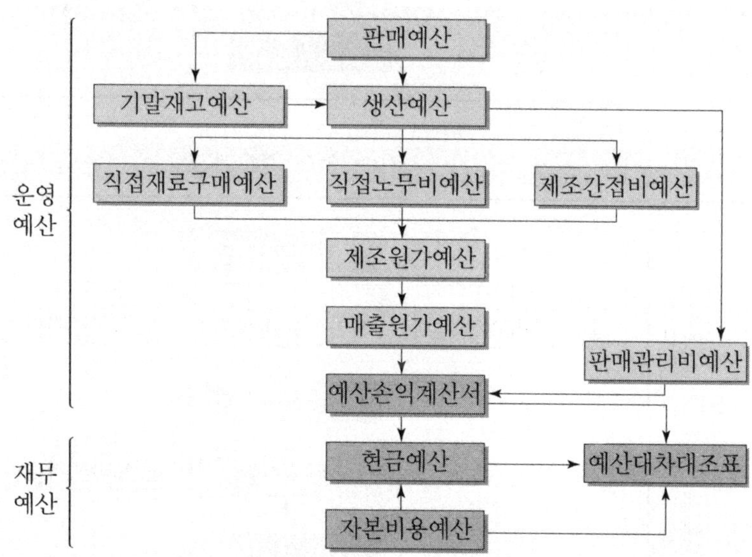

제조기업의 운영예산(operating budgets)에서는 판매예산, 기말재고예산과 생산예산으로 구성되고, 제조예산에서는 직접재료구매예산, 직접노무비예산, 제조간접비예산, 제조원가예산(cost of goods manufactured)으로 나누어지고, 판매비와 일반관리비 예산 등으로 구성된다.

상기업(retail organizations)에서는 판매할 제품의 예상수량과 판매가격을 알아야만 한다. 그러므로 상기업의 운영예산에서는 판매예산, 구매예산, 매출원가예산 및 판매비와 일반관리비 예산으로 구분된다.

[그림 7-3] 상기업의 종합예산

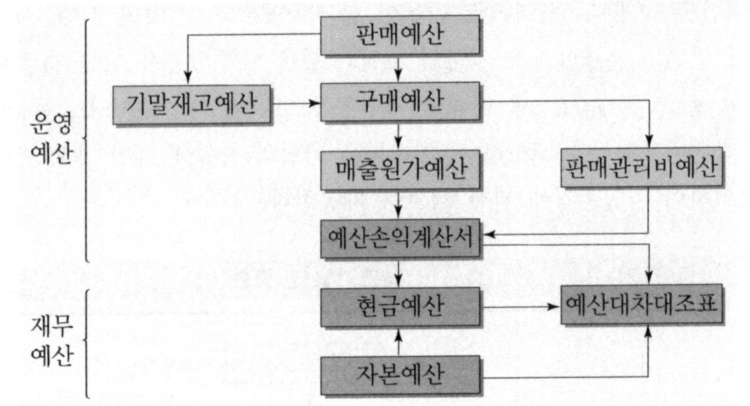

[그림 7-4] 서비스업의 종합예산

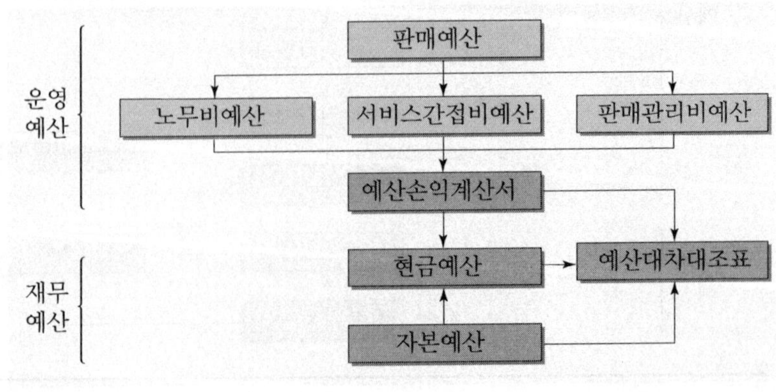

서비스기업의 경영자들은 수행되는 서비스의 유형과 금액을 알아야 하며, 필요한 노동시간, 종업원 수, 그리고 임률 등에 대한 파악이 필요하다. 따라서 서비스기업에서의 영업예산에서는 제공되는 서비스에 대한 수익예산(budgets for service revenue), 노무비(labor), 서비스간접비(services overhead), 그리고 판매비와 일반관리비 예산(selling and administrative expenses) 등이 포함된다. 본 장에서는 제조기업의 종합예산에 대해서 알아보자.

좀더 나은 예산을 설정하기 위해서 경영자들은 왜(why) 예산이 작성되어야 하며, 예산의 수혜자는 누구(who)이며, 정보를 어떻게(how) 제시하여야 하고, 정보는 어디에(where) 제공하여야 하는가를 알아야 할 필요가 있다. 이를 위한 유용한 정보(meaningful information)는 장부(documents) 또는 종업원, 공급자 및 경영자들과의 면담을 통하여 수집될 수 있다.

2. 종합예산의 편성절차

회사마다 예산을 편성함에 있어서 약간의 차이가 있을 수 있겠지만, 일반적으로 예산의 편성절차는 다음과 같다.

① 판매예산
② 생산예산
③ 직접재료비예산
④ 직접노무비예산
⑤ 제조간접비예산
⑥ 제조원가예산
⑦ 판매관리비예산
⑧ 자본비용예산
⑨ 현금예산
⑩ 예산손익계산서
⑪ 예산대차대조표

이상의 순서에 맞게 예산을 편성해 보자.

(1) 판매예산

판매예산(sales budget)은 미래기간 동안 판매될 것으로 기대되는 제품(또는 서비스)의 수와 금액으로 표시된 상세계획이다. 이 판매예산은 다른 모든 예산의 기초가 되기 때문에 가장 먼저 작성된다.

판매예산을 설정하기 위해서는 단위당 추정판매가격과 추정판매량을 알아야 한다. 따라서 판매예산은 다음과 같이 계산된다.

판매예산＝단위당 추정판매가격×추정판매량

비록 위의 식이 간단하게 계산되는 것처럼 보일지라도 사실상 추정판매가격과 추정판매량을 설정하는 것은 어려운 일이다. 추정판매가격은 현재 판매가격으로 되거나 또는 다른 경쟁요인에 변화될 것이다. 추정판매가격은 만약 경쟁회사에서 동일제품을 현재보다 더 낮은 가격으로 공급하거나, 시장점유율을 더 높게 하기 위해서는 현재보다 더 낮은 가격으로 설정해야 할 것이다. 반면에 기업이 재료나 생산공정을 개선하여 제품의 품질을 더 좋게 하여 더 높은 가격으로 팔 수도 있을 것이다.

추정판매량은 기업의 운영과 인적, 물적, 기술적 자원의 필요량에 영향을 주기 때문에 아주 중요하다. 즉 추정판매량이 증가하게 되면 생산, 포장, 선적, 회계, 구매, 판매, 그리고 관리활동도 그에 따라 증가된 요구자원이 필요로 할 것이다.

추정판매량을 결정할 때, 판매예측을 이용하면 추정판매량을 결정하는 데 도움을 줄 것이다. 판매예측이라 하면 종합예산을 예측함에 있어서 초기의 단계로 제품 또는 서비스의 판매를 예측하는 과정을 말한다. 이 판매예측에는 여러 가지의 절차가 사용되는데, 주요 요소는 다음과 같다.

1. 과거의 판매수준 및 미래의 경향 : 기업과 그 기업이 속한 산업에 대한 과거와 미래의 자료
2. 일반적, 경제적 추세 : 예를 들면 경제가 성장할 것인가? 기대보다 경기가 후퇴할 것인가? 또는 발전이 둔화될 것인가?
3. 산업별 경제동향 : 석유산업에 있어서 사람들의 여행이 증가함에 따라 가솔린의 수요가 증가할 것인가?

4. 당해 기업의 매출에 영향을 미칠 것으로 기대되는 기타의 요소 : 유래 없는 한파로 북쪽지방에서 난방용 기름의 수요가 증가할 것인가?
5. 정치적 및 법률적 상황 : 에너지원의 대체사용을 위한 세금유인책 같은 법률이 국회에서 심리중이라면 석유소비에 어떠한 영향을 미칠 것인가?
6. 기업이 추진하는 가격정책
7. 광고 및 판매촉진 활동
8. 경쟁기업의 예측되는 활동
9. 자사 및 타사에서 개발된 신제품 : 예를 들어 배터리를 동력으로 하는 자동차를 개발했을 경우, 가솔린의 수요에 어떠한 영향을 줄 것인가?
10. 시장조사연구

다음의 사례를 통해서 판매예산에 대해 알아보자. 유정아이스(주)는 천연재료를 사용하여 독특한 향이 나는 아이스콘인 구팔콘을 개발하여 판매하는 회사이다. 이 구팔콘은 계절적 영향을 많이 받는 제품으로 2, 3분기에 많이 팔린다. 유정아이스(주)는 20×8년 판매예산을 설정하기 위해 다음과 같은 자료를 얻었다.

각 분기별 판매수량은 각각 10,000개, 30,000개, 40,000개, 20,000개가 될 것으로 예상하였고, 이 제품의 판매가격은 ₩20이다.

이 제품을 판매함으로써 회수되는 현금은 판매를 한 분기에는 매출액의 70%, 그 다음 분기에 나머지가 회수될 것으로 예상된다. 20×7년 4분기의 매출액은 ₩300,000이다.

[표 7-1]에서 각 분기별 예상판매액은 각각 ₩200,000, ₩600,000, ₩800,000, ₩400,000이다. 그래서 20×8년 총 판매액, 즉 총 수익은 ₩2,000,000이 된다.

각 분기별 현금유입액을 보면 20×7년 4분기에 매출액은 ₩300,000이 있었으므로, 4분기에 이에 대한 현금유입액은 ₩210,000(₩300,000×70%)이 있었고, 20×8년 1분기에 나머지 ₩90,000(₩300,000×30%)이 유입이 될 것이다. 그리고 20×8년 1분기 매출액 ₩200,000에 대해서 70%인 ₩140,000이 유입이 되어 총 ₩230,000이 1분기에 현금유입될 것이다.

이 현금유입액은 추후에 설정할 현금예산과 대차대조표예산에 영향을 미칠 것이다.

[표 7-1] 판매예산

유정아이스(주) 판매예산
20×8년 1월 1일부터 20×8년 12월 31일까지

	1분기	2분기	3분기	4분기	20×8년
예산판매량	10,000	30,000	40,000	20,000	100,000
판매가격	×₩20	×₩20	×₩20	×₩20	×₩20
총 판매액	₩200,000	₩600,000	₩800,000	₩400,000	₩2,000,000

현금유입계획표

	1분기	2분기	3분기	4분기	20×8년
20×7년 4분기	₩90,000*				₩90,000
20×8년 1분기	140,000ᅮ	₩60,000			200,000
20×8년 2분기		420,000	₩180,000		600,000
20×8년 3분기			560,000	₩240,000	800,000
20×8년 4분기				280,000	280,000
총 현금유입액ψ	₩230,000	₩480,000	₩740,000	₩520,000	₩1,970,000

* ₩300,000×30%=₩90,000

ᅮ ₩200,000×70%=₩140,000

ψ 총 현금유입액은 나중에 나오는 현금예산과 대차대조표예산에 영향을 미친다.

(2) 생산예산

생산예산(production budget)은 판매량과 필요재고량에 맞추어 예산기간 동안에 생산해야 하는 단위를 나타내는 세부적인 계획을 말한다. 생산예산은 판매예산을 설정한 후에 작성한다.

필요생산량은 다음과 같이 결정될 것이다.

	예산판매량	×××
가산)	기말재고량	×××
	총 필요량	×××
차감)	기초재고량	×××
	필요생산량	×××

여기서 주의해야 할 것은 각 분기별로 필요생산량은 기말재고수량에 영향

을 받는다는 것이다. 만약 필요생산량을 잘못 파악하여 과대생산하였을 경우 재고가 많이 남게 되어 재고유지비가 들어가게 될 것이고, 과소생산하였을 경우 제품을 판매할 기회를 잃어 그 만큼 기회비용이 발생할 것이다.

앞의 [사 례]에서 유정아이스(주)는 다음 분기의 판매량의 20%를 당기의 재고수량으로 보유하고 있다. 그리고 20×7년의 4분기 기말재고량은 2,000개이고, 20×9년 1분기 판매량은 15,000개로 예상하고 있다. 이 때의 생산예산을 설정하면 [표 7-2]와 같다.

[표 7-2] 생산예산을 보면, 20×8년 1분기의 기말재고량은 2분기의 예산판매량의 20%를 보유하고 있으므로 6,000개(30,000개×20%)를 가지고 있으면 된다. 마찬가지로 20×8년 4분기의 기말재고량은 20×9년 1분기의 예산판매량이 15,000개이므로 3,000개(15,000×20%)를 보유하고 있으면 된다.

[표 7-2] 생산예산

유정아이스(주) 생산예산

20×8년 1월 1일부터 20×8년 12월 31일까지

	1분기	2분기	3분기	4분기	20×8년
예산판매량	10,000	30,000	40,000	20,000	100,000
가산) 기말재고량	6,000*	8,000	4,000	3,000〒	3,000
총 필요량	16,000	38,000	44,000	23,000	103,000
차감) 기초재고량	2,000	6,000	8,000	4,000	2,000
필요생산량	14,000	32,000	36,000	19,000	101,000

* 30,000×20%＝6,000개

〒 150,000×20%＝3,000개.

(3) 직접재료비예산

생산예산이 결정된 후에는 직접재료비예산을 설정해야 한다. 직접재료비예산(direct materials budget)은 생산량과 필요재고량에 맞추어 예산기간 동안 구매해야 하는 재료비의 총액을 나타내는 세부적인 계획을 말한다.

필요재료비 구매예산은 다음과 같이 계산된다.

	생산예산에 맞추기 위한 필요재료량	×××
가산)	기말재고량	×××
	총 필요재료량	×××
차감)	기초재고량	×××
	구매되어야 할 재료량	×××

직접재료비예산=구매되어야 할 재료량×재료단위당 원가

[사 례]에서 구팔콘의 주 재료는 가공우유이다. 그리고 다른 재료들은 비교적 중요하지 않으며, 이들은 제조간접비에 포함되어 있다. 이 가공우유는 제품 1단위당 15㎖가 필요하고, 기말재료로 다음 분기에 필요한 가공우유의 10%를 보유할 계획이다. 그리고 20×7년의 4분기 기말재고량은 21,000㎖이고, 20×8년 4분기 기말재고량은 22,500㎖로 예상하고 있다. 가공우유 1㎖당 가격은 ₩0.2이다. 또 재료를 구매할 때 대금은 구매한 분기에 50%를 현금으로 지출하고, 나머지는 다음 분기에 현금지출한다. 20×7년 4분기의 현금미지급액이 ₩25,800이 있다.

이 때의 직접재료비예산을 설정하면 [표 7-3]과 같다.

[표 7-3] 직접재료비예산

유정아이스(주) 직접재료비예산

20×8년 1월 1일부터 20×8년 12월 31일까지

	1분기	2분기	3분기	4분기	20×8년
필요생산량	14,000	32,000	36,000	19,000	101,000
단위당 필요량	×15	×15	×15	×15	×15
필요재료량	210,000	480,000	540,000	285,000	1,515,000
가산) 기말재료량	48,000	54,000	28,500	22,500	22,500
총 필요량	258,000	534,000	568,500	307,500	1,537,500
차감) 기초재료량	21,000	48,000	54,000	28,500	21,000
구매할 재료량	237,000	486,000	514,500	279,500	1,516,500
재료단위당 원가	₩0.20	₩0.20	₩0.20	₩0.20	₩0.20
구매직접재료비	₩47,400	₩97,200	₩102,900	₩55,800	₩303,300

〈직접재료비현금지출계획표〉

	1분기	2분기	3분기	4분기	20×8년
20×7년 4분기	₩25,800				₩25,800
20×8년 1분기	23,700	₩23,700			47,400
20×8년 2분기		48,600	₩48,600		97,200
20×8년 3분기			51,450	₩51,450	102,900
20×8년 4분기				27,900	27,900
총 현금지출액	₩49,500	₩72,300	₩100,050	₩79,350	₩301,200

1분기의 필요생산량은 생산예산에서 14,000개로 설정하였다. 구팔콘 한 개를 만드는 데 15㎖의 가공우유가 필요하므로 1분기에는 210,000㎖의 가공우유가 필요한데, 기말에 다음 분기에 필요한 가공우유의 10%를 재고로 보유하고 있어야 하므로 48,000㎖(480,000×10%)을 더해서 1분기에 필요한 총 가공우유는 258,000㎖이다. 여기에 20×7년 4분기에 남은 가공우유가 21,000㎖ 있으므로 당기에 구매해야 할 가공우유, 즉 직접재료는 237,000㎖이 된다. 따라서 가공우유 단위당 ₩0.2이므로 20×8년 1분기 직접재료비예산은 ₩47,400이 된다.

이 때 현금에 대해서는 구매를 한 분기에 구매금액의 50%를 지급하고 나머지는 다음 분기에 지급하므로, ₩47,400의 50%인 ₩23,700만 1분기에 지급하고 나머지 ₩23,700은 2분기에 지급하게 된다. 따라서 1분기에 지급할 금액은 20×7년 4분기에 미지급한 ₩25,800과 1분기의 ₩23,700을 합하여 ₩49,500이 된다.

(4) 직접노무비예산

직접노무비예산(direct labor budget)은 예산기간 동안 제품을 생산하기 위해 소비된 직접노무비의 원가와 노무시간을 나타내는 세부적인 계획을 말한다.

직접노무비예산은 다음과 같이 계산된다.

직접노무비예산＝예상직접노무시간×시간당 직접노무비

유정아이스(주)의 사례를 보자. 직접노무비예산을 설정하기 위해서 회사에서는 1단위당 직접노무시간을 0.4시간으로 계산하고 있고, 시간당 직접노무비는 ₩15이다. 그리고 당 분기에 발생한 노무비는 모두 현금으로 지급한다. 이 때

[표 7-4] 직접노무비예산

유정아이스(주) 직접노무비예산

20×8년 1월 1일부터 20×8년 12월 31일까지

	1분기	2분기	3분기	4분기	20×8년
필요생산량	14,000	32,000	36,000	19,000	101,000
단위당 직접노무시간	×0.4	×0.4	×0.4	×0.4	×0.4
총 직접노무시간	5,600	12,800	14,400	7,600	40,400
시간당 직접노무비	₩15	₩15	₩15	₩15	₩15
직접노무비	₩84,000	₩192,000	₩216,000	₩114,000	₩606,000

$$\text{단위당 직접노무비} = \frac{\text{총 직접노무비}}{\text{필요생산량(생산예산)}} = \frac{₩606,000}{101,000} = ₩6$$

직접노무비예산은 [표 7-4]와 같이 계산이 될 것이다.

유정아이스(주)의 1분기를 보면 1분기에 생산하여야 할 구팔콘은 14,000개이다. 이를 한 개 만드는 데 드는 시간이 0.4시간이므로 총 5,600시간이 소요된다. 이 때 시간당 ₩15원을 지급하므로 직접노무비예산은 ₩84,000이 된다. 그리고 이 ₩84,000은 나중에 현금예산에 영향을 줄 것이다.

(5) 제조간접비예산

제조간접비예산(manufacturing overhead budget)은 직접재료비와 직접노무비를 제외하고 예산기간 동안 발생할 것으로 기대되는 생산원가를 나타내는 세부적인 계획이다.

제조간접비예산은 원가형태별로 나누어서 설정하여야 한다. 다시 말해서 변동비와 고정비로 나누어서 예산을 설정하는데, 변동제조간접비는 조업도에 따라 변하게 되고, 고정비는 조업도와는 관계 없이 발생하기 때문이다. 제조간접비는 대부분이 현금을 수반하여 발생하게 되지만, 감가상각비 등은 현금을 수반하지 않고 발생하게 된다. 따라서 제조간접비예산을 설정할 때에는 감가상각비를 포함하지만, 나중에 현금예산을 설정할 때에는 감가상각비를 뺀 나머지만을 가지고 현금예산에 반영하여야 한다.

[표 7-5] 제조간접비예산

유정아이스(주) 제조간접비예산

20×8년 1월 1일부터 20×8년 12월 31일까지

	1분기	2분기	3분기	4분기	20×8년
예산 직접노무시간	5,600	12,800	14,400	7,600	40,400
변동제조간접비 배부율	×₩4	×₩4	×₩4	×₩4	×₩4
변동제조간접비	₩22,400	₩51,200	₩57,600	₩30,400	₩161,600
고정제조간접비	60,600	60,600	60,600	60,600	242,400
총 제조간접비	₩83,000	₩111,800	₩118,200	₩91,000	₩404,000
감가상각비	15,000	15,000	15,000	15,000	60,000
제조간접비 현금지출	₩68,000	₩96,800	₩103,200	₩76,000	₩344,000

$$\text{단위당 제조간접비} = \frac{\text{총 직접노무비}}{\text{필요생산량(생산예산)}} = \frac{₩404{,}000}{101{,}000} = ₩4$$

유정아이스(주)는 변동제조간접비에 대해서는 직접노무시간에 대해 ₩4씩 배부하고, 고정제조간접비는 ₩60,600을 예상하였다. 그리고 매 분기별 감가상각비는 ₩15,000으로 추정하고 있다. 이에 대해 제조간접비예산을 설정하면 위의 [표 7-5]와 같다.

직접노무예산에서 1분기에 5,600시간 일하는 것으로 설정하였고, 시간당 변동제조간접비 배부율을 ₩4으로 설정하였으므로 변동제조간접비는 ₩22,400이다. 여기에 고정제조간접비 ₩60,600을 더하면 총 제조간접비는 ₩83,000원이 된다. 따라서 제조간접비예산은 ₩83,000이나, 현금을 수반하지 않는 감가상각비가 있으므로 ₩15,000을 차감하면 제조간접비 현금지출은 ₩68,000이 된다.

(6) 제조원가예산

제조원가예산(cost of goods manufactured budget)은 예산기간 동안 제품의 제조원가를 요약하여 나타내는 세부적인 계획이다.

구팔콘 하나를 만드는 데 주요 재료인 우유는 15㎖이 들어가는데, 이 우유는 ㎖당 ₩0.2이므로 ₩3원의 직접재료비가 들어가게 된다. 직접노무비는 제품 하나를 만드는 데 0.4시간이고, 시간당 ₩15이므로 ₩6이 소요된다. 그리고

[표 7-6] 제조원가예산

유정아이스(주) 제조원가예산

20×8년 1월 1일부터 20×8년 12월 31일까지

항 목	단위당 수량	원 가	합 계
직접재료비	15mℓ	mℓ당 ₩0.2	₩3
직접노무비	0.4시간	시간당 ₩15	6
제조간접비	0.4시간	시간당 ₩10	4
단위당 제조원가			₩13

	수 량	단위당 제조원가	금 액
예산판매량([표 7-1])	100,000	×₩13	₩1,300,000 매출원가
기말재고량([표 7-2])	3,000		₩ 39,000 기말재고액

제조간접비는 0.4시간이고 시간당 ₩10이므로 ₩4이 소요된다. 그래서 단위당 제조원가는 ₩13이 된다.

판매예산에서 20×8년 동안 100,000개를 팔 것으로 예상하였으므로 매출원가는 ₩1,300,000이 되고, 기말재고액은 생산예산에서 기말재고량으로 3,000개이므로 ₩39,000이 된다.

(7) 판매관리비예산

판매관리비예산(selling and administrative expense budget)은 미래기간 동안 조직의 판매와 운영을 하기 위해 필요로 하는 제조부분을 제외한 운영비용의 세부적인 계획을 말한다.

판매관리비예산은 역시 제조간접비예산처럼 변동비부분과 고정비부분으로 나누어서 설정해야 한다. 그리고 제조간접비예산처럼 감가상각비 같은 현금지출을 수반하지 않는 지출에 대해서는 판매관리비예산에 대해서는 포함시키지만, 나중에 현금예산을 설정하기 위해서는 차감해야 한다.

유정아이스(주)의 사례를 보자. 유정아이스(주)에서는 제품 1개를 팔 때마다 ₩1.8의 변동판매관리비가 들어간다. 고정판매관리비에 대해서는 다음과 같다. 매 분기마다 ₩20,000씩 광고비가 들어가고, 역시 매 분기마다 ₩55,000씩 임원급여가 들어간다. 그리고 보험료로 2분기에 ₩1,900, 3분기에 ₩37,750이

[표 7-7] 판매관리비예산

유정아이스(주) 판매관리비예산

20×8년 1월 1일부터 20×8년 12월 31일까지

	1분기	2분기	3분기	4분기	20×8년
예산판매량([표 7-1])	10,000	30,000	40,000	20,000	100,000
단위당 변동판매관리비	×₩1.8	×₩1.8	×₩1.8	×₩1.8	×₩1.8
총 예산변동판매 관리비	₩18,000	₩54,000	₩72,000	₩36,000	₩180,000
예산고정판매 관리비					
광고비	₩20,000	₩20,000	₩20,000	₩20,000	₩80,000
임원급여	55,000	55,000	55,000	55,000	220,000
보험료		1,900	37,750		39,650
법인세				18,150	18,150
감가상각비	10,000	10,000	10,000	10,000	40,000
총 예산고정판매 관리비	₩85,000	₩86,900	₩122,750	₩103,150	₩397,800
총 예산판매관리비	₩103,000	₩140,900	₩194,750	₩139,150	₩577,800
감가상각비	10,000	10,000	10,000	10,000	40,000
판매관리비 현금지출	₩93,000	₩130,900	₩184,750	₩129,150	₩537,800

들어가고, 법인세로 4분기에 ₩18,150을 지출한다. 감가상각비는 매 분기마다 ₩10,000씩 들어간다. 이에 대해 판매관리비예산을 설정하면 [표 7-7]과 같다.

[표 7-7]의 판매관리비예산에서 1분기의 예산판매량은 판매예산에서 설정된 10,000개의 판매예측량이다. 따라서 예산변동판매 관리비는 ₩18,000이 되고, 고정판매관리비 ₩85,000을 합하여 총 예산판매관리비는 ₩103,000이 된다. 이 중 감가상각비는 현금을 수반하지 않는 지출이므로 순수한 현금지출판매 관리비는 ₩93,000이 된다.

(8) 자본비용예산

자본비용예산(capital expenditures budget)은 장기적으로 예산기간에 있어서 예상되는 자본적 지출에 대한 시기(timing)와 금액(amount)을 정하는 세부적인 계획을 말한다. 즉 건물, 장비 등을 구매하는 등의 자본적 지출을 위해서 자본비용예산을 설정한다.

유정아이스(주)에서는 장비를 구입하기 위해 예산기간 동안 각 분기별로

[표 7-8] 자본비용예산

유정아이스(주) 자본비용예산

20×8년 1월 1일부터 20×8년 12월 31일까지

	1분기	2분기	3분기	4분기	20×8년
비유동자산					
장 비	₩50,000	₩40,000	₩20,000	₩20,000	₩130,000
합 계	₩50,000	₩40,000	₩20,000	₩20,000	₩130,000

장비를 각각 ₩50,000, ₩40,000, ₩20,000, ₩20,000으로 총 ₩130,000 구매할 계획이다. 이에 대한 자본비용예산은 [표 7-8]과 같다.

(9) 현금예산

현금예산(cash budget)은 미래기간 동안에 현금유입액과 현금유출액에 대한 세부적인 계획을 의미한다. 현금예산은 다음과 같이 4부분으로 이루어져 있다.

① 현금유입액 부분
② 현금유출액 부분
③ 현금잉여 또는 부족 부분
④ 현금조달 및 상환 부분

현금유입액은 예산기간 동안 현금조달로 인한 것을 제외한 모든 현금수입액을 나타내고, 주요 원천은 판매로 인한 것이다. 현금유출액은 예산기간 동안 직접재료비구매액, 직접노무비지급액, 제조간접비, 장비구매, 배당 등등으로 구성된다. 현금잉여 또는 부족부분은 현금유입액과 현금유출액의 차이로 계산되는데, 그 계산하는 방법은 다음과 같다.

	기초현금	×××
가산)	현금유입액	×××
	총 이용가능현금	×××
차감)	현금유출액	×××
	현금잉여(부족)	×××

마지막으로 현금 조달 및 상환은 예산기간 동안 기대되는 현금차입과 상환 등을 나타낸다. 물론 여기에는 차입금에 대한 이자도 포함된다.

현금예산은 경영자가 기업을 경영하면서 미래에 조달해야 할 현금과 사용가능한 현금의 금액과 시기를 파악할 수 있게 도움을 준다. 또 현금과 관련해서 발생할 수 있는 불확실성을 감소시키는 데 유용한 수단이 된다.

유정아이스(주)의 현금예산을 작성해 보자. 유정아이스(주)의 기초현금은 ₩42,000이 있다. 그리고 매 분기별로 ₩8,000씩 배당을 할 계획이다. 회사의 우발상황에 대처하기 위해 유정아이스(주)는 항상 ₩40,000은 기말현금으로 남겨 두려고 한다.

현금의 조달과 상환은 ₩1,000단위로 이루어지며, 매 분기의 초에 현금을 빌리고, 매 분기의 말에 현금을 상환하는 것으로 가정한다. 이자는 연 10%로 적용한다. 이에 대해 현금예산을 설정하면 [표 7-9]와 같다.

유정아이스(주)는 매 분기마다 최소 ₩40,000을 현금으로 남겨 두려 한다. 그런데 1분기에 현금부족액이 ₩80,000으로 나타나므로, 여기에 ₩40,000을 더해서 총 ₩120,000을 빌려야 한다. 2분기에서는 현금부족액이 ₩20,000으로 나타나므로 ₩60,000을 차입해야 한다. 3분기에서 현금잉여액이 ₩148,000으로 나타나고, 회사에서는 최소 ₩40,000은 남겨야 하고, 또 결제단위는 ₩1,000이므로 1분기에 빌린 ₩120,000 중 ₩100,000을 상환하고, 이에 대한 이자 ₩7,500(₩100,000×10%×9/12)을 갚아야 한다. 그리고 4분기에서는 현금잉여액이 ₩134,000으로 나타나므로 1분기에 빌린 ₩120,000 중 3분기에 갚은 ₩100,000을 제외한 ₩20,000과 2분기에 빌린 ₩60,000의 합계액인 ₩80,000을 갚고, 1분기에 대한 이자 ₩2,000(₩20,000×10%)과 2분기에 대한 이자 ₩4,500(₩60,000×10%×9/12)의 합계액인 ₩6,500을 갚아야 한다. 그러면 기말에는 ₩47,500의 현금잔액이 남게 된다.

[표 7-9] 현금예산

유정아이스(주) 현금예산

20×8년 1월 1일부터 20×8년 12월 31일까지

	1분기	2분기	3분기	4분기	20×8년
기초현금	₩42,500	₩40,000	₩40,000	₩40,500	₩42,500
현금유입액					
제품판매([표 7-1])	230,000	480,000	740,000	520,000	1,970,000
총 현금이용가능액	₩272,500	₩520,000	₩780,000	₩560,500	₩2,012,000
현금유출액					
직접재료비([표 7-3])	₩49,500	₩72,300	₩100,050	₩79,350	₩301,200
직접노무비([표 7-4])	84,000	192,000	216,000	114,000	606,000
제조간접비([표 7-5])	68,000	96,800	103,200	76,000	344,000
판매관리비([표 7-7])	93,000	130,900	184,750	129,150	537,800
장비구매([표 7-8])	50,000	40,000	20,000	20,000	130,000
배당금	8,000	80,000	8,000	8,000	32,000
총 지출	₩352,500	₩540,000	₩632,000	₩426,500	₩1,951,000
현금잉여(부족)액	(₩80,000)	₩(20,000)	₩148,000	₩134,000	₩61,500
현금 조달 및 상환					
현금조달액(기초)	₩120,000	₩60,000			₩180,000
현금상환액(기말)			(₩100,000)	(₩80,000)	(180,000)
이자(10%)			(7,500)	(6,500)	(14,000)
총 현금 조달 및 상환액	₩120,000	₩60,000	(₩107,500)	(₩86,500)	(₩14,000)
기말현금	₩40,000	₩40,000	₩40,500	₩47,500	₩47,500

(10) 예산손익계산서

예산손익계산서(budgeted income statement)는 예산기간 동안 추정되는 수익과 비용에 근거하여 조직의 순이익을 나타내는 보고서이다.

이 예산손익계산서는 앞에서 수립한 판매예산, 제조원가예산, 판매관리비예산 등을 근거로 작성이 되는데, 이 예산손익계산서는 미래의 업적평가에 대한 지표가 될 수가 있다.

유정아이스(주)의 손익계산서를 작성하면 [표 7-10]과 같다.

[표 7-10] 예산손익계산서

유정아이스(주) 예산손익계산서

20×8년 1월 1일부터 20×8년 12월 31일까지

매 출([표 7-1])	₩2,000,000
매출원가([표 7-6])	1,300,000
매출총이익	₩700,000
판매관리비([표 7-7])	577,800
영업이익	₩122,200
이자비용([표 7-9])	14,000
순 이 익	₩108,200

(11) 예산대차대조표

예산대차대조표(budgeted balance sheet)는 예산기간의 말에 조직의 재무상태를 나타내는 보고서이다. 예산대차대조표는 예산기간의 기초대차대조표를 근거로 하여 예산기간 동안의 변화를 조정하여 작성한다.

유정아이스(주)의 예산기간 기초대차대조표는 [표 7-11]과 같다.

[표 7-11] 예산기간 기초대차대조표

유정아이스(주) 예산기간 기초대차대조표

20×8년 1월 1일

자 산		
유동자산		
현 금	₩42,500	
매출채권	90,000	
재 료	4,200	
제 품	26,000	₩162,700
비유동자산		
토 지	₩80,000	
건물 및 장비	700,000	
감가상각누계액	(292,000)	₩488,000
자산합계		₩650,700

부 채		
매입채무	₩285,800	₩25,800
자 본		
자 본 금	₩175,000	
이익잉여금	449,900	₩624,900
부채 및 자본 합계		₩650,700

위의 기초대차대조표와 앞의 자료들을 이용하여 예산기간 기말대차대조표를 작성하면 [표 7-12]와 같다.

[표 7-12] 예산기간 기말대차대조표

유정아이스(주) 예산기간 기말대차대조표

20×8년 12월 31일

자 산		
유동자산		
현 금([표 7-9])	₩47,500	
매출채권([표 7-1] 4분기 매출액의 30%)	120,000	
재 료([표 7-3]의 기말재료×₩0.2)	4,500	
제 품([표 7-6])	39,000	₩211,000
비유동자산		
토 지([표 7-11])	₩80,000	
건물 및 장비([표 7-11]+[표 7-9])	830,000	
감가상각누계액([표 7-11]+[표 7-5]+[표 7-7])	(392,000)	₩518,000
자산합계		₩729,000
부 채		
매입채무([표 7-3] 4분기 구매 직접재료비의 50%)	₩27,900	₩27,900
자 본		
자본금([표 7-11])		
이익잉여금	₩175,000	
([표 7-11]+[표 7-10]의 순이익-[표 7-9]의 배당금)	526,100	₩701,100
부채 및 자본 합계		₩729,000

제7장 Key Words

계속예산(continuous budget)
A budget that is continually updated by adding another incremental time period and dropping the most recently completed period.

생산예산(production budget)
A detailed plan showing the number of units that must be produced during a period in order to meet both sales and inventory needs.

예산(budget)
A detailed plan, expressed in quantitative terms, that specifies how resources will be acquired and used during a specified period of time.

예산대차대조표(budgeted balance sheet)
A statement that projects the financial position of an organization at the end of a budget period.

예산손익계산서(budgeted income statement)
A statement that projects an organization's net income based on the estimated revenues and expenses during a budget period.

예산시스템(budgeting system)
The set of procedures used to develop a budget.

예산재무제표(budgeted financial statements)
A set of planned financial statements showing what an organization's overall financial condition is expected to be at the end of the budget period if planned operations are carried out.

예산편성(budgeting)
The process of identifying, gathering, summarizing, and communicating financial and nonfinancial information about an organization's future activities.

운영예산(operating budget)
A plan that specify how operations will be carried out to produce an organization's goods or services

자본비용예산(capital expenditures budget)

A detailed plan outlining the amount and timing of anticipated capital expenditures for a budget period.

자본예산(capital budget)

A long-term budget that shows planned acquisition and disposal of capital assets, such as land, buildings and equipment.

제조간접비예산(manufacturing overhead budget)

A detailed plan showing the production cost, other than direct materials and direct labor, that will be incurred over a budget period.

제조원가예산(cost of goods manufactured budget)

A detailed plan that summarizes the costs of production for a budget period.

종합예산(master budget)

A set of budgets that consolidates an organization's financial information into budgeted financial statements for a future period of time.

직접노무비예산(direct labor budget)

A detailed plan showing the number of hours and cost of direct labor to be used in production of goods during a budget period.

직접재료비예산(direct materials purchases budget)

A detailed plan showing the amount of raw materials that must be purchased during a period to meet both production and inventory needs.

참여적 예산편성(participative budgeting)

A process in which personnel at all levels of an organization meaningfully and activity take part in the creation of budgets.

판매관리비예산(selling and administrative expense budget)

A detailed plan of operating expenses, other than those of the production function, needed to support the sales and overall operations of the organization for a future period.

판매예산(sales budget)

A detailed plan, expressed in both units and dollars, that identifies expected product (or service) sales for a future period.

판매예측(sales forecast)

A projection of sales demand based on an analysis of external and internal factors.

현금예산(cash budget)

A detailed plan of the cash receipts and cash payments for a future period.

연습문제

＊After reading the each problems, Choose the best item.

1. A company's plan for the acquisition of long-lived assets, such as building and equipment, is called a :

A. proforma budget.

B. master budget.

C. financial budget.

D. profit plan.

E. capital budget.

2. Using budgets to evaluate performance is usually done in which stage of the management cycle?

A. reviewing

B. planning

C. reporting

D. executing

E. none of the above

3. A production budget and a selling and administrative expense budget are :

A. sales budgets.

B. operational budgets.

C. budgeted financial statements.

D. budgeted balance sheets.

E. capital budgets.

4. A manufacturer prepares a production budget. The analogous budget for a merchandiser would be a budget for :

A. sales.

B. purchases.

C. direct materials.

D. direct labor.

E. ending inventory.

5. Which of the following encompasses a detailed plan for using the basic factors of raw material, labor, and manufacturing overhead to produce a product?

A. budgeted income statement

B. sales forecast

C. production budget

D. cash budget

E. capital budget

6. The budgeted income statement, budgeted balance sheet, and budgeted statement of cash flows comprise :

A. the final portions of the master budget.

B. the depiction of the overall financial results of the organization's actual operations.

C. the first step of the master budget.

D. the portion of the master budget prepared after the sales forecast before the remainder of the operational budgets.

E. the second step of the master budget.

7. Based on the production budget, the manufacturer develops budgets for :

A. selling expenses.

B. sales of goods.

C. capital acquisitions.

D. administrative expenses.

E. direct labor.

* Use the following information in solving multiple choice problems 8 and 9.

BeActive's Sporting Goods sells tandem bicycles. The following data was taken the most recent quarterly sales forecast.

	expected sales	end of month target inventory
April	1,400 units	315 units
May	1,575	412
June	1,650	425

BeActive's cost for one bicycle is $125.

8. How many units should the company purchase in May?

A. 1,987

B. 1,672

C. 1,575

D. 1,562

E. 1,478

9. What dollar amount should the company budget for June purchases?

A. $153,125

B. $154,750

C. $204,625

D. $207,875

E. $259,375

* Use the following information in solving multiple choice problems 10 and 11.

Vebco manufactures a product requiring $\frac{1}{2}$ ounce of platinum per unit. The cost of platinum is approximately $360 per ounce. Vebco maintains an ending inventory of platinum equal to 10% of the following month's production usage. The following data was taken from the most recent quarterly production budget.

	July	August	September
planned production in units	1,000	1,100	980

10. The cost of platinum purchased in August is calculated to be :

A. $195,840.

B. $198,000.

C. $ 200,160.

D. $391,680.

E. $ 400,320.

11. If it takes $2\frac{1}{2}$ direct labor hours to produce each unit and Vebco's cost per labor hour is $15-the amount that should be budgeted for direct labor in September is calculated to be :

A. $ 5,880.

B. $ 14,700.

C. $ 18,375.

D. $ 36,750.

E. $ 115,500.

* Use the following information in solving multiple choice problems 12 and 13.

Lee's Appliance forecasts the following sales figures for the next four months.

April	May	June	July
$250,000	$150,000	$225,000	$150,000

12. Cash sales average 10% of total sales and credit sales are collected 50% in the month of sale and 50% in the month following sale. The estimated cash collections in May are calculated to be :

A. $215,000.

B. $207,500.

C. $195,000.

D. $150,000.

E. $82,500.

13. Lee's estimated accounts receivable balance on July 31 is calculated to be :

A. $168,750.

B. $150,000.

C. $135,000.

D. $75,000.

E. $67,500.

* Use the following information in solving multiple choice problems 14 through 17.

The Grainger company's budgeted income statement reflect the following amounts :

	sales	purchases	expenses
January	$120,000	$78,000	$24,000
February	110,000	66,000	24,200
March	125,000	81,250	27,000
April	130,000	84,500	28,600

Sales are collected 50% in the month of sale, 30% in the month following sale, 19% in the second month following sale, and 1% is uncollectable. The uncollectable accounts are expensed at the end of the year.

Grainger pays for purchases by the fifth of the month following purchase, to take advantage of the 3% discount allowed.

On January 1, Grainger had a cash balance of $88,000 and an Accounts Receivable balance of $58,000, $35,000 on account will be collected in January with the remaining balance to be collected in February. Grainger had an Accounts Payable balance of $72,000 on january 1. Invoices are recorded at their gross amount.

The monthly expense figures include $5,000 in monthly depreciation. The expenses are paid for in the month incurred.

14. Grainger's expected cash balance at the end of January is calculated to be :

A. $92,000.

B. $94,160.

C. $87,000.

D. $113,160.

E. $89,160.

15. Grainger's budgeted cash receipts in February are calculated to be :

A. $95,000.

B. $91,000.

C. $113,640.

D. $113,090.

E. $114,000.

16. Grainger's budgeted cash payments in February are calculated to be :

A. $75,660.

B. $97,200.

C. $94,860.

D. $102,200.

E. $99,860.

17. Grainger's expected cash balance at the end of February is calculated to be :

A. $94,160.
B. $113,300.
C. $103,800.
D. $ 98,800.
E. $108,300.

18. Telcer & Company had 3,000 units in finished goods inventory on December 31.

Following is a partial production budget for January through March.

	January	February	March
units to be produced	9,400	10,200	9,800
desired ending inventory	2,500	2,100	2,000

The number of units the company expects to sell in January is calculated to be :

A. 6,900.
B. 8,900.
C. 9,400.
D. 9,900.
E. 11,900.

* Use the following information in solving multiple choice problems 19 through 20.

On January 1, Bandy Manufacturing plans to introduce a product called Handy Dandy. The company plans to sell each unit of Handy Dandy for $25.00. Management has forecast the following in units to be sold for the first three months.

	January	February	March
units to be sold	35,000	28,000	40,000

Each unit of Handy Dandy requires 2 pounds of Dingaling and 1 hour of direct labor.

Management wants to end each month with a Handy Dandy inventory level equal to 10% of the following month's sales, and a Dingaling inventory equal to 5% of the following month's production. Dingaling can be purchased for $3 per pound and direct labor costs are estimated to be $5.00 per hour.

19. The number of units Bandy should produce in February is calculated to be :

A. 26,800.

B. 27,300.

C. 28,000.

D. 29,200.

E. 32,000.

20. Given that Bandy plans to have no inventory of Dingaling on January 1, the number of pounds of Dingaling to be purchased in January is calculated to be :

A. 75,600.

B. 78,520.

C. 72,800.

D. 72,680.

E. 78,400.

21. The amount that should be budgeted for direct labor in February is calculated to be :

A. $160,000.

B. $146,000.

C. $140,000.

D. $136,500.

E. $134,000.

22. Bandy's budgeted prime costs in January are calculated to be :

A. $235,560.

B. $294,000.

C. $385,000.

D. $410,560.

E. $415,800.

* Use the following information in solving multiple choice problems 23 through 27.

A cash budget, by quarter, is given below for a retail company. The company requires a minimum cash balance of $5,000 to start each quarter.

	quarter				1년
	1	2	3	4	
cash balance, beginning	$9,000	?	?	?	?
add collections from customers	?	?	125,000	?	391,000
total cash available	$85,000	?	?	?	?
less disbursements :					
purchases of inventory	$40,000	$58,000	?	$32,000	?
operating expenses	?	42,000	$54,000	?	180,000
equipment purchases	10,000	8,000	8,000	?	36,000
dividends	2,000	2,000	2,000	2,000	?
total disbursements	?	$110,000	?	?	?
excess(deficiency) of cash available over disbursements	($3,000)	?	$30,000	?	?
financing					
borrowings	?	$20,000	-	-	?
repayments(including interest*)	-	-	?	(7,000)	?
total financing	?	?	?	?	?
cash balance, ending	$①	$②	$③	$④	$⑤

* interest will total $4,000 for the year.

23. Select the appropriate amounts in ①

A. $40,500

B. $61,500

C. $40,000

D. $80,000

E. $47,500

24. Select the appropriate amounts in ②

A. $40,500

B. $61,500

C. $40,000

D. $80,000

E. $47,500

25. Select the appropriate amounts in ③

A. $40,500

B. $61,500

C. $40,000

D. $80,000
E. $47,500

26. Select the appropriate amounts in ④
A. $40,500
B. $61,500
C. $40,000
D. $80,000
E. $47,500

27. Select the appropriate amounts in ⑤
A. $40,500
B. $61,500
C. $40,000
D. $80,000
E. $47,500

제 8 장

재고자산에 대한 관리

■ **학습목표**

본 장에서는 재고자산에 대한 관리를 소개하고 있다.

본 장을 공부하고 난 후 다음과 같은 내용의 능력을 갖추어야 한다.

① 재고는 왜 필요로 하고, 재고관리를 하는 목적에 대해서 안다.

② 재고비용으로 어떠한 것들이 있고, 이들의 각각의 특성에 대해서 안다.

③ 재고관리모형 중 경제적 주문량이란 무엇이고, 이는 어떻게 계산되는지 인지하여 경제적 주문량을 계산할 줄 안다.

④ 경제적 주문량과 관련하여 재고를 주문할 때, 언제 주문을 하는 것이 비용을 최소화하는 방안인지 안다.

⑤ 경제적 주문량과 적시재고시스템과의 관계 및 차이점을 안다.

⑥ 재고관리모형으로 ABC 관리법과 자재소요계획(MRP)에 대해 안다.

제 1 절 재고관리

1. 재고관리란?

재고는 왜 필요한가? 만약 재고를 완전히 없애기 위해 모든 제품을 주문받은 후에 생산한다고 가정해 보자. 그렇게 된다면 기업에서는 이 때부터 재료들을 주문하고 제작하여 소비자들에게 전달하게 되므로, 소비자는 꽤 오랜 시일을 기다려야 하고 불만이 쌓이게 될 것이다. 이러한 소비자의 불만은 결국 생산자에게 돌아가게 되므로, 생산측면에서 볼 때 재고를 완전히 없앤다는 것은 오히려 역효과를 불러일으킬 수도 있다. 따라서 재고는 생산에 있어서 없어서는 안 될 필수불가결한 요소인 것이다.

이처럼 재고는 경제적으로 가치가 있는 유휴자원으로 생산시스템에 있어서 공급과 수요의 시간적 차이를 연결시켜 주는 역할을 한다. 재고의 관리대상은 투입요소로서의 원자재, 제조과정중의 재공품, 산출요소로서의 완제품이 된다. 원자재는 원자재조달기간 지연 등의 불확실성에 대처하기 위하여 보유하게 되고, 재공품은 생산과정중의 기계고장, 작업지연 등의 불확실성을 줄이기 위하여 필요하다. 완제품은 수요변동의 불확실성에 대처하여 고객의 욕구를 만족시키기 위해서 필요하다. 또한 수량할인, 가격변동 등에 대처하여 경제적 주문량을 확보할 수 있을 뿐만 아니라 노사분규 등의 예견되는 미래의 불확실성에도 대처할 수 있다.

하지만 과다한 재고는 기업의 수익성과 자금의 유동성에 영향을 미친다. 반대로 재고가 부족한 경우에는 생산이 원활하지 못하거나 수요를 적시에 만족시킬 수 없다. 따라서 재고는 합리적이고 과학적인 방법에 의하여 관리되어야 한다. 또 재고는 전체시스템과 유기적 관계 속에서 파악되고 관리되어야 한다. 즉 원료의 구입량과 시기는 제조활동에 영향을 주므로 생산부서와 관련하여 결정되어야 하고, 재고와 관련된 자본투자는 자금의 유동성에 영향을 주어 재무부서와 관련하여 결정되어야 한다. 따라서 재고는 생산부서, 재무부서, 자재부서 등 관련부서와 상호 보완하여 관리되어야 한다.

생산, 재무, 자재 부서 등이 상호 보완하여 관리되기 위해서는 재고의 역할이 매우 중요하다. 그렇다고 해서 재고를 여유 있게 보유해야 한다는 의미는 아니다. 과다한 재고는 기업에 악영향을 미치기 때문이다. 따라서 적정한 수준의 재고를 유지하기 위한 재고계획이 필요하다. 재고계획은 공장 내의 모든 재고를 대상으로 하기 때문에 단편적인 대책으로는 효과가 없으므로 판매계획이나 생산계획과 연관된 종합적인 시스템화가 필요하다.

따라서 재고관리(inventory management)는 각각의 재료에 대해 정량을 재고로 확보해 놓기 위한 모든 관리활동으로, 이는 주문수량, 주문점, 그리고 주문기간과 관련이 있다.

이러한 재고관리의 목표는 재고와 관련된 비용을 최소화하면서 적절한 재고수준을 유지하는 것이다. 재고관리를 할 경우, 기업에서는 다음과 같은 사항들의 의사결정에 도움이 된다.

① 1회의 주문량은 얼마로 할 것인가?
② 언제 주문할 것인가?
③ 재고수준은 어느 정도로 유지할 것인가?

2. 재고비용

재고와 관련된 비용으로는 주문비용, 재고유지비용, 재고부족비용, 구매비용 등 네 가지가 있다.

1) 주문비용(ordering cost)

주문비용은 외부의 공급자로부터 재고품목을 구입하는 경우에 발생하는 경비와 관리비를 말한다. 이는 1회 주문이나 가동준비를 하는 데 소요되는 비용으로 주문량이나 생산량과는 관계 없이 결정되는 고정비의 성격을 갖는다. 주문비용은 구입 또는 제조지시서 작성비용, 인수비용(하역, 포장풀기, 검사 등), 관련서류의 처리비용, 수송비용, 공급자분석비용 등이 포함된다.

2) 재고유지비용(inventory holding cost)

재고를 유지하고 보관하는 데 수반되는 비용을 말한다. 재고유지비용은 품목 1단위를 1단위기간 유지하는 데 소요되는 비용으로 표시된다. 여기에는 저장창고의 감가상각비, 보안비용, 보험료, 자본의 기회비용, 도난, 파손, 가치하락 등이 포함된다. 이 중 가장 높은 비중을 차지하는 비용은 재고와 관련된 자본의 기회비용이다.

3) 재고부족비용(inventory shortage cost)

재고가 부족하여 발생하는 비용을 말한다. 재고부족비용은 추후납품비용(backlogging cost)과 품절비용(stockout cost)으로 구분된다. 추후납품비용은 생산독촉, 구입독촉, 고객에 대한 서비스미흡으로 인하여 발생하는 비용을 말하고, 품절비용은 수요를 만족시키지 못함으로써 특정 수요에 대한 손실, 신용상실, 고객상실, 원재료의 부족으로 인한 생산중단, 유휴인력 등에 대한 비용을 포함한다. 추후납품비용은 품목 1단위의 수요를 1단위기간 만족시키지 못하고 유지하는 데 소요되는 비용으로 표시되고, 품절비용은 수요를 만족시키지 못한 품목 1단위에 대한 비용으로 표시된다.

4) 구매비용(purchase cost)

단위기간 동안의 수요량에 구입단가나 생산원가를 곱한 값으로 표시된다. 그러므로 수요가 일정하고 가격변동이 없는 경우에는 구매비용은 일정하며, 결과적으로 재고에 관한 의사결정에 영향을 미치지 않는다. 그러나 주문량에 따른 수량할인이나 가격변동이 발생하는 경우 등과 같이 구매비용에 변화를 수반하는 경우에는 구매비용도 재고에 관한 의사결정에 영향을 주게 된다.

한편 주문량의 증가로 총액이 증가하는 비용과 총액이 감소하는 비용을 구분하면 다음과 같다.

주문량증가로 총액이 증가하는 비용	주문량증가로 총액이 감소하는 비용
투자자본비용(이자) 창고사용료 보험료 및 재산세(다량의 재고보유)	사무비용(구인, 검수 및 대금지급 등) 제품원가(수량할인)

제 2 절 재고관리모형

1. 경제적 주문량

적정주문량을 결정하는 요인으로 만약 다른 변수들이 일정하다고 하면, 재고자산의 규모에 의하여 영향을 받는 원가와 주문횟수에 의하여 영향을 받는 원가가 있다. 즉 1회에 많은 주문을 하게 되면, 연간 주문횟수는 감소하게 될 것이다. 그러면 일정액의 주문비용을 줄일 수 있다. 하지만 주문횟수를 감소시키면, 많은 평균재고량을 유지해야만 한다. 그러한 경우 재고유지비용은 늘어나게 될 것이다. 따라서 적정주문량의 결정문제는 주문비용과 재고유지비용을 조정하는 문제라고 할 수 있다. 이처럼 주문비용과 재고유지비용을 최소화하는 주문량의 크기를 경제적 주문량(Economic Order Quantity : *EOQ*)이라고 한다.

경제적 주문량은 다음과 같은 가정이 필요하다.

① 수요는 알려져 있고 일정하며 균일하게 발생한다.
② 조달기간은 알려져 있고 일정하다
③ 제품의 구입단가는 일정하다.
④ 주문비용 또는 준비비용은 고정비로서 일정하다.
⑤ 주문량은 조달기간이 지나면 일시에 전량이 들어온다.
⑥ 모든 수요는 재고부족 없이 충족된다.

다음의 예를 통하여 최적의 주문량을 계산하여 보자.

덕인스포츠는 겨울 스포츠장비를 제작, 판매하는 회사이다. 회사에서는 겨울 스포츠장비를 생산하기 위해 목재를 구매한다. 목재는 매년 9,600ton이 사용된다. 목재는 1ton당 ₩400,000이다. 1회 주문비용으로는 ₩225,000, 1ton당 ₩3,000의 재고유지비용이 소요될 것으로 추정하였다. 구매부장은 1회 주문에 800ton씩 주문하였다. 연간 주문비용과 재고유지비용은 다음과 같이 계산된다.

$$\frac{\text{연간 필요량}}{\text{주문당 수량}} = \frac{₩9{,}600}{800} = 12(\text{연간 주문횟수})$$

$$\text{연간 주문비용} = 12 \times ₩225{,}000 = ₩2{,}700{,}000$$

$$\text{평균재고수량} = \frac{\text{주문당 수량}}{2} = \frac{800}{2} = 400\text{ton}$$

$$\begin{aligned}\text{연간 재고유지비용} &= \text{평균재고수량} \times \text{단위당 재고유지비용} \\ &= 400 \times ₩3{,}000 = ₩1{,}200{,}000\end{aligned}$$

$$\begin{aligned}\text{연간총원가} &= \text{주문비용} + \text{재고유지비용} \\ &= ₩2{,}700{,}000 + ₩1{,}200{,}000 = ₩3{,}900{,}000\end{aligned}$$

결국 연간총원가는 다음과 같이 계산된다.

$$\begin{aligned}\text{연간총비용} &= \left(\frac{\text{연간 필요량}}{\text{주문수량}}\right) \times (\text{주문당 비용}) \\ &+ \left(\frac{\text{주문수량}}{2}\right) \times (\text{단위당 재고유지비용})\end{aligned}$$

960ton, 1,200ton, 1,600ton에 대해서 계산하면 다음과 같다.

주문량	800ton	960ton	1,200ton	1,600ton
주문횟수	12	10	8	6
주문비용	₩2,700,000	₩2,250,000	₩1,800,000	₩1,350,000
평균재고수량	400ton	480ton	600	800
재고유지비용	₩1,200,000	₩1,440,000	₩1,800,000	₩2,400,000
연간총원가	₩3,900,000	₩3,690,000	₩3,600,000	₩3,750,000

[그림 8-1] 평균재고수량

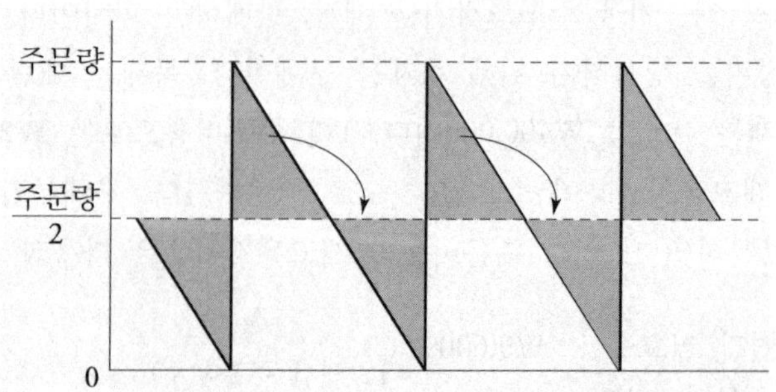

평균재고수량은 1회 주문당 수량을 2로 나누어서 계산하는데, 이에 대해서는 [그림 8-1]을 참고하자.

앞의 계산에서 목재 1ton당 ₩400,000의 구매비용에 대해서는 포함하지 않았다. 단지 주문비용과 재고유지비용에 대해서만 초점을 맞췄다. 위의 계산으로 볼 때 구매부장의 800ton 단위로 구매하는 것은 옳지 않다. 800ton 단위로 주문을 할 경우 연간 ₩3,900,000의 비용이 발생하지만, 만약 1,200단위로 주문을 할 경우 이 때에는 ₩3,600,000의 비용이 발생하여 가장 적다. 따라서 덕인스포츠의 재료구매단위는 1,200ton 단위로 주문을 하는 것이 더 옳은 방법이다.

경제적 주문량은 다음의 공식을 이용하여 계산할 수도 있다.

$$경제적\ 주문량(EOQ)=\sqrt{\frac{(2)\times(연간필요량)\times(주문당\ 비용)}{단위당\ 재고유지비용}}$$

따라서

$$(EOQ)=\sqrt{\frac{(2)\times(9{,}600)\times(225{,}000)}{(3{,}000)}}=1{,}200\text{ton}$$

경제적 주문량에 대해 그림으로 나타내면 [그림 8-2]와 같다.

[그림 8-2]에서 1회의 주문량이 1,200단위일 때, 주문비용과 재고유지비용

[그림 8-2] 경제적 주문량

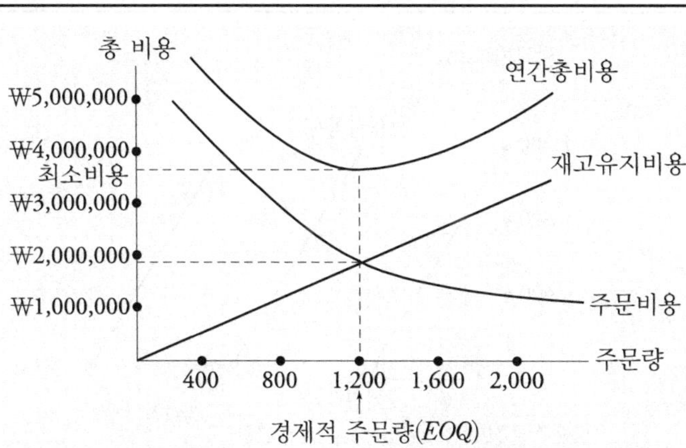

이 똑같이 ₩1,800,000씩으로 나타난다. 주문비용은 우하향의 곡선, 재고유지비용은 우상향의 선을 가지게 되고, 연간총원가는 두 개의 원가를 합한 것이 되므로 하향하다가 상향하는 곡선의 형태가 되어 주문비용선과 재고유지비용선이 교차하는 지점의 주문량은 1,200단위이고, 이 때의 총 원가는 ₩3,600,000으로 최소의 원가가 된다.

2. 주문시기

EOQ 모델은 한번에 얼마나 많은 양을 주문해야 하는지 결정하는 데 도움을 준다. 또 하나의 중요한 의사결정은 언제 주문을 해야 하는가 이다. 이 의사결정은 조달기간(lead time)에 따라 달라진다. 조달기간은 주문을 한 후에 그것을 받는 데 걸리는 시간을 의미한다. 따라서 정확한 조달기간을 알고 있다면, 언제 주문을 해야 하는지는 쉽게 결정할 수 있다. 이를 재주문점(reorder point)라고 하는데, 다시 말해 추가적인 재고자산이 필요하여 다시 주문해야 하는 재고수준을 말한다.

앞의 [예 제] 덕인스포츠의 경우 1년에 9,600ton의 목재가 필요로 하고, 연간 일정한 생산율을 유지하고 있다. 이런 경우 1개월에 800ton(9,600÷12)의 목재가 필요로 하게 된다. 따라서 구매부장은 목재가 800ton이 남아 있을 경

[그림 8-3] 목재의 주문과 사용패턴

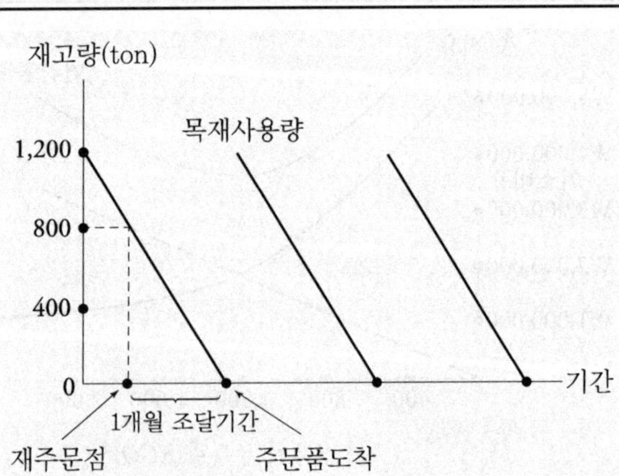

우, 경제적 주문량인 1,200ton을 주문하게 된다.

1개월 후에 주문한 물품이 도착할 때면 재고로 남아 있던 800ton의 목재는 사용되어 없어질 것이다. [그림 8-3]은 목재의 주문과 사용에 대한 패턴을 나타낸 것이다.

그런데 우리는 한 달에 800ton씩 일정하게 사용한다고 가정하였다. 만약 한 달에 600ton에서 1,000ton 사이에서 유동적이라고 가정해 보자. 이 때에는 평균적 사용량은 800ton으로 같을지라도 1,000ton을 사용하는 달에는 200ton의 부족분이 있어 재고부족비용이 발생하게 된다. 따라서 관리자는 이러한 경우에 대비하고자 안전재고를 확보하고 있으려 한다. 안전재고(safety stock)는 유동적인 수요에 대비하여 평균보다 많이 사용하는 기간에 대비하여 사용하는 여분의 재고를 말한다.

따라서 덕인스포츠는 불확실성에 대비하기 위해 200ton을 안전재고로 확보를 하게 된다. 이렇게 안전재고를 확보해 두면 평균보다 많은 수요가 있을지라도 이에 대비할 수 있기 때문에 재고부족비용은 발생하지 않게 된다.

200ton의 안전재고로 인해 재주문점은 1,000ton으로 올라가게 되었고, 이 때에도 역시 경제적 주문량인 1,200ton을 주문한다.

[그림 8-4] 안전한계의 역할

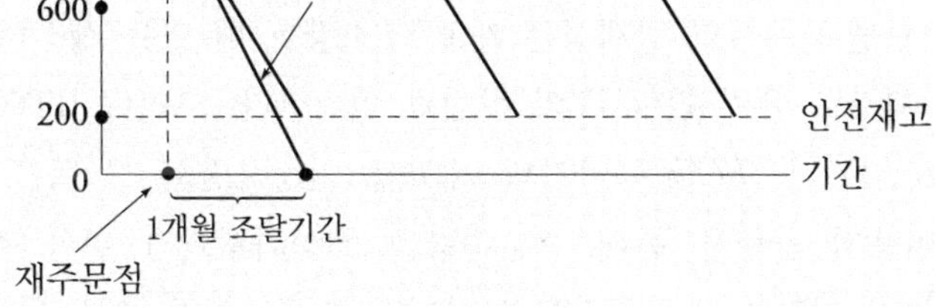

3. *EOQ* 모델과 JIT

적시재고시스템(Just In Time : JIT)은 필요한 원재료와 부품 및 제품을 적시에 적량조달하여 생산함으로써 재고를 최소한으로 줄이고, 작업자의 능률을 최대로 발휘하게 하는 생산 또는 재고관리시스템이다. JIT의 개념은 일본의 도요다자동차회사에서 제창하였지만, 이제는 단순한 재고관리시스템에서 벗어나 JIT 철학(JIT philosophy)으로 확장되었다. JIT 철학은 단순화(simplification)와 낭비의 제거(elimination of waste)에 모든 노력을 집중하여야 한다는 사고를 바탕으로 하고 있고, 제조업뿐만 아니라 서비스업 등 모든 조직에 적용될 수 있다. JIT에 대한 자세한 내용은 제15장에서 다루기로 하고, 본 장에서는 *EOQ* 모델과 관련지어서 보기로 하자.

EOQ 모델은 주문비용과 재고유지비용이 대조적으로 발생하므로 두 비용의 합계인 총 원가를 최소화하는 것이다. 하지만 JIT 철학에서는 가능한 모든 재고를 적게 유지하는 것이 목표이다. 게다가 JIT는 믿을 수 있는 최소한의 공급업자를 선정하는데, 공급업자의 선정에는 가격을 기준으로 하기보다는 회사와의 계약에서 배달기간이나 조건 등을 준수하여 적시에 적절한 재료나 부품을 조금씩 자주 배달해 줄 수 있는지의 여부에 중점을 둔다.

JIT는 비슷한 수량으로 자주 주문하는 것이 비용을 최소화할 수 있다. 이는 *EOQ* 공식을 이용하여 증명할 수 있는데, 다음의 [표 8-1]은 주문당 주문비용과 단위당 재고유지비용을 공식에 대입한 것이다. [표 8-1]에서 재고유지비용이 증가함에 따라 *EOQ*는 감소하고, 또 주문비용이 감소함에 따라 *EOQ* 역시 감소하고 있다.

EOQ 모델 하에서의 경제성은 재고를 소량 구매 또는 생산하고, 재고를 절대적으로 최소로 유지하는 JIT의 관점과 일치한다. 그러나 JIT와 *EOQ*의 기본학은 매우 다르다. *EOQ*는 약간의 재고를 인정하면서 그 목표는 주문비용과 재고유지비용의 균형을 통해 주문수량을 최적화시키기 위한 것이다. 하지만 JIT는 재고의 저장은 비능률적이고 낭비라고 생각하기 때문에 재고유지비용을 높임으로써 재고를 최소화하고, 가능하다면 아예 재고를 두지 않으려고 한다. 게다가 JIT는 재료의 소비욕구로 인해 주문의 크기는 매우 다양하지만, *EOQ* 모델은 항상 일정한 주문량을 갖는다.

[표 8-1] 주문비용과 재고유지비용의 변화에 대한 *EOQ*

단위당 재고유지비용	주문당 주문비용				
	₩225	₩150	₩100	₩50	
₩3	1,200	980	800	566	*EOQ* 감소
4	1,039	849	693	490	
5	930	759	620	438	
6	849	693	566	400	
	EOQ 감소				

제 3 절 기타의 재고관리모형

1. ABC 관리법

ABC 관리법(ABC control method)이란 재고자산의 품목이 다양한 경우, 그 품목의 가치나 중요도에 따라 관리방법을 달리하는 방법이다. ABC 관리에서는 관리대상이 되는 모든 재고품을 A클래스, B클래스, C클래스로 분류하는데, 그 내용은 다음과 같다.

A클래스 : 가치가 크고, 정기적으로 사용하는 품목
B클래스 : 가치와 사용금액이 중간에 속하는 품목
C클래스 : 가치가 적고, 연간 사용금액이 적은 품목

일반적으로 A클래스로 분류되는 품목은 전체품목 수의 상위 15% 정도로서 총 연간사용금액의 75%를 차지하는 품목들로 구성되며, B클래스로 분류되는 품목은 전체품목 수의 35% 정도로 총 연간사용금액의 15%를 차지하는 품목들로 구성된다. C클래스로 분류되는 품목은 나머지 50%에 해당되는 품목들로 총 연간사용금액의 10%를 차지하는 품목들이다.

ABC 관리의 구체적인 방법을 간단한 사례를 통해 살펴보자. 품목 #21-#40까지의 품목으로 총 20종류이고, 이에 대한 ABC 관리의 작성절차는 다음과 같다.

① 재고금액이 많은 순으로 나열한다(제 2 열).
② 같은 순번으로 재고품의 누계금액을 계산한다(제 3 열).
③ 같은 순번에 따라 품목의 누계비율을 계산한다(제 4 열).
④ 같은 순번에 따라서 금액의 누계비율을 계산한다(제 5 열).

위 작성절차에 따른 ABC 관리의 사례는 다음의 [표 8-2]와 같다.

[표 8-2] ABC 관리의 사례

품 목	재고금액	재고금액누계	품목누계비율	금액누계비율
#21	600	600	0.05	0.30
#22	400	1,000	0.10	0.50
#23	300	1,300	0.15	0.65
#24	200	1,500	0.20	0.75
#25	90	1,590	0.25	0.80
#26	60	1,650	0.30	0.83
#27	45	1,695	0.35	0.85
#28	40	1,735	0.40	0.87
#29	35	1,770	0.45	0.89
#30	30	1,800	0.50	0.90
#31	28	1,828	0.55	0.91
#32	25	1,853	0.60	0.93
#33	22	1,875	0.65	0.94
#34	21	1,896	0.70	0.95
#35	20	1,916	0.75	0.96
#36	19	1,935	0.80	0.97
#37	18	1,953	0.85	0.98
#38	17	1,970	0.90	0.99
#39	16	1,986	0.95	0.99
#40	14	2,000	1.00	1.00

[그림 8-5] ABC 분석사례의 그래프

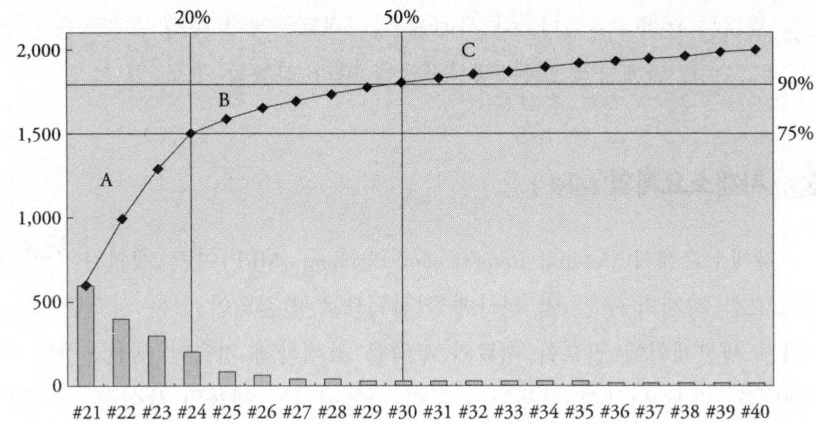

위 [표 8-2]의 자료를 근거로 [그림 8-5]와 같이 그래프를 작성할 수 있는데, 그 작성순서는 다음과 같다.

① X축에 금액순으로 품목을 나열하고, Y축에 품목별 재고금액의 그래프를 그린다.

② 품목별 금액의 누계액을 점으로 하여 그래프를 작성한다.

③ X축과 Y축을 구성비(백분율)로 표시한다.

④ A, B, C의 세 영역으로 구분한다. 영역의 구분은 회사의 방침에 따라 변경이 가능하다. 이 사례에서는 다음과 같이 구분하였다.

클래스	품 목	금 액
A	0－20%	0－75%
B	20－50%	75－90%
C	50－100%	90－100%

이와 같이 영역을 구분하면 재고를 중점적으로 관리할 수 있다. [그림 8-5]를 보면 A영역은 품목으로는 20%에 불과하지만 전재고금액의 75%를 차지하고 있으므로, 이들에 대해서 중점적인 관리가 필요하다.

한편 C영역은 품목으로는 50%이지만 금액은 10%에 지나지 않으므로, 그 품목들에 대해서는 개략적으로 행해져도 별 상관이 없다. B영역의 관리는 A와

C의 중간정도가 된다.

ABC 분석을 통해서 이처럼 중요도에 따라 관리하게 되면, 적은 노력으로 많은 효과를 얻을 수 있다. 이 사례에서는 재고금액에 따라 중요도를 나누었으나, 재고수량, 판매금액 또는 생산금액에 따라 분류할 수도 있다.

2. 자재소요계획(MRP)

자재소요계획(Material Requirement Planning : MRP)이란 계획된 산출결과물에 필요한 자재의 구입 및 생산에 직접적으로 연결되어 있는 시스템으로, 이는 주어진 생산계획에 필요한 재료와 부품을 자세하게 기술한 생산공정의 수학적 모형이다. 다시 말해서 자재들이 모여 만들어지는 제품의 생산량 및 생산일정을 기초로 해서 그 제품의 생산에 필요한 원재료, 부품 등의 소요량과 그 계획을 역산하여 자재조달계획을 수립함으로써 효율적인 재고관리를 기하고자 하는 방법이다.

MRP는 다음과 같은 절차로 행해진다.

① 주문 또는 생산계획에 따라 제품의 생산량과 생산일정을 정한다.
② 제품의 생산에 필요한 자재 및 부품의 종류와 수량, 그리고 이들의 전후관계를 파악하고, 이를 도표로 작성한다.
③ 자재대장이나 자재원장을 통하여 자재의 현 상황, 조달기간 등을 파악한다.
④ 제품생산을 위한 자재의 소요량, 현재의 재고, 주문량, 조달기간에 따른 자재주문일자 등을 결정하여 MRP 계획표(MRP schedule)를 작성한다.

다음의 [그림 8-6]을 보면서 MRP에 대해 좀더 구체적으로 살펴보자. [그림 8-6]에서 제품 A는 부품 b 2개를 위아래로 포개어 놓고, 여기에 부품 c 4개로 세워 놓은 형태이다. 따라서 제품 A 1개는 부품 b 2개와 부품 c 4개로 구성되어 있다. 그리고 부품 b는 부품 e와 부품 f로 구성되어 있다. 이에 대해서 정리하면 [그림 8-7]과 같다. 이는 제품 1개에 대한 각 부품의 구성내용을 나타낸 것인데, 이를 부품구성표라 한다. 이 부품구성표를 이용하면 부품의 계층이 아무리 늘어나도 동일한 방법으로 표현할 수 있다.

[그림 8-6] 제품 A의 부품구성

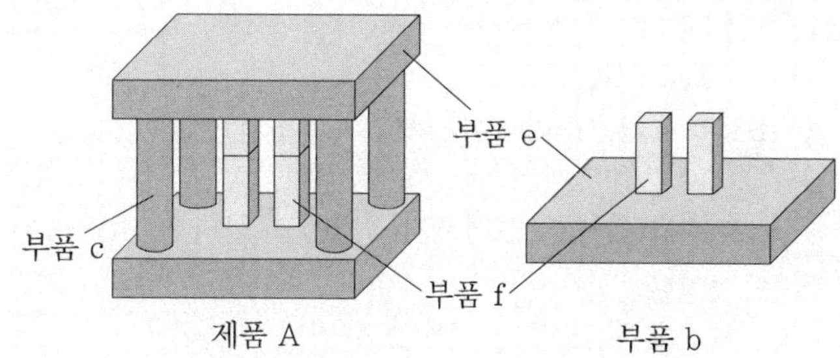

[그림 8-7] 제품 A의 부품구성표

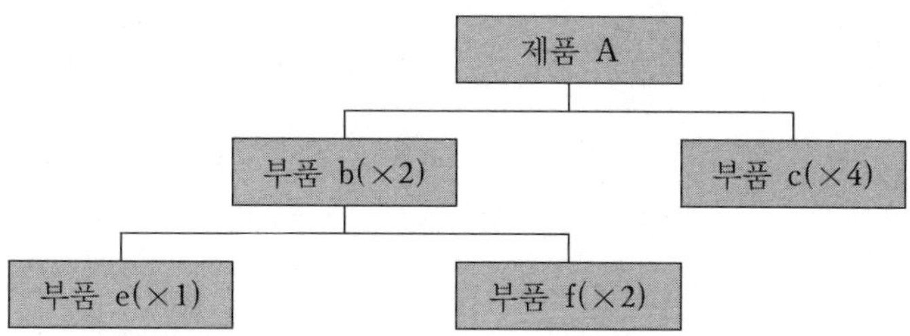

예를 들어 제품 A의 생산수량이 3개라고 한다면, 각 부품의 필요수량은 다음과 같이 계산된다.

부품 b=2×1×3=6
부품 c=4×1×3=12
부품 e=1×2×3=6
부품 f=2×2×3=12

이렇게 계산된 수량을 총 소요량이라 한다. 다음으로 순소요량(net material requirement)을 계산해야 하는데, 즉 회사에서 이미 보유하고 있는 재고를 파악해서 실제 필요한 소요량을 계산하는 것이다. 예를 들면 부품 c는 총 소요량이 12개이지만, 만약 재고가 5개가 있다면 실제로 필요한 수량은 7개가 된다. 이렇게 총 소요량에서 재고수량을 뺀 수량이 바로 순소요량이 된다.

그런데 부품을 주문하였을 경우, 이 부품은 바로 입고되지 않는다. 즉 어느 정도의 조달기간이 필요하게 된다. 그리고 이 조달기간 동안에 생산을 계속 할 수 있도록 안전재고를 보유해야 한다. 따라서 순소요량을 계산하는 방법은 다음과 같다.

총 소요량 − 재고수량 + 안전재고 = 순소요량

따라서 부품 c의 경우 안전재고가 3개라고 한다면, 10(= 12 − 5 + 3)개가 순소요량이 되는 것이다.

제 8 장 Key Words

ABC 관리법(ABC control method)
A method for dividing on-hand inventory into three classifications based on annual dollar volume.

JIT 철학(Just In Time philosophy)
A philosophy of continuous and forced problem solving that drives out waste.

경제적 주문량(Economic Order Quantity : *EOQ*)
The order size that minimizes inventory ordering and holding costs.

순소요량(net material requirement)
The result of adjusting gross requirements for inventory on hand and scheduled receipts.

안전재고(safety stock)
Extra inventory consumed during periods of above-average usage in a setting with fluctuating demand.

자재소요량계획(Material Requirements Planning : *MRP*)
A system that ties purchases and production of inventory directly to planned output. It is an mathematical model of the production process that specifies the materials and subcomponent requirements for a given production schedule.

재고관리(inventory management)
All the management activities that result in stocking the right amount of each material. The principal concerns are order quantities, order point, and order periods.

재고유지비용(inventory holding cost)
Total cost of holding a material in inventory; expressed in dollars per unit per year; includes such cost as insurance, protecting, materials handling, warehouse rent, repairing, cooling, heating.

재주문점(reorder point)
The inventory level(point) at which action is taken to replenish the stocked item.

조달기간(lead time)
The time required to receive inventory after it has been ordered.

주문비용(ordering cost)
Average cost of each inventory replenishment for a material; includes such costs as processing purchasing requisitions, purchases order, machine changeovers, postage, telephone calls, quality inspections and receiving.

연습문제

*After reading the each problems, Choose the best item.

1. One use of inventory is :

A. to decouple production and distribution processes.

B. to provide a hedge against inflation.

C. to enable an organization to take advantage of quantity discounts.

D. to provide a stock of goods that will provide a selection for customers.

E. all of the above are uses of inventory.

2. Extra units that are held in inventory to reduce stockouts are called

A. reorder point.

B. safety stock.

C. just-in-time inventory.

D. material resource planning.

E. economic order quantity.

3. The appropriate level of safety stock is typically determined by :

A. minimizing expected stockout cost.

B. choosing the level of safety stock that assures a given service level.

C. carrying sufficient safety stock so as to eliminate all stockouts.

D. production manager's intention.

E. all of the above.

4. The two most important inventory-based questions answered by the typical inventory model are :

A. when to place an order and what is the cost of the order.

B. when to place an order and how many of an item to order.

C. how many of an item to order and what is the cost of this order.

D. how many of an item to order and with whom the order should be placed.

E. what is the cost of the order and with whom the order should be placed.

5. The key to just in time production is :

A. the elimination of all inventories.

B. to rely very heavily upon purchased items rather than in-house production.

A. production in large lot sizes.

D. the elimination of all or most product options.

E. all of the above.

6. Which of the following is not a JIT philosophy?

A. waste reduction

B. variability reduction

C. continuous improvement

D. big lot size

E. simplification

7. ABC control method divides on-hand inventory into three classes based upon :

A. unit price.

B. the number of units on hand.

C. annual demand.

D. annual dollar values.

E. all of the above.

8. ________ is a system that ties purchases and production of inventory directly to planned output.

A. Economic order quality

B. Just in time

C. Material resource planning

D. Reorder point

E. Safety stock

* Use the following information in solving multiple choice problems 9 and 10. Cartwright Graphics uses a special purpose paper in 80% of their jobs. The paper is purchased in 100 sheet packages at a cost of $100 per package. Management estimates the cost of placing and receiving a typical order is $15 and the annual cost of carrying a package in inventory is $1.50. The company uses 2,600 packages each year and production is constant all year. The lead time to receive an order is 1 week.

9. The economic order quantity of the paper is calculated to be :

A. 203 packages.

B. 225 packages.

C. 228 packages.

D. 565 packages.

E. 631 packages.

10. The reorder point for the paper is calculated to be :

A. 100 packages.

B. 25 packages.

C. 50 packages

D. 203 packages

E. 225 packages.

* Use the following information in solving multiple choice problems 11 through 13.

FiberCom manufactures glass fibers used in the communications industry. The company's materials and parts manager is currently revising the inventory policy for XL-20, one of the chemicals used in the production process. The chemical is purchased in 10-pound canisters for $100 each. The firm uses 4,800 canisters per year. The controller estimates that it costs $150 to place and receive a typical order of XL-20. The annual cost of storing XL-20 is $4 per canister

11. The economic order quantity of the XL-20 is calculated to be :

A. 100 canisters.

B. 300 canisters.

C. 400 canisters.

D. 500 canisters.

E. 600 canisters.

12. How many orders will be placed per year?

A. 8

B. 18

C. 28

D. 38

E. 48

13. What is the total annual cost of ordering and storing XL-20 at the economic order quantity?

A. $2,400
B. $2,500
C. $2,600
D. $2,700
E. $2,800

* Use the following information in solving multiple choice problems 14 through 15.

Refer to the original data given in problems 11 through 13 for FiberCom Company. FiberCom's controller, Jay Turnbull recently attended a seminar on JIT purchasing. Afterward he analyzed the cost of storing XL-20, including the costs of wasted space and inefficiency. He was shocked when he concluded that the real annual holding cost was $19.20 per canister. Turnbull then met with Doug Kaplan, FiberCom's purchasing manager. Together they contacted Reno Industries, the supplier of XL-20, about a JIT purchasing arrangement. After some discussion and negotiation, Kaplan concluded that the cost of placing an order for XL-20 could be reduced to just $20. Using these new cost estimates, Turnbull computed FiberCom's new *EOQ* for XL-20.

14. The new economic order quantity of the XL-20 is calculated to be :
A. 100 canisters.
B. 300 canisters.
C. 400 canisters.
D. 500 canisters.
E. 600 canisters.

15. How many orders will be placed per year?
A. 8
B. 18
C. 28
D. 38
E. 48

* Use the following information in solving multiple choice problems 16 through 18.

Refer to the original data given in problems 11 through 13 for FiberCom

Company. The lead time required to receive an order of XL-20 is one month.

16. Assuming stable usage of XL-20 each month, the reorder point for XL-20 is calculated to be :

A. 100 canisters.

B. 300 canisters.

C. 400 canisters.

D. 500 canisters.

E. 600 canisters.

17. Suppose that monthly usage of XL-20 fluctuates between 300 and 500 canisters, although annual demand remains constant at 4,800 canisters. What level of safety stock should the materials and parts manager keep on hand for XL-20?

A. 100 canisters

B. 300 canisters

C. 400 canisters

D. 500 canisters

E. 600 canisters

18. Assume the same facts as number 17 above, what is the new reorder point for the chemical?

A. 100 canisters

B. 300 canisters

C. 400 canisters

D. 500 canisters

E. 600 canisters

제 3 편
경영성과의 평가와 관리

제 9 장　표준원가에 의한 성과관리
제10장　책임회계시스템과 균형성과표
제11장　부문성과의 측정과 관리

제 9 장

표준원가에 의한 성과관리

■ **학습목표**

본 장에서는 표준원가에 의한 성과관리를 소개하고 있다.

본 장을 공부하고 난 후 다음과 같은 내용의 능력을 갖추어야 한다.

① 표준원가계산의 본질에 대한 설명

② 표준원가 차이분석(직접재료비 원가차이, 직접노무비 원가차이, 제조간접비 원가차이)

③ 배합차이와 수율차이 분석

제 1 절 표준원가계산의 본질

1. 표준원가계산의 개념

오늘날 기업에서는 모두 가격 또는 수량의 차원에서 대부분 표준개념을 사용하고 있다. 일반적으로 표준이라는 용어는 광범위하게 사용하고 있으며, 특히 회계학에서 표준(standard)이란 성과평가의 기준이라고 정의할 수 있다. 그리고 표준은 표준가격과 표준수량으로 구분하여 사용한다. 표준가격(price standard)은 재화나 용역을 한 단위 생산하기 위하여 필요한 생산투입요소의 표준적 가격을 뜻하며, 표준수량(quantity standard)은 생산투입요소의 표준적 수량을 뜻한다. 표준가격과 표준수량에 의해 결정되는 표준원가는 표준에 따라 미리 결정된 원가로서 정상적인 작업조건 하에서 마땅히 달성되어야만 하는 원가이다. 다시 말해서 생산현장에서 실제원가가 발생하는 경우에 원가통제나 성과평가의 기준으로서 작업능률의 기준이 되는 원가를 말한다. 이는 제품생산을 위한 원가발생과정에서 나타날 수 있는 여러 가지 비능률과 비낭비요인을 제거하기 위하여 사전에 설정된 목표원가의 성격을 띠며, 원가통제의 수단으로 사용되는 사전원가 또는 예정원가의 개념에 해당한다.

따라서 이 장에서 제시한 표준원가계산 시스템(standard cost system)은 직접재료비, 직접노무비, 제조간접비에 대해서 과학적 방법과 통계적 방법에 의하여 표준이 되는 원가를 미리 설정하고, 이를 실제 발생된 실제원가와 비교하여 그 차이를 원인, 분석함으로써 원가통제(cost control)에 도움이 되도록 하는 원가계산방법인 것이다.

표준원가계산의 입장에서 실제원가계산이 갖는 단점을 요약하여 살펴보면 다음과 같다.

① 실제원가계산은 조업도의 변동에 따라 제품원가가 변동한다. 즉 실제원가는 1회의 제품결합의 변경 기타 요인의 변동 때문에 작업, 원가능률을 측정하는 데 불완전한 것이다.

② 실제원가계산은 원가의 집계에 많은 시간이 소요된다. 따라서 제품이 완성된 후 상당시간경과 후 원가계산이 이루어질 수 있다.

③ 실제원가계산은 원가관리에 유용한 정보를 제공하지 못한다. 즉 실제원가계산은 역사적으로 원가를 분류, 집계, 분석, 요약하는 데 불과하며, 미래경영활동의 목표달성으로서 원가능률의 측정척도로서 기준치를 계산하는 것은 아니다.

이와 같은 실제원가계산 제도의 단점을 보완하고, 원가관리 및 원가통제에 의한 합리적인 경영관리를 위해 표준원가계산이 필요한 것이다.

2. 표준원가계산의 목적

(1) 원가관리

원가관리는 표준원가계산 목적 중 가장 핵심되는 것이다. 이는 원가의 미리 설정된 표준원가와 실제원가의 차이에 대한 분석을 통하여 실제 업무수행에서 발생되는 비원가, 비능률, 비낭비적 요인을 확인하여 적절히 대처함으로써 원가관리가 가능하다. 이렇게 함으로써 종업원이 원가에 관심을 가지며, 원가절감의 동기부여가 가능하기 때문이다. 따라서 이와 같은 원가절감을 위한 원가관리는 실제원가계산에 의하여도 할 수 있지만, 표준원가계산의 방법에 의하는 것이 가장 효과적으로 수행할 수 있는 것이다.

(2) 계획 및 통제와 예산편성

표준원가가 설정되어 있으면 계획, 통제와 예산설정이 용이하다. 즉 현금조달계획, 원재료구입계획 등의 계획과 이러한 계획을 금액으로 표시하는 예산 등을 수립하기가 용이하다. 즉 예산관리라 함은 예산을 관리수단으로 하여 경영관리자의 이익관리책임을 대상으로 자료를 제공함으로써 목표이익을 달성하게 하는 경영관리방식이다. 예산편성시 소비재료의 가격, 작업능률, 조업도의 변동 등의 요인을 과학적으로 고려하여 설정한 표준원가를 이용함으로써 보다 예산의 신뢰성을 높이는 데 있다.

(3) 기장절차의 신속화 및 간소화

표준원가계산을 실시함으로써 기장절차가 간소화되고 신속화되어 노력과 시간을 절약할 수 있다. 이를 구체적으로 나타내면 ① 재고자산의 수납을 간소화하고, ② 완성품의 원가를 신속히 산정하며, ③ 관리자의 보고서작성의 시간을 단축하고, ④ 관리자의 원가보고서 검토시간을 축소하고, ⑤ 실제원가와 표준원가의 차이분석을 간소화하고 신속화할 수 있다.

3. 표준원가계산의 분류

(1) 기준표준원가(basic standard cost)

이는 비교적 장기간에 걸친 조업도, 가격, 능률 등을 전제로 한 고정된 표준원가이다. 즉 기준표준원가는 제품의 종류, 생산, 방법 등 경영의 구조적 변화가 없는 한 수정하지 않는 표준원가이다. 그러므로 기준표준원가는 기대되는 원가와 실제원가와의 비교를 위한 장기적인 능률척도로서는 유용하지만, 재고자산평가 및 매출원가를 산정하는 재무제표작성에는 적합하지 못하다.

(2) 당좌표준원가(current standard cost)

경영환경의 일부분에 변화가 있는 경우, 단기적인 예측을 바탕으로 수정되어야 하는 표준원가이다. 따라서 이는 실제적인 원가의 달성목표로 제시되는 규범적인 원가로 재무제표작성으로 이용되는 표준이다. 보통 당좌표준원가는 적어도 1년에 한번 이상 수정된다. 당좌표준원가는 이상적 표준원가, 정상표준원가, 달성가능표준원가로 구분된다.

1) 이상적 표준원가(ideal standard cost)

최상의 능률수준 하에서 기존 설비의 최적작업조건에 따라 달성할 수 있는 최상목표원가이며, 이론적 표준원가(theoretical standard cost)라고도 한다. 또는 감손, 공손, 유휴시간 등의 비능률을 허용하지 않는 완전한 능률 하에서의 원가로 완전표준원가(perfect standard cost)라고도 불리운다. 이상적 표준원가는 현실적으로 달성불가능한 표준원가이므로 원가관리, 재무제표작성 등의 목적에 적합하지 않다.

2) 정상적 표준원가(normal standard cost)

이는 비교적 장기간에 걸친 평균원가를 기초로 하여 설정되는 표준원가이다. 정상적 표준원가는 판매, 생산측면도 고려하는 기업의 경기변동기간에 있어서 평균적인 조업상태 하에서 예정된 표준원가로써 경제상태가 비교적 안정되어 있는 경우에 가격결정, 단기성과평가, 원가관리, 재무제표작성 등의 목적에는 효과적이지만, 물가변동이 심하고 제조환경이 크게 변하는 상황에서는 그 타당성을 잃는다. 그래서 근로의욕을 적절하게 자극시키지 못한다는 비판을 받고 있다.

3) 달성가능 표준원가(currently attainable standard cost)

실제로 달성가능성이 있다고 생각되는 조업도를 예상하여 설정한 표준원가이면서 현실적 표준원가(actual standard cost)라고도 한다. 달성가능 표준원가는 능률적인 작업조건 하에서 발생하는 원가이므로 정상적인 감손, 정상적인 기계고장 및 공손, 작업자들의 정상적인 여유시간 등을 허용하고, 이상적인 표준원가보다는 여유가 있으며, 종업원들이 이 표준을 달성하기 위해서 열심히 노력한다면 달성할 수 있는 실현가능한 표준원가이다. 오늘날 일반적으로 표준원가로서 적절한 원가는 달성가능 표준원가라 할 수 있다.

제 2 절 표준원가차이분석

표준원가계산은 원래 생산현장의 원가능률을 측정할 목적으로 생긴 것으로서, 재료의 소비량을 관리하기 위한 원가계산으로 출발하여 제조간접비까지도 원가차이분석의 대상으로 하게 된다. 여기서 원가차이분석(cost variance analysis)이란 실제원가와 표준원가를 비교하여 그 차이를 분석하는 기법으로서, 원가관리, 통제와 성과평가 등에 유용한 회계정보를 얻기 위하여 회계담당자가 총 원가차이를 세부적으로 분석하는 것으로 원가차이는 원가계산기간별로 산정한다.

원가차이는 유리한 차이(favorable variance)와 불리한 차이(unfavorable variance)로 나누어진다. 표준원가계산에서는 다음과 같이 차이분석결과를 표시한다.

실제원가 − 표준원가 〈 0 ⇨ 유리한 차이

실제원가 − 표준원가 〉0 ⇨ 불리한 차이

[실제원가 - 표준원가 < 0]의 경우에는 사전에 미리 설정한 표준원가보다 실제원가가 적게 발생했다는 뜻으로, 이는 회사의 이익에 좋은 영향을 미치게 되므로 '유리한 차이'라 한다, 그리고 [실제원가 - 표준원가 > 0]의 경우에는 사전에 미리 설정한 표준원가보다 실제원가가 많이 발생했다는 뜻으로, 이는 회사의 이익에 좋지 않은 영향을 미치게 되므로 '불리한 차이'라 한다. 따라서 유리한 차이는 실제원가가 표준원가보다 적게 발생하여 영업이익을 증가시키는 차이이고, 불리한 차이는 실제원가가 표준원가보다 많이 발생하여 영업이익을 감소시키는 차이이다. 그러나 유리한 차이가 항상 좋고, 불리한 차이가 항상 나쁘다고 말할 수 없다는 점에 해석의 주의를 요한다.

원가차이분석은 원가요소별, 부문별 또는 제품별로 실시할 수 있으나 대부분 원가요소별로 행하여진다. 원가요소별 원가차이분석은 다양한 방법들이 있으며, 이를 요약하면 [그림 9-1]과 같다.

[그림 9-1] 원가차이의 분석

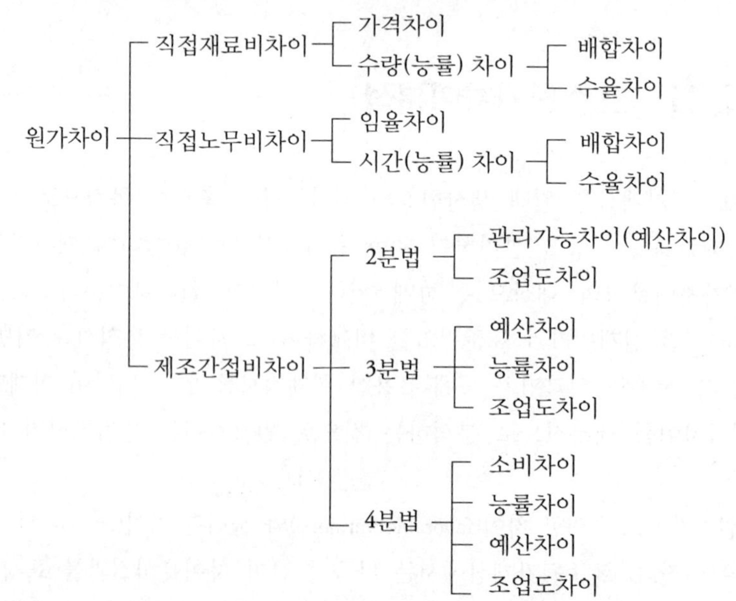

1. 직접재료비차이(direct material variance)

직접재료비차이란 실제발생된 직접재료비와 실제산출량에 허용된 표준직접재료비와의 원가차이를 말하며, 직접재료비차이는 다음과 같이 산출된다.

직접재료비차이 = 실제직접재료비(실제투입량×실제가격)
- 표준직접재료비(표준허용투입량×표준가격)

이는 직접재료비 가격차이와 수량(능률) 차이로 구분한다. 이와 같은 원가차이의 구분은 재료비는 재료의 소비량과 소비단가(이는 매입단가임)에 의하여 결정되기 때문이다.

이 직접재료비 원가차이를 어떻게 회계적 분석을 할 것인가는 표준원가의 기장방법 및 회계담당자의 판단에 따라 다르다.

(1) 직접재료비 가격차이(direct material price variance)

이는 직접재료의 표준가격과 실제가격의 차이로 인한 것이다. 이를 식으로 나타내면 다음과 같다.

가격차이 = (실제가격 - 표준가격)×실제투입량

직접재료비 원가차이분석의 경우에는 원가차이를 분리하는 시점이 중요한 문제가 된다. 왜냐하면 재료의 구입시점뿐만 아니라 소비시점에서도 가격차이를 분리할 수 있기 때문이다. 그러므로 가격차이를 소비시점에 분리하는 경우와 구입시점에 분리하는 경우로 구분하여 살펴보기로 한다.

1) 구입시점에서 분리하는 경우

직접재료는 구입과 소비 사이에 시간적 차이가 있다. 또한 직접재료비 가격차이를 구입시점에서 분리하는 경우에는 직접재료비 구입수량을 기초로 가격차이를 계산한다.

구입시점 가격차이 = (실제가격 - 표준가격)×실제구입량

그리고 가격차이는 구매부문의 업적평가지표이므로 구매시점에서 구매활

동에 대한 통제가 가능하도록 하는 것이 보다 합리적이다. 이에 따라 관리적 측면에서 볼 때 직접재료비 가격차이는 실제구입량을 기준으로 분석하는 것이 타당하며, 그 이유는 다음과 같다.

첫째, 가능한 빨리(구입시점) 분석하여야 가격차이에 대한 적절한 조치를 취할 수 있다.

둘째, 가격차이를 구입시점에서 분리하면 원재료계정이 표준원가로 기록되기 때문에 원가흐름(선입선출법 등)에 대한 가정(원재료사용액 계산시 단가적용 문제)이 불필요하여 회계처리가 신속하고 간단해진다.

직접재료비를 구입시점에서 분리하는 경우의 회계처리는 다음과 같다.

차변		대변	
① 직접재료의 구입시			
(차) 직접재료	×××	(대) 매입채무	×××
직접재료비 가격차이*	×××		
② 직접재료의 사용시			
(차) 재공품	×××	(대) 직접재료	×××
		직접재료비 수량차이*	×××

* 불리한 차이 : 비용으로 보아 차변, 유리한 차이 : 수익으로 보아 대변에 기록.

2) 소비시점에서 분리하는 경우

직접재료비 가격차이를 소비시점에서 분리하는 경우에 직접재료비 가격차이는 생산에 실제소비된 재료수량을 근거로 계산된다. 이 경우에 가격차이는 실제투입수량으로 고정된 상태에서 실제가격과 표준가격과의 차이를 나타낸다. 즉 가격차이는 직접재료비의 수량이 일정한 상태에서 직접재료의 가격변화가 원가에 미치는 영향을 나타내는 것이다. 가격차이는 직접재료비의 소비시점에서 실제투입량을 바탕으로 계산한다.

$$소비시점\ 가격차이 = (실제가격 - 표준가격) \times 실제투입량$$

직접재료비 가격차이를 소비시점에 분리하는 경우에는 가격차이 실제소비수량을 기준으로 분석한다.

직접재료비를 소비시점에서 분리하는 경우의 회계처리는 다음과 같다.

① 직접재료의 구입시			
(차) 직접재료	×××	(대) 매입채무	×××
직접재료비 가격차이	×××		
② 직접재료의 사용시			
(차) 재공품	×××	(대) 직접재료	×××
직접재료비 가격차이	×××	직접재료비 수량차이	×××

(2) **직접재료비 수량**(능률) **차이**(direct material quantity or efficiency variance)

직접재료비 수량차이는 제품생산에 따른 직접재료의 실제사용량과 표준사용량과의 차이로 인한 원가차이이다. 이 때 이들 금액은 구입시점부터 이미 표준단가로 기록되었음에 유의해야 한다. 수량차이는 능률차이라고도 한다. 수량차이는 다음의 식으로 계산한다.

$$수량(능률)\ 차이 = (실제투입량 - 표준허용투입량^{*}) \times 표준가격$$

* 표준허용투입량 = 실제생산량 × 제품단위당 표준허용투입량

일반적으로 직접재료비 가격차이는 구매부서가 책임을 진다. 그러나 가격차이와 수량차이 사이에는 상호 작용이 존재하므로 차이분석의 내용을 해석하는 경우에는 주의를 요한다. 그리고 수량(능률) 차이는 사용시점에서 산출한다. 수량(능률) 차이의 계산시에 사용수량을 사용하는 이유는 능률차이는 재료를 제품제조에 사용하여야 그 차이를 분석할 수 있는데, 구입시점에서는 재료의 실제사용량을 알 수 없기 때문이다. 그리고 직접재료비 수량차이는 생산부문에서 원재료사용과 관련된 차이이므로 항상 직접재료비사용량을 가지고 계산하여야 한다. 따라서 일반적으로 직접재료비 수량차이는 생산부서가 책임을 진다. 그러나 수량차이와 가격차이 사이에는 상호 작용이 존재하므로 차이분석의 내용을 해석하는 경우에는 주의를 요한다.

이상에서 직접재료비 구입시점과 소비시점에서 가격차이를 분석해 보았다. 그렇다면 이와 같은 직접재료비 가격차이와 수량차이가 발생하는 원인이 무엇인지를 살펴보기로 하자.

⇨ 가격차이 발생원인

① 시장가격의 변동(원재료의 수요와 공급의 상황에 따라 발생)

② 부적당한 예정가격, 표준가격

③ 불리, 유리한 구입량, 구입처, 구입방법 등

⇨ 수량차이 발생원인

① 부적당한 표준투입량설정

② 불량재료의 사용

③ 제품규격, 공구기구, 작업방법의 변경

④ 제품설계, 생산방법의 변경 등

[예제 1] 다음 자료에 의하여 직접재료의 수량(능률) 차이와 가격차이를 ① 구입시점, ② 사용시점에서 계산하는 경우로 나누어서 계산하시오.

① 표준제품단위당 직접재료 표준허용투입량	3kg
② 표준직접재료 단위당 표준원가	@₩10
③ 당기중 실제 직접재료 실제구입량	4,000kg
④ 직접재료 단위당 실제매입원가	@₩12
⑤ 실제 소비된 원재료	3,000kg
⑥ 당기중 실제 생산된 제품	700개

[해　답]

수량(능률) 차이

{3,000kg − (700개 × 3kg)} × 10 = ₩9,000(불리)

가격차이

구입시점 : (₩12 − ₩10) × 4,000kg = ₩8,000(불리)

구입시 : (차) 직접재료	40,000*	(대) 현금등가물	40,000
	*4,000kg × 10 = 40,000.		
소비시 : (차) 재공품	21,000*	(대) 직접재료	30,000
재료수량차이	9,000		
	*(700개 × 3kg) × ₩10 = ₩21,000.		

소비시점 : (₩12 − ₩10) × 3,000kg = ₩6,000(불리)

구입시 : (차) 직접재료	30,000	(대) 현금등가물	30,000
사용시 : (차) 재공품	21,000	(대) 직접재료	36,000
재료수량차이	9,000		
재료가격차이	6,000		

2. 직접노무비차이(direct labor variance)

이는 표준직접노무비와 실제직접노무비의 차이를 말한다. 직접노무비차이는 임률차이와 시간(능률) 차이로 분류하여 계산한다.

첫째, 임률차이(rate variance)는 직접노동시간이 실제작업시간으로 고정시킨 상태에서 실제임률과 표준임률의 차이를 나타낸다. 이를 식으로 나타내면 다음과 같다.

직접노무비 임률차이 = (실제임률 − 표준임률) × 실제투입시간

둘째, 능률차이(efficiency variance)는 표준임률로 고정시킨 상태에서 실제투입시간과 실제산출량에 허용된 표준시간과의 차이를 말한다. 이를 식으로 나타내면 다음과 같다.

직접노무비 능률차이 = (실제투입시간 − 표준허용 투입시간*)
× 표준임률

*표준허용 작업시간 = 실제생산량 × 제품단위당 허용표준작업시간

즉 능률차이는 표준임률로 고정시킨 상태에서 실제작업시간과 실제산출량에 허용된 표준시간과의 차이가 원가에 미치는 영향을 나타내는 것이다.

직접노무비 임률차이와 능률차이의 회계처리는 다음과 같다.

차변		대변	
① 노무비지급시 :			
(차) 노무비	×××	(대) 현금등가물	×××
② 직접노무비의 소비시 :			
(차) 재공품	×××	(대) 노무비	×××
직접노무비 능률차이(불리)	×××	직접노무비 임률차이(유리)	×××

직접노무비 임률차이와 능률차이의 발생원인으로는 다음과 같은 점을 생각해 볼 수 있다.

① 부적당한 작업시간표준의 설정
② 노동자의 미숙련, 태만

③ 작업환경의 변경
④ 제품설계의 변경
⑤ 사용하는 기계공구의 변경
⑥ 종업원의 선택, 훈련 및 배치의 불량
⑦ 빈번한 노동이동

직접노무비 임률차이가 노동의 비효율적인 사용에 의해 발생하는 경우에는 생산부문관리자의 통제가능영역에 해당되므로 생산부문관리자가 책임을 져야 한다.

한편 직접노무비 임률차이가 시장에서의 노동수요증대에 따른 임금상승 때문에 발생한 것이라면, 이는 생산부문관리자가 통제할 수 없는 요소이므로 그에게 책임을 물을 수 없다. 이에 비해 능률차이는 전형적으로 생산부문관리자가 책임을 져 왔다.

그러나 특정 부문에서 작업이 늦어져 일정계획에 차질이 있었다면 그 부분에서 책임을 져야 하고, 저질의 노동력공급으로 인하여 능률차이가 발생하였다면 인사부서도 책임을 분담해야 한다.

[예제 2] 다음의 표준원가계산제도에 의하여 직접노무비의 임률차이와 능률차이를 계산하시오.

① 표준제품단위당 직접노무비 표준허용직접기계작업시간	2시간
② 표준직접노무비 시간당 표준임률	₩8
③ 실제직접기계작업시간	5,000시간
④ 시간당 실제임률	@₩7
⑤ 당기중 실제 생산된 제품은	2,000개

[해 답]

임률차이 : (₩7 − ₩8) × 5,000시간 = ₩5,000(유리)
능률차이 : {5,000시간 − (2,000개 × 2시간)} × ₩8 = ₩8,000(불리)

① 노무비지급시 :

(차) 노무비	35,000	(대) 현금등가물	35,000

② 직접노무비의 소비시 :

(차) 재공품	38,000	(대) 노무비	35,000
직접노무비 능률차이	5,000	직접노무비 능률차이	8,000

3. 제조간접비차이(overhead variance)

제조간접비 원가차이는 실제제조간접비와 표준제조간접비와의 차이를 말하며, 제조간접비 원가차이는 변동제조 간접비차이와 고정제조 간접비차이로 구분될 수 있다. 이것은 다음과 같이 나누어 분석할 수 있는데, 4분법, 3분법, 2분법 등이 있다. 제조간접비 원가차이분석은 제조간접비가 제품과 직접적인 관계가 없기 때문에 일반적으로 제품별 분석을 하지 않고 부문별로 파악하고 분석한다.

(1) 변동제조간접비차이(variable overhead variance)

이는 실제발생된 변동제조간접비와 실제산출량에 허용된 표준변동 제조간접비와의 차이를 말하며, 이는 변동제조간접비 소비차이와 능률차이로 분류하여 계산한다.

첫째, 소비차이(spending variance)는 변동제조간접비 실제발생액과 실제조업도(실제투입시간)에 허용된 표준변동 제조간접비와의 차이이다. 실제작업시간에 대한 예산액은 실제투입량에 근거한 변동예산액을 말한다.

$$\text{소비차이} = (\text{실제배부율} - \text{표준배부율}) \times \text{실제투입시간}$$

둘째, 능률차이(efficiency variance)는 실제투입시간에 허용된 표준변동 제조간접비와 실제산출량에 허용된 표준변동 제조간접비와의 원가차이를 나타낸다. 표준작업시간에 대한 예산액은 실제산출량에 근거한 변동예산액을 말하며, 이는 표준배부액이라고도 표현한다.

$$\text{능률차이} = (\text{실제투입시간} - \text{표준허용시간}) \times \text{표준배부율}^*$$

$$^*\text{표준배부율} = \frac{\text{변동제조 간접비예산}}{\text{예정(표준) 조업도}}$$

상기의 산식에 따라 관련된 회계처리를 하면 다음과 같다.

① 예정배부시			
(차) 재공품	×××	(대) 변동제조간접비	×××
② 실제발생액 집계시			
(차) 변동제조간접비	×××	(대) 각 비용항목	×××
③ 차이발생시(기말원가계산)			
(차) 변동제조간접비 소비차이	×××	(대) 변동제조간접비	×××
변동제조간접비 능률차이	×××		

변동제조간접비는 작업시간 등의 조업도에 따라 비례적으로 증감하기 때문에 각 조업도별 예산액은 비례적으로 변화한다. 이에 따라 표준배부율은 기준작업시간을 변화시켜도 항상 일정하게 유지한다. 그 이유는 기준작업시간이 변경되면, 이에 따라 변동제조간접비의 예산액도 비례적으로 변화하기 때문이다. 따라서 변동제조간접비의 예산액과 표준배부액은 항상 일치한다.

[예제 3] 다음 자료는 제조간접비 표준설정시 변동예산제도를 이용하고 있다. 변동제조간접비의 소비차이와 능률차이로 구분하여 계산하시오.

① 변동제조간접비 직접기계작업시간당 표준배부율	@₩12
② 특정 제품의 단위당 표준직접기계 작업시간	2시간
③ 기중 특정 제품의 실제생산량	500개
④ 실제 직접기계작업시간	1,500시간
⑤ 실제변동제 간접비배부율	@₩13

[해 답]

소비차이 : (₩13 − ₩12) × 1,500시간 = ₩1,500(불리)
능률차이 : {1,500시간 − (500개 × 2시간)} × ₩12 = ₩6,000(불리)

① 예정배부시 :			
(차) 재공품	12,000	(대) 변동제조간접비	12,000
② 실제발생액 집계시 :			
(차) 변동제조간접비	18,500	(대) 각 비용항목	18,500
③ 차이발생시			
(차) 변동제조간접비 소비차이	1,500	(대) 변동제조간접비	7,500
변동제조간접비 능률차이	6,000		

(2) 고정제조간접비차이(fixed overhead variance)

이는 고정제조간접비 실제발생액과 고정제조간접비 제품에 배부액과의 차이를 말하며, 여기에서 고정제조간접비 배부액은 실제생산량에 허용된 표준조업도에 조업도단위당 고정제조간접비 표준(예정) 배부율(predetermined fixed overhead rate)을 곱한 금액이다. 따라서 고정제조 간접비차이를 식으로 나타내면 다음과 같다.

$$\text{고정제조간접비차이} = \text{실제발생액} - (\text{실제생산량에 허용된 표준조업도} \times \text{조업도단위당 예정배부율})$$

여기에서 기준조업도는 고정제조간접비 표준(예정) 배부율을 산정하는 데 사용되는 조업도로서 직접노동시간, 기계시간, 원재료사용량 등으로 표현된다. 고정제조간접비는 관련범위 내에서는 조업도의 변동에 관계 없이 일정하다. 그러므로 기준조업도를 어디로 설정하느냐에 따라 고정제조간접비 표준배부율은 변화한다. 즉 관련범위 내에서 고정제조간접비 예산액은 일정하므로 기준조업도가 커지면 고정제조간접비 표준배부율은 작아지고, 기준조업도가 작아지면 고정제조간접비 표준배부율은 커진다.

고정제조간접비 차이는 소비(예산) 차이(spending or budget variance)와 조업도차이(production volume variance)로 분류하여 계산한다.

첫째, 소비(예산) 차이(budget variance)는 고정제조간접비의 실제발생액과 예산액 간의 차이이다.

$$\text{소비(예산) 차이} = (\text{실제조업도} \times \text{고정제조간접비 실제배부율*}) - (\text{기준조업도} \times \text{고정제조간접비 표준배부율**})$$

$$\text{*고정제조간접비 실제배부율} = \frac{\text{고정제조간접비 실제액}}{\text{실제시간(조업도)}}$$

$$\text{**고정제조간접비 표준배부율} = \frac{\text{고정제조간접비 예산액}}{\text{기준시간(기준조업도)}}$$

고정제조간접비는 조업도와 관계 없이 일정하게 발생하므로 투입, 산출 사이에 비례관계가 존재하지 않는다. 따라서 고정제조간접비 예산은 조업도가 변동하더라도 변화하지 않고 실제조업도에서나 실제생산량에 허용된 표준조업도에서 모두 동일하며, 그 결과 고정제조간접비에 있어서는 능률차이가 인식되지 않는다. 다시 말하면 고정제조간접비에서는 투입, 산출 사이에 비례관계가 존재하지 않으므로 능률적 관리에 의해서 이를 변화시킬 수 없다. 그러므로 고정제조간접비에서 능률차이는 발생되지 않고, 원가통제목적상 실제발생액과 예산을 총액으로 비교하여 그 차이 전액을 소비차이로 관리한다.

둘째, 조업도차이(volume variance)는 고정제조간접비의 예산액과 표준시간에 대한 표준배부액 간의 차이이다. 이러한 조업도차이를 생산량차이, 생산능력차이 또는 유휴설비차이라고도 한다.

$$\begin{aligned}\text{조업도차이} &= (\text{기준조업도} \times \text{고정제조간접비 표준배부율}) \\ &\quad - (\text{표준조업도} \times \text{고정제조간접비 표준배부율})\end{aligned}$$

제품원가계산 목적상 고정제조간접비 예정배부율에 의한 배부액과 예산과는 차이가 발생하게 되는데, 이는 실제생산량에 허용된 표준조업도와 기준조업도가 다르기 때문에 생기는 차이이므로 조업도차이라고 한다. 고정제조간접비 조업도차이는 원가통제목적상 중요한 의미를 갖지는 못하지만, 외부보고용의 제품원가계산 목적상 자산평가 및 이익결정에는 중요하기 때문에 고정제조간접비 차이분석에 포함되는 것이다.

그러면 고정제조간접비 차이에 관련된 분개를 해 보기로 하자

차변		대변	
① 예정배부시			
(차) 재공품(배부액)	×××	(대) 고정제조간접비	×××
② 실제발생액 집계시			
(차) 고정제조간접비	×××	(대) 각 비용항목	×××
③ 차이발생시(원가계산기 말)			
(차) 고정제조간접비			
고정제조간접비 조업도 차이	×××	(대) 고정제조간접비 소비차이	×××

[예제 4] 다음 자료는 제조간접비 표준설정시 고정예산제도를 이용하고 있다. 고정제조간접비의 소비(예산) 차이와 조업도차이로 구분하여 계산

하시오.

① 고정제조간접비 예산액 ₩50,000이고, 기준조업도	10,000시간
② 특정 제품의 단위당 표준직접 기계작업시간	2시간
③ 기중 특정 제품의 생산량	4,000개
④ 실제직접 기계작업시간	11,000시간
⑤ 실제고정제조 간접비발생액	₩40,000

[해 답]

① 고정제조간접비 표준(예정) 배부율 : ₩50,000/10,000시간 = ₩9
② 소비(예산) 차이 : ₩40,000 − (10,000시간 × ₩9) = ₩10,000(유리)
조업도차이 : (10,000시간 × ₩9) − [(4,000개 × 2시간) × ₩9] = ₩18,000(불리)

제조간접비 원가차이가 발생하는 원인이 무엇인지를 살펴보기로 하자.

⇨ 능률차이
① 간접재료의 낭비
② 간접노동작업의 비능률
③ 노동자의 부족

⇨ 소비(예산) 차이
① 공원의 임금수준 및 용역비의 변동
② 제조간접비의 계절적 변동
② 제조간접비의 낭비

⇨ 조업도차이
① 시장수요의 감소
② 계절적인 변동
③ 부적합한 기준조업도
④ 기계설비의 고장

(3) 제조간접비차이의 분석방법

1) 4분법(four-way analysis)

앞에 설명한 것과 같이 제조간접비를 변동제조간접비와 고정제조간접비로 명확히 구분할 수 있다고 가정하여 제조간접비차이를 계산하는 방법을 제조간접비차이의 4분법(four-way analysis)이라고 한다. 즉 변동제조간접비 차이를 소

[그림 9-2]

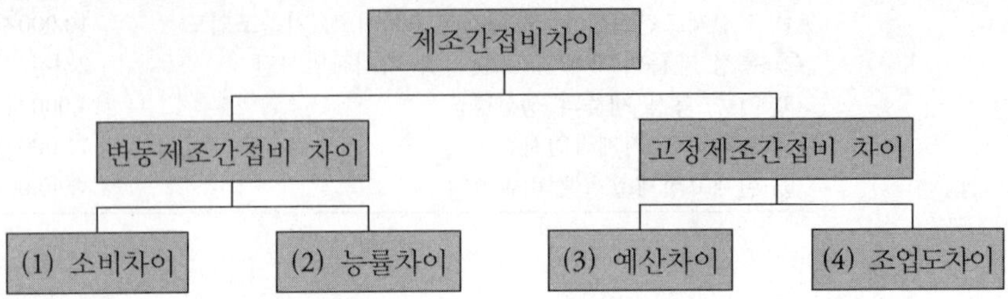

비차이와 능률차이로, 고정제조간접비 차이를 소비(예산) 차이와 조업도차이로 분리하는 방법이다.

2) 3분법(three-way analysis)

제조간접비 실제발생액을 변동제조간접비와 고정제조간접비로 구분할 수 없는 경우에 제조간접비차이를 예산차이, 능률차이, 조업도차이의 세 가지로 구분하여 계산하는 방법을 3분법(three-way analysis)이라고 한다. 이와 같이 하는 이유는 전력료나 수선유지비와 같은 준변동비는 임의적으로 변동비부분과 고정비부분으로 나누어서 4분법을 사용하여 자세히 분석을 하더라도 별로 실익이 없기 때문이다.

3분법과 4분법의 차이점은 변동제조간접비 소비차이와 고정제조간접비 소비(예산) 차이를 하나로 묶어서 제조간접비 예산차이로 인식한다는 점이다. 왜냐하면 제조간접비 실제발생액을 변동비부분과 고정비부분으로 구분하지 않으므로 변동제조간접비 소비차이와 고정제조간접비 소비(예산) 차이를 별도로 인식할 수 없기 때문이다.

[그림 9-3]

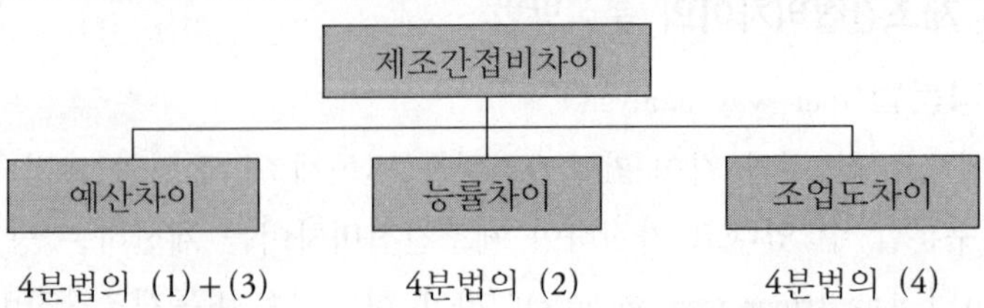

3) 2분법(two-way analysis)

2분법은 제조간접비차이를 변동비부분과 고정비부분으로 구분하지 않고, 제조간접비 예산차이와 제조간접비 조업도차이의 두 가지로 구분하여 계산하는 방법이다. 이 때 제조간접비 예산차이를 통제가능차이라고 한다.

[그림 9-4]

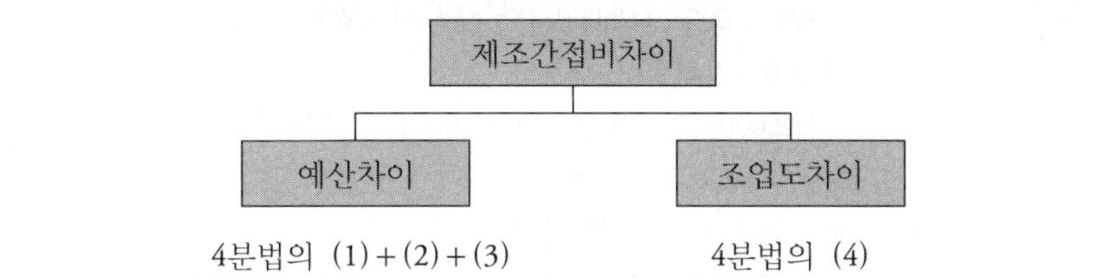

2분법과 4분법의 차이점은 4분법의 고정제조간접비 조업도차이를 제외한 나머지 차이를 묶어서 제조간접비 예산차이로 인식한다는 점이다.

지금까지는 제조간접비를 세분하여 분석하였다. 이를 4분법을 토대로 3분법, 2분법에 의한 차이계산을 요약하면 다음과 같다.

4분법	3분법	2분법
변동제조간접비 소비차이	→ 제조간접비 예산차이	→ 관리가능차이 (예산차이)
고정제조간접비 예산차이		
고정제조간접비 능률차이	→ 제조간접비 능률차이	
고정제조간접비 조업도차이	→ 제조간접비 조업도차이	→ 조업도차이

[예제 5] (주)원광은 표준원가계산 제도를 채택하고 있다. 이 제조간접비 관련자료를 토대로 제조간접비차이를 4분법, 3분법, 2분법에 의하여 계산하시오.

① 고정제조간접비 예산	₩400,000
② (주)원광의 제품단위당 표준기계작업 시간	2시간
③ 변동제조간접비 표준배부율(기계작업시간당)	@₩15
④ 기준조업도(기계작업시간) 10,000시간, 실제기계작업시간	12,000시간
⑤ 제품의 실제생산량	4,000개

⑥ 실제제조간접비 발생액

변동제조간접비	₩190,000
고정제조간접비	₩450,000

[해 답]

① 4분법 이용의 경우

변동제조간접비 소비차이

₩190,000 − (12,000시간 × ₩15) = ₩10,000(불리)

변동제조간접비 능률차이

(12,000시간 × ₩15) − [(4,000개 × 2시간) × ₩15]
= ₩60,000(불리)

고정제조간접비 예산차이

₩450,000 − (10,000시간 × ₩40) = ₩50,000(불리)

고정제조간접비 조업도차이

(10,000시간 × ₩40) − [(4,000개 × 2시간) × ₩15]
= ₩280,000(불리)

② 3분법 이용의 경우

예산차이

(₩190,000 + ₩450,000) − [(12,000시간 × ₩15) + (10,000시간 × ₩40)]
= ₩60,000(불리)

능률차이

(12,000시간 × ₩15) − [(4,000개 × 2시간) × ₩15]
= ₩60,000(불리)

조업도차이

(10,000시간 × ₩40) − [(4,000개 × 2시간) × ₩15]
= ₩280,000(불리)

③ 2분법 이용의 경우

관리가능차이

(₩190,000 + ₩450,000) − [(4,000개 × ₩15 × 2시간) + (10,000시간 × ₩40)] = ₩120,000(불리)

조업도차이

(10,000시간 × ₩40) − [(4,000개 × 2시간) × ₩15]
= ₩280,000(불리)

제 3 절 배합차이와 수율차이

특정한 제품을 생산하는 데 다양한 종류의 원재료 및 직접노동을 투입하여 생산하는 경우에는 직접재료비 또는 직접노무비의 수량(능률) 차이를 배합차이와 수율차이로 분류할 수 있다. 이것을 이해하기 위해서는 먼저 생산요소의 배합과 수율에 대하여 살펴보아야 한다.

먼저 배합(mix)이란 다양한 종류의 원재료 및 노동력을 투입하여 한 종류의 제품을 생산하는 경우, 그 제품의 생산에 투입된 전체의 양 가운데 특정의 양이 차지하는 상대적인 비율을 말한다.

$$\text{배합비율} = \frac{\text{특정 생산요소의 양}}{\text{전체생산요소의 양}} \times 100(\%)$$

반면에 수율(yield)이란 생산요소(원재료, 노동력)의 투입량에 대한 제품산출량의 비율을 말한다.

$$\text{수율} = \frac{\text{제품산출량}}{\text{생산요소의 투입량}} \times 100(\%)$$

생산요소에 대해서는 가격차이와 능률차이가 발생하는데, 이 양자 사이에는 서로 상반관계(trade-off)가 존재하게 된다. 예를 들어 질이 낮은 값싼 원재료를 사용하면 직접재료비 가격차이가 유리하게 나타나지만 그로 인해 직접재료비 수량(능률) 차이가 불리하게 나타나며, 그로 인해 직접노무비 능률차이가 불리하게 나타난다. 이와 마찬가지로 다양한 종류의 원재료를 투입하여 한 종류의 제품을 생산하는 경우에 나타나는 상반관계는 배합차이와 수율차이로 설명할 수 있다.

배합차이(mix variance)란 대체투입이 가능한 원재료와 노동력의 표준투입비율이 실제투입비율과 상이함으로써 나타나는 직접재료비와 직접노무비의 차이를 말하며, 수율차이(yield variance)란 표준비율과 실제수율이 상이함으로써 나타나는 직접재료비나 직접노무비의 차이를 말한다. 따라서 원재료나 노동력의 대체투입이 불가능한 경우나 단일원재료와 단일노동력의 경우에 배합차이는 영(zero)이 되며, 수율차이는 직접재료비 수량차이나 직접노무비 시간차이와 동일하게 된다.

배합차이와 수율차이의 계산식은 다음과 같다.

①	②	③
실제원가	표준배합률로 사용된 수량의 표준원가	실제산출량에 허용된 표준원가
(실제투입량×표준가격)	(실제총투입량*×예산배합**×표준가격)	(표준투입량×표준가격)

①－②＝배합차이　②－③＝수율차이

수량(능률) 차이

* 실제의 전체사용수량

** 예산배부액.

상기의 식은 배합차이는 다양한 직접재료 및 직접노무비의 실제배합률과 표준배합률이 다르기 때문에 발생하는 수량(능률) 차이이며, 수율차이는 수량(능률) 차이 중 배합차이를 제외한 순수한 수량(능률) 차이로서 수율의 변화에 따라 발생하는 차이이다. 그러나 제품을 생산하는 데 재료의 배합이 정확하게 정해져 있는 자동차, 컴퓨터, 라디오 등의 제품과 같이 경영자가 투입재료의 물량배합에 대한 재량권이 없는 경우에는 배합차이는 존재하지 않는다. 따라서 이러한 경우의 수량차이는 모두 수율차이를 의미하게 된다. 반면에 제품의 품질에 영향을 주지 않고 직접재료비 및 직접노무비의 배합에 융통성이 있는 사료, 직물, 화학제품 등의 제품과 같은 경우에는 배합차이와 수율차이를 분석함으로써 선택된 배합이 수율과 배합 간의 올바른 교환에 근거한 것인가에 대한 통찰력을 제공하여 준다.

[예제 6] 다음 자료에 의하여 재료의 수량차이를 계산하고, 이를 다시 배합차이와 수율차이로 구분하여 계산하시오.

〈자료 1〉

원재료	제품단위당 표준허용수량	kg당 표준원가	실제 투입수량	실제원가
A	4kg	₩16,000	30kg	₩25,000
B	6kg	₩12,000	50kg	₩15,000

〈자료 2〉 당월중의 제품생산량은 30개다.

[해 답]

① 재료수량차이

A : {(30개×4kg) − 30kg}×₩16,000 = ₩1,440,000(유리)

B : {(30개×6kg) − 50kg}×₩12,000 = ₩1,560,000(유리)

② 배합차이

A : {(30kg − (80kg×40%)}×₩16,000 = ₩32,000(불리)

B : {(50kg − (80kg×60%)}×₩12,000 = ₩24,000(불리)

③ 수율차이

A : {(80kg×40%) − (30개×4kg)}×₩16,000 = ₩1,408,000(유리)

B : {(80kg×60%) − (30개×6kg)}×₩12,000 = ₩1,584,000(유리)

제 9 장 Key Words

변동예산(flexible budget)
A summary of expected costs for a range of activity levels, geared to changes in the level of productive output; also called variable budget.

제조간접비 조업도차이(manufacturing overhead volume variance)
The difference between the manufacturing overhead costs budgeted for the level of production achieved and the manufacturing overhead costs applied to production using the standard variable and fixed manufacturing overhead rates.

직접노무비 능률차이(direct labor efficiency variance)
The difference between the standard direct labor hours allowed for the good units produced and the actual direct labor hours worked, multiplied by the standard direct labor rate.

직접노무비 임률차이(direct labor rate variance)
The difference between the standard direct labor rate and the actual direct labor rate, multiplied by the actual direct labor hours worked.

직접노무비 임률표준(direct labor rate standards)
The hourly direct labor costs that are expected to prevail during the next accounting period for each function or job classification.

직접노무시간 표준(direct labor time standard)
The expected time required for each department, machine, or process to complete the production of one unit or one batch of output.

직접재료 가격차이(direct materials price variance)
The difference between the standard price and the actual price, multiplied by the actual quantity purchased.

직접재료 가격표준(direct materials price standard)
A careful estimate of the cost of a specific direct material in the next accounting period.

직접재료 수량차이(direct materials quantity variance)
The difference between the standard quantity and the actual quantity used, multiplied

by the standard price.

직접재료 수량표준(direct materials quantity standard)
An estimate of the amount of direct materials expected to be used, influenced by product engineering specifications, the quality of direct materials, the age and productivity of machinery, and the quality and experience of the work force.

차이(variance)
The difference between a standard cost and an actual cost.

차이분석(variance analysis)
The process of computing the differences between standard (or budgeted) costs and actual costs and identifying the causes of those differences.

총 제조간접비 차이(total manufacturing overhead variance)
The difference between the actual manufacturing overhead costs incurred and the standard manufacturing overhead costs applied to production using the standard variable and fixed manufacturing overhead rates.

총 직접노무원가 차이(total direct labor cost variance)
The difference between the standard direct labor cost for the good units produced and the actual direct labor costs incurred.

총 직접재료원가 차이(total direct materials cost variance)
The difference between the standard cost of direct materials and the actual cost incurred for those items.

표준고정제조 간접비배부율(standard fixed manufacturing overhead rate)
Total budgeted fixed manufacturing overhead costs divided by an expression of capacity, usually normal capacity in terms of standard hours of units.

표준변동제조 간접비배부율(standard variable manufacturing overhead rate)
Total budgeted variable manufacturing overhead costs divided by an expression of capacity, such as the expected number of standard machine hours of standard direct labor hours.

표준원가(standard costs)
Realistically predetermined costs that are developed from analyses of both past and projected future costs and operating conditions.

표준원가계산(standard costing)

A budgetary control technique with three components : a standard, or predetermined, performance level; a measure of actual performance; and a measure of the difference, or variance, between the standard and the actual performances.

표준제조간접 원가(standard manufacturing overhead cost)

The sum of the estimates for variable and fixed manufacturing overhead costs in the next accounting period.

표준직접노무 원가(standard direct labor cost)

The standard wage for direct labor multiplied by the standard hours of direct labor.

표준직접재료 원가(standard direct materials cost)

The standard price for direct materials multiplied by the standard quantity for direct materials.

연습문제

* After reading the each problems, Choose the best item.

1. The direct labor efficiency variance is the difference between standard direct labor hours allowed for the good units produced and the :

A. standard hours allowed and standard rate per hour.

B. actual direct labor hours worked, multiplied by the standard direct labor rate.

C. direct labor rate per hour.

D. none of the above.

2. An unfavorable manufacturing overhead volume variance will exist when :

A. budgeted manufacturing overhead for the level of production is less than manufacturing overhead applied.

B. total manufacturing overhead is less than the predetermined overhead rate.

C. budgeted manufacturing overhead for the level of production exceeds standard manufacturing overhead applied.

D. none of the above obtain.

3. Which of the following is the correct formula to determine the direct materials price variance?

A. (standard price − actual quantity) actual price

B. (standard price − actual price) standard quantity

C. (standard price − actual price) actual quantity

D. (standard price − actual quantity) actual price

4. Which of the following is not an element of a standard unit cost?

A. direct materials price standard

B. actual direct labor costs

C. direct labor rate standard

D. All of the above are included in a standard unit cost.

5. A cost variance is :

A. the difference between the cost of a product and its selling price.

B. a measure of risk.

C. a necessary part of the production process.

D. the difference between actual performance and a standard performance level.

E. the difference between actual costs in two successive time periods.

6. A standard cost is :

A. the actual cost of a unit of production.

B. a budget for the production of one unit of a product or service.

C. useful in calculating equivalent units.

D. the average cost within the industry.

E. the cost from prior year.

7. Which of the following are methods for setting standards?

A. analysis of historical data and the high-1ow method

B. task analysis and analysis of historical data

C. task analysis and the high-1ow method

D. budgetary analysis and scatter diagrams

E. scatter diagrams and the high-low method

8. A standard which assumes a production process that is efficient under normal operating conditions is a(n) :

A. bogey standard.

B. perfection standard.

C. attainable standard.

D. average standard.

E. operating standard.

9. A price variance is represented by :

A. (AQ − SQ).

B. (AP − SP).

C. (AP − SP)AQ.

D. (AQ − SQ)(AP − SP)

E. AP(AQ − SQ).

10. A quantity variance is represented by :

A. SQ(AP − SP).

B. (SQ)(AQ).

C. (AQ − SQ).

D. (AQ − SQ)(AP − SP).

E. SP(AQ − SQ).

11. Which department typically has the primary responsibility for an unfavorable materials usage variance?

A. quality control

B. purchasing

C. engineering

D. production

E. receiving

12. A debit balance in the labor efficiency variance indicates that :

A. standard hours exceed actual hours.

B. actual hours exceed standard hours.

C. standard rate times standard hours exceeds actual rate times actual hours.

D. actual rate times actual hours exceeds standard rate times standard hours.

E. actual rate exceeds standard rate.

13. The manager generally responsible for the direct material price variance is the :

A. sales manager.

B. production supervisor.

C. purchasing manager.

D. finance manager.

E. personnel manager.

14. The production supervisor generally does not influence the :

A. direct material quantity variance.

B. direct labor rate variance.

C. direct labor efficiency variance.

D. direct material price variance.

E. number of units produced.

* Data for problems 15–17.

Sosnow Manufacturing Company has a standard costing system. The company's main product is copper water pipe, which is made in a single department. The standard variable costs for one unit of finished pipe are following :

direct materials = 3 meters @$12.5 per meter = $37.5
direct labor = 1.2 hours @$9 per hour = $10.80
variable manufacturing overheads = 1.2 hours @$5 = $6
units produced = 12,000 units

15. If Copper(direct materials) were purchased 37,500 meters by @$12.4 per meters, What are the direct material variances?

A. $14,000 U

B. $14,000 F

C. $15,000 U

D.$15,000 F

16. If actual direct labor consisted of 15,250 hours at @$9.2 per hour, what are the direct labor variances?

A. $10,400 U

B. $10,400 F

C. $10,700 U

D. $10,700 F

17. What are the total direct materials and direct labor variances?

A. $24,400 F

B. $24,400 U

C. $25,700 F

D. $25,700 U

* Problem 18-19.

Sahlen Company uses a standard cost accounting system in its glass division. The standard cost of making one glass windshield is :

direct materials(60 lb @ $1/1b)	$ 60.00
direct labor(3hr @ $10/hr)	30.00
manufacturing overhead(3 hr @ $8/hr)	24.00
total standard unit cost	$114.00

The current variable manufacturing overhead rate is $3 per labor hour and the budgeted fixed manufacturing overhead is $27,000.

During January, the division produced 1,650 windshields.

The actual cost per windshield was followings;

direct materials(58 lb @ $1.10/lb)	$ 63.80
direct labor(3.1hr @ $10/hr)	31.00
manufacturing overhead $39,930/1,650 products)	24.20
total actual unit cost	$119.00

18. The total direct material quantity variance for January is :

A. $9,570(U).

B. $9,570(F).

C. $3,300(F).

D. $3,300(U).

19. What is the labor rate variance for January?

A. 0

B. $1,650(U)

C. $1,920(F)

D. $1,650(F)

20. Consider the following information.

direct material purchased and used	30,000 pounds
actual cost of direct material purchased and used	$84,000
unfavorable direct material quantity variance	3,000
standard quantity of direct material allowed for May production	29,000 pounds

The direct material price variance is calculated to be :

A. $2,800 F.

B. $2,800 U.

C. $6,000 U.

D. $6,000 F.

E. $3,000 F.

21. Consider the following information.

actual direct labor hours	34,500
standard direct labor hours	35,000
total actual direct labor cost	$241,500
direct labor efficiency variance	$3,200 F

The direct labor rate variance is calculated to be :

A. $17,250 U.

B. $20,700 U.

C. $21,000 U.

D. $21,000 F.

E. $20,700 F.

* Use the following information in solving multiple choice problems 22 through 25.

cost standards :		
direct material	3 pounds at $2.50 per pound	$7.50
direct labor	5 pounds at $7.50 per hour	$37.50
actual results :		
units produced	7,800 units	
direct material purchased	25,000 pounds at $2.60	$65,000
direct material used	23,100 pounds	
direct labor	40,100 hours at $7.30	$292,730

22. The direct material quantity variance is calculated an be :

A. $750 F.

B. $800 F.

C. $750 U.

D. $875 U.

E. $780 F.

23. The direct material price variance is calculated to be :

A. $2,300 F.

B. $2,400 U.

C. $2,500 U.

D. $2,000 F.

E. $2,000 U.

24. The direct labor rate variance is calculated to be :

A. $8,010 F.

B. $8,000 U.

C. $7,950 F.

D. $8,020 F.

E. $7,800 F.

25. The direct labor efficiency variance is calculated to be :

A. $8,000 F.

B. $8,000 U.

C. $8,250 U.

D. $8,250 F.

E. $8,030 U.

＊Use the following information in solving multiple choice problems 26 and 27.

I-Wear Optometric determined the following variances had occurred during the month of September.

direct labor rate variance $6,250 F
direct labor efficiency variance $5,800 U

The company made 1,600 pairs of eyeglasses during the month using 2,000 direct labor hours. The standard wage rate per hour is $14.50.

26. The actual wages paid during September are calculated to be :

A. $22,750.

B. $23,200.

C. $29,000.

D. $34,800.

E. $35,350.

27. The standard wages for September's output are calculated to be :

A. $35,350.

B. $34,800.

C. $29,000.

D. $23,200.

E. $22,750.

28. If XYZ Co. purchased 30,000 pounds of brass metal at an actual price of $7.10 per pound(standard price is $7.00 per pound), the direct material price variance account should be :

A. debited for $3,000.

B. credited for $3,000.

C. debited for $1,500.

D. credited for $1,500.

E. debited for $4,500.

29. A company using a standard costing system uses an actual quantity of 1,100 pounds of material at an actual cost of $1.20 per pound. The standard quantity allowed was 1,000 pounds at a standard cost of $1.00 per pound. After the goods are completed and transferred from work-in-process inventory, what is the cost of direct material that would appear in finished goods inventory?

A. $1,000
B. $1,100
C. $1,200
D. $1,320
E. $ − 0 −

30. A company using a standard costing system uses an actual quantity of 520 direct labor hours at an actual cost of $5.90 per hour. The direct labor hours quantity allowed was 500 hours at a standard cost of $6.00 per hour. What is the cost of direct labor that would appear in work-in-process inventory?

A. $3,068
B. $3,120
C. $2,950
D. $3,000
E. $ − 0 −

* Use the following information in solving multiple choice problems 31 through 35.

Flexer Company has set the following standards for the production of one unit of product. Normal production each month is 500 units.

direct material : 8 pounds at $6.50 per pound $52.00
direct labor : 4 pounds at $7.00 per hour 28.00

During lune, actual production amounted to 420 units. All direct material was purchased and used this month. Actual costs amounted to :

direct material : 3,500 pounds $21,875
direct labor : 1,720 hours 12,212

31. The direct material price variance for June production is calculated to be :

A. $1,000 U.

B. $840 F.

C. $840 U.

D. $875 F.

E. $875 U.

32. The standard material quantity allowed for June production is calculated to be :

A. 4,000 pounds.

B. 3,500 pounds.

C. 3,360 pounds.

D. 500 pounds.

E. 420 pounds.

33. The direct material quantity variance for June production is calculated to be :

A. $35 U.

B. $875 U.

C. $910 U.

D. $875 F.

E. $3,250 F.

34. The direct labor rate variance for June production is calculated to be :

A. $452 U.

B. $172 U.

C. $200 U.

D. $168 U.

E. $280 U.

35. The direct labor efficiency variance for June production is calculated to be :

A. $452 U.

B. $172 U

C. $280 U.

D. $284 F.

E. $452 F.

제 10 장

책임회계시스템과 균형성과표

■ **학습목표**

본 장에서는 책임회계시스템과 균형성과표를 소개하고 있다.

본 장을 공부하고 난 후 다음과 같은 내용의 능력을 갖추어야 한다.

① 집권화와 분권화에 대한 설명
② 분권화의 장점과 단점에 대한 이해
③ 전통적 회계와 책임회계의 비교
④ 책임중심점의 유형(원가, 수익, 이익, 투자중심점) 에 대한 설명
⑤ 균형성과표에 대한 설명

제 1 절 조직구조의 본질

1. 조직구조의 개념

조직구조는 조직구성원들의 상호 작용에 일정한 질서나 유형이 생길 때 나타나는 현상으로 조직을 구성하는 부문간의 확립된 관계의 유형이라고 할 수 있고, 따라서 조직구조는 조직활동의 형태와 기준 및 조직부서간 조절방법 등을 규정한다. 조직에는 많은 조직구성원들이 있고, 조직의 목표를 제대로 달성하려면 이들 구성원들 간의 관계를 체계화하는 것이 중요하다. 이와 같이 구성원들 간의 체계를 만들어 나가는 과정에서 조직구조가 형성되고, 이러한 조직구조에 따라서 전체조직체의 행동은 물론 조직체의 성과도 영향을 받게 된다.

조직은 그 업종과 목표, 그리고 규모에 따라서 조직구조가 달라질 수 있다. 즉 제조기업, 유통업, 서비스업 등 조직체의 업종에 따라 조직구조가 다를 수 있고, 동일업종 내에서도 조직규모 및 조직의 목표에 따라서 조직구조가 다를 수 있다. 업종 및 조직규모 이외에도 다양한 상황변수(예 : 조직규모, 조직기술, 조직환경 등)가 조직구조에 영향을 미치는데, 조직은 이렇게 주어진 환경에서 조직 그 자체의 목표달성을 추구한다.

[그림 10-1] 조직구조의 구성요소와 상황요인들과의 관계

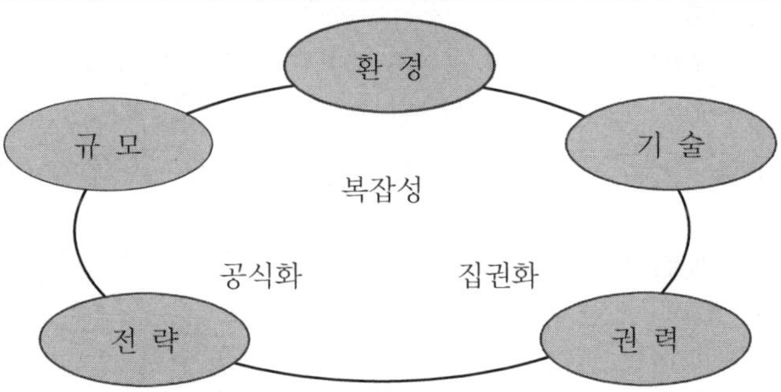

2. 집권화와 분권화

(1) 의 의

집권과 분권은 상대적인 개념으로 어떤 조직도 완전한 집권화나 분권화는 있을 수 없으며, 양자 사이에는 항상 균형이 필요하다.

집권화와 분권화는 조직계층 상하간의 권한분배를 기준으로 하여 분류하는 것으로, 일반적으로 집권이란 의사결정의 권한이 중앙 또는 상위기관에 체계적으로 유보되어 있는 것을 의미하며, 분권이란 의사결정권한이 지방 또는 하급기관에 위임되어 있는 것을 의미한다.

즉 집권적 또는 분권적 조직형태는 주로 권한위임의 정도에 따라 결정된다. 하위계층에 권한이 많이 위임될수록 분권적 조직구조로 간주되며, 권한이 제한되어 상위계층에 많은 권한이 집중되어 있을수록 집권적 구조라 한다. 즉 집권화는 조직 내의 의사결정권한의 분포를 의미하는 것이지 지리적인 분포를 의미하는 것이 아니다.

(2) 분권조직의 의의와 장·단점

경영자가 조직의 분권화의 정도를 결정하는 데에는 그로 인한 장점과 단점을 비교하고 평가하여야 한다. 분권화에 대한 장·단점은 다음과 같이 살펴볼 수 있다.

〈분권화의 장점〉

① 최고경영자들은 일상적인 업무에 대한 부담을 줄이고, 보다 중요한 전략적 의사결정에 더 많은 시간을 할애할 수 있다.
② 하위관리자들은 자율성의 확대로 스스로의 능력을 발휘하는 계기가 되며, 창의적인 경영과 동기유발의 효과가 있다.
③ 책임회계제도의 도입으로 부문경영자들의 독자적인 책임의식의 강화로 성과증대에 효과가 있다.
④ 다방면의 경영전문가들의 유입활용과 경영기법의 활용으로 전문경영을 실현할 수 있다.
⑤ 조직내부에서 하부의 부문경영자들에게 여러 가지 의사결정에 경험의 기회를 확대하여 그들의 자질을 향상시켜 후계자양성을 용이하게 할 수 있다.

〈분권화의 단점〉

① 전체조직의 목표와 부문 또는 부문관리자 간의 목표일치(goal congruence)가 되지 않아서 기업 전체적인 입장에서 손실을 가져오는 역기능적 의사결정(disfunctional decision making)이 일어날 수 있다.

② 부문관리자의 위험회피적 성향이 기업 전체적인 입장에서 바람직하지 못한 차선의 의사결정을 가져올 수 있다.

③ 부문관리자가 재량권을 이용하여 일정부문의 최적행동을 결정함으로써 기업 전체적으로는 불필요한 비용, 즉 대리인비용(agency cost)을 발생시킬 수 있다.

④ 조직의 분권화로 광고 및 정보시스템 등에 대한 투자의 중복으로 인해 기업 전체의 입장에서 비용이 과다하게 지출될 수 있다.

(3) 분권화조직의 효율성과 선택기준

경영조직에 있어 분권화조직(decentralized organization)이 좋으냐, 집권화조직(centralized organization)이 좋은가의 문제는 조직의 유형이나 성격에 따라 다르게 될 것이다. 실제로 완전한 집권화조직이나 완전한 분권화조직은 존재하지 않는다. 완전한 집권화란 최고경영자 한 개인에게 모든 권한과 책임이 집중되고, 모든 하위경영자는 어떠한 권한도 책임도 가지지 않게 되는 것이기 때문에 완전한 집권화조직도 없으며, 어떠한 완전한 분권화도 없다.

결국 모든 조직의 분권화란 분권화의 정도(degree of decentralization)의 문제라고 할 수 있다. 분권화의 정도를 선택할 때, 즉 어느 정도의 분권화가 기업에게 가장 유리할 것인가에 대해서는 분권화로 인한 효익(decentralized benefit)이 분권화로 인한 비용(decentralized expense)을 가장 크게 초과하는 수준에서 결정되어야 한다.

일반적으로 [그림 10-2]에서 보는 바와 같이 분권화에 따른 효익은 초기단계에서는 급상승하다가 분권화의 정도가 커지게 되면서 차츰 완만해지는 곡선을 그리게 되지만, 분권화로 인한 비용은 분권화의 정도가 낮을 때에는 완만하게 증가하다가 어느 수준을 넘으면 급상승하는 곡선을 그리는 것으로 알려져 있다. 따라서 최적의 분권화의 선택은 분권화로 인한 순효익이 가장 크게 나타나는 D의 점이 된다.

일반적으로 대기업에서는 분권화의 정도가 크게 나타나고 있는데, 이와 같은 현상은 분권화로 인한 장점이 단점보다 상대적으로 크게 되는 것이 많음

[그림 10-2] 분권화정도의 선택

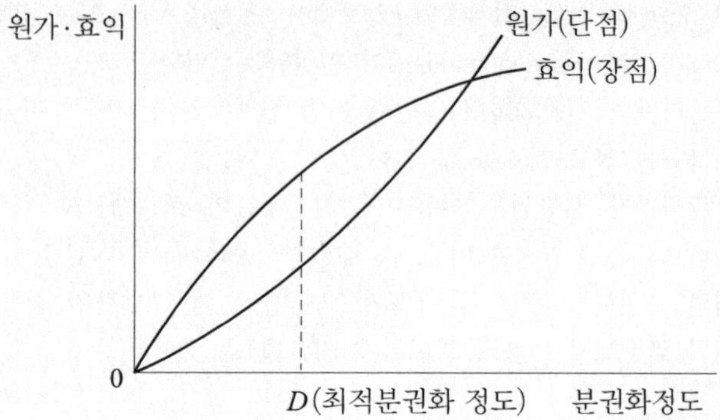

을 나타낸다. 그러나 분권화는 부문 상호간의 심각한 경쟁으로 인한 부조화로 역기능적 의사결정이 이루어지는 경우가 많으므로, 전체조직과 각 부문 간의 목표일치가 잘 이루어져서 역기능적 행동의 발생을 줄이기 위해서는 다음과 같은 조건을 갖추는 것이 중요하다.

① 조직 내에서 제한된 자원의 사용에 대하여 부문간 경쟁이 없어야 한다.
② 동일시장에서의 매매에 관하여 부문간의 경쟁이 없어야 한다.
③ 부문간 제품의 내부이전이 적어야 한다.
④ 부문간 조정이나 다른 부문목표를 고려하지 않고 의사결정을 할 수 있고, 그 의사결정은 목표일치성을 유지하여야 한다.

제 2 절 책임회계의 본질

1. 책임회계의 의의

책임회계(responsibility accounting)란 수익성회계 또는 활동성회계라고도 불리우는 것으로 전체의 조직을 권한과 책임을 지는 사업별로 세분하여 이들 각 책임중심점별로 경영의 계획과 통제를 수행하는 회계시스템이라 할 수 있다. 여기에서 말하는 사업별인 책임중심점(responsibility center)은 원가와 수익의 공식보고중심점으로서의 이익중심점 혹은 원가만의 보고중심점으로서의 원가중심점 혹은 수익, 비용에 관련된 투자액에 대한 공식보고중심점으로서의 투자중심점 등의 모든 개념을 포괄하는 광범위한 개념이며, 이 책임중심점별로 원가 또는 수익을 측정하여 예산 또는 수익에 책임을 지고 있는 개인 또는 집단에 대하여 그 차이의 원인을 밝히고 성과를 평가함으로써 조직을 통제해 나가는 관리회계시스템의 마지막 단계로 수행되는 고도로 발달된 형태의 관리회계기법으로 우리 나라에서도 사업부별 회계로 부분적으로 도입되고 있다.

관리통제시스템이란 기업의 경영을 목적달성을 위하여 적절히 통제될 수 있도록 경영계획을 수립하고 통제해 나가는 시스템으로 ① 현재의 실태를 파악하고, ② 예정된 계획 및 표준과 비교하여 그 차이를 분석하여, ③ 시정되어 새로운 계획으로 피드백되는 일련의 과정으로 되는데, Horngren에 의하면 다음의 다섯 가지 단계로 발전되어 왔다고 한다.

① 물리적 관찰(physical observation)의 단계
② 역사적 기록(historical records)의 단계
③ 고정예산(static budget)의 단계
④ 변동예산(flexible budget)의 단계
⑤ 책임회계(responsibility accounting)의 단계

이 다섯 가지의 발전단계 중 관리회계가 최고로 성숙되어 이루어지는 단계이므로, 책임회계의 단계에서는 궁극적으로 책임회계의 기본사고는 책임중심점의 경영자에 대하여 그 부문의 성과에 대한 일차적인 책임을 지게 하는 것이다. 특히 책임중심점의 경영자가 지게 될 책임의 기준으로서의 성과는 그가 통제할 수 있는 요소에 의해서만 측정되어야 한다. 즉 책임중심점의 경영자가 통제할 수 없는 성과에 대해서는 책임이 부과될 수 없는 것이다. 말하자면 책임중심점의 경영자에 의해서는 통제가능한 요소에 대하여 그 성과의 책임을 추궁하는 것이 책임회계의 기본개념이다. 종종 책임회계제도는 분권화와 혼돈되는 경우가 있다. 물론 의사결정권한이 부문경영자에게 위임되면, 그에 따른 책임도 함께 발생한다는 점에서는 분권화가 책임회계의 앞 단계가 되어야겠지만, 분권화가 반드시 책임회계제도를 전제로 하는 것은 아니다. 또한 책임회계제도 하의 책임중심점은 집권화된 조직에서도 나타날 수 있다. 예를 들면 여러

[표 10-1] 전통적 회계와 책임회계의 비교

구 분	전통적 회계	책임회계
주된 목적	제품원가계산	원가와 수익의 통제
원가분류	기능별 분류 • 제조원가 • 판매관리비	통제가능성에 따른 분류 • 통제가능원가 • 통제불능원가
원가집계	기능별, 제품별로 집계	책임중심별로 집계

개의 이익중심점을 가지고 있는 회사의 부문경영자들이 의사결정권한을 갖지 못하는 경우도 있는 것이다. 우리 나라에서는 책임회계로서 사업부별로 경영계획과 실천을 평가하는 사업부별 회계가 기업에 부분적으로 도입되고 있으나, 순차적인 발전이 안 됨으로 인하여 중간의 중요한 기법들이 생략되는 명목만의 책임회계로 그 효율상의 큰 기대는 어렵다 할 수 있다. 책임회계와 전통적 회계를 비교하면 [표 10-1]과 같다.

기존의 전통적인 회계제도 대신에 책임회계제도를 채택하면 다음과 같은 이점이 있다.

첫째, 책임회계제도 하에서는 일상적인 의사결정이 하부관리자에게 위임되어 있어 책임범위 내에서는 독자적인 의사결정을 내릴 수 있다.

둘째, 책임회계는 각 개인 및 조직단위별로 경영계획과 통제가 이루어지는 관리통제시스템의 최종단계이다. 따라서 책임회계단계에서는 책임회계 이전의 단계에서 적용된 공헌이익접근법, 변동원가계산, 표준원가계산 등의 모든 관리기법이 적용될 수 있다.

셋째, 전통적 회계에서는 제품원가계산과 재무보고목적을 위해 원가정보를 제공하였으나, 책임회계제도에서는 특정 원가나 수익에 대해서 누가 책임져야 할 것인가를 명확하게 규정하고 있기 때문에 그 책임자로 하여금 원가와 수익의 관리를 효율적으로 수행할 수 있게 해 준다.

넷째, 책임회계제도는 실제성과와 예산과의 차이를 쉽게 파악할 수 있게 해 줌으로써 경영자가 각 개인 및 조직단위별로 발생한 차이 중 어떤 부분에 더 많은 관심과 노력을 투입해야 하는지를 쉽게 알 수 있어 예외에 의한 관리를 할 수 있다.

한편 책임회계제도가 그 기능을 효율적으로 수행하기 위해서는 다음 각각의 조건을 충족해야 한다.

① 특정 원가의 발생에 대해 누가 책임을 질 것인가를 명확히 규정할 수 있어야 한다.
② 각 경영자가 위임받은 원가항목들에 대해 통제권을 행사할 수 있어야 한다.
③ 적절한 예산자료가 존재하여 경영자의 성과를 표준과 비교하여 평가할 수 있어야 한다.

2. 책임중심점의 유형

책임회계에 있어서의 회계실체는 책임중심점이 되는데, 책임회계라는 용어는 이와 관련하여 회계정보가 책임중심점의 업무활동과 결부되기 때문에 생성된 것이다.

책임회계제도가 정립되어 그 기능을 발휘하고 이상적인 조직이 되기 위해서는 원가, 수익, 이익, 투자가 이들의 발생을 책임지고 있는 개인 또는 부문에 추적가능해야 한다. 이러한 관점에서 책임중심점의 설정이 중요한 것이다.

각 책임중심점의 범위를 정하는 방법은 기업에 따라 여러 가지가 있으며, 부문별로 설정되는 일도 있고 제품품종별로 설정되는 일도 있다. 관리중심점을 회계의 견지에서 분류하면 다음과 같다.

(1) 원가중심점(cost center)

원가중심점이란 한 사람의 관리자가 그 책임범위 내에서 경영활동의 수행상 발생하는 원가에 대해서만 책임을 지는 것이다. 통상 원가중심점은 조립부, 수선부 등 부문별로 설정되는 것이 보통이다. 예로서 기계가공부라고 하는 원가중심점에서 다시 세분하여 선반부, 연마부라고 하는 몇 개의 원가중심점으로 분할된다.

산출물이 명확하고 측정가능하며, 또한 한 단위의 생산에 소요되는 투입량이 알려져 있는 경우에 원가중심점을 설정할 수 있다. 원가중심점은 제품의 종류별로 투입재료, 노동력 및 제조간접비의 표준수량과 표준가격을 구체적으로 알 수 있는 제조활동에 설정되는 것이 일반적이다. 그러나 산출물의 물량을 측정할 수 있고, 투입, 산출 관계를 나타내는 생산함수를 적정하게 밝힐 수 있는 반복적 업무에 대해서도 원가중심점을 설정할 수 있다.

일반적으로 원가중심점의 관리자는 자기 중심점의 조업수준이 변동한 데에 대한 책임은 지지 않는다. 관리자는 외부에서 결정된 수요를 충족시키는 데에 따른 능률에 관해서만 책임을 진다. 단, 이 때에 수요는 원가중심점의 능력의 범위 안에 있어야 한다. 능률은 수요수준의 생산량을 생산하기 위하여 소비한 투입물의 양으로 결정된다. 이것은 전부원가계산 제도를 이용하는 경우에 조업도차이로 인한 배부부족간접비에 관해서는 책임을 지지 않는다는 것을 의미한다. 그러나 관리자는 당해 중심점에서 발생하는 고정비를 관리할 책임은 있다.

원가중심점의 관리자는 그들의 산출물에 대해 가격이 설정되지 않으므로 수익 또는 이익에 대한 책임은 없다. 그러나 산출물이 규정된 질적 표준에 미달하거나 일정대로 생산되지 않으면 원가중심점은 조직 내의 다른 조직단위의 업적에 불리한 영향을 미칠 것이다. 그러므로 원가중심점에 대해 질적 표준과 적시성의 표준을 명시하고, 관리자는 이를 표준에 따라 생산해야 할 것이다.

결과적으로 원가중심점에 있어서 능률은 투입, 산출관계에 의해 평가되고, 효과는 질 및 적시성의 특정 수준을 전제로 하여 설정된 생산계획의 달성 여부에 의해 평가된다.

(2) **수익중심점**(revenue center)

수익중심점은 마케팅활동을 조직화하기 위하여 존재한다. 전형적으로 수익중심점은 제조부문으로부터 완성품을 매입하여 이들에 대한 판매, 유통에 대한 책임을 지고 있다. 수익중심점이 판매가격의 설정에 대한 재량권을 가진 경우에는 수익중심점이 총 이익의 창출에 대해 책임을 지게 된다. 반면에 가격의 사결정이 수익중심점의 외부에서 이루어지는 경우에는 수익중심점이 관리자가 판매량 및 매출구성에 대해 책임을 진다.

수익중심점에 대한 업적평가척도를 선정할 때는 판매수익보다 오히려 개념을 포함시켜야 한다. 단지 판매수익에 의하여 업적평가를 하게 되면, 관리자는 총 수익만 증가시킬 목적으로 가격을 인하하거나 광고 및 판매촉진비를 과

다하게 지출하거나 또는 이익이 적은 제품의 판매를 촉진할 수 있다. 이러한 행동으로 인하여 총 판매수익은 증가하지만, 전사적 수익성은 감소될 수 있다.

(3) **이익중심점**(profit center)

이익중심점이란 한 사람의 관리자가 그 책임범위 내에서 경영활동의 수행상 발생하는 원가뿐 아니라 이익에 대해서도 책임을 지는 책임중심점을 말한다. 예를 들어 서울지역 영업소장은 서울지역에서 발생하는 판매비뿐 아니라 판매액에 대해서도 책임을 지려면 서울지역의 영업이익까지도 책임을 져야 한다.

지금까지 설명한 책임중심점은 의사결정의 분권화가 제한되어 있다. 원가중심점의 관리자는 투입물의 구입관리에 대한 재량권을 갖지만, 이 중심점의 생산량은 다른 조직에 의해 결정되고 배분되어진다. 수익중심점은 제품을 배분 및 판매하지만, 이의 제조에 관해서는 관리하지 않는다. 자유재량중심점은 다른 조직단위를 위하여 서비스 또는 스태프기능을 담당할 뿐이다.

부문단위의 관리자에게 생산과 판매 양쪽에 대한 책임을 부여하면, 관리상의 재량권은 크게 증가한다. 이 경우의 관리자는 제품종류, 제조방법, 품질수준, 가격, 판매 및 유통시스템에 대해 의사결정을 할 수 있다. 관리자는 또한 제품구성에 관한 의사결정을 해야 하며, 여러 제품에 대한 생산자원의 배분방법을 결정하아야 한다. 그래서 가격, 생산량, 품질 및 원가의 역관계(trade-off)를 조정함으로써 해당 중심점의 업적을 최적화해야 하는 입장에 있다.

자산의 투자수준에 대한 책임과 권한이 해당 중심점의 관리자에게 부여되어 있지 않으면, 이 중심점에 대한 유일한 최선의 업적평가척도는 이익이다. 이익은 그것이 적정하게 측정될 경우에는 처분가능한 자원과 구입하는 투입요소로부터 가치를 창출하는 관리자의 능력을 나타내는 포괄적 척도가 된다. 관리자가 거의 완전한 업무적 의사결정의 책임을 가지며, 이익척도에 의해 업적평가되는 단위를 가리켜 이익중심점이라고 부른다.

(4) **투자중심점**(investment center)

투자중심점이란 한 사람의 관리자가 그 책임범위 내에서 경영활동의 수행상 발생하는 원가 및 수익에 대하여 뿐만 아니라 설비투자의 결정권을 가지고 투자액에 대해서도 책임을 지는 책임중심점을 말한다. 투자결정권을 위양받는 사업부장은 투자중심점을 형성하고, 그 업적은 투자수익률 또는 잔여이익에 의하여 측정된다. 실무에서는 아직 투자중심점이란 말이 보급되어 있지 않고, 전술의 이익중심점과 구별 없이 투자결정권을 갖는 사업부도 이익중심점이라 할 때가 많다.

부문관리자가 이익중심점에서 설명한 모든 책임을 가질 뿐만 아니라 운전자본 및 물적 자산에 대한 책임과 권한도 가지는 경우에 그 중심점에 이용되는 물적 및 재무적 자산의 수준을 기초로 한 업적평가척도가 선호된다. 투자중심점은 이익중심점을 일반화한 것으로, 여기서는 수익성이 이익을 창출하는 데에 이용된 자산과 관련 어진다. 투자이익률과 잔여이익은 투자중심점의 전형적인 업적평가척도로서 사용된다.

이상 책임중심점의 유형을 요약하면 [표 10-2]와 같다.

[표 10-2]

유형 구분	원가중심점	수익중심점	이익중심점	투자중심점
범 위	특정 원가의 발생에 대해서만 통제책임	수익의 획득에 대해서만 통제책임	원가와 수익 모두에 대하여 통제책임	원가와 수익, 투자의사결정에 대하여 통제책임
부 서	생산부문	판매부서	지역별 영업본부	사업부
성과평가 방법	예산과 표준원가계산 이용	예산을 이용	변동원가계산서를 이용	투자수익률, 잔여이익 등 이용

3. 성과보고서

성과평가(performance measurement)란 각 부서에서 일정기간 동안의 영업활동결과를 성과보고서에 보고하면, 이를 예산과 비교하여 평가하는 행위를 말한다. 즉 책임회계에 의한 성과평가를 위해서는 조직 전체적으로 예산과 실적 간의 차이를 발견하고, 그 차이의 원인이 어떤 부문에서 어떠한 이유에 의해 발생하였는지 분석하여야 한다.

성과보고서가 이러한 목적을 효과적으로 달성하기 위해서는 다음과 같은 특징을 갖추어야 한다.

① 예산 또는 표준의 설정과정에 종업원을 참여시키고, 보상기능으로도 활용되어 종업원들에게 동기를 부여할 수 있어야 한다.
② 간단, 명료하게 작성하고, 보고서의 이용자가 필요로 하는 정보만을 목적접합성 있게 보고하여야 한다.
③ 적시성을 확보하여야 한다. 따라서 실제성과와 예산과의 차이를 가능한 빨리 분석하여야 한다.
④ 성과보고서의 정확성은 적시성과 상충되는 측면이 있지만, 가급적 정확하고 원가-효익의 개념에 입각하여 성과보고서의 작성에 너무 많은 비용이 투입되어서는 안 된다.

성과평가를 하는 경우 주의해야 할 점은 부서의 성과는 향상되었으나 그 성과향상이 회사 전체의 성과에는 불리한 작용을 하는 수가 있으므로, 각 부서의 책임자에게 그와 같은 상황이 일어나지 않도록 미리 평가의 기준 등을 알려 줌으로써 회사 전체의 목표와 부서의 목표가 같은 방향으로 나아갈 수 있는 조치를 취해야 한다는 점이다.

제 3 절 균형성과표의 본질

1. 균형성과표(Balanced Score Card : BSC)의 의의

Kaplan과 Norton(1992, 1996)은 전통적인 재무평가방법을 비판하면서 경영자들에게 비즈니스에 대하여 신속하고도 종합적인 시각을 갖도록 해 주는 일련의 측정치들인 균형잡힌 성과기록표(Balanced Score Card : BSC)를 제안했다. 그는 BSC를 혁신적인 관리철학이라 정의한다. 비전, 전략, 관점 및 핵심성과지표들에 의해 효율적으로 기업성과를 관리하는 것이 그들이 정의하는 BSC의 목표이다. 전통적인 관리방법과는 달리 BSC의 성과지표들은 재무적, 비재무적 지표들은 모두 관리하는 것으로서 전략적 분석과 운영프로세스에 관련된 틀을 제시한다고 설명한다. 또한 BSC는 지표들 간의 인과관계가 담겨져 있으며, 기업의 전략적 목표들과 지표들이 직접적으로 연관성을 가지고 있기 때문에 달성가능한 방향으로 기업을 이끌 수 있다고 강조한다. BSC에는 기업의 비전 및 전략의 실행과 직접적으로 관련된 핵심성과지표들을 담고 있기 때문에 조직의 운영자는 이 핵심성과지표들을 통해 보다 전략적으로 기업을 운영할 수 있다. 또한 BSC에서 제공하는 성과지표의 결과값들은 경영자 혹은 실무자들로 하여금 전략의 적절성과 타당성에 대한 정보를 제공한다. 이러한 측면에서 BSC의 성과지표로부터 나타나는 수치들은 데이터 이상의 의미를 갖는다. 그것은 수립한 전략이 올바로 수행되었는지의 여부를 알려 주는 지침일 뿐만 아니라 미래의 또 다른 전략적 의사결정을 가능하게 하는 기준을 제공한다.

BSC란 "재무적 성과지표와 비재무적 성과지표를 통한 균형적인 성과관리 도구"라고 간단히 정의할 수 있다. 그러나 BSC를 이렇게 간단히 정의하기 전에 BSC에 담겨져 있는 전략적 의미들을 깊이 생각해 보아야 한다. BSC는 무엇보다 성과평가에 대해 객관적이고 계량화된 기준을 제시한다. 성과평가에 있어 객관성은 무엇보다 중요한 요소이다. 주관적이거나 합리적이지 않은 기준으로 조직원들이 목표를 달성하게 할 수 없다는 것은 모두 알고 있다. 조직원들이 받아들일 수 있는 객관화된 기준을 설정하기 위해 정성적인 기준들을 최대한 정량적인 기준으로 바꾸는 노력이 BSC를 통해 이루어진다. 핵심성과지표를 설정하고 달성하기 위해 노력하는 과정에서 전략과 핵심역량에 대한 전사적 공감대형성이 이루어진다.

또한 BSC의 목표를 함께 만들어 가는 과정에서 자연스럽게 경영자와 조직원, 그리고 서로 다른 부서들 간에 공감대가 형성된다. 이러한 전사적인 이해를 바탕으로 기업의 의사결정이 이루어지기 때문에 균형적이고 미래지향적인 의사결정 및 자원할당은 BSC를 통한 기업운영의 과정으로 자리잡게 된다. 따라서 균형성과 미래지향성을 고려하는 것이 BSC의 중요한 기준으로 등장하게 되는 것이다. BSC는 각 조직의 개별적인 성과들이 서로간에 어떻게 연결되어 있는지 보여 준다. 자기 조직의 성과가 다른 조직의 성과들과 어떻게 연결되어 있는지를 알게 함으로써 책임과 권한을 통한 경영성과의 공유를 가능하게 한다.

오늘날의 경영자들은 변화하는 환경 속에서 기업들의 현재, 미래를 가장 적절하게 반영하고, 기업의 가치를 적절하게 평가할 수 있는 보다 전략적이고 미래지향적인 성과평가체계를 필요로 한다. 즉 BSC는 조직원들에게 기업의 전략을 말해 주고, 기업의 비전을 어떻게 달성하면 되는지를 말해 주는 나침반과 같은 역할을 한다. BSC를 단순히 성과관리를 위한 도구로 여겨서는 안 되는 이유가 여기에 있다. 기업들은 BSC를 통해 조직원들과 기업의 미래와 현재, 과거를 함께 이야기하고 고민할 수 있다.

따라서 BSC를 중심으로 조직원들의 의사결정이 이루어지고, BSC를 기준으로 기업의 자원들이 할당되며, BSC를 기준으로 함께 성과를 공유할 수 있기 때문에 BSC란 단순히 성과를 평가하기 위한 잣대가 아니라 조직의 살아있는 전략적 관리도구이며, 전략적 의사결정기준이라고 정의할 수 있다.

BSC는 재무적 관점뿐만 아니라 고객관점, 내부프로세스 관점, 학습과 성장관점이라는 세 가지 측면의 비재무적 정보를 추가로 고려하여 기업의 성과를 측정하고 현재와 미래의 기업가치를 평가하는 데 목적이 있다. 따라서 BSC에서의 성과측정치들은 연구개발활동으로부터 제품설계, 제조, 마케팅, 유통 및 고객서비스에 이르는 기업의 주요 경영기능들에 속해 있으면서 기업의 제품과 서비스에 가치를 부가하는 모든 가치창출활동들로부터 도출된다고 볼 수 있다.

균형성과표는 다음과 같은 점에서 기존 성과평가지표들과는 뚜렷한 차이를 보인다(Lynch & Cross, 1995).

첫째, 대다수 기업들이 부문활동의 측정을 위해 여러 종류의 운영지표와 물리적 지표를 활용하고 있다. 그러나 이러한 측정지표들은 기업전략과 상관없이 결정된 하의상달식(bottom-up)인 지표들이며, 임시방편적인 절차를 통해 도출된 것들이다. 반면 균형성과표에 사용되는 측정지표들은 기업이 추구하는 전략적 목표와 경쟁상황 등의 다양한 변수를 고려하여 개발된다.

둘째, 과거의 성과지표들은 앞으로 어떻게 기업의 성과를 개선시켜 나갈 것인가보다는 단순히 과거의 기업경영활동의 결과를 보고하는 수준에 머무른다. 균형성과표는 여러 측정지표들과 비교해 볼 때, 과거의 단순보고에서 벗어나 기업의 현재와 미래에 성공의 초석역할을 담당한다.

셋째, 균형성과표에서 제시된 정보는 기존의 측정지표와 달리 영업이익과 같은 외부성과지표와 신제품개발과 같은 내부성과지표 사이의 균형을 제공한다.

넷째, 현재 프로세스 리엔지니어링, 전사적 품질경영, 종업원, 권한이양 등과 같이 한 부분에만 초점을 둔 개선프로그램을 실시하고 있는 대부분의 기업들은 통합에 대한 인식이 결여되어 있는 경향이 강하다.

요컨대 균형성과표는 경영자, 종업원, 투자자, 심지어 고객에 이르기까지 개선프로그램의 우선순위결정과 조직 내 확산을 위한 노력들을 한 곳에 집중시키는 역할을 한다. 종전에는 기업경영활동이 주로 예산편성에 의해 제약을 받았으나, 이제 새로운 사업의 진출 여부 또는 기존 사업의 정리 내지는 철수 등의 의사결정은 거의 대부분이 균형성과표의 결과에 따라 좌우되기도 한다.

2. 비전 및 전략(vision & strategy)

(1) 비 전(vision)

비전은 기업이 추구하는 장기적인 목표와 바람직한 미래상이다. 흔히 많은 기업들이 비전이라고 설정해 놓은 '2005년 초유량기업'처럼 막연하고 모호한 꿈이나 희망이 아니라, 장기적인 안목에서 미래의 목표와 현실을 연결시키는 전략적인 단어 혹은 문장이다. 비전은 전략방향을 설정하고, 구성원들에게는 동기를 부여할 수 있어야 한다. 기업의 비전에는 기업의 장기적인 존재이유가 기업의 목적(corporate purpose), 사업영역(business scope) 및 경쟁우위(competitive advantage) 창출의 측면에서 명확하게 표현되어야 한다.

또한 기업과 주요 이해관계자들 간의 관계를 설정하는 프레임워크를 제시해야 함은 물론, 기업성과에 대한 전반적인 목적이 제시되어야 한다. 즉 제대로 설정된 비전만이 어둡고도 험난한 비즈니스세계에서 조직을 지탱하는 힘이 될 수 있으며, 조직구성원들을 전략적으로 사고하고 행동하게 한다.

(2) 전 략(strategy)

오늘날 '전략'이라는 말처럼 쉽게 사용되는 단어도 드물 것이다. 이제 전략이라는 단어는 비즈니스뿐만 아니라 현대를 살아 가는 모든 사람들에게 친숙한 단어가 되었다. 하지만 얼마나 '전략적'으로 행동하고 사고하는지는 기업 또는 개인의 잠재된 역량에 달려 있다. 즉 자신이 갖고 있는 한정된 자원을 어떻게 효율적으로 활용하여 기업의 가치를 증대시킬 수 있을 것인지에 대한 의사결정이 경영전략의 핵심을 이룬다.

전략에 대한 정의는 학자들마다 매우 다양하지만, 전략의 핵심은 고객지향성(customer orientation)과 경쟁우위(competitive advantage)의 창출이라고 요약할 수 있다. 기업은 한정된 경영자원을 통해 기업의 성과를 향상시키기 위해 끊임없이 노력하고 있고, 이러한 일련의 과정을 가능하게 하는 것은 핵심고객의 가치를 향상시키고 지속적으로 경쟁우위를 유지해야 하는 것이기 때문이다.

(3) 비전 및 전략과 BSC

기업의 비전과 전략은 기업이 나아가야 할 방향을 말해 주는 이야기와도 같다. 탄탄한 구성을 가진 소설처럼 경영자와 조직구성원들이 기업의 비전과 전략을 함께 이야기하고 결과에 대해 서로 토론할 수 있다면 더 없이 좋겠지만, 불행히도 많은 기업들에게 비전과 전략은 최고경영자만의 전유물로 남아 있는 경우가 많았다. 그러나 조직구성원들이 스스로 무엇을 해야 하는지를 아는 것은 비전과 전략이 분명할 때에만 가능한 일이며, 이 때만이 조직의 성과가 향상될 수 있다.

BSC는 조직구성들에게 조직과 사업부 및 팀의 비전이 무엇이고, 어떤 전략 하에서, 그리고 어떻게 업무를 수행해 나가야 할 것인지에 대한 구체적인 방안을 제시한다는 측면에서 비전과 전략달성을 위한 도구가 된다. 비전과 전략수립 프로세스가 구체화되어 있지 않다면, 업무를 수행하는 각 사업부와 팀은 업무계획안을 단편적 시각에서, 그리고 임의적인 방법으로 수립하여 보고하며, 이에 대한 피드백도 제대로 이루어지지 못한다. 또한 최종의 목표를 이루기 위한 전략들이 개별, 조직별로 독립적으로 수립되어 정보나 지식의 공유는 물론이고 부서나 팀 간의 갈등이 심해지는 경우도 많다.

BSC를 도입하는 기업들은 정기적인 경영진전략회의나 월단위의 운영미팅시에 활용함으로써 어느 부분에서 성과가 달성되었고, 개선점들은 무엇인지에 대한 구체적인 해답을 얻는다. 이러한 프로세스는 해당 부문의 팀과 개인으로 확정되어 단위조직별 전략과 비전을 검토하고 피드백하는 일련의 과정에 활용될 수 있다.

BSC를 수립하는 과정을 통해 조직원을 자연스럽게 전략수립과정에 참여시켰고, 이를 통해 전략달성을 더욱 촉진하도록 한다. 즉 BSC를 통하여 자사의 현재 전략수립과정을 검토하고 재설정하며, 이를 다시 내부비즈니스 프로세스로 정착시키는 일련의 과정을 관리할 수 있게 된다. 조직의 성과가 만족스럽지 못한 데에는 여러 가지 원인이 있을 수 있지만, 가장 큰 요인 중의 하나가

조직의 지향점과 조직구성원들의 움직임이 일치하지 못하기 때문이다.

기업은 조직구성원들이 무엇을 향해 나아가야 하는지를 분명하게 전달할 책임이 있고, 올바른 전략방향만이 기업의 비전을 달성하기 위한 첩경이 된다. 따라서 BSC 구축에 있어서 무엇보다 우선되어야 할 것이 기업 비전과 전략을 명확히 하는 일이 될 것이다.

일례로 국내 BSC 구축기업인 B사의 경우, 비전 및 전략 부문을 수정하고 재구축하기 위해 많은 시간과 노력을 할애하였다. 이 기업의 경우에는 조직구성원들이 강연회나 세미나들을 통하여 BSC에 대한 기본적인 개념을 인식하고 있었지만, 기업전사적인 비전과 사업부별 전략이 명확하지 않은 이유로 BSC에 대한 부정적인 인식을 갖고 있었다.

어디로 가야 할지도 모르는 사업부들 사이에서 차기연도부터 사업수행업적을 평가하겠다는 지침이 떨어지자 단순히 평가만을 위한 수단으로 BSC를 인식하게 되어 프로젝트참여 정도가 매우 미흡하였다. 이를 해결하기 위해 BSC를 구축하는 과정에서 사업부 및 팀들의 비전과 전략을 재검토하는 작업을 수행하였고, 이를 적극적으로 공유하도록 하였다.

비전과 전략을 명확히 하는 과정을 통해 BSC 프로젝트수행이 마무리될 때쯤에는 BSC를 통한 전략적 성과관리에 대해 긍정적인 인식이 생기기 시작하였다.

3. BSC의 네 가지 관점

BSC에서 가장 핵심적인 요소 중의 하나인 관점(perspectives)은 기업의 가치창출근원에 대한 시각을 제시한다. BSC에서 설정한 관점을 통해 그 기업이 추구하는 가치의 원천이 무엇인지 파악할 수 있다. "우리 기업의 가치는 과연 어디에서 나오는 것인가?" 그리고 "그 가치원천들을 어떻게 지속적으로 유지시킬 수 있을 것인가"를 스스로에게 질문해 보자.

이에 대한 답이 '관점(perspectives)'이다.

관점(perspectives)은 '조직가치창출의 원천' 혹은 '전략적 성과지표들의 묶음'으로 정의될 수 있으며, 기업의 여러 가지 상황에 따라 달라질 수 있고 달라져야 한다.

[그림 10-3] BSC의 네 가지 관점

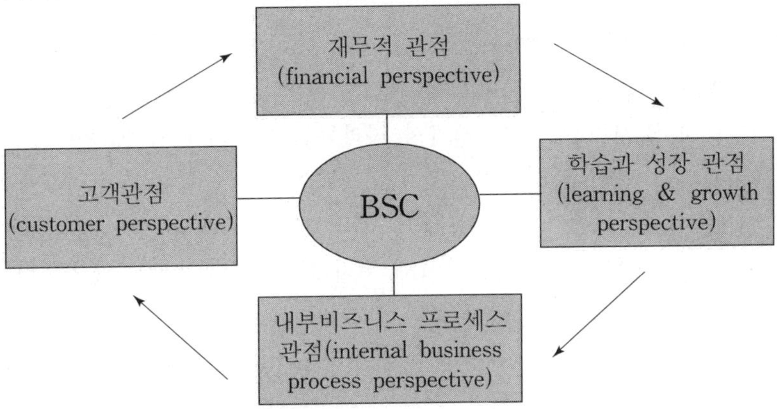

자료 : Norton & Kaplan, *The Balanced Score Card.*

설정된 관점들은 서로 긴밀하게 연계되어 상호간의 관련성을 파악할 수 있어야 하며, 균형을 이루어야 한다. 균형된 관점들 간의 상호 작용결과에 의해 조직의 가치는 극대화되기 때문이다.

위 [그림 10-3]의 노튼과 캐플란의 기본모형에서는 재무적 관점(financial perspectives), 고객관점(customer perspectives), 내부비즈니스 프로세스관점(internal business process perspectives), 학습과 성장 관점(learning and growth perspectives)의 네 가지 관점들을 제시하고 있다. 그러나 반드시 염두에 두어야 하는 것은 네 가지 관점만이 정답이 아니라는 것이다. 기업의 가치창출근원은 전세계에서 존재하는 기업마다 고유하므로 BSC를 도입하는 기업마다 설정되는 관점이 다를 수 있음을 잊지 말아야 한다.

(1) **고객관점**(customer perspectives)

고객관점은 기업들이 성공하기 위해서는 고객들의 수요를 어떻게 파악해야만 하는가에 초점을 맞추고 있다. 오늘날 많은 기업들은 경영활동의 초점을 고객에게 맞추고 있는데, 균형성과표에서는 고객서비스에 관한 일반적 문구를 고객들이 실질적으로 관심을 가지는 요인들을 반영시키는 구체적인 측정치로 표현한다. 고객들의 관심사는 시간, 품질, 성과, 서비스 및 원가의 네 가지 범주로 구분될 수 있다.

일반적으로 회사는 고객시각에서 두 가지 유형의 측정지표를 선정한다.

첫번째 속성집합은 모든 회사가 실제로 사용하고 싶어 하는 일반측정지표로서 고객만족도와 시장점유율, 고객유지율 등의 측정지표는 BSC상에 항상 나타나는 지표들이다. 이들은 핵심적 측정지표라 불린다.

두 번째 속성집합은 고객결과의 성과동인을 나타낸다. 즉 회사는 높은 수준의 만족도와 유지율, 확보율, 그리고 궁극적으로는 높은 시장점유율을 달성하기 위해 고객에게 무엇을 전달해야 하는가를 파악해야 한다. 성과동인지표는 회사가 타깃이 된 고객과 세분시장에 전달하려는 가치명제를 포착한다.

고객관점에 대한 핵심적 측정지표는 시장점유율, 고객확보율, 고객유지율, 고객만족도, 고객수익성 등을 모든 종류의 조직에 공통적으로 적용하고 있다.

(2) 내부프로세스관점(internal business process perspectives)

최근에는 경영관점을 고객과 내부프로세스의 질(process quality)적인 것의 연계성에 초점을 둠으로써 고객의 욕구에 부응하기 위해 내부프로세스의 개선이 선행되어야 한다고 보고 있다. 내부프로세스 관점은 중요한 고객중심의 성과측정치로부터 기업이 고객의 기대에 부응하기 위해 내부적으로 무엇을 하여야만 하는가에 대한 측정치로 전환되어야 한다.

성공적인 고객성과는 조직 전반에 걸쳐 발생하는 경영절차 및 의사결정과 행동으로부터 발생된다. 따라서 경영자들은 고객욕구를 만족시킬 수 있는 중요한 내부프로세스 운영에 초점을 맞추어 의사결정을 해야 한다. 또한 기업들은 고객만족과 불만, 제품과 공정결함수준 및 납품기일의 납기에 대한 측정치를 추적하여 그 내용을 연계하여 공유하는 정보시스템을 구축해야 한다.

그러므로 BSC에서의 내부측정치인 사이클 타임(cycle time), 품질, 종업원의 기술과 생산성에 영향을 미치는 요인들은 고객만족을 극대화시킬 수 있도록 경영프로세스(business processes)로부터 도출해 내야 하며, 이에는 불량률, 작업폐물, 재작업률, 수율, 납기, 생산처리시간, 재고회전율 등이 측정지표로 사용된다.

(3) 학습 및 성장 관점(learning and growth perspectives)

학습 및 성장 관점은 조직의 학습과 성장을 구동시키는 목표와 측정지표를 개발한다. 학습과 성장 관점에서의 목표는 다른 세 가지 관점에서 설정한 야심적인 목표를 성취할 수 있게 하는 하부구조를 제공한다. 이 관점의 목표는 다른 세 가지 관점에서 뛰어난 결과물을 달성하기 위한 동인이다.

학습과 성장 관점에는 다음과 같이 세 가지 영역의 동인이 있다.

첫째, 직원의 역량 : 오늘날에는 거의 모든 일상적 작업이 자동화되었고, 서비스업체들은 점차 첨단정보시스템과 통신기술을 활용해 고객들로 하여금 직접 거래처리에 접근할 수 있도록 하고 있다. 이러한 환경에서는 과거와 같은 효율성과 생산성의 잣대로 반복적인 일을 수행하는 것만으로는 조직의 성공을 기대할 수 없다. 조직은 지속적 개선이 필요하고, 나아가 표준운영절차에 대한 집착을 버려야 하고, 그 대신 고객에 대한 프로세스와 성과를 향상시키기 위한 아이디어는 내부프로세스와 고객에 가장 근접해 있는 일선직원으로부터 도출되어야 한다. 이러한 변화를 위해서는 직원들의 마음가짐과 창조적 노력이 조직의 목표달성에 집중될 수 있도록 대대적인 재숙련이 필요하다.

학습 및 성장 관점에서는 직원만족도, 직원유지도, 직원생산성 등의 세 가지 핵심적 결과물측정지표가 있다.

둘째, 정보시스템역량 : 직원들이 역량을 발휘하기 위해서는 양질의 정보가 제공될 필요가 있다. 뛰어난 정보시스템은 지속적으로 혹은 불연속적으로 직원들이 프로세스를 개선시키기 위한 필요조건이다. 전략적 정보의 적용범위 비율은 기대욕구와 비교한 현재의 정보이용가능성을 평가한다. 전략적 정보의 이용가능성 측정지표는 실시간의 품질, 사이클 타임, 원가 등에 대한 피드백을 제공하는 프로세스의 비율이나 고객에 대한 정보를 온라인으로 이용할 수 있는 직원의 비율로 측정될 수 있다.

셋째, 동기부여 : 학습과 성장 목표에 대한 동인은 직원의 동기부여와 이니시어티브에 대한 조직의 분위기에 초점이 맞추어진다. 측정지표로는 제안의 제출 및 이행, 개선, 개인과 조직의 정렬로 나누어져 측정된다. 제안의 제출 및 이행 측정지표는 동기부여가 되고, 권한위양을 받은 직원의 성과를 직원 1인당 제안건수 또는 제안의 이행건수로 측정한다. 개선의 측정지표는 비용절감에만 국한되지 않고 조직의 구체적인 내부프로세스와 고객프로세스에 대해 품질과 시간, 성과의 향상 등을 기대할 수 있다.

(4) 재무적 관점(financial perspectives)

BSC는 투자수익률, 경제적 부가가치(EVA), 순이익 등 재무적 관점의 성과측정치를 사용한다. 재무적 성과측정치는 기업이 전략을 수립하여 실행하고, 그것이 순이익개선에 기여하고 있는지를 보여 준다.

전형적인 재무적 목표는 수익성과 성장 및 주주의 가치와 관련된다. 앞의 예에서 보듯이 BSC는 재무적 목표를 간단하게 언급하였다. 즉 생존, 성공, 번영에 대한 측정치들을 설정하였다. 생존은 현금흐름으로, 성공은 부서별, 분기별 매출성장과 영업이익으로, 시장점유율과 자기 자본수익률로 측정하였다.

그러나 오늘날의 기업환경 하에서 기업의 최고경영관리자들은 재무적 관점으로만 기업을 파악할 수 있는가에 의문을 가지게 된다. 분기별 매출 및 영업이익과 같은 단기적 재무측정치만으로 기업의 성과를 측정하기란 매우 어렵다. 재무성과측정치는 과거지향성 및 그 당시의 가치창출행동들을 적시에 반영하지 못한다. 미래현금흐름을 예측해서 현재가치로 할인하는 주주가치분석은 보다 더 미래지향적인 재무분석을 가능하게 한다. 그러나 더욱 중요한 것은 개선된 운영성과와 재무적 성과의 추정된 연결은 실제로 매우 희박하고 불확실하다.

재무적 목표는 사업수명주기의 각각의 단계마다 상당히 다를 수 있지만, 단순하게는 성장, 유지, 수확의 세 단계로 볼 수 있다.

성장단계와 수확단계의 사업단위에서 공통적인 수입성장 측정지표는 매출증가율과 타깃이 된 지역, 시장, 고객별 시장점유율이 될 것이다. 수입성장과 믹스를 위한 목표수립과 함께 사업단위는 원가절감 및 생산성성과를 향상시키고자 할 것이다. 성장단계의 생산성목표는 보다 부가가치가 높은 제품과 서비스로 이동하도록 촉진하고, 조직의 유형적, 인적 자원능력을 강화하기 위한 종업원 1인당 수입에 초점을 맞춘다.

유지단계의 원가절감목표는 작업수행이나 산출물생산의 단위당 원가를 감소시키는 것이다. 투하자본수익률이나 투자수익률, 경제적 부가가치와 같은 목표는 재무적 전략의 성공, 즉 수입증가, 원가절감, 자산활용률의 증가에 대한 전반적인 결과물지표를 제공한다.

결국 기업들은 품질, 리드 타임, 적시배달과 신제품도입에 있어서의 개선이 시장점유율, 고객만족도, 영업이익, 투자수익률, 자산회전율 또는 운영비용 절감에 어떻게 기여할 것인가를 제시할 수 있어야 한다. 즉 기업가치의 창출과 연계하여 앞에서의 세 가지 관점에서의 성과측정과 재무적 관점에서의 성과측정 사이에 명백한 인과관계의 관련성을 파악할 수 있어야 한다.

4. BSC 시스템구축 성공요소

(1) 사용자측면

1) 사용편의성

사용편의성은 BSC 시스템뿐만 아니라 다른 모든 시스템이 갖추어야 하는 기본적인 요건이다. 특히 BSC 시스템은 경영진이나 관리자를 대상으로 하는 경우가 일반적이다. 따라서 시스템사용이 편리하지 않다면 당연히 시스템에 대해 부정적일 것이고, 이로 인해 시스템구축을 하지 않고 BSC를 조직에 적용하는 것보다 좋지 않은 결과를 낳을 수도 있다.

2) 지표계량화

지표의 계량화는 시스템구축의 성공요소이면서 동시에 BSC 자체의 성공요소이기도 하다. BSC란 성과평가의 기준을 정량화하는 데 목적을 두고 있다. 정성적인 성과평가의 모호성을 방지하고 전략달성을 촉진하는 수단으로 정량화된 평가를 시도하기 때문이다. 아울러 지표계량화가 잘 되어 있는 경우 시스템으로 구현하는 데에 많은 수고를 덜어 줄 수 있으므로 지표계량화의 진행정도는 성공적인 시스템구현과 직결된다고 할 수 있다.

3) Help 체계의 완비

사용자들을 지원할 수 있는 다양한 help 체계가 구축되어야 한다. 사용자들이 시스템사용이나 데이터에 대한 문의가 발생하였을 때 적시에 지원할 수 있는 help 체계가 구축되어야 한다. help 체계를 구축할 때에는 시스템상의 help 체계와 함께 의사결정자들이 갖게 될 실적이나 성과에 대한 의문사항을 적시에 지원해 줄 수 있는 hot line의 설치도 고려해야 한다.

[표 10-3] BSC 시스템구축 성공요소

사용자측면	데이터측면	시스템측면	시스템운영측면
사용자편의성 지표계량화 help 체계의 완비	정보의 신뢰성확보 정보의 적시성보장 다차원정보제공	시스템성능 확보 및 확장용이성 타시스템과의 통합 및 연계	운영의 용이성 보안체계 지표 pool 형성

(2) 데이터측면

1) 정보의 신뢰성

BSC를 도입하는 기업들은 BSC에 나타난 조직 혹은 개인의 성과를 보상과 연계하려고 한다. BSC의 평가결과가 성과보상과 연계될수록 BSC IT 시스템에서 제공하는 정보의 정확성에 사용자는 관심을 가지게 된다. 데이터품질이 보장되지 못한다면 당연히 시스템에 대한 신뢰가 떨어지고, 즉 성과측정결과에 대한 불신으로 인해 큰 문제를 야기하게 될 것이다.

2) 정보의 적시성보장

BSC를 성과평가를 위한 시스템으로서뿐만 아니라 의사결정지원과 신속한 조직의 상황판단을 위한 시스템으로 사용하고자 한다면, 정보의 적시성은 중요한 성공요소이다. BSC IT 시스템을 구현하고자 한다면, 지속적으로 데이터생성의 자동화를 추구해야 하는 이유가 여기에 있다. 데이터를 입력에 의존하는 비율이 높아질수록 데이터의 적시성을 보장하기가 어려워지기 때문이다.

데이터의 적시성을 보장하기 위해 입력데이터를 관리하는 방안을 수립하고, 이에 대한 철저한 관리가 필요하다. 시스템을 통해 제공되는 정보가 보고서를 통해 제공되는 정보보다 시간적으로 뒤떨어지는 경우에 시스템은 결국 단순히 실적에 대해 수치를 나열하는 시스템으로 전락하게 된다. 따라서 적시에 정보를 제공하기 위해서는 실적과 관련된 데이터들이 각종 관련시스템들로부터 자동화될 수 있도록 지속적으로 노력해야 하며, 적어도 보고서와 동시에 데이터입력이 이루어질 수 있는 수준으로 정보의 적시성을 보장해 줄 수 있어야 한다.

3) 다차원분석 데이터제공

BSC IT 시스템이 제공할 수 있는 장점 중의 하나로서 핵심성과지표와 관련된 데이터를 추가적으로 제공할 수 있다는 것이다. BSC IT 시스템들이 일반적으로 데이터 웨어하우스형태의 아키텍쳐를 취하여 성과와 관련된 정보들을 다차원적으로, 그리고 다양하게 파악할 수 있도록 제공함으로써 원인파악 및 의사결정을 지원할 수 있다. 따라서 IT 시스템구축을 통해 얻을 수 있는 장점을 최대한 살리기 위해서는 관련정보들을 심도 있게 제공할 수 있도록 시스템을 구성하여야 한다.

(3) 시스템측면

1) 시스템 성능확보 및 확장용이성

시스템의 기본적인 성능확보는 더 이상 설명하지 않아도 당연히 중요한 요소이고, 확장용이성에 대해 고려해 보아야 한다.

시스템구축을 도입하는 기업들을 도입초기단계보다는 시간의 경과에 따라 조직상하간 혹은 조직횡적인 확대를 하게 된다. 만약 시스템을 도입할 때 이러한 범위의 확대를 고려하지 않고 근시안적인 선택을 하게 된다면, 결국은 전사조직으로 확대를 시도하는 경우 시스템으로 인하여 장애요소가 될 수도 있다.

2) 타시스템과의 통합 및 연계

BSC 시스템을 구축할 때는 기존 기업에 도입되어 있는 시스템들과의 통합 및 연계를 통하여 시너지효과를 창출하여야 한다. 기업에는 유사한 성격을 가진 시스템들이 많이 있을 수 있다. 이 시스템들과의 관계를 명확히 하여 시스템을 연계하거나 통합을 통해서 BSC 시스템의 특성을 살려야 한다.

(4) 시스템운영측면

1) 운영의 용이성

IT 시스템을 구축하게 되면 구축으로 끝나는 것이 아니라 지속적으로 시스템을 운영해야 하는데, 시스템운영측면에서는 무엇보다 운영의 용이성을 보장할 수 있는 아키텍쳐 혹은 방안을 수립하여야 한다. 시스템운영의 비효율화로 추가적인 비용이 지속적으로 발생하게 되면, 시스템도입의 이점에 의심이 생길 수밖에 없다.

2) 보안체계

BSC에서 제공하는 데이터는 기업의 전략과 관련된 중요한 정보들이 많이 있다. BSC의 적용목적에 따라 적절한 보안체계를 구현하여야 한다. 기업의 보안정책에 따라 우연하게 구성할 수 있어야 시스템의 활용이 더욱 증대될 수 있다.

3) 지표 pool 형성

마지막으로 성공요소로서 지표 pool을 형성하는 것을 고려해야 한다. 지표 pool은 시스템운영자측면이나 사용자측면에서 모두 유용하게 사용할 수 있다.

지표를 생성하는 관리자들은 어떠한 지표가 적정한 지표인지를 쉽게 결정내리기 힘들고, 그리고 지표를 생성하는 것 역시 쉬운 일이 아니다. 이런 경우 지표 pool이 형성되어 있다면, 이것을 참조하거나 혹은 생성된 지표후보들 중 선택하여 사용할 수 있으므로 지표생성자들에게 많은 도움을 줄 수 있다.

또한 운영자는 변경되는 지표들을 빨리 시스템으로 구현해야 하는 부담을 안게 되는데, 지표 pool이 구현되어 이것들이 미리 준비되어 있다면 지표변경에 따른 시스템의 변경의 부담을 줄일 수 있을 것이다.

제10장 Key Words

균형성과표(Balanced Score Card : BSC)
A framework that links the perspectives of an organization's four basic stakeholder groups－financial(investors), learning and growth(employees), internal business process, and customers－with the organization's mission and vision, performance measures, strategic plan, and resources.

분권화조직(decentralized organization)
An organization that has several divisions or operating segments; operating control of each segment's activities is the responsibility of the segment's manager.

성과평가(performance measurement)
The use of quantitative tools to gauge an organization's performance in relation to a specific goal or an expected outcome.

수익중심점(revenue center)
A responsibility center that is directly responsible for producing products or services sold to external buyers; also known as a producing center or an operating center.

원가중심점(cost center)
A responsibility center whose manager is accountable for only controllable costs that have well－defined relationships between the center's resources and products or services.

이익중심점(profit center)
A responsibility center whose manager is accountable for both revenue and costs and for the resulting operating income.

책임중심점(responsibility center)
An organizational unit whose manager has been assigned the responsibility of managing a portion of the organization's resources.

책임회계(responsibility accounting)
An information system that classifies data according to areas of responsibility and reports each area's activities by including only the revenue, cost, and resource categories that the assigned manager can control.

투자중심점(investment center)
A responsibility center whose manager is accountable for profit generation and can also make significant decisions about the resources the center uses.

연습문제

* After reading the each problems, Choose the best item.

1. During the planning stage, the balanced scorecard providest :

A. reports to enable managers to monitor performance measures.

B. financial and nonfinancial results to evaluate managers' strategies.

C. a framework that enables managers to translate their organization's vision and strategy into operational terms and objcetives.

D. managers with objectives as a basis for decision making.

2. Which of the following is not a component of manufacturing cycle time?

A. processing time

B. lead time

C. waiting time

D. move time

E. inspection time

3. Which of the following is not an operational performance measure for machinery?

A. number of process improvements made

B. percentage of bottleneck machine availability

C. setup time

D. maintenance records

E. hours of machine downtime

4. Which of the following is not a key are a for non-financial performance measures in the new manufacturing environment?

A. machinery

B. cost of resolving labor union grievances

C. raw material and scrap

D. product quality

E. production and delivery

5. Which of the following accurately represents a measure of manufacturing cycle efficiency?

A. processing time ÷ (processing time + inspection time + waiting time + move time)

B. processing + (inspection time + waiting time)

C. (processing time ÷ waiting time) + move time

D. move time ÷ (processing time + waiting time)

E. (processing time + inspection time) ÷ (processing time + waiting time + move time)

6. A quality cost report does not contain :

A. overhead costs.

B. prevention costs.

C. appraisal costs.

D. internal failure costs.

E. external failure costs.

7. Which of the following factors is not essential in assessing product quality?

A. customer acceptance

B. reduced overhead costs

C. work in process quality control

D. raw materials quality

E. warranty claims

8. Which of the following is not a criteria when measuring manufacturing effec-tiveness?

A. attainment of production schedules

B. labor costs

C. manufacturing cycle time

D. productivity improvement

E. product quality

9. When managers of subunits throughout an organization strive to achieve the goals set by top management, the result is :

A. goal congruence.

B. planning and control.

C. responsibility accounting.

D. delegation of decision making.

E. strategic controlling.

10. In order to foster goal congruence, a managerial accounting system uses :

A. responsibility centers.
B. autonomy.
C. decentralization.
D. a data base.
E. centralization.

11. The primary focus of a responsibility accounting system is :
A. emphasis on blame.
B. information.
C. to undermine the system.
D. to identify unfavorable variances.
E. to see financial results.

12. One function of a responsibility accounting system is to assign all organizational costs to the :
A. subunits that cause those costs to be incurred.
B. balance sheet.
C. income statement.
D. segmented income statement.
E. segmented balance sheet.

13. Easy to use software operates stores within five regions. The manager of each region is held accountable for all marketing, advertising, and sales decisions, and all costs incurred within their region. In addition, regional managers decide whether new stores will open within the region, where those stores will open, and whether those stores will lease or purchase the facilities. The manager of each store is held accountable for all marketing, advertising, and sales decisions, and all costs incurred within their store. What type of responsibility center is each region and store?

	region	store
A	profit center	profit center
B	profit center	cost center
C	profit center	revenue center
D	investment center	profit center
E	investment center	cost center

14. Which of the following is <u>not</u> an example of a responsibility center?

A. cost center

B. revenue center

C. profit center

D. investment center

E. contribution center

15. Which of the following managers is held responsible for only the costs incurred in the subunits?

A. the cost center manager

B. the revenue center manager

C. the profit center manager

D. the investment center manager

E. the corporate center manager

16. Who is responsible to the company's stockholders and is accountable for corporate profit in relation to the capital assets invested in the company?

A. the president

B. the controller

C. the cost accountant

D. the sales manager

E. the vice president in charge of operations

17. A sales department manager is a(n) :

A. cost center manager.

B. revenue center manager.

C. profit center manager.

D. investment center manager.

E. income center manager.

18. An example of a profit center is the :

A. painting department.

B. sales department.

C. company-owned restaurant in a fast food chain.

D. reservation department.

E. maintenance department.

19. The budgeted and actual amounts of a responsibility center's key financial results are shown on a :

A. responsibility report.

B. variance report.

C. variable cost report.

D. performance report.

E. revenue variance report.

20. The data in a performance report helps managers to :

A. use management by exception to control an organization's operations effectively.

B. use their computers.

C. design their hierarchy.

D. make personnel changes.

E. eliminate spending.

21. A cost pool is :

A. a collection of costs to be assigned.

B. the joint result of several subunits activities.

C. the primary function of a responsibility accounting.

D. the accounting system.

E. a performance report of the lowest－level manager.

22. Which of the following is not a reason managerial accountants allocate costs?

A. predicting economic effects of decisions

B. pricing and bidding

C. cost reimbursement

D. motivation

E. cost control

23. Which of the following is an appropriate base to distribute the cost of building depreciation to responsibility centers?

A. number of employees in responsibility center

B. budgeted sales dollars in responsibility center

C. square feet of space occupied by responsibility center

D. budgeted net income of responsibility center

E. budgeted direct costs of operating the responsibility center

24. An allocation base may also be referred to as a :

A. cost pool.

B. cost objective.

C. common cost.

D. cost driver.

E. joint base.

25. Each cost pool is distributed to each responsibility center in :

A. proportion to that center's relative amount of the allocation base.

B. an equal amount.

C. proportion to that center's relative amount of direct cost.

D. proportion to that center's relative amount of liabilities.

E. proportion to that center's relative amount of profit.

26. The salary of a president in any corporation is a(n) :

A. cost objective.

B. common cost.

C. contribution cost.

D. absorbed cost.

E. engineered cost.

27. A common cost is :

A. not related easily to any segment's activities.

B. avoidable.

C. employees' wages.

D. indirect labor.

E. direct labor.

28. An investment center usually :

A. comprises all of the divisions and subunits in an organization.

B. is smaller than a cost center or a revenue center.

C. is larger than a cost center or a revenue center.

D. refers to the profit which an organization would earn over and above the capital invested.

E. is approximately the same size as a revenue center.

29. The biggest challenge in making a decentralized organization function effectively is :

A. earning maximum profits through fair practices.

B. minimizing losses.

C. taking advantage of the specialized knowledge and skills of managers.

D. obtaining goal congruence among division managers.

E. developing an adequate budgetary control system.

30. Those systems which are comprised of procedures laid down to ensure that the organization's employees act in a legal and responsible manner are called :

A. internal control systems.

B. rules.

C. regulations.

D. memoranda.

E. ethical rules.

제 11 장

부문성과의 측정과 관리

■ **학습목표**

본 장에서는 부문성과의 측정과 관리에 대해서 소개하고 있다.

본 장을 공부하고 난 후 다음과 같은 내용의 능력을 갖추어야 한다.

① 사업부문의 의의와 그 유형에 대한 설명
② 부문별 이익관리에 대한 설명
③ 부문별 성과평가(제조부문, 판매부문, 투자부문)에 대한 설명

제 1 절 사업부문의 의의와 그 유형

1. 사업부문의 의의

부문(segment)이란 경영자가 수익 또는 원가정보를 파악하고자 하는 조직의 특정 부서 또는 활동으로서, 부문은 생산부문별, 개별 제품라인별, 개별 점포별, 판매지역별 부문 등 다양하다. 한편 부문 가운데 가장 상위의 개념이 사업부이다. 대부분의 기업은 경제적으로 존속하기 위하여 끊임없이 성장을 도모하고, 경영규모의 확대와 제품, 시장의 다양화를 추진하고 있다. 이와 같은 경영전략을 추진한 결과 기업활동은 한층 더 복잡화되고 있다.

따라서 이러한 상태에서는 톱 매니지먼트(top management)가 모든 경영의사결정을 하는 집권적인 관리조직에서는 다음과 같은 문제점이 생긴다.

첫째, 의사결정자가 그 날 그 날의 영업활동과 항상 접촉을 갖지 못하기 때문에 의사결정이 늦어지고, 또한 방대한 커뮤니케이션 라인을 필요로 한다.

둘째, 중요한 의사결정을 모아 한 군데로 집중적으로 하는 경우에 톱 매니지먼트(top management)는 많은 관련자료나 여러 가지 변동요소를 하나 하나 평가할 틈이 없다.

셋째, 하위계층의 관리자는 기업의 궁극적인 이익목표를 직접 접촉할 기회가 없기 때문에 엉뚱한 의사결정을 할 염려가 있다.

넷째, 차위의 경영자(subordinate management)가 다른 직능영역에서 전문화되는 경향이 있으므로 종합적인 관점을 필요로 하는 최고간부의 후계자양성을 저해한다.

다섯째, 종업원 그 자신이 조직상 지위의 중요성을 이해하지 못하는 경향이 있으며 의욕을 상실한다.

이들의 문제는 부문별, 즉 이익책임의 분권화에 의하여 해결할 수 있다. 부문별제는 톱 매니지먼트(top management)에 집중되어 있는 중요한 의사결정의 권한과 이에 따르는 책임을 대폭적으로 하위의 관리자층에게 위임하고, 조직구조를 하위의 계층에서 구매, 제조, 판매 등의 직능영역을 통합하도록 바꾸어 이익중심점을 설정하고, 이 관리책임단위를 최고관리조직인 본부가 통괄하는 분담관리조직이다.

이와 같은 분권화가 이루어지면 의사결정의 권한이 영업활동에 근접하여 의사결정에 필요한 정보경로가 단축되고 간단하게 되므로 신속하고 적절한 결정이 가능하게 된다. 또한 이들의 업적을 명확하게 측정함으로써 의욕을 높이고, 생산성향상의 동기를 부여할 수 있다. 그 결과 톱 매니지먼트(top management)는 차위의 경영자에게 적당한 훈련의 기회를 주게 되므로 후계자양성의 목적도 달성할 수 있다.

여기에서 부문별제와 분권화는 같은 개념이 아니다. 분권화는 집권화에 대한 개념으로 톱 매니지먼트(top management)가 보유하는 의사결정의 권한이 하위의 관리자층에게 위임되어 있는 것이 그 요체이다. 따라서 분권화는 부문별에 한정되는 것이 아니라 구매, 제조, 판매, 재무 등의 직능부문관리자에게는 대부분 원가책임이나 이익책임 중의 하나가 부여되지만, 부문별 조직의 부문별 책임자에게는 이익책임이 경우에 따라서는 투자책임까지도 주어진다. 부문은 단순히 경영규모의 확대만으로 이루어진 것이 아니라 제품, 시장의 다양화에 의하여 관리상의 문제점이 직능부문조직만으로는 해결할 수 없게 되어 나타나게 된 것이다. 즉 부문조직은 전사적인 경영방침이나 회계의 테두리 안에서 상당한 자율성을 갖는 개별 부문으로 마치 독립적인 기업과 같다. 이는 중소기업이 갖는 유연성과 신속성을 이용하고, 아울러 대규모 경영의 경제성을 살리려는 것이다.

2. 사업부문의 유형

부문조직은 원래 제품, 시장의 다양화에 대응하는 분권관리조직으로 생긴 것이므로, 기본적으로는 제품에 관련하여 제품별로 또는 시장에 관련하여 지역별 또는 고객별로 관리책임단위가 설정되어야 할 것이다. 이러한 입장에서 보면 부문은 제품별, 지역별, 고객별 등으로 대별해야 하나, 구체적인 적용형태로 보면 이들이 섞여 있는 형태가 많다. 그러나 이들 부문별에 공통적인 것은 부문별 책임자에 이익책임이 주어져 있다는 것이다. 즉 부문책임자는 스스로의 재량으로 생산 제 요소를 구입하고, 제품 또는 서비스를 생산하여 그 판매가격을 결정하여 판매하고, 부문독자의 이익을 올리는 것이다.

그러나 이러한 순수한 의미의 부문별이 아니라 직능별 부문조직의 직능부문을 사업부라 하고 분권화를 하고 있는 기업이 많다. 예를 들면 제조부문, 판매부문 등이 바로 그것이다. 그러나 이들 부문의 관리자는 원가책임 또는 수익책임 중의 하나를 담당하는 것이지, 포괄적인 부문책임자의 업적을 표시하는 부문별 이익에 대한 책임은 없다. 따라서 가령 이러한 경우 제조부문에서 판매부문에의 대체제품에 일정률의 이익을 가산한 대체가격으로 하여 제조부문의 이익이 계산되더라도 이것은 가공적인 것이며, 제조부문책임자의 참된 업적이라고는 할 수 없다.

그러나 현실적으로는 직능부문단위별로 이익을 산정할 수 있는 직능별 부문조직을 가지고 부문별의 한 유형으로 보는 경우가 많으며, 이를 직능별 부문이라고 한다.

제 2 절 부문별 이익관리

1. 적절한 부문간 원가배부의 제약요소

(1) 직접적인 원가추적의 실패

특정 부문에 직접 추적할 수 있는 원가는 다른 부문이 아닌 그 부문에 직접 부담시켜야 한다. 가령 지점의 사무실임차료는 관련지점에 직접 부담시켜야 할 원가이므로 회사 전체의 제조간접비 풀(pool)에 포함시켜서는 안 된다.

(2) 부적절한 배부기준

부문에 직접 추적할 수 없는 원가는 조직에 따라 매출액이나 매출원가와 같은 인위적인 기준을 적용해 부문에 배부하기도 한다. 가령 매출액기준을 적용하면 원가는 전체매출에 대한 부문매출의 비율에 따라 여러 부문에 배부되는데, 부문매출이 전체매출의 20%를 차지하면 전체판매 및 관리원가의 20%가 '공정한 몫'으로 그 부문에 배부되는 것과 같다. 매출원가 또는 다른 배부기준이 적용되더라도 기본절차는 이와 차이가 없다. 예를 들면 "E&A회사는 정부와 기업에 광범위한 공학과 건설 자문서비스를 제공한다. 여러 해 동안 회사는 모든 영업공통원가를 집계하여 직접노무비를 기준으로 세 영업소에 배부하였다. 회사가 이 실무를 버리고 임차료 등의 원가를 해당 영업소에 직접 추적함과 동시에 다른 원가도 보다 적절한 기준을 적용해 배부하기 시작하자, 한 영업소는 이익이 두 배로, 다른 영업소는 손실에서 이익으로, 나머지 한 영업소는 이익에서 손실로 바뀌는 결과가 나타났다."

이 방법의 문제점은 배부되는 원가와 적용된 배부기준 간에 실질적인 인과관계가 없을 때가 많다는 데에 있다. 이 방법에서는 제품의 매출액과 판매 및 관리비 발생액이 비례한다고 가정하지만, 이 가정이 타당한 경우는 드물다. 판매와 유통원가가 다른 제품보다 많이 드는 제품도 있고, 고객서비스가 다른 제품보다 많이 필요한 제품도 있다. 이처럼 매출액과 같이 실제의 자원소비와 관계 없는 부적절한 배부기준을 사용하면 원가의 역지원이 나타난다.

(3) 공통원가의 자의적인 부문간 배부

부문원가의 왜곡을 초래하는 세 번째 기업실무는 부문이 원인제공을 하지 않았는 데도 일정원가를 부문에 배부하는 실무이다. 가령 본사건물의 원가는 전체제품라인을 없애더라도 그대로 존속하는 원가인 데도 이를 제품에 배부하는 회사가 있다. 본사건물에 관한 원가는 특정 부문이 아닌 전체영업활동과 관련이 있기 때문에 공통원가(common costs)라고 부른다.

공통원가는 조직이 제대로 기능하는 데 필요한 원가이다. 이 원가를 어떤 식으로든 부문에 배부하는 실무에 있어서는 누군가는 공통원가를 회수해야 한다는 것을 근거로 정당화되기도 한다. 공통원가를 회수해야 한다는 것은 타당하지만, 공통원가를 부문에 자의적으로 배부한다고 해서 공통원가의 회수가 보장되는 것은 아니다. 부문에 실제원가 외의 공통원가 몫을 부담시키는 것은 수익성이 있는 부문을 수익성이 없는 것처럼 보이게 할 수 있다. 경영자가 잘못하여 이 부문을 없애면, 그 순효과는 전체순이익의 감소로 나타나 오히려 공통원가회수를 더 어렵게 한다.

즉 많은 조직에서 부문별 보고의 시행방법 때문에 원가왜곡이 발생하고 있는데, 구체적으로 특정 부문에 직접적인 원가추적실패, 부적절한 원가배부기준 적용, 공통원가의 부문배부 등의 세 가지 실무가 원가왜곡을 가져온다고 할 수 있다. 그러나 이 실무는 보편화되어 있다. 최근의 연구에 의하면 조사기업의 60%가 판매 및 관리비를 부문에 배부할 때 인과관계기준을 적용하려는 시도를 하고 있지 않다는 것이 밝혀졌다.

그렇다면 원가를 부문에 어떻게 배부하는 것이 바람직한가? 다음에는 경영자의 여러 가지 의사결정에 유용한 자료를 제공할 수 있는 부분별 보고와 원가배부방법을 제시하도록 한다. 이 방법에서는 원가를 부문에 부담시킬 수 있는 부문과 부담시킬 수 없는 부문으로 구분하며, 원가형태를 강조한다.

2. 부문원가의 측정

(1) 부문공헌이익

부문공헌이익(segmented contribution margin)은 공통고정원가의 회수와 이익획득에 이바지할 수 있는 이익을 뜻한다. 이는 각 부문의 장기적인 수익성을 측정하는 가장 좋은 척도라고 할 수 있다. 다시 말해서 공헌이익은 수익에서 모든 변동비를 차감한 잔액으로 목표이익달성을 위한 조업도선택, 제품배합의 결정에 유용한 이익개념이나 사업부경영자의 성과평가에는 유용하지 못하다. 왜냐하면 사업부경영자는 고정비의 일부는 통제할 수 있고, 고정비와 변동비의 상쇄효과(trade-off)를 통해 고정비와 변동비의 비율을 조정할 수 있기 때문이다. 각 부문에 할당가능한 원가만을 부문별 이익계산에 고려하고 있기 때문이다. 어떤 부문이 장기적으로 자체의 원가를 회수할 수 없다면, 다른 부문의 매출에 없어서는 안 될 부문이 아닌 한 그 부문은 계속 유지되기 어려울 것이다. 의사결정의 관점에서 볼 때 부문별 이익은 시설변경, 장기가격정책, 부문별 투자이익 등의 장기적인 수요와 성과에 관한 의사결정에 매우 유용하다. 그러나 공헌이익은 매출액에서 변동제조원가, 변동판매비와 관리비를 차감한 금액이다. 부문별 손익계산서를 작성하기 위해서는 회사 전체적으로 뿐만 아니라 부문별로 매출액 및 변동비를 파악하여야 한다.

공헌이익은 조업도수준의 변동이 순이익에 미치는 영향을 예측하는 데 도움이 된다. 만약 판매량이 증가하면 증가된 판매수량에 제품단위당 공헌이익을 곱하여 순이익에 미치는 영향을 쉽게 계산할 수 있다.

(2) 부문경영자 공헌이익

부문경영자 공헌이익은 공헌이익에서 사업부경영자가 통제할 수 있는 고정비를 차감한 것으로 통제가능 공헌이익 또는 성과마진이라고도 한다. 또한 이 이익에는 사업부경영자가 통제할 수 있는 모든 활동이 포함되기 때문에 사업부경영자의 성과를 평가하는 데 가장 적합한 이익개념이다. 그러나 이 이익개념은 통제가능원가와 통제불가능원가를 명확히 구분하기가 어렵고 직접통제할 수는 없지만, 해당 사업부 때문에 발생한 추적 또는 배분가능한 고정원가 등을 포함하지 않으므로 해당 사업부의 진정한 성과를 표시하지 못한다는 단점이 있다.

통제가능고정비란 부문경영자의 재량에 의해 발생하는 고정비로서 광고비, 연구비, 경영자문비, 기술비, 사내교육비 등이 있다. 부문경영자는 직접재료비나 직접노무비를 절감하기 위하여 기술비, 경영자문비, 사내훈련비 등을 많이 지출할 수 있으며, 또한 광고비, 연구비 등을 증액시켜 판매수량에 영향을 미쳐 공헌이익을 증가시킬 수도 있다.

(3) 법인세차감전순이익

법인세차감전순이익은 부문의 공헌이익에서 공통고정원가를 차감한 금액이다. 회사 전체의 입장에서 본 이익측정치만 나타내고 있기 때문에 부문의 성과평가기준으로는 거의 사용되지 않는다. 여기서 공통고정비란 여러 부문에서 공통적으로 발생하는 고정비로서 특정 부문에 추적할 수 없는 원가이다. 예를 들어 기업이미지를 높이기 위한 광고선전비, 최고경영자의 보수, 여러 부문이 공동으로 사용하는 설비의 감가상각비 등이 있다. 이러한 공통고정원가는 여러 부문에서 공동으로 사용하는 고정원가이므로 특정 부문에 부과시키거나 여러 부문에 임의적으로 배분해서는 안 되고 총액으로 파악한다. 그것은 공통고정원가를 부문에 배분하는 기준들은 대부분 자의성이 개재될 가능성이 높아서 부문 및 부문경영자의 성과를 올바르게 나타내기가 어렵기 때문이다.

3. 부문보고서

부문보고서(segment reports)란 독립적인 사업부의 경영실적을 나타내는 손익계산서를 말하며, 이것을 부문별 손익계산서(segmented income statement)라고 부른다. 부문별 손익계산서 작성지침은 다음과 같다.

첫째, 원가를 변동원가와 고정원가로 구분하여 공헌이익 손익계산서를 작성한다.

둘째, 원가를 부문경영자의 통제가능성 여부에 따라 통제가능원가와 통제불능원가로 구분하다.

셋째, 원가를 특정 부문에의 추적가능성에 따라 부문원가와 공통원가로 구분한다.

넷째, 부문공헌이익 손익계산서는 하위부문에서 작성한 후 점차 상위부문으로 확대한다.

보통 많이 쓰는 부문보고는 제품별, 공장별, 판매지역별 손익계산서 등이 있다.

(1) 부문별 손익계산서

[표 11-1]은 원가분류방법에 따라 작성된 부문별 손익계산서의 한 예이다. [표 11-1]에서는 사업부와 제품이라는 두 형태의 부문의 예를 들고 있는데, 회사 전체수준에서 사업부, 조립부, 생산부로, 그리고 다시 사업부(생산부)를 노트북과 핸드폰으로 그 범위를 좁혀 가고 있다. 아래에서는 부문별 손익계산서에 나타난 여러 가지 이익개념 등에 대하여 살펴본다.

[표 11-1] 부문별 손익계산서

	회사 전체	사업부		사업부(생산부)		
		조립부	생산부	원 가	노트북	핸드폰
매출액	₩7,000	₩4,000	₩3,000		₩600	₩2,400
변동매출원가	2,000	1,000	1,000		300	700
변동판매비와 관리비	2,000	600	1,400		100	1,300
공헌이익	₩3,000	₩2,400	₩600		₩200	₩400
통제가능고정비	1,000	600	400	₩50	150	250
부문경영자 공헌이익	₩2,000	₩1,800	₩200	₩(50)	₩50	₩150
추적가능고정비	400	300	200	20	30	170
부문공헌이익	₩1,600	₩1,600	₩0	₩(70)	₩20	₩－20
공통고정비	400					
순이익	₩1,200					

(2) 제품별 손익계산서

원광(주)는 ① 컴퓨터, ② TV, ③ 비디오 등 세 가지 제품을 만들어 팔고 있다. 이 세 가지 제품별로 비교기능 손익계산서를 작성하면 [표 11-2]와 같은데, 비교기능 손익계산서에는 부문공통원가를 각 부문에 배부한 것을 알 수 있다.

언뜻 보아 컴퓨터의 생산 및 판매를 중지해야 할 것 같다. 왜냐하면 작년 1년간 ₩6,000의 손실을 발생시켰기 때문이다. 자세한 자료는 다음과 같다.

첫째, 세 가지 제품들은 모두 공통설비를 사용하여 생산하는데, 이 생산설비는 다른 용도에 대체적으로 사용될 수 없는 것들이다. 고정제조간접비는 전부 ₩9,000이 발생하였는데, 이것을 컴퓨터, TV 및 비디오에 똑같이 ₩3,000씩 배부하였다.

둘째, 제품별 판매비와 관리비는 부문직접원가이다.

셋째, 본사의 판매비와 관리비는 세 가지 제품들에 대한 공통원가이며, 매출액을 기준으로 하여 각 제품에 배부하였다. 본사의 판매비와 관리비는 현재 수준 이하로 감축하기 어렵다.

이번에는 비교공헌 손익계산서를 등장시켜 위의 사례를 풀어 보자. 각 부문에 대한 비교공헌 손익계산서는 다음과 같은 관계를 분명하게 나타내 줄 수 있도록 잘 작성되어야 한다.

[표 11-2]의 예에서 컴퓨터부문은 ₩6,000의 영업손실이 발생하였다. 신중한 생각과 판단 없이 성급하게 단정하면, 컴퓨터의 생산을 철폐함으로써 회사의 이익을 ₩59,000 올릴 수 있을 것같이 생각된다. 그러나 경영층은 컴퓨터, TV, 비디오라는 세 제품들 간의 상호 의존성을 고려하여야 한다.

컴퓨터기의 생산, 판매를 중지하면 TV와 비디오의 매출액이 급격히 감소할 가능성이 많다. 만약 생산하는 TV가 문제의 그 컴퓨터에만 딱 맞고 다른 회사제품의 컴퓨터에는 안 맞는 것이라고 한다면, 컴퓨터의 생산, 매출량이 0이 되면 TV의 매출도 0이 될 것이다.

만약 컴퓨터부문을 폐쇄한다면 오직 특정의 공헌이익 ₩107,000(=₩41,000+₩66,000)이 모든 고정제조간접비와 본사에서 발생한 판매비와 관리비(모두 합해서 ₩66,000)를 감당해 나가야 되니, 결국 회사 전체의 가능한 영업

[표 11-2] 제품별 기능손익계산서와 공헌손익계산서

1. 제품별 기능손익계산서

	제품종류			
	컴퓨터	TV	비디오	전 체
매 출	30,000	70,000	90,000	190,000
매출원가	-6,000	-12,000	-16,000	-34,000
매출총이익	24,000	58,000	74,000	156,000
제품별 판매비와 관리비	25,000	22,000	12,000	59,000
본사 판매비와 관리비	5,000	14,000	25,000	44,000
판매비와 관리비 합계	-30,000	-36,000	-37,000	-103,000
영업이익	-6,000	22,000	37,000	53,000

2. 제품별 공헌손익계산서

	제품종류			
	컴퓨터	TV	비디오	전 체
매 출	₩30,000	₩70,000	₩90,000	₩190,000
변동매출원가	3,000	7,000	12,000	22,000
제품별 판매비와 관리비	15,000	22,000	12,000	49,000
변동원가 계	₩18,000	₩29,000	₩24,000	₩71,000
공헌이익	₩12,000	₩41,000	₩66,000	₩119,000
부문공통 고정원가	₩10,000	₩2,000	₩1,000	₩13,000
고정제조간접비	3,000	3,000	3,000	9,000
본사발생 판매비와 관리비	5,000	14,000	25,000	44,000
고정원가 계	₩18,000	₩19,000	₩29,000	₩66,000
영업이익	₩-6,000	₩22,000	₩37,000	₩53,000

이익은 ₩41,000(=₩107,000-₩66,000)밖에 안 될 것이다. 만약 컴퓨터와 TV의 광고효과로 인하여 이제까지 비디오의 판매액이 많이 증가하여 온 실정이라면, 회사 전체의 영업이익은 ₩41,000보다도 훨씬 더 적은 액수가 될 것이다.

제 3 절 부문별 성과평가

1. 원가부문의 성과평가

원가부문의 성과평가는 노력과 성과 사이의 관계가 명확한 표준원가중심점을 위주로 이루어지는데, 이는 앞 장에서 표준원가계산에서 살펴본 바와 같다. 여기에서는 앞에서 살펴본 변동예산과 고정예산의 개념에 따라 재정리하고, 차이분석에 대한 내용을 좀더 확장하여 복수재료나 복수노동력을 투입한 경우의 원가차이에 대해서 살펴보도록 하겠다.

(1) 제조부문의 성과평가

제조부문의 성과평가는 평가대상기간의 실제성과와 실제생산 및 판매량에 따른 변동예산을 비교함으로써 이루어진다. 제품단위당 표준원가가 다음과 같다고 가정하자.

	표준수량	표준가격	표준원가
직접재료비	3kg	20/kg	60
직접노무비	2시간	4/시간	8
변동제조간접비	2시간	3/시간	6
고정제조간접비	2시간	6/시간	12
제품단위당 표준원가			86

원광(주)는 당일제품을 생산, 판매하고 있으며, 제품단위당 표준원가는 고정예산의 사례와 같다. 회사는 올해 초 변동예산과 같은 예산을 편성하였으며, 영업활동결과 올해의 실제성과는 다음과 같다.

생산 및 판매량		4,000개
매출액	4,000개×@₩130=	520,000
변동비		
직접재료비	11,000kg×@₩22=242,000	
직접노무비	15,000시간×@₩3= 45,000	
변동제조간접비	31,000	
변동판매관리비	29,000	(347,000)
공헌이익		173,000
고정비		
고정제조간접비	70,000	
고정판매관리비	42,000	(112,000)
영업비		61,000

제조부문의 성과평가와 관련된 부분을 분석하여 살펴보면 [표 11-3]과 같다.

[표 11-3] 제조부문의 성과보고서

	실 제	변동예산차이	변동예산
생산량	4,000개	–	4,000개
변동비			
직접재료비	242,000	2,000	240,000
직접노무비	45,000	13,000	32,000
변동제조간접비	31,000	7,000	24,000
고정비			
고정제조간접비	70,000	–	70,000
합 계	388,000		366,000

제조원가의 변동예산차이를 보다 자세하게 분석하여 보면 [표 11-4]와 같다.

[표 11-4]에서 제조원가의 차이를 분석하여 본 결과 불리한 영향을 미친 주된 원인은 재료가격의 인상이나 비효율적인 구매활동, 비효율적인 재료사용 등이라고 할 수 있으며, 값싼 노동력의 사용으로 인해 실제 직접노동시간이 실제생산량에 허용된 표준시간보다 많아진 것도 불리한 영향을 미친 원인이

[표 11-4] 제조원가의 차이분석

	(실 제)		(변동예산)
	AQ×AP	AQ×SP	SQ×SP
직접재료비	11,000kg×22 =242,000	11,000kg×20 =220,000	4,000개×3kg×20 =240,000
	가격차이 22,000		능률차이 20,000
직접노무비	15,000시간×3 =45,000	15,000시간×4 =60,000	4,000개×2시간×4 =32,000
	가격차이 15,000		능률차이 28,000
변동제조간접비	31,000	15000시간×3 =45,000	4,000개×2시간×3 =24,000
	소비차이 14,000		능률차이 21,000
고정제조간접비	실 제 70,000	예 산 70,000	
	소비차이 0		
	변동예산차이 0		

라고 할 수 있다.

한편 성과평가 등의 내부관리목적을 위해서는 전부원가계산보다 유용한 정보를 제공해 주는 변동원가계산에 의한 손익계산서를 사용하는데, 고정제조간접비 조업도차이는 변동제조간접비에 의한 성과보고서에서는 산출되지 않는다. 조업도차이는 전부원가계산 제도 하에 고정제조간접비를 제품원가에 배부하기 때문에 발생하는 것으로 변동원가계산에 의한 성과보고서에 나타나지 않는 것은 당연하다고 하겠다.

위의 내용을 참고로 전부원가계산 제도를 적용한다고 가정할 경우, 다음과 같이 고정제조간접비 조업도차이가 추가적으로 계산된다.

	예 산	배 부
고정제조간접비	70,000	4,000개×2시간×6 =48,000
	조업도차이 22,000	

고정제조간접비 조업도차이는 전부원가계산 제도 하에서 제품원가계산 목적상 고정제조간접비를 제품원가에 배부하기 때문에 발생되는 차이이므로, 원가통제의 관점에서 본다면 중요한 의미를 갖지 못한다. 고정제조간접비는 조업도의 변동과 관계 없이 일정하게 발생하므로 투입, 산출 사이에 비례관계가 존재하지 않는다. 따라서 제조부문의 성과평가와 관련한 원가통제 목적상으로는 총액으로 실제성과와 예산을 비교하여 소비차이만을 분석하게 되는 것이다.

(2) 복수생산요소의 원가차이분석

표준원가계산 제도에서 살펴본 바와 같이 직접재료비와 직접노무비는 가격차이와 능률차이로 구분된다. 그런데 이러한 차이분석은 하나의 원재료 또는 하나의 임률을 전제로 하여 분석한 것이다. 여기서는 여러 종류의 원재료나 노동력을 투입하여 제품을 생산하는 경우에 직접재료비와 직접노무비의 능률차이는 배합차이와 수율차이로 각각 분리되는데, 이에 대하여 살펴보도록 한다.

1) 직접재료비의 배합차이, 수율차이

복수의 원재료를 투입하여 제품을 생산하는 경우에 직접재료비 수량차이는 배합차이와 수율차이로 구분할 수 있다.

- 직접재료비 총 차이 (변동예산차이)
  - 가격차이
  - 수량차이
    - 배합차이
    - 수율차이

직접재료비 배합차이는 원재료의 수량을 실제 총 사용량(투입량)으로 일정하게 한 상태에서 실제배합비율과 표준배합비율의 차이가 직접재료비에 미치는 영향을 나타내 주는 것으로 표준원가를 이용하여 계산한다. 반면에 직접재료비 수율차이는 원재료의 배합을 표준배합비율로 일정하게 한 상태에서 실제수율과 표준수율의 차이가 직접재료비에 미치는 영향을 나타내 주는 것으로 표준원가를 이용하여 계산한다.

배합차이와 수율차이를 도표로 나타내면 다음과 같다.

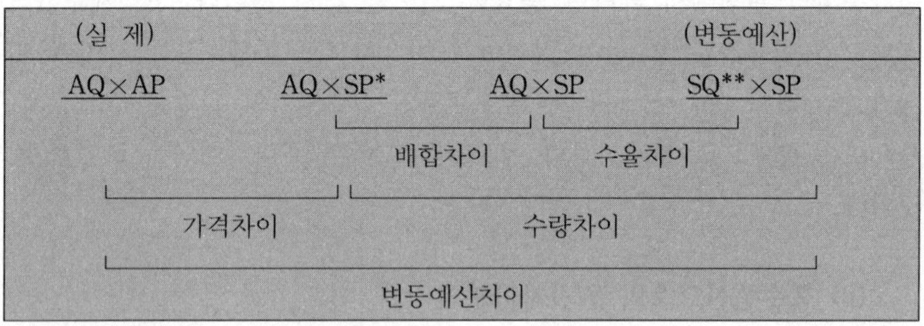

* SP : 실제투입량에 대한 표준배합
** SQ : 실제사용량에 대한 표준배합량.

[예제 1] 전북(주)는 갑, 을의 두 가지 원재료를 가공하여 단일제품을 생산하고 있다. 제품 1리터당 직접재료비의 표준원가는 다음과 같다.

	표준수량	표준가격	표준원가
직접재료비			
갑	8리터	22/리터	76
을	2리터	12/리터	24
제품리터당 표준원가			200

회사는 당기중 제품 620리터를 생산하였으며, 실제발생된 직접재료비는 다음과 같았다.

직접재료비	
갑	3,500리터×@16=56,000
을	2,200리터×@14=30,800
합 계	86,800

[요구사항]

1. 원재료에 대한 실제 및 표준배합비율을 구하시오.
2. 직접재료비의 가격차이와 능률차이를 구하시오.
3. 직접재료비의 능률차이 중에 배합차이와 수율차이로 분해하시오.

[해 답]

1.

	실제수량	실제배합비율	표준수량	표준배합비율
갑	3,500리터	61%	8리터	80%
을	2,200리터	39%	2리터	20%
합 계	5,700리터	100%	10리터	100%

위와 같이 실제배합비율과 표준배합비율이 다르게 나타나는 이유는 투입요소의 대체성 때문이다. 즉 원재료 갑, 을을 투입하여 제품을 생산하는 경우에 원재료 갑을 많게, 을을 적게 투입할 수도 있으며, 그 반대의 경우도 있을 수 있다면 배합비율이 달라지는 것이다. 만약 기술여건상 배합비율을 절대로 변경시킬 수 없는 정밀화학제품 등의 경우에는 배합비율이 달라질 수 없음은 물론이다.

2.

	(실 제)		(변동예산)
	AQ×AP	AQ×SP	SQ×SP
투입량	5,700리터	5,700리터	6,200리터
직접재료비			
갑	3,500리터×@16 =56,000	3,500리터×@22 =77,000	4,960리터*×@22 =109,120
을	2,200리터×@14 =30,800	2,200리터×@12 =26,400	1,240리터**×@12 =14,880
합 계	86,800	103,400	124,000
	가격차이 16,600	능률차이 20,600	

* 620리터×8리터=4,960리터

** 620리터×2리터=1,240리터.

3.

	AQ×SP (실제수량, 실제배합)	AQ×SP (실제수량, 표준배합)	SQ×SP (표준수량, 표준배합)
투입량	5,700리터	5,700리터	6,200리터
직접재료비			
갑	3,500리터×@22 =77,000	4,560리터*×@22 =100,320	4,960리터×@22 =109,120
을	2,200리터×@12 =26,000	1,140리터**×@12 =13,680	1,240리터×@12 =14,880
합 계	103,400	114,000	124,000
	배합차이 10,600	수율차이 10,000	

* 5,700리터×0.8=4,560리터
** 5,700리터×0.2=1,140리터.

2) 직접노무비의 배합차이, 수율차이

복수의 임률을 가진 노동력을 투입하여 제품을 생산하는 경우에 직접노무비 능률차이를 배합차이와 수율차이로 구분하여 분석할 수 있다.

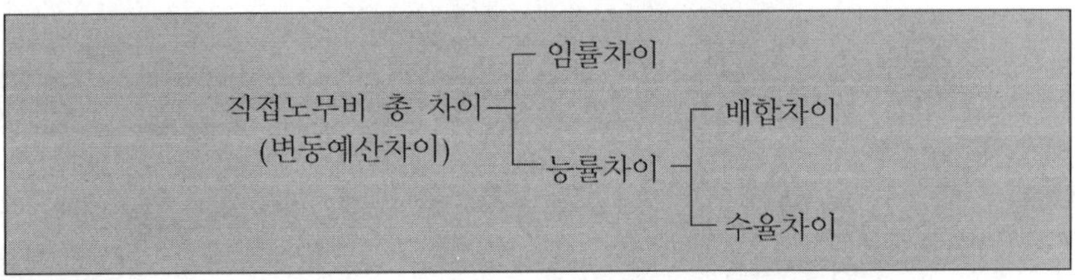

직접노무비 배합차이는 직접노동시간을 실제총투입시간으로 일정하게 한 상태에서 실제배합비율과의 차이가 직접노무비에 미치는 영향을 나타내 주는 것으로 표준원가를 이용하여 계산한다. 반면에 직접노무비 수율차이는 노동력의 배합을 표준배합비율로 일정하게 한 상태에서 실제수율과 표준수율의 차이가 직접노무비에 미치는 영향을 나타내 주는 것으로 표준원가를 이용하여 계산한다.

[예제 2] 다음 갑, 을이 단일제품을 생산하고 있다. 직접노무비의 제품단위당 표준원가는 다음과 같다.

	표준수량	표준가격	표준원가
직접노무비			
갑	3시간	32/시간	96
을	2시간	12/시간	24
제품단위당 표준원가			120

회사는 당기중 제품 150개를 생산하였으며, 실제발생된 직접노무비는 다음과 같았다.

직접노무비	
갑	200시간×@30=6,000
을	300시간×@20=6,000
합 계	12,000

[요구사항]

1. 노동력에 대한 실제 및 표준배합비율을 구하시오.
2. 직접노무비의 임률차이와 능률차이를 구하시오.
3. 직접노무비의 능률차이 중에 배합차이와 수율차이로 분해하시오.

[해 답]

1.

	실제수량	실제배합비율	표준수량	표준배합비율
갑	200시간	40%	3시간	60%
을	300시간	60%	2시간	40%
합계	500시간	100%	5시간	100%

노동력 실제배합비율과 표준배합비율이 다르게 나타나는 이유는 투입요소의 대체성 때문이다. 즉 갑과 을을 서로 대체하여 제품을 생산할 수 있기 때문에 배합비율이 달라지는 것이다.

2.

	(실 제)		(변동예산)
	AQ×AP	AQ×SP	SQ×SP
투입량	500시간	500시간	750시간
직접노무비			
갑	200시간×@30 =6,000	200시간×@32 =6,400	450시간*×@32 =14,400
을	300시간×@20 =6,000	300시간×@12 =3,600	300시간**×@12 =3,600
합 계	12,000	10,000	18,000
	임률차이 2,000	능률차이 8,000	

* 150시간×3시간=450시간
** 150시간×2시간=300시간.

3.

	AQ×SP (실제수량, 실제배합)	AQ×SP (실제수량, 표준배합)	SQ×SP (표준수량, 표준배합)
투입량	500시간	500시간	750시간
직접노무비			
갑	200시간×@32 =6,400	300시간×@32 =9,600	450시간×@32 =14,400
을	300시간×@12 =3,600	200시간×@12 =2,400	300시간×@12 =3,600
합 계	10,000	12,000	18,000
	배합차이 2,000	수율차이 6,000	

2. 판매부문의 성과평가

분권화된 조직에서 이익중심점으로 운영되는 각 사업부는 매출액, 제조원가, 판매관리비에 대해서 책임을 지지만, 판매부문이 이익중심점으로 운영된다면 매출액과 판매관리비만 책임을 지는 것이다.

(1) 판매가격차이와 매출조업도차이

이익중심점으로 운영되는 판매부문의 경영자는 매출액과 판매관리비에 대해서 책임을 지므로 판매부문의 성과는 매출액과 판매관리비에 의해서 결정된다. 이 중 매출액의 차이는 다음과 같이 분석할 수 있다. 판매가격차이(sales price variance)는 실제 매출수량 하에서 제품단위당 판매가격의 변화로 인한 공헌이익의 차이를 말하는 것으로서, 이는 제품의 수량을 실제판매량으로 일정하게 한 상태에서 실제판매가격과 예산판매가격의 차이가 영업이익에 미치는 영향을 나타내 준다.

판매가격차이 = 실제매출액 − 변동예산매출액
= 실제판매량 × 실제판매가격 − 실제판매량 × 예산판매가격
= 실제판매량 × (실제판매가격 − 예산판매가격)

그리고 매출조업도차이(sales volume variance)는 제품단위당 판매가격이나 단위당 변동원가가 예산상의 금액과 동일하다고 가정할 때 제품판매량의 변화가 공헌이익에 미치는 영향을 뜻한다.

매출조업도차이 = 변동예산 공헌이익 − 고정예산 공헌이익
= 실제판매량 × 예산공헌이익 − 예산판매량 × 예산공헌이익
= (실제판매량 − 예산판매량) × 예산공헌이익

이는 제품의 판매가격이나 변동비를 예산판매가격이나 변동비로 일정하게 한 상태에서 실제판매량과 예산판매량의 차이가 영업이익에 미치는 영향을 나타내는 것이다. 이러한 판매가격차이와 매출조업도차이를 합하여 매출총차이라고 한다. 이는 실제의 판매가격과 판매량이 예산과 다름으로 인하여 영업이익에 미치는 영향을 나타낸다.

기업이 여러 가지 종류의 제품을 판매하는 경우에도 판매가격차이와 매출조업도차이는 단일제품을 판매하는 경우와 동일하게 분석된다.

[예제 3] 이 회사에서 생산하는 제품은 A, B의 두 가지 품목뿐인데, 200×년의 예산자료와 실제자료는 다음과 같다.

제 품	200×년 예산자료			
	단위당 판매가격	단위당 변동비	단위당 공헌이익	판매량
A	150	40	60	700개
B	50	30	10	300개

제 품	200×년 실제자료			
	단위당 판매가격	단위당 변동비	단위당 공헌이익	판매량
A	140	50	40	500개
B	40	30	5	700개

200×년의 예산고정비는 40,000, 실제고정비는 30,000이다.

[요구사항]

판매가격차이, 매출조업도차이를 구하시오.

[해　답]

	실 제	변동예산	고정예산
판매량	1,200개	1,200개	1,000개
매출액			
A	500개×@140 =70,000	500개×@150 =75,000	
B	700개×@40 =28,000	700개×@50 =35,000	
합 계	98,000	110,000	
	판매가격차이 12,000		
공헌이익			
A		500개×@40 =20,000	700개×@60 =42,000
B		700개×@ 5 =3,500	300개×@10 =3,000
합 계		23,500	45,000
		매출조업도차이 21,500	

(2) 매출배합차이와 매출수량차이

기업이 여러 가지 종류의 제품을 판매하는 경우에 매출조업도차이는 매출배합차이와 매출수량차이로 세분할 수 있다.

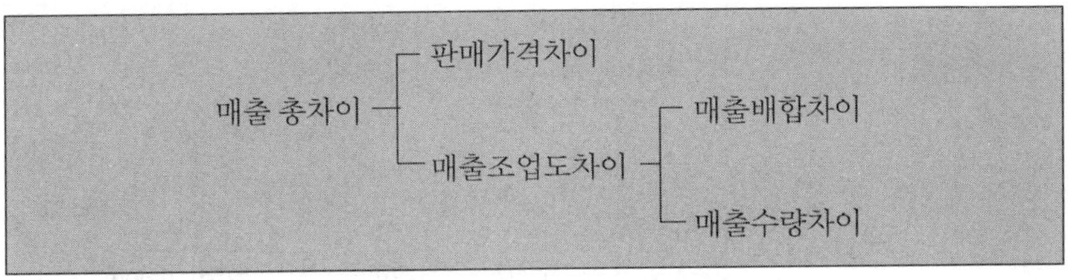

매출배합차이(sales mix variance)는 제품의 수량을 실제총판매량으로 일정하게 한 상태에서 실제매출배합과 예산매출배합의 차이가 공헌이익에 미치는 영향을 나타내 주며, 매출수량차이(sales quantity variance)는 제품의 배합을 예산매출배합으로 일정하게 한 상태에서 실제총판매량과 예산총판매량의 차이가 실제총판매량과 예산공헌이익에 미치는 영향을 나타내 준다.

이를 식으로 나타내면 다음과 같다.

매출배합차이 = 실제매출배합 하의 예산공헌이익
　　　　　　 − 예산매출배합 하의 예산공헌이익
　　　　　 = 실제총매출수량 × 실제매출배합
　　　　　　 × (예산판매가격 − 표준변동원가) − 실제총매출수량

매출조업도차이를 매출배합차이와 매출수량차이로 분해하는 방법은 이미 앞에서 살펴본 복수생산요소를 투입할 경우, 능률차이를 배합차이와 수율차이로 분해하는 방법과 동일하다.

[예제 4] [예제 3]을 토대로 매출배합차이와 매출수량차이를 구하시오.

[해 답]

	변동예산 (실제수량, 실제배합)	변동예산 (실제수량, 예산배합)	고정예산 (예산수량, 예산배합)
판매량	1,200개	1,200개	1,000개
공헌이익			
A	500개×@40 =20,000	840개×@60 =50,400	700개×@60 =42,000
B	700개×@5 =3,500	360개×@10 =3,600	300개×@10 =3,000
합 계	23,500	54,000	45,000
	매출배합차이 30,500	매출수량차이 9,000	

3. 투자부문의 성과평가

투자부문은 수익 및 원가뿐만 아니라 그 책임중심점에 투자된 자산에 대해서도 책임을 지는 중심점이다. 투자부문의 경영자는 이익금액뿐만 아니라 이익과의 관계에 대하여도 책임을 진다. 따라서 이익중심점의 경영자보다 투자부문의 경영자에게 더 많은 권한이 이양됨을 알 수 있다. 즉 이익중심점의 경영자에게는 특정 자산에 대한 사용권한이 주어지는 반면에, 투자부문의 경영자에게는 그 중심점의 자산을 취득, 처분할 수 있는 권한까지 주어진다.

투자부문의 성과평가는 사업부경영자가 그들이 관리하고 있는 자산을 얼마나 효율적으로 이용하였는가를 기준으로 이루어지는데, 투자부문의 성과평가에 사용되는 척도에는 투자수익률과 잔여이익 및 경제적 부가가치(EVA)가 있다.

(1) 투자수익률

투자수익률(Return On Investment : ROI)은 자본이익률이라고도 불리우며, 이것은 투자액에 대한 이익의 비율을 나타내는 대표적인 수익성지표이다. 투자이익률은 비율로 표시되기 때문에 한 투자안의 이익률과 다른 투자안의 이익률을 비교하고, 한 사업부의 성과와 다른 사업부의 성과를 비교하는 데 이용된다.

그러나 투자액고려 여부에 따라 사업부성과가 다르게 평가될 수 있다. 예를 들어 A사업부가 5백만 원의 영업이익을 달성하고, B사업부가 1천만 원의 이익을 달성하였을 때 B사업부가 더 좋은 성과를 올렸다고 말할 수 있는가? 두 사업부의 모든 조건이 같다면 그렇다.

그러나 A사업부가 2천만 원을 투자하여 5백만 원의 이익을 내고, B사업부가 5천만 원을 투자하여 1천만 원의 이익을 냈다면 이야기가 달라진다. B사업부는 많은 투자액에 비해 충분하지 않은 이익을 냈다고 할 수 있다. 비율로 보면 A사업부는 투자액 2천만 원 대비로 25%의 수익률을 내었고, B사업부는 투자액 5천만 원에 대해 20%의 수익률을 내었으니 투자액대비로 보면 A사업부가 더 잘 한 것이다. 투자액에 대한 이익의 비율을 투자수익률(Return On Investment : ROI)이라 한다.

이를 식으로 나타내면 다음과 같다.

$$\text{투자수익률} = \frac{\text{영업이익}}{\text{투자액(영업자산)}} = \frac{\text{영업이익}}{\text{매출액}} \times \frac{\text{매출액}}{\text{영업자산}}$$

$$= \text{매출액이익률} \times \text{자산회전율}$$

매출액영업이익률(profit margin)은 영업비용을 얼마나 효율적으로 투입하여 매출액을 창출하였는가를 나타내는 수익성지표이며, 자산회전율(asset turn over)은 투자중심점에 투자된 영업자산 ₩1당 매출액을 나타내는 활성지표이다. 매출액영업이익률은 투자중심점에 투자된 영업자산이 동일한 경우에는 부문경영자의 성과평가에 적절한 정보이지만, 영업자산이 다를 경우에는 매출액영업이익률만으로 부문경영자의 성과를 평가해서는 안 된다. 투자중심점은 이익뿐만 아니라 투자자산에 대해서도 권한을 지니므로 투자자산도 고려하여 성과평가를 하여야 한다.

[예제 5] 서천(주)는 P사업부와 Q사업부로 구성되어 있는데, 이들은 각각 투자중심점으로 운영되고 있다. 각 사업부의 당기 자료는 다음과 같다.

항 목	P사업부	Q사업부
영업자산	60,000	300,000
매출액	300,000	600,000
영업이익	30,000	50,000

[요구사항]

각 사업부의 투자수익률, 매출액영업이익률, 자산회전율을 구하시오.

[해 답]

1. 투자수익률

P사업부	Q사업부
$\frac{30,000}{60,000}=50\%$	$\frac{50,000}{300,000}=17\%$

2. 매출액이익률

P사업부	Q사업부
$\frac{30,000}{300,000}=10\%$	$\frac{50,000}{600,000}=8\%$

3. 자산회전율

P사업부	Q사업부
$\frac{300,000}{60,000}=5$회	$\frac{600,000}{300,000}=2$회

투자부문의 성과평가는 이익기준보다 투자수익률을 기준으로 하는 것이 합리적이다. [예제 5]에서 보듯이 Q사업부의 영업이익이 P사업부보다 더 크지만, 반드시 Q사업부의 경영자가 Q사업부의 경영자보다 효율적인 경영활동을 했다고 보기는 어렵다. 투자액(영업자산)의 크기를 고려한다면, 오히려 Q사업부의 경영자가 투자한 자산에 대해서 보다 효율적인 경영활동을 한 것으로 볼 수 있다.

(2) 잔여이익

잔여이익(residual income)은 순이익으로부터 투자자본에 대한 자본비율을 차감한 잔액이다. 이것은 다음의 공식으로 나타낼 수 있다.

잔여이익=순이익−투자자본의 자본비용
=투자중심점의 영업이익
−투자중심점의 투자자산×최저필수수익률

따라서 잔여이익이란 자본비용액을 차감한 후의 이익이라고도 말할 수 있다. 여기서 주로 비율(%)로 표시되는 자본비용과 구별하기 위하여 투자액에 자본비용을 곱하여 구한 금액을 특히 자본비용액이라고 부르는 점에 유의점이 있다.

최저필수수익률(minimum required return)은 기업의 자금조달비용, 즉 자본비용(cost of capital)을 고려하기 위해 기업본부에서 설정하는데, 사업의 위험성이나 더 좋은 투자기회에 대한 기대 등이 반영되어 실제자금 조달비용수준보다는 좀더 높게 설정된다. 최저필수수익률로 측정하는 자본비용은 차입자금에 대해 실제로 지급된 명시적인 이자비용뿐만 아니라 자체 조달된 자기 자본에 대한 암묵적인 자본비용도 고려한다. 암묵적인 자본비용은 자기 자본에 대한 기회원가로, 사업을 하여 기회원가 이상을 벌지 못하면 사실상 이익을 얻은 것이 아니라는 것을 명백히 알려 준다.

최저필수수익률을 10%로 가정하면, A, B사업부의 현재 잔여이익과 B사업부의 사업추가 후의 잔여이익은 다음과 같다.

[표 11-5]에서 보여 주듯이 B사업부는 최저필수수익률 10%를 초과하는 사업을 추가하여 잔여이익을 1천 원에서 2천 원으로 높일 수 있다. 따라서 사업부의 투자성과를 잔여이익으로 평가하여 포상하면, 기업의 이익을 증가시키는 모든 사업에 사업부가 자율적으로 투자하도록 유도하는 바람직한 동기부여 효과가 나타난다. 두 사업부는 현재 같은 1천 원의 잔여이익을 달성한다. A사업부의 투자수익률이 12%로 B사업부보다 낮으나 투자규모가 2배로 커서 잔여이익은 같게 나타난다. 이처럼 잔여이익은 자본비용을 차감한 후의 초과이익의

[표 11-5]

(단위 : 천 원, %)

	A사업부	B사업부 사업추가 전	B사업부 추가사업	B사업부 사업추가 후
이 익	9	5	2	7
투자액	80	40	20	50
자본비용	8(80×10%)	4(40×10%)	2(20×10%)	5(50×10%)
잔여이익	1	1	0	2

절대규모를 나타내므로, 투자효율성지표인 투자수익률과 투자규모의 복합적인 결과이다. 따라서 잔여이익은 같은 수익률에서 규모가 큰 부문의 평가를 유리하게 만든다.

이를 식으로 보이면 다음과 같다.

A사업부 잔여이익 = 80×(12% − 10%) = 1(천단위 버림)
B사업부 잔여이익 = 40×(14% − 10%) = 1(천단위 버림)

투자수익률이 최저필수수익률보다 크면 잔여이익이 양수가 된다. 투자액이 같다면 투자수익률이 클수록 잔여이익이 커지지만, 투자액이 다르면 투자수익률의 크기 순위와 잔여이익의 크기 순위가 달라진다.

(3) 경제적 부가가치(EVA)

경제적 부가가치(Economic Value Added : EVA)는 사업단위가 자본비용을 초과하여 달성한 세후이익을 현금흐름관점에서 조정한 가치평가지표이다.

이를 식으로 표시하면 다음과 같다.

경제적 부가가치 = 세후영업이익 − 총 자본비용
= (영업이익 − 법인세비용) − 총 자본비용
= (영업이익 − 법인세비용) − (타인자본비용 + 자기 자본비용)
= (영업이익 − 법인세비용) − (투자자본 × 가중평균 자본비용)

최근 기업 전체나 기업의 사업부문을 경제적 부가가치로 흔히 평가한다. 많은 기업의 경제적 부가가치가 한국신용평가(주)나 한국증권거래소에서 매년 발표된다.

이익에서 투자액의 자본비용을 차감한 초과이익을 측정하는 면에서 경제적 부가가치와 잔여이익이 비슷하지만, 그러나 두 가지 차이가 있다. 첫째, 경제적 부가가치는 법인세를 명시적으로 고려하기 위해 세후영업이익과 세후자본비용을 사용한다. 둘째, 경제적 부가가치는 현금흐름을 강조하여 회계수치를 그대로 사용하지 않고 적절히 조정한다.

대표적인 예로 사무용품을 당기비용으로 처리하지 않고 자산화한다. 즉 손익계산서의 영업이익은 사무용품을 비용으로 차감하여 계산되나, 경제적 부가가치계산에서는 사무용품을 실질적인 자산가치가 있다고 판단한다. 따라서 사무용품을 자산으로 인정하여 투하자산에 추가하고, 그 상각비만을 비용으로 인정하여 조정된 영업이익을 계산한다. 자산평가손익이나 처분손익은 회계적으로 영업외손익이나 경제적 부가가치에서는 영업관련손익으로 판단하여 조정영업이익 계산에서 반영한다. 감가상각비는 현금지급을 초래하지 않지만, 경제적 비용으로 인정하여 조정하지 않는다.

$$\text{조정세후영업이익} = \text{세후영업이익} + \text{당기소모품비} - \text{자산화된 소모품상각} + (-)\ \text{자산평가/처분이익(손실)} + (-)\ \text{기타 조정}$$

제11장 Key Words

경제적 부가가치(Economic Value Added : EVA)

The shareholder wealth created by an investment center; Economic Value Added = after − tax operating income − cost of capital in dollars.

매출액영업이익률(profit margin)

The percentage of each sales dollars that results in profit; operating income ÷ sales.

매출조업도차이(sales volume variance)

The difference between actual sales volume and budgeted sales volume multiplied by the budgeted unit contribution margin.

부 문(segment)

Any part or activity of an organization about which the manager seeks cost, revenue or profit data.

부문별 손익계산서(segmented income statement)

A financial statement showing the income for an organization and its major segments.

부문성과평가(segmented income statement)

A financial statement showing the income for an organization and its major segments.

성과관리와 평가시스템(performance management and evaluation system)

A set of procedures that account for and report on both financial and nonfinancial performance, so that a company can identify how well it is doing, where it is going, and what improvements will make it more profitable.

성과평가(performance measurement)

The use of quantitative tools to gauge an organization's performance in relation to a specific goal or an expected outcome.

원가차이(cost variance)

The difference between actual and standard cost.

자산회전율(asset turnover)

The productivity of assets, or the number of sales dollars generated by each dollar invested in assets; sale ÷ assets Invested.

잔여이익(Residual Income : RI)
The operating income that an investment center earns above a minimum desired return on invested assets; residual income=investment center's operating income−(desired ROI×assets invested).

투자수익률(Return On Investment : ROI)
A traditional performance measure that takes into account both operating income and the assets invested to produce that income; ROI=operating income÷assets invested. ROI can also be expressed as profit margin×assets turnover.

판매가격차이(sales price variance)
The difference between actual and expected unit sales price multiplied by the actual quantity of units sold.

연습문제

∗ After reading the each problems, Choose the best item.

1. One advantage of segmented reports is that they make a distinction between segments and :

A. segment managers.

B. budgets.

C. allocated costs.

D. common costs.

E. cost object.

2. Consider the following statements.

Ⅰ – Segmented reports distinguish between costs that are controllable by the segment manager and costs that are beyond the influence of the segment manager.
Ⅱ – These statements must be presented in an absorption costing format.
Ⅲ – Segmented reporting shows income statements for the company as a whole and for its major segments.

Which of the above statements is(are) true?

A. Ⅰ is true.

B. Ⅰ and Ⅱ are true.

C. Ⅰ, Ⅱ and Ⅲ are true.

D. Ⅰ and Ⅲ are true.

E. Ⅱ and Ⅲ are true.

3. Segmented reporting shows income statements. for the company as a whole and for :

A. the shareholders.

B. its major segments.

C. controllable expenses.

D. uncontrollable expenses.

E. the contribution margin.

4. Operating income divided by assets invested represents which of the following performance measures?

A. return on investment

B. residual income

C. economic value added

D. cost of capital

5. The capital turnover can be calculated as :

A. sales divided by total invested capital.

B. total invested capital divided by sales.

C. sales divided by income.

D. income divided by sales margin.

E. sales divided by income.

6. To evaluate the performance of investment centers, some managerial accountants prefer to use :

A. residual income with an imputed interest charge.

B. an imputed interest rate and return investment

C. an imputed interest charge and cost of capital.

D. return on investment and residual income.

E. total capital invested times an imputed interest rate.

7. Which of the following is used in the calculation of return on investment and residual income?

A. total stockholders' equity

B. total assets

C. average invested capital

D. total liabilities

E. average cost of capital

8. Two overall measures of financial performance for a division are :

A. residual income and cost of capital.

B. transfer price and capital invested.

C. return investment and cost of capita1.

D. residual income and return on investment.

E. sales and transfer price.

9. The two most common measures of investment center performance are :

A. divisional income and return on investment.

B. return on investment and residual income.

C. divisional income and capital invested.

D. residual income and cost of capital.

E. capital invested and return on investment.

10. When an organization allows divisional managers to be responsible for short－term loans and credits, its invested capital should be measured by：

A. total assets less total liabilities.

B. average total assets less average current liabilities.

C. average total assets less average total liabilities.

D. average total liabilities less average current assets.

E. average total liabilities less total assets.

11. A manager's performance in an investment center can best be evaluated by：

A. the total revenue which is under his or her control.

B. the cost of items on which he or she has an influence.

C. the total capital invested in the organization which provides a sizable amount of return.

D. revenues earned during a period less all expenses.

E. those revenues, costs, and investments that a manager can control.

12. When calculating Return On Investment(ROI) and Residual Income(RI), what measure of invested capital is appropriate then the division manager has considerable authority in making decisions about all of the division's assets, including non-productive assets?

A. average total liabilities

B. average nonproductive

C. total assets

D. average total assets

E. average current assets

13. To mitigate the undesirable behavioral effects of Return On Investment(ROI) and Residual Income(RI), a division's major investments can be evaluated through：

A. post audits.

B. flexible budgets.

C. variances.

D. myopia.

E. segmented reporting.

14. When calculating Return On Investment(ROI) and Residual Income(RI), what measure of invested capital is appropriate when vacant land and idle facilities are significant and the division manager does not have the authority to sell these assets?

A. average total productive assets

B. average current liabilities

C. average total assets

D. average current assets

E. average total liabilities

* The company has two investment center; Island Division and Mountain Division.

Two center's data are the following; company's desired rate of ROI is 19%

	Island Division	Mountain Division
investment	$1,000,000	$800,000
income	$200,000	$150,000

15. If the sales are $4,000,000, What are the assets turn over of Island Division?

A. 0.2 or 20%

B. 0.4 or 40%

C. 1 or 100%

D. 2 or 200%

E. 4 or 400%

16. What are the Return On Investment(ROI) of Island Division?

A. 0.2 or 20%

B. 0.4 or 40%

C. 1 or 100%

D. 2 or 200%

E. 4 or 400%

17. If assets turn over of 3 times in Mountain Division, What are the sales dollars?

A. $1,200,000
B. $2,000,000
C. $2,200,000
D. $2,400,000
E. $3,200,000

18. What are the residual income of Mountain Division?
A. －$2,000
B. －$1,000
C. $2,000
D. $4,000
E. $5,000

* X company's performance data are the following. Answer the questions(19-21).

sales in dollars＝$70,000
cost of goods sold＝$50,000(variable＝$40,000, fixed＝$10,000)
selling expenses＝$8,000(variable＝$5,000, fixed＝$3,000)

19. What are the gross margin of the company?
A. $12,000
B. $20,000
C. $22,000
D. $25,000
E. $30,000

20. What are the contribution margin of the company?
A. $12,000
B. $20,000
C. $22,000
D. $25,000
E. $30,000

21. What are the net income of the company?
A. $12,000
B. $20,000
C. $22,000

D. $25,000

E. $30,000

* Use the following information in solving multiple choice problems 22 through 27.

The following information pertains to bingo concrete for the year 200× :

sales revenue	$1,500,000
gross margin	600,000
income	90,000
average investment	450,000
The company's cost of capital is 8%.	

22. The capital turn over for 200× is calculated to be :

A. 20.00.

B. 5.00.

C. 16.67.

D. 30.00.

E. 3.33.

23. The sales margin for 200× is calculated to be :

A. 40%.

B. 30%.

C. 20%.

D. 6%.

E. 15%.

24. The ROI for 200× is calculated to be :

A. 20%.

B. 6%.

C. 30%.

D. 15%.

E. 40%.

25. The RI(Residual Income) for 200× is calculated to be :

A. $30,000.

B. $54,000.

C. $42,000.

D. $82,800.

E. $36,000.

26. Bricker Fabrics reported a sales margin during 200× of 20% and a capital turn over of 40%. Bricker's ROI for 200× is calculated to be :

A. 50%.

B. 60%.

C. 20%.

D. 8%.

E. 2%.

27. Joy Home Fashions reported a return on investment during 200× of 6% and a sales margin of 12%. The capital turn over for 200× is calculated to be :

A. 18%.

B. 50%.

C. 72%.

D. 6%.

E. 20%.

* Use the following information in solving multiple choice problems 28 through 30.

Bradford International's Western Division reported the following results for 200*X* and 200*Y* :

	200*X*	200*Y*
capital turn over?	?	1.25
net income	$150,000.00	?
sales margin	15.00%	13.33%
sales	?	?
invested capital	$900,000.00	?
required return	12.00%	12.00%
residual income	$42,000.00	?

Sales increased by 50% during 200*Y*.

28. 200*Y* sales are calculated to be :

A. $1,000,000.

B. $1,250,000.

C. $1,400,000.

D. \$1,500,000.

E. \$1,600,000.

29. 200Y ROI is calculated to be :

A. 15.33%.

B. 10.67%.

C. 15.00%.

D. 16.67%.

E. 20.00%.

30. 200Y invested capital is calculated to be :

A. \$900,000.

B. \$1,200,000.

C. \$1,350,000.

D. \$1,500,000.

E. \$960,000.

제 4 편

경영의사결정과 새로운 관리회계시스템

제12장 관련원가분석과 경영의사결정

제13장 가격결정모형과 목표원가관리

제14장 장기적 의사결정 - 자본예산

제15장 21세기의 새로운 원가관리시스템

제 12 장

관련원가분석과 경영의사결정

■ 학습목표

본 장에서는 경영의사결정을 위한 관련원가의 인식과 경영의사결정의 과정과 절차 및 경영의사결정의 여러 가지 유형을 소개하고 있다.

본 장을 공부하고 난 후 학습자들은 다음과 같은 내용의 능력을 갖추어야 한다.

① 경영의사결정을 위한 회계적 모형과 경제적 모형을 구분하고 설명할 수 있다.
② 경영의사결정의 과정을 단계별로 인식하고, 단계별 특징을 설명할 수 있다.
③ 경영의사결정을 위한 관련원가의 두 가지 요소를 들고 설명할 수 있다.
④ 경영의사결정을 위한 관련원가와 비관련원가를 구분할 수 있다.
⑤ 경영의사결정의 유형을 들고, 그 의미를 설명할 수 있다.
⑥ 관련원가분석에 의하여 특별주문에 대한 수락 혹은 거부 의사결정을 할 수 있다.
⑦ 증분분석에 의하여 자가제조 혹은 outsourcing에 관한 의사결정을 할 수 있다.
⑧ 특정 부문 및 제품라인의 폐지 혹은 유지에 관한 의사결정을 할 수 있다.
⑨ 제품을 분리점에서 판매 혹은 추가가공에 관한 의사결정을 할 수 있다.

제 1 절 경영의사결정의 본질과 과정

1. 경제적 의사결정과 경영의사결정

의사결정의 과정은 여러 가지 선택적인 대체안(alternatives) 중에서 최선의 안을 선택하는 절차로 진행하게 되는데, 합리적이고 체계적인 의사결정을 위해서 대체안을 분석하고 선택하는 의사결정도구를 이용하게 된다. 이러한 의사결정도구를 가리켜 의사결정모형(decision making model)이라고 한다.

일반적으로 모형(model)이란 현실을 단순화시킨 것을 말하게 되는데, 특히 의사결정모형에서는 계량적 의사결정도구를 말하게 되며, 이와 같이 계량화모형을 취하게 되는 것은 의사결정자의 선택이 쉽도록 하는 데 있다.

계량화된 경영의 언어가 회계이므로, 경영의사결정을 위한 계량화모형이란 결국 회계적 모형을 말하게 된다. 경영의사결정도 경제적 의사결정의 일종으로 이해되지만, 실제의 적용모형에서는 경제적 모형(economic model)과 회계적 모형(accounting model)은 몇 가지의 근본적인 차이점을 가지게 된다.

결론적으로 경제적 모형은 [표 12-1]에서 보는 바와 같이 이론적이고 추상적이며 장기적인 성격을 가지지만, 회계적 모형은 실무적이고 구체적이며 단기적으로 현 시점에서 문제해결하는 성격을 가지게 된다.

경영자는 미래에 취해야 하는 행동이나 달성하고자 하는 목표를 위하여 현재시점에서 의사결정하는 것이므로, 지금 당장 경영에서 활용하기 위한 모형은 회계적 모형이며, 경제적 모형은 장기적인 경기의 변동이나 추세분석을 위

[표 12-1] 경제적 모형과 회계적 모형의 차이

	경제적 모형	회계적 모형
적용기간	장기의사결정 모형	단기의사결정 모형
추구이윤	극대이윤	적정이윤
모형의 개념	추상적 모형	구체적 모형
실무적용	이론적 모형	실무적 모형
손익분기점	둘 이상의 BEP	하나의 BEP

해서 더 많이 활용된다.

경제적 모형과 회계적 모형은 [표 12-1]에서 보이는 바와 같은 차이점이 있다.

첫째로 장기적, 단기적 모형의 차이이다. 경제적 모형은 장기적 추세를 설명하는 이론적 모형이지만, 회계적 모형은 적합범위(relevant range) 내의 경영의사결정을 위한 단기적, 실무적 모형(practical model)에 속한다.

둘째로 추구하는 이윤개념상의 차이이다. 경제학에서는 극대이윤점의 추구가 그 과제인 반면에, 경영학에서는 기업이 목표로 하는 목표이윤점, 즉 적정이윤점을 추구하기 때문에 경제적 모형에서는 이론적 경향을 설명하는 추상적 모형이지만, 회계적 모형은 단기적 경영의사결정을 위한 구체적인 실무모형에 속한다. 따라서 경제적 모형에서는 이윤극대화를 달성하는 조업도인 균형조업도를 가정하고, 회계적 모형에서는 적합범위 안에서의 모형이므로 생산능력의 제약을 고려할 필요가 없어 기업에게 최대한의 이익을 가져다 줄 것으로 예상되는 균형조업도는 존재하지 않는다.

셋째로 손익분기점(break-even point)에 대한 견해의 차이이다. 회계적 모형에서는 총 수익과 총 비용이 같은 점, 즉 순이익이 영(-0-)이 되는 손익분기점이 하나밖에 존재하지 않으나, 경제적 모형에서는 둘 이상의 손익분기점이 나타나게 된다([그림 12-1] 참조).

[그림 12-1] 손익분기점

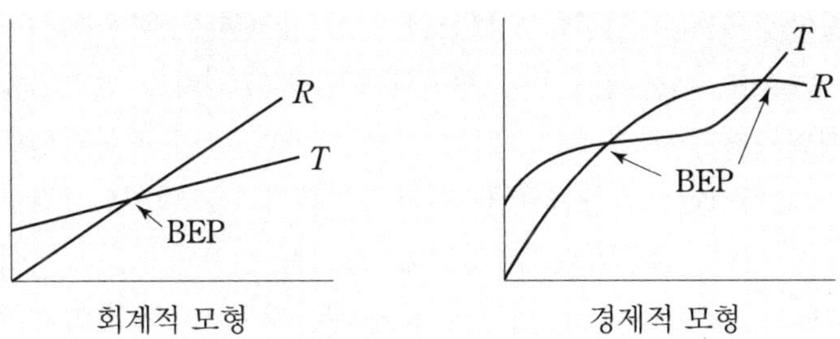

2. 경영의사결정의 의의와 유형

기업경영의 과정은 일련의 연속된 의사결정(decision making)의 과정이라 볼 수 있다. 최고경영층의 전략적 의사결정에서부터 하위경영자의 업무적 의사결정에 이르기까지 다양한 의사결정이 수단, 목적의 연쇄과정(means-ends chain)을 이루면서 궁극적으로는 기업의 목표를 달성하게 된다. 이러한 의사결정은 그 빈도에 따라 일상적인 또는 비일상적으로 이루어지고, 그 시간적 범위에서 장기적이거나 단기적일 수 있다.

기업경영은 경영자가 의사결정하고, 계획(planning)하고, 지시(directing)하고, 조정(coordinating)하고, 통제(control)하는 일련의 과정으로 이루어진다. 기업경영에 있어 경영자의 첫번째의 역할이 의사결정하는 일이며, 의사결정이 잘 이루어지느냐, 잘못 이루어지느냐가 기업경영의 성패를 좌우한다고 할 수 있을 정도로 의사결정은 경영의 제 과정 중에서 가장 중요한 과정이라 할 수 있으며, 경영의 모든 단계에서 끊임없이 의사결정의 상황에 직면하게 된다. 따라서 기업경영의 전과정을 일련의 의사결정의 과정이라고 하는 것이다.

경영의사결정(managerial decision making)이란 "여러 가지의 선택가능한 대체안(alternatives) 중에서 하나의 최선안을 선택(choice)하는 과정"이라고 정의할 수 있다. 다시 말하여 기업을 경영하면서 경영자는 가격결정, 생산량의 결정, 구매처의 선택, 시설의 확장 또는 축소, 시설의 대체 등 수없이 많은 여러 가지 문제를 접하여 그 해결을 위한 방법을 결정하게 되는데, 이를 가리켜 경영의사결정이라 하며, 그 방법은 반드시 여러 가지의 선택가능한 대체적인 방안을 만들어 놓고, 이를 검토하여 최선의 방안을 선택하는 방법으로 진행된다.

경영의사결정은 [그림 12-2]에서 보는 바와 같이 기본적으로 의사결정의 결과가 비교적 짧은 기간인 1년 이내에 이루어지는 단기의사결정과 장기적인 투자의사결정으로 나누어질 수 있는데, 장기적 투자의사결정은 뒷장의 자본예산에서 별도로 취급하게 되므로, 본 장에서는 단기의사결정에 대하여 다룬다.

여기서 취급하게 되는 단기적 의사결정은 제품의 생산계획과 같은 일상적인 업무활동과 관련된 일상적인 의사결정과 특별주문의 수락 혹은 거절, 부품의 자가제조 혹은 외부구입 의사결정과 같은 특수의사결정이 있다.

경영자가 의사결정에서 선택하게 되는 최선의 방안은 궁극적으로 추구하

[그림 12-2] 의사결정의 과정

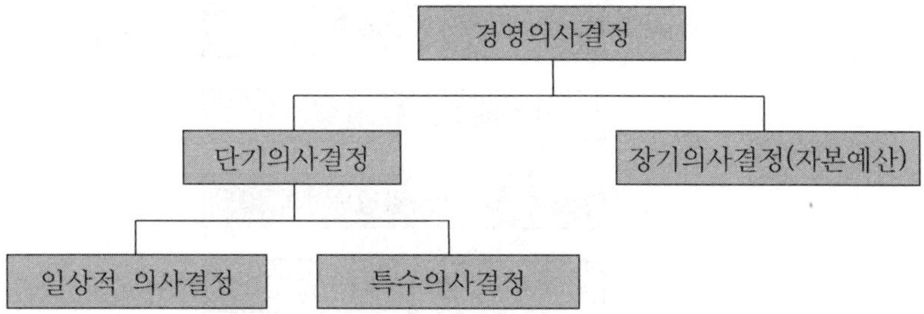

는 목표를 가장 잘 실현하는 안이 되며, 구체적으로 선택할 때에는 양적(quantitative) 요소와 질적(qualitative) 요소가 동시에 고려된다. 예컨대 우리가 어떤 물건을 구입하고자 할 때, 흔히 '값싸고 품질이 좋은 제품'을 선택하려고 하는데, 이 때의 '값'은 양적 요소가 되고, '품질'은 질적 요소가 된다. 이와 같이 경영자들의 경영의사결정에서도 기업이 궁극적으로 추구하는 이익의 지표인 수익, 원가 등의 양적 요소와 기업의 사회책임, 기업의 이미지, 소비자반응 및 종업원의 태도 등의 질적 요소들이 동시에 고려하여 최선의 안을 선택하게 되는 것이다.

그러나 현실적으로 대체안을 평가함에 있어서 양적 요소는 체계적인 분석, 비교 및 평가가 이루어져야 하기 때문에 체계적인 분석기법이 이용될 수 있지만, 질적 요소들은 기업의 상황에 따라 달라질 수밖에 없으므로 체계적인 분석기법을 이용할 수 없다. 따라서 이 장에서 제시되는 분석기법들은 양적 요소에 국한하고 있다. 그러나 대부분의 질적 요소들은 더욱 중요하고 장기적으로 기업의 이익에 영향을 미치는 요인이 되므로, 최종의사결정 과정에서 반드시 고려하여야 하는 문제이다.

3. 경영의사결정의 과정

전통적인 의사결정론에 따르면, 경영자는 어떤 문제를 해결할 때 여러 가지 대체적인 방법 중에서 최선의 방법을 선택하면서 [그림 12-3]과 같은 체계적인 의사결정과정(decision making process)을 거치게 된다. 이와 같은 경영의사

[그림 12-3] 의사결정의 과정

제 1 단계 : 문제의 정의

제 2 단계 : 대체안의 탐색

제 3 단계 : 의사결정모형의 정립

제 4 단계 : 자료의 수집

제 5 단계 : 대체안의 선택

제 6 단계 : 실행 및 평가

결정의 과정은 실제상황에서는 두 가지의 과정이 하나로 합하여 이루어질 수도 있고, 세분화되어 이루어질 수도 있기 때문에 꼭 5단계, 6단계 등의 몇 단계로 정형화되어 있는 것은 아니다.

(1) 문제의 정의

의사결정문제를 확인하고 명확히 정의하는 것은 의사결정의 첫단계이다. 출발을 잘못하면 잘못된 의사결정으로 갈 수밖에 없다. 즉 처음에 문제를 어떻게 정의하고, 어떻게 설정하는가 하는 문제의 정의가 결정을 좌우하게 된다.

문제를 어떻게 인식하느냐 하는 것은 의사결정에 매우 지대한 영향을 미친다. 이와 같이 문제를 정의하는 것 그 자체가 이미 중요한 결정이자 하나의 선택이다. 자신이 가고자 하는 방향으로 가려면 먼저 문제를 올바로 정의해야 한다.

문제를 올바르고 명확히 정의하기 위해서는 고정적인 사고방식에서 벗어나 창의적으로 생각해야 하며, 다음의 절차를 밟는 것이 도움이 될 것이다.

1) 문제를 발생시킨 원인이 무엇인지를 확인한다

모든 원인들은 본질적 문제와 직접적으로 연결되어 있으므로 문제인식의 출발점이 된다.

2) 문제의 구성요소를 파악한다

문제를 정의한다는 것은 문제해결을 위한 대안의 폭을 규정하는 구성요소를 명확히 하는 것과 같은 의미가 된다. 예를 들어 신제품을 A사에 납품하기로 하였는데, 신제품 테스트를 3개월간 해야 한다고 하자. 언제 테스트를 할 것인가가 문제가 되는데, ① 시장테스트를 해야 한다는 것, ② 3개월 동안 해야 한다는 것, ③ A사가 사용한다는 것 등의 구성요소가 있다. 이러한 구성요소를 적절히 생각해 내는 것은 문제해결에 매우 유용하다.

적절한 구성요소를 생각해 내는 것이 문제에 대한 바람직한 정의와 보다 나은 해결책으로 이끌어 준다. 문제를 몇 가지의 구성요소로 분리하고 보면, 가장 바람직한 목표에 집중할 수 있다.

3) 문제의 본질요소를 찾는다

어떤 문제에 당면했을 때 무엇보다 중요한 것은 자신이 바라는 본질적 요소가 무엇인지를 명확히 해 둘 필요가 있다. 문제해결을 위해서 문제 자체를 확인 및 정의하면서 그 본질적 내용에 벗어나면, 그 해결책 또한 본질과 크게 벗어 나는 경우가 자주 나타난다.

예를 들어 자동차연료비를 줄이고자 한다면, 타이어와 도로와의 마찰을 줄이면 된다. 그러나 문제를 정의하면서 차량유지비를 절감하고자 하는 그 본질을 고려하지 않은 문제의 정의, 즉 타이어와 도로의 마찰을 줄이기 위한 아무리 좋은 방법들이 있다 할지라도 연료를 절약해서 얻는 비용을 초과한다면, 문제의 본질인 차량유지비를 절감할 수 없는 일이기 때문이다.

4) 다른 사람에게 맞추어 자신의 문제정의를 국한시키지 않는다

다른 사람에게 맞추어 내린 빈약한 문제정의는 조건을 제한시키게 된다.

익산의 모 대기업 자회사에서 경리사원으로 근무하는 홍길동은 오너가 바뀌어 회사에서 해고통보를 받고, 부산지사에서 근무할 것인가라는 제안을 받았다.

그는 자신의 문제를 여러 각도에서 정의해 보았지만 마땅한 생각이 떠오르지 않아 "어떻게 하면 앞으로 새로운 오너와 함께 잘 지낼 수 있을까?"라고 문제를 정의하여 부산으로 이사하기로 하였다.

그 결과 여러 가지 가정문제 등으로 결국은 회사에 사표를 내고, 다시 익산으로 돌아와 알아본 결과 세무사사무소 경리사원으로 새로 취직하여 문제를 해결하게 되는 기나긴 시행착오를 거쳐야 했다.

만약 이 사람이 처음 문제의 접근을 "어떻게 하면 익산에서 새로운 직장을 구할까?"로 설정했더라면, 이런 시행착오는 거치지 않아도 좋았을 것이다. 그 자신이 해결해야 할 문제를 새로운 오너가 제안한 내용에 국한시킴으로써 스스로 대안을 찾을 수 있는 조건을 제한시켰던 것이다.

(2) 대체안의 개발

의사결정의 문제가 명확히 정의되면 다음으로 확인된 문제를 해결할 수 있는 여러 가지의 선택가능한 방법, 즉 대체안(alternatives)을 탐색하여 확정하는 일이다. 다시 말하여 문제를 해결하는 데 어떠한 방법들이 있을까를 종합적으로 검토하여 가능한 몇 가지의 방법을 정하는 절차이다.

내가 서울에 가는 것이 문제라고 한다면 서울까지 갈 수 있는 방법이란 비행기로 가는 방법, 기차타고 가는 방법, 고속버스로 가는 방법 혹은 걸어서 가는 방법 등의 여러 가지 방법들이 있을 수 있는데, 이와 같은 여러 가지 방법 중 현실적으로 가능하고 목표를 효율적으로 달성할 수 있는 몇 가지의 방법을 정하는 일이다.

의사결정을 위해 찾은 대체안들은 서로 다른 길, 즉 각기 다른 방법이다. 대안을 가지고 있지 않다면, 우리는 아무런 의사결정도 할 수 없다.

복잡한 선택의 상황에서 완벽한 대안이란 없다. 따라서 우리가 할 수 있는 일은 완벽에 가까운 대안을 이성적으로 개발하는 일이다.

대체안은 모든 문제해결과 의사결정에서 중심적인 기초자원이라고 할 수 있다. 대체안은 목표를 추구하는 잠재적 선택의 폭을 나타낸다. 대체안의 개발 시 고려해야 할 중요한 점은 고정관념에 사로잡히지 말고, 폭넓은 사고로 문제에 접근해야 한다는 점이다. 예를 들어 전체예산의 10%가 연구개발비로 배정되어 있다고 하자. 연구비와 개발비의 배분비율이 5 : 5라면, 금년에 상당액의 연구비를 높이고자 할 때, 6 : 4로 배분하는 안, 7 : 3으로 배분하는 안 등의 여러 대체안으로 모색할 것이 아니라, 전체예산의 10%라는 제한요소에서 탈피하여 11-12%로 연구개발비배분비 자체를 확대하는 방안도 적극적으로 고려해야 할 것이다.

보다 좋은 대체안을 찾는 열쇠는 다음의 것들을 들 수 있을 것이다.

첫째는 목표를 설정한 후 '어떻게'라는 질문으로부터 출발한다는 것이다. 결국 대체안이란 특정 목적을 달성하기 위한 수단이 되므로 항상 목표를 그 중심에 두어야 한다. '어떻게'라는 질문은 목적에서 수단으로 이끌어 대안을 창출하는 것이지만, '왜'라는 질문은 수단에서 목적으로 이끌어 준다.

둘째는 제한요소에 도전하는 일이다. 우리가 해결해야 할 많은 문제들은 대안을 제한하고 속박하는 요소들을 지니고 있다. 살아 있는 대안을 확실히 하려면 꽉 짜여진 틀과 전통, 습관에서 벗어나 자유로운 발상을 하여야 한다. 스스로 제한요인이 존재하지 않는다고 생각해야 하고, 제한요인이 존재하지 않는 대안을 창출해야 한다. 개인이 지니고 있는 본래의 아이디어, 타고난 순수성은 다른 사람들의 아이디어와 판단에 얽매이면 그 싹이 피기도 전에 시들어버린다. 20세기의 가장 위대한 창의적 천재 중 하나인 MIT 대학의 Norbert Wiener 교수는 새로운 과학문제에 접했을 때, 기존의 과학논문을 읽기보다 혼자 심사숙고하는 데 더 많은 시간을 보냈다고 하고, 타개한 우리 나라의 불교계의 거두였던 성철스님은 평소 불제자들에게 "책을 읽지 말라"고 항상 강조하셨다고 한다. 관습에 얽매이지 않고 바람직한 대안을 도출할 수 있는 방법은 목표를 도달점 이상으로 잡는 것이다.

셋째로 객관적인 의견을 구하는 일이다. 문제와 약간 떨어져 있는, 즉 객관적인 조건에 놓여 있는 다른 사람들이 문제의 본질과 해결방안을 보다 명확히 인식하고 있는 경우가 많다. 그리고 그 조언의 대상도 범위를 넓혀 가까이 있는 사람들보다는 널리 구하는 것이 좋다.

(3) 의사결정모형의 수립

여러 가지 선택가능한 방법, 즉 대체안이 개발되었다면 각각의 대체안들에 대하여 고려하여야 할 요소들을 정하는 절차가 의사결정모형(decision model)의 수립단계이다. 이것은 주로 선택에 편리하도록 계량적인 모형이 되는데, 각각의 대체안들에 대하여 어떠 어떠한 항목들은 포함시켜야 할 것인가를 선정하는 일이다.

다시 말하여 각각의 안들을 비교하는 데 있어서 각각의 대체안들을 수행하는 데 예측되는 원가는 얼마가 될 것이며, 효익은 얼마나 될까, 또 원가는 어떤 원가를 포함시킬 것이며, 효익은 어떤 것들을 포함할 것인가를 정하는 일이다.

회계에서 정형화된 양식으로 보고하는 재무제표(financial statement)들은 모범적인 모형으로 되어 있는 듯이 보이지만, 일반인들이 이해하는 데 다소 난해한 부분들이 많은 점은 회계학에서 해결해 나가야 할 중요한 과제가 아닐 수 없다. 따라서 투자의사결정 등의 재무적 의사결정을 위해서는 일반적으로 인정되는 회계원칙에 따라 보고된 재무제표보다도 일반인들이 보다 더 쉽게 이해하고 결정할 수 있도록 여러 가지의 투자의사결정 모형들이 제시되는 것이다.

회계학에서 공시되는 재무제표들의 유용성(usefulness)을 높이기 위해서는 의사결정자들이 여러 가지 의사결정을 하는 데 쉽게 접근할 수 있도록 이해가능성(understandability)을 높여야 하고, 중요한(material) 정보를 빼놓지 않고 충분히 포함시켜야 할 것이다.

(4) 자료의 수집

의사결정모형이 정립되면 모형에 따르는 각각의 자료들을 수집하여 모형에 대입하여야 할 것이다.

이 단계에서는 전년도의 성과보고서에 나타난 역사적 자료, 지난 몇 해 동안의 추세자료 등이 포함되며, 아울러 미래의 원가행태나 수익행태에 영향을 미칠 만한 사건들이 있는가도 동시에 고려되어야 할 것이다.

여기서 자료(data)라는 말로 광범위하게 정의하고 있지만, 자료라는 용어는 우리 주위에 널려 있는 여러 가지의 사실(facts)들이 된다. 이와 같은 여러 가지의 사실들은 충분히 수집하여야 하는 것이지만, 특정의 의사결정에 해당되지 않는 자료들은 제외하여야 한다. 왜냐하면 후술하겠지만 필요 없는 자료가 의사결정모형에 포함되는 것은 의사결정을 어렵게 만들고, 심지어 왜곡된 의사결정으로 유도하기 때문이다.

특정의 의사결정을 위하여 필요한 자료를 가리켜 정보(information)라고 한다. 모든 의사결정은 정보에 의해서 이루어지며, 정보가 없는 의사결정은 하지 않아야 된다.

의사결정을 위한 정보들은 계량화(quantified)되어야 한다고 했는데, 경제적 현상을 설명하는 계량화된 정보를 가리켜 회계정보(accounting information)라 한다. 따라서 회계정보는 반드시 화폐액 등으로 계량화되어 있으며, 경제적 사건(economic events)에 관련되어 있다.

결국 경영의사결정을 위하여 수집되는 자료는 회계정보가 되는 것이며, 회계정보를 수립된 의사결정모형에 대입함으로써 의사결정안이 만들어지는 것이다.

(5) 대체안의 선택

수집된 자료를 가지고 의사결정모형에 대입하여 의사결정을 위한 모든 작업은 마친 것이 된다.

의사결정모형에 따라 여러 가지 회계정보들이 삽입되어 만들어진 각 대체안들은 계량화되어 일목요연하게 되어 있으므로 의사결정자들은 쉽게 하나를 선택(selection)함으로써 특정 사안에 대한 의사결정을 할 수 있게 된다.

경영자가 대체안 가운데 하나를 선택하는 데 제시된 의사결정안이 이해가 어렵게 난해하게 되어 있다든지, 이것이 좋은지 저것이 좋은지 선택이 곤란한 것은 의사결정모형이 잘못된 것이라 할 수 있다. 훌륭한 의사결정안은 쉽게 이해할 수 있으며, 각 대체안 가운데 좋은 안을 쉽게 가려 낼 수 있도록 작성되어야 한다.

의사결정자가 대체안의 선택과정에서 동시에 고려하여야 할 요소로는 장기적인 안목의 추세라든지, 물가의 변동상황 혹은 경기의 변동상황 같은 것들을 빼먹어서는 안 될 것이다. 또한 의사결정모형들이 회계정보에 의한 계량화 모형이기 때문에 계량화가 불가능한 질(質)적인 요소들을 고려하여야 할 것이다. 질적 정보(qualified information)는 양적 정보 못지 않게 그 중요성을 가지므로, 최근에는 품질 등의 질적 요소들을 회계정보화하기 위한 노력들이 회계학자들에 의해서 활발하게 추진되고 있다.

대체안들 중에서 하나를 선택해야 할 단계에서 고려해야 할 점은 다음과 같다.

첫째로 선택의 시점을 좀더 신중히 생각해야 한다. 탁월한 의사결정을 하는 사람은 어느 시점에 결정을 내려야 하는지 스스로 판단할 수 있어야 한다.

둘째로 선택하기 전에 그 결과를 예측하는 일이다. 선택을 하기 전에 대안들이 가져올 결과를 확실히 이해하지 못한다면, 앞으로 결코 이 문제를 제대로 해결하지 못하게 될 것이다. 결과에 대한 예측이 깊을수록 좋은 선택을 할 수 있게 마련이다.

셋째로 대체안을 선택하는 절차는 열등한 대체안을 제거해 나가는 순서로 진행한다. 어떤 문제를 해결하는 다섯 가지 대안 중 하나를 선택한다면, 가장 열등한 대안을 하나씩 제거해 나감으로써 열등한 대안을 모두 제거하고 나면 남는 대체안이 가장 우수한 대체안이 되는 것이다.

넷째로 목표를 절충하고 균형을 모색하는 일이다. 선택의 과정에서 목표가 단 한 가지라면 문제는 아주 쉽겠지만, 대부분의 의사결정에 한 가지 목표만이 있는 경우는 매우 드물고, 보통 여러 가지 상반되는 목표를 동시에 추구하게 되는 것이다. 서로 상반되는 목표를 모두 동시에 충족시킬 수는 없기 때문에 목표를 절충하고 균형을 모색해야 할 것이다.

여러 가지 이질적인 목표를 합리적으로 절충하는 것은 의사결정에서 가장 중요하고 어려운 과정이기 때문에 대안이 많을수록, 그리고 추구하는 목표가 다양할수록 타협과 절충의 과정은 길고 복잡하게 된다.

(6) 대체안의 실행 및 평가

여러 가지 대체안 중에서 하나를 선택하면, 그 선택된 대체안이 효과를 발휘하도록 이행(implementation)하는 단계이다.

그런데 어떤 의사결정상황에서는 대체안의 실행이 용이한 경우도 있고, 어려운 경우도 있다. 대체안의 실행에 있어 중요한 것은 구체적 행동계획과 프로그램을 잘 설정해야 한다는 점이고, 또 하나는 대체안의 실행으로 인하여 발생할 수 있는 조직구성원들의 행동적 요인, 즉 반발 등의 효과들을 신중히 고려하여야 한다. 새로운 대체안은 구성원으로 하여금 새로운 행동이나 활동을 요구하기 때문에 여기서 발생될 수 있는 구성원들의 기대가 다를 수 있기 때문이다.

선택에 의하여 실행이 이루어진 대체안은 실행결과에 대한 효과를 평가하고, 새로운 의사결정을 위해 피드백(feed-back)하는 절차는 필수적인 일이 된다. 평가(evaluation)란 한번 내린 결정이 "어떠한가?"라고 자문해 보는 절차이다.

실행결과의 효과는 대체안의 실행으로 요구하는 결과를 창출하였는가를 분석함으로써 평가할 수 있다. 만일 실행결과의 효과가 작거나 부정적 효과가 더 큰 경우에는 경영자는 의사결정과정을 차근 차근 재조명해 보아야 한다. 다시 말하여 의사결정의 문제나 상황을 잘못 정의하지는 않았는가, 선정된 대체안들은 충분한가, 의사결정모형이 잘 수립되었는가, 정보의 왜곡은 없었는가, 실행의 과정과 절차는 잘 되었는가 등을 다시 검토하여 의사결정과정을 다시 거칠 수 있을 것이다.

만일 모든 과정이 잘 되었는데 실행의 과정에 문제가 있다면, 구체적 행동계획이나 프로그램을 다시 검토하여야 한다. 실행결과의 평가에 있어서 중요한 것 중의 하나는 결과의 부정적인 측면과 긍정적인 측면을 동시에 고려해야 한다는 점이다. 이를 통하여 새로운 의사결정시 두 가지 측면을 피드백하여 의사결정의 효과를 높이도록 해야 할 것이다.

제 2 절 경영의사결정의 접근방법

1. 관련원가분석법

경영의사결정 모형에서는 어떤 문제에 대하여 고려되는 모든 원가와 효익이 고려되는 것은 아니다. 또 관련성이 없는 기타의 원가효익을 동시에 고려함으로써 의사결정의 왜곡을 가져오게 되므로, 의사결정문제에 관련되는 원가와 효익만이 고려되는 것이다.

관련원가(relevant cost)란 의사결정과 관련이 있는 원가를 말하는 것으로, "고려중인 대체안간에 차이가 있는 미래의 원가(expected future costs that differ among alternatives)"를 말한다. 관련원가에 대한 정의에서 가장 중요한 개념은 고려중인 대체안간에 차이가 있어야 한다는 것과 고려대상이 되는 원가는 미래원가이어야 한다는 것이다. 따라서 이미 발생한 과거원가는 의사결정을 위한 관련원가는 아니며, 미래원가라 할지라도 대체안간에 차이가 없으면 비관련원가가 된다.

관련원가와 대비되는 관련효익(relevant benefit)이란 의사결정에 관련되는 수익을 말하는 것으로서, "고려중인 대체안간에 차이가 있는 미래의 수익(expected future benefits that differ among alternatives)"을 의미한다.

특정의 원가와 수익이 관련원가 및 수익인지, 비관련원가 및 효익인지의 판단기준은 절대적으로 정해져 있다기보다는 주어진 상황에 따라 달라질수 있는 상대적 개념을 가진다. 따라서 관련원가 및 효익이 되는 요소는 다음의 두 가지가 되며, 이 두 가지의 요소는 관련, 비관련을 가리는 필요충분조건이 된다.

① 대체안간에 차이가 있어야 한다.
② 미래원가이어야 한다.

관련원가 효익분석에 있어서 관련수익은 쉽게 인식되지만, 관련원가의 분석은 고려해야 할 사항들이 많으므로 특별히 유의해야 한다. 따라서 관련원가 효익분석은 주로 관련원가에 초점이 맞추어진다. 따라서 관련원가 효익분석을 가리켜 관련원가분석법(relevant cost analysis)이라는 용어를 쓴다.

관련원가분석에서는 관려원가와 효익의 인식이 중요하다.

[예제 1] 월드와이드 항공사는 노후화로 과다한 운영비(연간 $80,000)를 절감하고자 현재 사용하고 있는 취득원가 $100,000, 감가상각충당금 $75,000, 내용연수 3년의 구 기계를 처분하고 신기계로 대체하고자 한다. 구 기계의 처분가치는 $5,000로 예측하였다. 대체하고자 하는 신비품에 대한 자료는 다음과 같다.

신비품의 취득원가	$15,000
사용기간	1년
1년 후 처분가치	－0－
연간운영비	$45,000

기계대체 의사결정에 따르는 관련원가분석표는 다음과 같다.

[표 12-2] 장비대체 의사결정을 위한 분석표

	(a) 유지	(b) 대체	(c) 원가차이
① 구 기계의 감가상각비	$25,000		
② 구 기계의 장부가치	$25,000	$25,000	
③ 구 기계의 처분가치	－0－	($5,000)	$5,000
④ 신기계의 감가상각비	－0－	$15,000	($15,000)
⑤ 연간운영비	$80,000	$45,000	$35,000
(총 원가)	$105,000	$80,000	$25,000

앞의 분석에서 구 기계의 장부가치 $25,000은 과거에 이미 발생하여 돌이킬 수 없는 매몰원가(sunk cost)로서 기계대체를 위한 의사결정에 관련되는 원가는 아니다. 다시 말하여 구 기계를 유지하기 위한 감가상각비와 신기계로 대체할 때의 장부가치는 같은 금액으로 변동이 없이 같으므로 비관련원가(irrelevant costs)이며, 기계대체를 위한 의사결정에서 관련원가 및 효익은 구 기계를 처분하여 미래에 얻을 수 있는 구 기계의 처분가치, 앞으로 새로운 기계를 구입하여 발생할 신기계의 감가상각비 및 앞으로 발생할 연간운영비는 미래원가 및 효익이며, 유지(a) 혹은 유지(b)라는 두 가지의 대체안 간에 차이가 있으므로 관련원가로 인식된다.

따라서 관련원가만을 대상으로 하는 분석표를 작성하면 [표 12-3]과 같이 간편한 분석표가 만들어진다.

[표 12-3]의 관련원가분석표에 근거하여 월드와이드 항공은 구 기계를 신기계로 대체함으로써 연간운영비가 $35,000의 절감으로 신기계의 감가상각비 $15,000을 차감하고도 $20,000의 총 원가를 절감하고, 구 기계의 처분가치 $5,000을 합하면 총 $25,000의 운영비절감효과를 가져오게 될 것이다.

[표 12-3]의 예에서 보는 바와 같이 고정자산의 장부가치와 같은 과거에 발생하여 의사결정에 관련되지 않는 원가를 가리켜 매몰원가(sunk cost)라 하는데, 이는 항상 비관련원가가 된다.

그러나 관련원가분석에서는 재무회계에서 인식하지 않는 기회원가(opportunity cost)는 중요한 관련원가로 고려된다. 기회원가란 특정안을 선택함으로써 포기한 대체안에서 확보할 수 있는 효익으로, 그 안을 선택했더라면 얻을 수 있었지만 포기함으로써 희생된 효익을 말한다.

관련원가분석에서 특별히 주의해야 할 원가로서 위에서 언급한 매몰원가

[표 12-3] 관련원가분석표

	(a) 유지	(b) 대체	(c) 원가차이
③ 구 기계의 처분가치	−0−	($5,000)	$5,000
④ 신기계의 감가상각비	−0−	$15,000	($15,000)
⑤ 연간운영비	$80,000	$45,000	$35,000
(총 관련원가)	$80,000	$55,000	$25,000

와 기회원가 이외에도 고정원가에 대해서는 특별한 관심이 필요하다. 많은 의사결정문제에서 고정원가는 대체안간에 차이가 없는 것이므로, 비관련원가로 취급되어 의사결정 고려대상에서 제외되는 것이 일반적이다. 관련원가분석에서 고정원가가 단위당 원가로 표시될 경우, 변동원가로 인식되어 관련원가로 처리함으로써 잘못된 의사결정의 결과를 초래하는 경우가 많게 되므로 특별히 유의해야 한다. 단위당 원가로 표시되는 고정원가는 세심한 검토가 필요하다.

그러나 부문이나 제품라인의 폐지의사결정에서는 부문이나 제품라인의 폐지에 따라 회피가능한 고정원가가 있을 수 있으므로 회피가능성 여부를 세심히 검토할 필요가 있다.

경영의사결정에서는 양적(quantitative)인 요소뿐만 아니라 질적 요소(qualitative factors)들도 영향을 미친다. 경영자들은 제품의 품질(quality), 적시성(timeliness) 및 사회적 문제(social issues)에 관련된 양적 정보의 중요성을 평가하여야 한다.

경영의사결정 분석에서 이용되는 어떤 정보일지라도 적합성(relevant)과 적시성(timeliness)을 가져야 하며, 의사결정에 쉽게 이용할 수 있는 형태로 표시되어야만 한다.

2. 총액접근법과 증분분석법

경영의사결정의 접근방법에는 총액접근법과 증분접근법이 있다.

(1) 총액접근법

총액접근법(total cost approach)이란 각각의 대체안별로 총 수익과 총 비용을 구하여 각각의 대체안 중 가장 큰 이익을 가져오는 것을 선택하는 방법이다. 총액접근법에 의할 때, 각각의 대체안에서 발생하는 총 수익과 총 비용을 모두 파악하여야 하기 때문에 비관련원가도 포함함으로써 의사결정을 해하는 경우가 있을 수 있다.

[예제 2] 원광제약에서는 일반약국을 통하여 제품을 판매하여 왔으나, 대리점을 통하는 유통망을 고려하고 있다. 현재와 같이 소매상을 통하는 경우와 대리점을 통하여 판매하는 경우에 관련되는 자료는 다음과 같다.

	일반약국 판매	대리점경유 판매
연간 예상판매량	1,000단위	1,000단위
단위당 판매가격	@$20	@$20
단위당 변동제조원가	@$10	@$10
단위당 변동판매비	@$5	@$2
연간고정비	$4,000	$6,000

위의 자료에 의하여 총액접근법을 사용한 대체안간의 원가분석표는 다음과 같다.

[표 12-4] 원가분석표

	일반약국 판매	대리점경유 판매
매출액	1,000단위×@$20=$20,000	1,000단위×@$20=$20,000
변동비	1,000단위×@$15=$15,000	1,000단위×@$12=$12,000
공헌이익	$5,000	$8,000
고정비	$4,000	$6,000
영업이익	$1,000	$2,000

[표 12-4]에서 보는 바와 같이 총액접근법은 세 가지 이상의 대안을 동시에 비교할 수 있는 장점이 있는 반면에, 모든 수익과 비용을 고려함으로써 비관련원가가 포함됨에 따라 의사결정을 오도할 가능성이 많다는 단점이 있다.

(2) 증분접근법

증분접근법(incremental approach)은 각 대체안 간에 차이가 있는 항목만을 분석하여 의사결정을 하는 방법으로 차액접근법(differential analysis)이라고도 한다. 증분접근법에 의할 때 대체안별로 차이가 나는 미래원가인 관련원가만을 고려대상으로 하여 간편하고 효율적인 분석이 가능하며, 비관련원가가 제외됨으로써 의사결정의 왜곡을 제거할 수 있다는 장점을 지닌다.

증분접근법에 의한 대안간의 의사결정을 위한 분석표를 작성하면 다음과 같다.

〈대리점판매시의 증분분석표〉

증분수익		−0−
증분비용		
고정비의 증가		$2,000
변동비의 감소	1,000단위×@$3=	($3,000)
증분이익		$1,000

제 3 절 경영의사결정의 유형

많은 기업의 경영의사결정은 여러 가지의 대체안 가운데 하나를 선택하는 방법으로 진행되는데, 경영자들은 증분분석의 방법을 이용한다.

경영자들이 직면하는 단기적 경영의사결정의 문제는 다음과 같은 것들이다.

① 아웃소싱 의사결정
② 특별주문에 대한 의사결정
③ 부문수익력에 관한 의사결정
④ 제품믹스에 관한 의사결정
⑤ 판매 혹은 추가가공 의사결정
⑥ 서비스조직의 의사결정

1. 특별주문(special order)에 관한 의사결정

특별주문(special order)이란 정상시장가격 이하의 가격으로 판매하라는 특별한 제품에 대한 주문을 말하는데, 이에 대하여 경영자들은 수락 혹은 거부(accept or reject)의 의사결정을 하여야 한다.

특별주문의 수락 혹은 거부에 대한 의사결정에는 두 가지의 접근방법(approach)이 있는데, 그 하나는 특별주문가격과 그 관련원가(relevant costs)를 비교하는 방법이며, 또 하나의 접근법으로는 특별주문에 대한 최소의 판매가격(minimum selling price)을 계산하여 특별주문 경매가격(bid price)과 비교하는 방법이다.

[예제 3] Jens 스포츠상품 제조사에서는 Leiden 할인매점 Chain으로부터 30,000단위의 고급야구공을 $2.45로 구매한다는 특별주문을 받았다. 이 야구공의 정상판매가격은 @$4이며, 원가자료는 다음과 같다.

단위당 표준원가=@$3.00(변동비 $2, 고정비 $1)
30,000단위 추가생산시 추가되는 포장비=$25,000

Leiden의 특별주문을 수락(accep)하여야 할까? 거부(reject)하여야 할까?

[표 12-5] 특별주문의 수락에 따른 증분분석표

매출액증가	$73,500	(@$2.45×30,000단위)
매출원가증가액	$60,000	(@$2×30,000단위)
공헌이익증가액	$13,500	
추가포장비	$2,500	
추가이익	$11,000	

Jens사가 Leiden 할인매점의 특별주문을 수락한다면 매출액이 $73,500이 증가하지만, 그 매출원가는 $90,000 증가하여 $16,500의 손실이 예상되므로 이 의사결정은 거부되어야 할 것이다.

그러나 특별주문을 거부하여도 여전히 발생하는 고정비(@$1)는 비관련원가이므로, 증분분석을 위한 관련원가분석에서는 제외되어 30,000단위의 야구공을 추가생산하여 판매한다 하더라도 증가되는 매출원가는 $60,000(변동원가 $2×30,000 단위)에 불과하여 $13,500($73,500－$60,000)의 공헌이익이 발생한다. 여기서 추가적인 포장비 $2,500을 차감한다 할지라도 공헌이익의 증가액은 $11,000으로서, 이 특별주문을 수락함으로써 $11,000의 추가이익을 얻을 수 있는 것이다.

특별주문의 수락 여부를 고려할 때는 다음과 같은 점을 세심히 고려하여야 한다.

첫째는 비관련원가인 고정원가를 제거하고, 대체안간에 차이가 있는 미래원가인 관련원가만을 고려하여야 하며, 둘째는 특별주문의 수락이 기존 시장을 교란시키는지의 여부와 기업 내에 유휴설비가 존재하는지를 고려하여야 한다.

다시 말하여 특별주문을 수락하는 것이 유리하다는 결론이 나온 경우에도 이 특별주문의 수락이 기존 시장을 교란시켜 기존의 판매에 나쁜 영향을 미치는지의 여부와 생산설비의 부족으로 기존에 생산하던 제품의 생산에 영향을 미치는지를 고려하여야 한다.

2. 아웃소싱 의사결정

아웃소싱(outsourcing)이란 조직이 내부적으로 생산하거나 수행할 수 있는 제품이나 서비스에 외부공급자(outside suppliers)를 이용하는 것을 말한다. 이것은 내부적으로 제조할 수 있는 제품을 직접 제조하는 것이 유리한지, 외부에서 구입하는 것이 유리한지를 판단하기 위한 제조 혹은 구매 의사결정(make-or-buy decisions)이기도 하다.

[예제 4] Kriegel Electrics Company는 트랜지스터 부품(20,000갑)에 대하여 아웃소싱을 검토하고 있다. 자가제조시와 아웃소싱시의 원가자료는 아래 표에서 보는 바와 같다.

〈outsourcing관련 원가자료〉

	자가제조	아웃소싱	원가차이
직접재료비 (20,000×₩0.84)	₩16,800	–	(₩16,800)
직접노무비 (20,000×₩0.40)	₩8,000	–	(₩8,000)
변동제조간접비 (1,000시간×₩4.00)	₩4,000	–	(₩4,000)
고정제조간접비	₩10,000		(₩10,000)
외부구입 (20,000×₩1.50)	–	₩30,000	₩30,000
총 계	₩38,800	₩30,000	(₩8,800)

Kriegel Electrics Company는 트랜지스터 부품(20,000갑)을 자가제조함으로써 아웃소싱보다 ₩8,800의 손실을 가져오는 것으로 나타난다.

그러나 증분분석에서 관련원가를 고려한다면, 고정제조간접비 ₩10,000은 아웃소싱하는 경우에도 발생되어야 할 대체안간에 차이가 없는 비관련원가이

[표 12-6] outsourcing 증분분석표

	자가제조	아웃소싱	자가제조시 차이
직접재료비 (20,000×₩0.84)	₩16,800	–	(₩16,800)
직접노무비 (20,000×₩0.40)	₩8,000	–	(₩8,000)
변동제조간접비 (1,000시간×₩4.00)	₩4,000	–	(₩4,000)
외부구입 (20,000×₩1.50)	–	₩30,000	₩30,000
총 계	₩28,800	₩30,000	₩1,200

므로, 제외되어 적합원가는 아래에서 보는 바와 같이 자가제조시 ₩28,800이므로 아우소싱보다 ₩1,200의 유리한 차이를 가져오게 되어 자가제조가 유리함을 볼 수 있다.

자가제조 혹은 아웃소싱(make or outsourcing)에 관한 의사결정에서는 특히 다음과 같은 점을 고려하여야 한다.

첫째는 질적 요소(qualitative factors)에 대한 고려이다. 즉 외부공급자의 신뢰성이나 품질관리수준 등이 원가 및 효익 등의 양적 요소(quantitative factors)와 함께 검토되어야 한다.

둘째는 아웃소싱하는 경우 기존 설비를 다른 대체적인 용도에 사용할 수 있는지에 대한 고려이다. 만약 자가제조하지 않고 아웃소싱하였을 경우, 기존의 설비를 임대 등의 다른 용도로 사용할 수 있다면, 아웃소싱이 유리해지기 때문이다.

3. 부문의 수익력(segment profitability)에 대한 의사결정

부문수익력(segment profitability)에 관한 의사결정은 수익성이 없는 부문(unprofitable segments)을 유지(keep)할 것인지 혹은 폐쇄(drop)할 것인지에 관한 의사결정이다. 유형으로는 제품라인(product lines)의 유지 혹은 폐쇄에 관한 의사결정이나, 판매영역(sales territories) 혹은 부문(divisions, or departments)의 유지 혹은 폐쇄 의사결정과 같은 것들이 부문수익력에 대한 의사결정의 전형적인 유형들이다.

이에 대한 분석은 부문의 공헌이익(contribution margin)의 계산으로 이루어지는데, 부문공헌이익은 부문매출액에서 부문의 변동원가와 추적이 가능한 고정원가를 차감하여 계산된다. 의사결정과 관계 없이 발생되는 공통원가(common costs)는 회피불능원가(unavoidable costs)로서 이 분석에서 제거된다. 경영자는 부문공헌이익이 부(negative)의 값으로 나타나면, 수익력이 부족한 해당 부문의 폐쇄(dropping a segment)를 고려하여야 할 것이다.

[예제 5] Leo Corporation에서는 아래와 같은 부문손익계산서에 의하여 수익성이 없는 *Y*부문을 유지할 것인지, 폐쇄할 것인지에 대하여 검토하고 있다.

〈Leo사의 부문손익계산서〉

	*X*부문	*Y*부문	회사 전체
매출액	$135,000	$15,000)	$150,000
변동원가	$52,500	$7,500	$60,000
공헌이익	$82,500	$7,500	$90,000
직접고정비	$55,500	$16,500	$72,000
부문이익	$27,000	($9,000)	$18,000
공통고정비			$12,000
영업이익			$6,000

*Y*부문은 부문손실이 $9,000로서 폐쇄의사결정을 위하여 증분분석표를 작성하면, [표 12-7]과 같다.

[표 12-7] Leo사의 부문손익계산서

	*Y*부문 유지	*Y*부문 폐쇄	차 이
매출액	$150,000	$135,000	($15,000)
변동원가	$60,000	$52,500	$7,500
공헌이익	$90,000	$82,500	($7,500)
직접고정비	$72,000	$55,500	$16,500
부문이익	$18,000	$27,000	$9,000
공통고정비	$12,000	$12,000	0
영업이익	$6,000	$15,000	$9,000

[표 12-7]에서 보는 바와 같이 Y부문의 폐쇄로 X부문의 활동에 변화가 없다면, $15,000의 영업이익증대를 가져오게 되므로 Y부문폐지의 의사결정으로 유지할 때보다 $9,000의 영업이익차이를 가져오게 되어 Y부문에 대한 폐지의사결정이 이루어질 것이다.

여기서 특히 고려하여야 할 점은 Y부문의 폐쇄로 인한 유휴시설에 대한 감가상각비의 상존의 문제와 시설의 대체이용의 문제를 검토하여야 한다. Y부문을 폐쇄함에 따르는 유휴시설의 유지를 위하여 $9,000 이상의 감가상각비가 상존하게 된다면, 폐쇄는 다시 검토하여야 할 것이다.

또 하나의 요소로서는 Y부문의 폐쇄로 인하여 X부문의 매출액의 감소를 가져온다면 재고해야 할 것이다. 예를 들어 Y부문의 폐쇄로 X부문의 매출량이 감소를 가져올 수 있는 여부 등을 세심하게 검토하여야 한다.

4. 제품믹스(product mix)에 대한 의사결정

제품믹스 의사결정(product mix decisions)은 회사가 하나 이상의 제품을 제조할 때 가장 수익성이 높은 조합(most profitable combination)의 선택에 관한 의사결정이다.

이 때에 검토해야 될 중요한 요소는 이용가능한 자원이 제한(constrained or limited resource)되어 있다는 점을 고려하여야 한다. 이용가능한 자원이란 제품의 제조를 위한 노동시간(labor hours), 기계시간(machine hours) 혹은 원재료의 수량(quantity of a raw material) 등이 된다.

제품믹스에 관한 의사결정의 단계는 다음과 같다.

① 제한된 자원에 영향을 받는 각각의 제품들에 대한 단위당 공헌이익(contribution margin per unit)을 계산한다.
② 단위당 공헌이익을 제한된 단위당 제한자원의 수량으로 나눈다.
③ 제한된 자원의 단위당 공헌이익이 가장 높은 제품에 배분함으로써 전체의 수익(profit)을 최대화(maximized)한다.

5. 판매 혹은 추가가공(sell or process-further)의 의사결정

판매 혹은 추가가공 의사결정(sell or process-further decision)은 결합제품(joint product)을 분리점(split-off point)에서 판매할 것인지, 아니면 추가가공할 것인지에 대한 의사결정이다.

결합제품(joint products)이란 공통의 재료나 공정(common material or process)을 통하여 제조된 두 개 이상의 제품(two or more products)으로서, 분리점까지에는 개별 제품(seperate products)의 성격을 가지는 제품을 말한다.

결합제품은 분리점에서 개별 제품으로 나누어지거나 분리되고, 그 시점에서 회사는 그 제품을 판매할 것인지 아니면 다른 시장에 판매하기 위하여 추가가공하여야 할 것인지를 선택하여야 한다. 선택안의 대상은 물론 순이익을 최대화(maximizes net income)할 수 있는 대체안(alternative)을 선택하는 것이다.

추가가공함으로써 추가로 발생되는 증분수익(incremental revenue)이 추가로 발생되는 원가(incremental costs)보다 큰(greater) 경우에는 여기서 판매하지 않고 추가가공을 선택하게 된다.

만일 추가적으로 발생되는 증분원가가 증분수익보다 더 크다면, 그 제품은 분리점에서 판매(sell the products at the split-off point)하는 의사결정을 내리게 된다. 이 때 분리점 전에 발생되는 결합(공통) 원가는 무시(ignore)된다.

판매 혹은 추가가공에 관한 의사결정모형은 아래와 같이 표시할 수 있다.

〈추가가공 의사결정모형〉

추가가공 후의 판매가격
− 분리점에서의 판매가격
추가가공 후의 판매가치증가분
− 추가되는 분리원가
추가가공의 순이익(+이면 추가가공하고 −이면 분리점에서 판매한다)

[예제 6] 원광산업에서는 원료 100그램을 $8,000에 구입하여 A제품(60g)과 B제품(40g)이 생산된다. A제품의 판매가격은 $100/g이며, B제품은 $160이다. A제품은 $7,000의 가공비를 추가투입함으로써 판매가격=$240/g의 C제품으로 가공될 수 있으며, B제품은 $10,000의 추가원가투

입으로 판매가격=$300의 D제품으로 가공할 수 있다. 추가가공 여부를 결정하라.

[풀 이]

위의 추가가공 의사결정에 관한 요약표를 그리면 다음과 같다.

결합원가($8,000)	A제품 ———	추가가공	→ C제품
	(60g×$100)	(분리원가=$7,000)	(60g×$240)
	B제품 ———	추가가공	→ D제품
	(40g×$160)	(분리원가=$10,000)	(40g×$300)

[표 12-8] A제품의 추가가공 여부결정

추가가공 후의 매출액	$14,400	(60g×$240)
분리점에서 매출액	$6,000	(60g×$100)
매출액증가액	$8,400	
추가분리원가	$7,000	
순이익증가액	$1,400	

[표 12-9] B제품의 추가가공 여부결정

추가가공 후의 매출액	$12,000	(40g×$300)
분리점에서 매출액	$6,400	(40g×$160)
매출액증가액	$5,600	
추가분리원가	$10,000	
순이익증가액	△$4,400	

의사결정 : A제품은 추가가공으로 C제품을 생산
B제품은 분리점에서 판매

제12장 Key Words

관련원가(relevant cost)
A cost that differs between alternatives in a particular decision.

기회원가(opportunity costs)
The revenues forfeited or lost when one alternative is chosen over another.

매몰원가(sunk cost)
A cost that was incurred because of a previous decision and that cannot be recovered through the current decision.

부문이익(segment margin)
A segment's sales revenue minus its direct costs(direct variable costs and direct fixed costs traceable to the segment).

손익분기점(break even point)
The point at which total revenues equal total costs.

아웃소싱(outsourcing)
The use of suppliers outside the organization to perform services or produce goods that could be performed or produced internally.

제품믹스 의사결정(product mix decision)
A decision to select the alternative that maximizes the contribution margin per constrained resource.

증분접근법(incremental analysis)
A technique used in decision analysis that compares alternatives by focusing on the differences in their projected revenues and costs; also called differential analysis.

차액원가(differential cost)
The difference in an cost item under two decision alternatives.

특별주문 의사결정(special order decision)
A decision about whether to accept or reject a special product order at a price below the normal market price.

판매 또는 추가가공 의사결정(sell or process-further decision)
A decision about whether to sell a joint product at the split-off point or sell it after further processing

연습문제

* After reading the each problems, Choose the best item.

1. The decision making model is devided into economic model and accounting model, and what is not the characteristics of accounting model?

A. short term model

B. pursue the maximum profit

C. concrete model

D. practical model

E. only one break even point

2. Which is the best definition of managerial decision making?

A. process to select the one among the various alternatives

B. process to clarify the decision problem

C. process to concrete a decision model

D. process to identify the problems

E. process to solve the problems

3. Which is not six steps for managerial decision making?

A. identifying the decision problems

B. developing a decision mode1

C. collecting the data

D. solving the problems

E. identifying the alternatives

4. A method of comparing alternatives by focusing on the differences in their projected revenues and costs is :

A. variable costing.

B. incremental analysis.

C. avoidable cost analysis.

D. management decision cycle.

E. marginal cost analysis.

5. An accounting information system should be designed to provide information that is useful. To be useful the information must be :

A. qualitative rather than quantitative.

B. unique and unavailable through other sources.

C. historical in nature.

D. choice between two alternatives.

E. relevant, accurate, and timely.

6. Which is the best defined of opportunity cost?

A. the amount of money paid for something

B. the amount of money paid for something, taking inflation into account

C. alternative cost

D. the benefits of the alternative sacrificed in making a choice

E. possibility cost

7. The book value of an asset such as equipment is an example of a(n) :

A. future cost.

B. differential cost.

C. comparative cost.

D. possibility cost.

E. sunk cost.

8. In a decision to add or drop a product or service, which of the following is an avoidable expense?

A. allocated overhead

B. depreciation

C. insurance

D. variable overhead

E. monthly installment payment on machinery

9. A management decision to accept or reject a sizable but unusual order that generally has a reduced pricing condition is known as a :

A. outsourcing decision.

B. special order decision.

C. sell or process-further decision.

D. segment profitability decision.

E. product mix decision.

10. A special order generally should be accepted if :

A. its revenue exceeds allocated fixed costs, regardless of the variable costs associated with the order.
B. excess capacity exists and the revenue exceeds all variable costs associated with the order.
C. excess capacity exists and the revenue exceeds allocated fixed costs.
D. the opportunity costs resulting from the special order exceed the variable costs associated with the special order.
E. the revenue exceeds variable costs, regardless of available capacity.

11. Products A and B can be sold at the split-off point for \$27.50 and \$32.50, respectively. Each unit of Product A can be sold for \$45.00 if the company spends an additional \$15.20 per unit on the product. Product B can be sold for \$50.25 per unit if an additional \$18.00 is spent processing each unit. Joint product costs are @12.40 per unit of Product A and \$14.40 per unit of Product B. The company should
A. process only Product A further.
B. process only Product B further.
C. process both products further.
D. sell both products at the split-off point.
E. wait until the price is higher than now

12. Contribution margin per machine hour can be calculated by dividing :
A. machine hours required per unit by sales margin per unit.
B. contribution margin per unit by machine hours required per unit.
C. total contribution margin per unit by total sales revenue incurred unit.
D. machine hours required per unit by contribution margin per unit.
E. total machine hours required by total contribution margin.

13. Product costs incurred after the split-off point are termed :
A. separable processing costs.
B. joint product costs.
C. by-product costs.
D. scrap costs.
E. spoilage costs.

14. Consider the following information :

old acquisition cost	$100,000
total life of both old and new equipment	4
annual cost of depreciation	$25,000
variable cost	$80,000
cost of new equipment	$50,000
total accumulated depreciation	$75,000

In a decision to keep or replace a piece of equipment, the total yearly expense of keeping the old equipment is calculated to be :

A. $75,000.

B. $20,000.

C. $105,000.

D. $95,000.

E. $130,000.

* Use the following information in solving multiple choice problems 15 and 16.

direct material and labor	= $2.50
variable overhead	= 1.00
depreciation	= 0.20
supervisory salaries	= 0.40
profit	= 0.50
other fixed overhead	= 0.15

15. Fixed costs per unit are calculated to be :

A. $4.00.

B. $0.75.

C. $1.75.

D. $2.25.

E. $3.25.

16. Total cost per unites is calculated to be :

A. $3.25.

B. $4.75.

C. $1.75.

D. $4.25.

E. $2.25.

17. The manager of Big Mac Inc. is considering the purchase of equipment to make hamburgers that will reduce annual operating costs by $1,500. The equipment will cost $6,000 and will have a useful life of five years with no resale value. The new equipment will replace equipment purchased five years ago at a cost of $10,000, a book value of $5,000 and no resale value. Ignoring income taxes, the total effect on cash flow over the next five years if the new equipment is purchased is calculated to be :

A. $7,500 increase
B. $4.500 decrease
C. $3,500 decrease
D. $1,500 increase
E. $200 increase

＊Use the following information in solving multiple choice problems 18 and 19.

> Mod Clothiers makes women's clothes. It costs $28,000 to produce 5,000 pairs of polka-dot polyester pants. They have been unable to sell pants at their usual price $50.00. The company is evaluating two alternatives. They could sell the pants "as is" for $15,000 or they could modify the pants at a cost of $3,000 and sell them for a total of $20,000.

18. The increase or decrease in net income resulting from modifying the pants and then selling as opposed to selling "as is" would be a(n) :

A. $8,000 decrease.
B. $11,000 decrease.
C. $2,000 increase.
D. $3,000 increase.
E. $5,000 increase.

19. Assume all conditions remained the same except the cost to modify the pants($3,000). At what cost to modify each pair of pants would Mod Clothiers be indifferent between the two alternatives?

A. $0.40
B. $0.50
C. $0.75
D. $1.00
E. $0.65

＊Use the following information in solving multiple choice problems 20 and 21.

Xebex Company is considering whether to make or buy a component used in the production of Faz-Fax Machines. The annual cost of producing the 100,000 components used by the company is as follows :

direct variable manufacturing costs	$300,000
direct fixed manufacturing costs	100,000
allocated overhead	50,000

If Xebex were to discontinue production of the component, direct fixed manufacturing costs would be reduced by 80%.

20. Xebex should buy the 100,000 components if the cost of purchasing per unit is less than what amount?

A. $4.50

B. $4.00

C. $3.80

D. $3.50

E. $3.00

21. The irrelevant costs in the decision total what amount?

A. $50,000

B. $70,000

C. $130,000

D. $80,000

E. $100,000

22. Sunshine Company is a multi product firm. The revenues of a single product are $200,000 when 10,000 units are sold. Variable costs are $16 per unit. Direct fixed expenses of $25,000 consist primarily of depreciation on equipment specialized to the product. By what amount will Sunshine Company's cash flow increase or decrease if the product is dropped?

A. $200,000 decrease

B. $160,000 decrease

C. $40,000 decrease

D. $15,000 decrease

E. $25,000 increase

* Use the following information in solving multiple choice problems 23-25.

HiTech manufactures two products-cassette players and compact disc players. The results of operations for 199× are presented below.

		compact	
	cassette players	disc players	total
units	10,000	3,700	13,700
sales	$240,000	$740,000	$980,000
cost of goods sold	(180,000)	(481,000)	(661,000)
gross margin	60,000	259,000	319,000
selling expenses	(40,000)	(74,000)	(114,000)
administrative expenses	(20,000)	(60,000)	(80,000)
net income	$ – 0 –	$125,000	$125,000

Additional information :

Fixed costs amount to $3.00 per unit for the cassette players and $20.00 per unit for the compact disc players. Selling expenses are $4.00 per unit for the cassette players and $20.00 per unit for the compact disc players. Admi-nistrative expenses are all fixed.

23. The manager of HiTech wants to drop the line of cassette players. If the line is dropped, fixed manufacturing costs would be reduced by 10%. At the present time they have no alternative use for the facilities. What would the increase or decrease in income be if the sales and production of cassette players are discontinued?

A. $ – 0 –
B. $20,000 increase
C. $10,400 increase
D. $39,600 decrease
E. $129,600 decrease

24. If HiTech eliminates the line of cassette players and uses the available capacity to produce and sell an additional 1,500 compact disc players, what would be the increase or decrease in income?

A. $85,000 increase
B. $145,000 increase
C. $45,000 increase
D. $28,000 increase

E. $55,000 increase

25. If all conditions remained unchanged, at what sales price per cassette player would HiTech be indifferent between increasing the production and sale of compact discs by 1,500 and continuing the production and sale of cassette players?

A. $25.00

B. $29.50

C. $32.50

D. $26.80

E. $38.50

26. Holt Company presently makes 20,000 units of a certain part to use in production. The total cost to make the part is $20 per unit including $15 in variable costs and $5 in fixed overhead applied. If Holt buys the part from Bricker, the cost would be $18 per unit and the released facilities could not be used for any other activity. 80% of the fixed overhead would continue. The relevant costs to make the part total :

A. $320,000.

B. $360,000.

C. $380,000.

D. $300,000.

E. $400,000.

27. SloGrowth Inc. has idle capacity. They have received a special order for 2,000 units at a price of $6 per unit. Currently production and sales are budgeted for 20,000 units without considering the special order. Budget information for 199X is presented below :

sales	$160,000
cost of goods sold	(120,000)
gross margin	$40,000

Cost of goods sold includes $20,000 of fixed manufacturing cost. The increase or decrease in income, if the special order is accepted is calculated to be a(n) :

A. $8,000 increase.

B. $2,000 increase.

C. $12,000 increase.

D. $2,000 decrease.

E. $1,000 decrease.

* Use the following information in solving multiple choice problems 28 and 29. Lido Products produces two products(A and B) from a joint process. The joint cost of production is $80,000. 5,000 units of Product A can be sold at split-off for $20 per unit or processed further at an additional cost of $20,000 and sold for $25 per unit. 10,000 units of Product B can be sold at split-off for $15 per unit or processed further at an additional cost of $20,000 and sold for $16 per unit.

28. The increase or decrease in income if Lido decides to further process Product A, instead of selling it at split-off, is calculated to be a :

A. $25,000 increase.

B. $5,000 increase.

C. $21,000 increase.

D. $1,000 increase.

E. $27,000 decrease.

29. The increase or decrease in company income if Lido decides to further process Product B, instead of selling it at split-off, is calculated to be a :

A. $10,000 increase.

B. $20,000 increase.

C. $20,000 decrease.

D. $10,000 decrease.

E. $58,000 decrease.

제 13 장

가격결정모형과 목표원가관리

■ 학습목표

본 장에서는 21세기의 변화하는 환경에서 적응하기 위한 새로운 원가관리시스템의 개념, 주요 내용 및 방향을 제시하고 있다.

본 장을 공부하고 난 후 학습자들은 다음과 같은 내용의 능력을 갖추어야 한다.

① 가격결정의 목적과 그 영향요인을 구분하여 이해한다.
② 가격결정을 위한 경제적 모형과 회계적 모형을 구분, 설명할 수 있다.
③ 전통적인 경제적 가격결정모형을 서술할 수 있다.
④ 원가기준 가격결정방법을 구분하여 이해하고 설명할 수 있다.
⑤ 원가가산 가격결정모형에서 이익가산률의 개념과 서로 다른 유형의 가격결정모형에 적용하는 이익가산률을 계산할 수 있다.
⑥ 원가가산 가격결정의 제 유형에 따라 이익가산률을 적용하여 각 유형별 판매가격을 산출할 수 있다.
⑦ 목표원가계산의 개념을 사용하여 가격결정을 분석할 수 있다.
⑧ 대체가격결정의 정의 및 원가기준, 시가기준 및 협의가격의 방법에 의한 대체가격의 개발 및 성과평가를 위하여 대체가격을 사용할 수 있다.

제 1 절 가격결정의 목적과 영향요인

1. 가격결정의 의의와 목적

가격결정(pricing)이란 기업이 장기적인 가격정책과 현재의 경제상황 등을 기초로 하여 특정 제품이나 서비스에 대하여 판매할 가격을 결정하는 것이다.

기업에서 원가정보를 이용하여 하는 가장 중요한 의사결정 중의 하나는 가격결정이 된다. 왜냐하면 기업이 궁극적으로 추구하는 이익은 가격을 통해서 실현될 수밖에 없기 때문이다. 또한 가격은 시장에서의 경쟁력을 좌우하는 지표가 되기도 하기 때문에 기업에서 산출하는 제품이나 서비스의 가격은 시장에서 경쟁력이 유지되면서 기업의 수익성이 보장될 수 있도록 결정되어야 할 것이다.

기업이 가지는 가격결정정책의 목적(pricing policy objectives)은 일반적으로 다음과 같은 것으로 일컬어진다.

① 장·단기 가격정책전략의 인식 및 고수(identifying and adhering)
② 이윤의 극대화(maximizing profits)
③ 시장지분(market share)의 획득 및 유지(maintaining or gaining)
④ 사회적으로 책임 있는 가격(socially responsible prices)의 설정
⑤ 최소한의 목표하는 투자이익률(minimum rate of ROI)의 유지
⑥ 고객지향(customer driven)일 것

가격결정문제는 경영순환과정의 모든 단계에서 도입(addressed)된다.

계획(planning) 단계에서는 경영자들은 제공하는 제품이나 서비스에 대하여 얼마나 부과(charge)해야 하는가를 고려하여야 하며, 시장에서 수용할 수 있는 최대의 가격을 확인하게 되며, 실행(executing) 단계에서는 특정한 가격으로 제품이나 서비스를 판매하게 된다. 그리고 검토(reviewing) 단계에서는 경영자들은 매출을 평가하여 가격결정전략이 성공하고 있는지 실패하고 있는지를 결정하게 되며, 보고(reporting) 단계에서는 목표가격과 실제가격 및 이윤을 분석하여 조직 내에서 이용할 수 있도록 준비하게 된다.

기업을 유지하기 위해서는 경영자들은 항상 판매가격을 다음과 같은 기준

(criteria)을 가지고 관리하여야 한다.

① 경쟁가격(competitions price)과 같거나 낮도록 한다.
② 고객들에게 수용(acceptable to customer)될 수 있어야 한다.
③ 제품이나 서비스를 시장까지 가져가는 데 발생하는 모든 원가를 회복(recover all costs)할 수 있어야 한다.
④ 수익을 남겨야(return a profit) 한다.

2. 가격결정에 영향을 미치는 요소

기업에서 제품이나 서비스의 가격을 결정하는 것은 기업의 가격정책과 국민경제의 상황에 따라 전략적으로 결정되어야 하는데, 여기서 가격정책(pricing policy)이란 제품의 가격결정에 관한 경영자의 지침으로서 가격결정시 고려하여야 할 여러 가지 요소들과 이들 요소들의 상대적인 중요도를 결정하는 것을 말한다.

가격결정에 영향을 미치는 중요한 요인으로는 일반적으로 고객, 경쟁기업, 원가의 세 가지를 말하게 되며, 여기에 정치적, 법적 및 이미지에 관련되는 기타 환경요인들이 있다.

1) 고 객(customer)

고객은 특정 제품의 가격을 비교하여 상대적으로 싼 기업의 제품을 구입할 수 있는 선택권을 가지고 있다. 따라서 경영자는 항상 고객의 관점에서 가격결정문제를 접근하여야 한다. 특정 기업이 제품의 가격을 올리면 고객은 그 기업의 제품을 외면하고, 가격이 상대적으로 낮은 경쟁회사의 제품을 구매하려고 할 것이다. 그렇지 않으면 더 저렴한 가격으로 원하는 특성을 갖춘 대체품을 선택할 수도 있다.

가격결정의 문제는 제품의 품질과도 깊은 관련성을 가지게 되므로, 시장에서 고객들이 원하는 품질의 제품을 고객들이 원하는 가격으로 합리적으로 결정하여야 한다.

만일 고객이 고품질의 제품을 원한다면 고품질의 재료를 사용하여 수준 높은 제품을 제조하여야 하므로 당연히 가격은 높게 설정될 것이지만, 고객들의 수요를 유지하기 위해서는 시장에서 벗어나지 않도록 고객들의 동향을 파악하기 위하여 주기적으로 시장조사와 판매원으로부터의 피드백을 통해 고객들의 정보를 수집하고 분석하지 않으면 안 된다. 기업이 성공하기 위해서는 고객이 원하는 제품이나 서비스를 생산하여 그들이 기꺼이 지급하고자 하는 가격으로 공급하여야 할 것이기 때문이다.

2) 경쟁기업(competitors)

경쟁기업의 반응도 가격결정에 중요한 영향을 미친다. 예를 들어 경쟁이 심한 상황에서는 경쟁력을 제고시키기 위하여 가격을 인하하게 될 것이며, 반대로 경쟁이 없는 경우에는 기업들이 더 높은 가격을 설정할 수 있을 것이다. 경쟁기업의 기술수준, 공장규모 및 영업정책을 알게 되면 경쟁기업의 반응을 보다 정확히 예측할 수 있으므로 경쟁력을 가지는 가격을 설정할 수 있는 가치 있는 정보가 된다.

3) 원 가(costs)

가격결정에 있어 기업내부적으로 영향을 미치는 가장 중요한 요인은 원가가 될 것이다. 가격결정에서 원가의 역할은 산업에 따라 크게 다르다. 어떤 산업에서는 가격은 원가와 거의 상관없이 시장에 의해서 결정된다. 예를 들면 쌀, 고기 등 농산물의 가격은 거의 시장에서 결정되므로 농민들은 가격결정력을 가지지 못하고, 단지 시장가격에 맞추어서 생산을 조정할 수 있을 뿐이다. 이익을 얻기 위해서는 시장가격 이하의 원가로 생산하여야만 하고, 이것이 불가능하면 손실을 입게 될 수밖에 없다. 그러나 자동차나 가전제품 등 대부분의 공산품은 원가를 기준하여 가격을 결정한다.

가격은 원가에 적정한 이익을 가산하여 결정하는데, 경영자는 이익을 결정할 때 일반적으로 시장의 영향을 고려하여 다소의 융통성을 가지게 된다. 한편 전기, 가스와 같은 공공요금은 일반적으로 정부규제를 받는다. 공공요금의 수준을 정당화하는 데 가장 중요한 요소는 제조원가로서 공공요금의 인상요구 시에는 이를 뒷받침할 원가자료를 제시하여야 한다.

대부분의 산업에서 시장상황과 원가가 같이 가격에 영향을 미치게 된다. 어떠한 기업도 제품가격을 계속 원가 이하로 설정할 수 없을 뿐만 아니라, 시장상황을 고려하지 않고 원가만으로 가격을 설정할 수도 없을 것이기 때문이다.

시장상황 및 원가 이외에 가격결정에 영향을 미치는 요인들은 정치적, 법적 및 이미지 등에 관련되는 광범위한 환경요인들이다. 어떤 기업이 부당하게 높은 이익을 얻고 있는 것으로 인식이 된다면, 정치적인 측면에서 조세수단을 동원하거나 가격설정에 정치적 차원의 압력이 가해질 수도 있다. 또한 공정거래법과 같은 법으로 주력기업들이 높은 수준의 가격설정을 합의하는 가격담합을 금지하거나, 정부의 승인을 받도록 규제되는 제품이나 서비스의 가격도 있다. 한편 항상 고품질의 제품을 생산하는 것으로 일반적인 명성을 얻고 있는 기업은 다른 신제품을 생산하더라도 그 이미지를 계속 유지하기 위하여 높은 가격을 설정하게 되는 등 기업의 이미지문제 또한 가격설정에 매우 중요한 고려요인이 된다. 예를 들어 전자제품의 소니나 스포츠용품의 나이키 등과 같은 제품은 그 이미지가 좋은 품질과 높은 가격으로 형성된 예이다.

제 2 절 가격결정모형

1. 경제학적 가격결정모형

가격이란 경쟁시장에서 수요와 공급에 따라서 결정되고, 제품 및 서비스를 제공하는 공급자로서 기업은 시장에서 결정된 가격을 주어진 여건으로 받아들일 수밖에 없다는 것이 경제학적 가격결정이론의 기반이 된다. 그러나 상품시장 자체가 완전경쟁시장을 가정하기에는 한계가 많고, 제품을 생산하여 공급하는 기업의 입장에서는 이익획득의 최종적인 보루라 할 수 있는 판매가격을 외부의 고객들에게 떠맡기고서 목표하는 적정이윤을 획득하는 데에는 무리가 따르지 않을 수 없다. 대부분의 경우 개별 기업들은 일정한 적정이윤을 획득하는 수준에서 원가를 상회하는 가격이 이루어지기를 원하게 되며, 실제적으로 개별 기업들이 주도적인 가격결정권을 가지는 경우가 많다. 따라서 기업에서는 기업이 경영목적을 달성하기 위한 원가+적정이윤=가격이라는 실무적인 가격결정모형을 가지게 되는데, 이것을 가리켜 회계학적 모형(accounting model)이라 한다. 따라서 경제학적 가격결정모형은 일반적 이해를 돕는 가격결정에 대한 이론적 구조(theoritical structure)를 제공한다.

전통적인 경제적 가격결정(traditional economic pricing)의 개념은 미시경제학적 이론(microeconomic theory)에 입각한다. 미시경제적 이론에 따른다면 모든 기업은 이윤을 최대화(maximize profits)하는 것이며, 이 때는 총 수익과 총 원가의 차이(difference)가 최대가 되는 것이다.

1) 총 수익, 수요 및 한계수익 곡선

가격과 수요량의 상관관계(trade off)는 [그림 13-1]에서 보는 바와 같이 기업의 총 수익과 판매량의 함수관계를 나타내는 총 수익곡선(total revenue curve)에서 볼 수 있다. 수요곡선(demand curve)은 평균가격을 나타내기 때문에 평균수익곡선이라고도 하는데, 판매가격과 수요량과의 관계를 나타낸다. 즉 가격이 내리면 수요는 증가하고, 가격이 오르면 수요는 감소한다. 한계수익이란 한 단위 더 추가함으로써 증가하는 수익을 가리키게 되는데, 판매량이 증가하면 가격이 내리므로 한계수익은 체감하게 되어 한계수익곡선(marginal revenue curve)

[그림 13-1] 총 수익과 한계수익 곡선

(a) 총 수익곡선

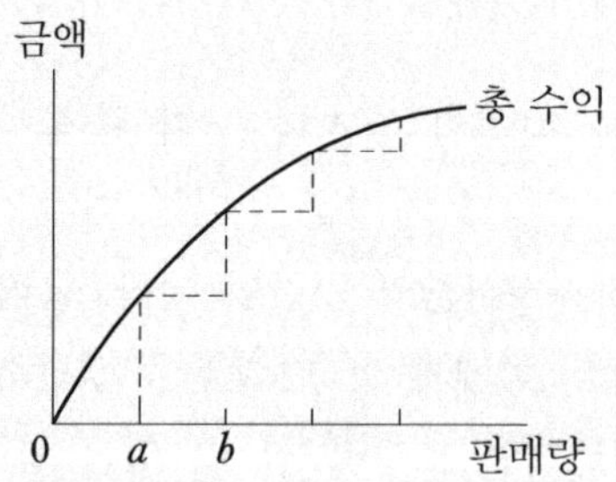

(b) 수요, 한계수익 곡선

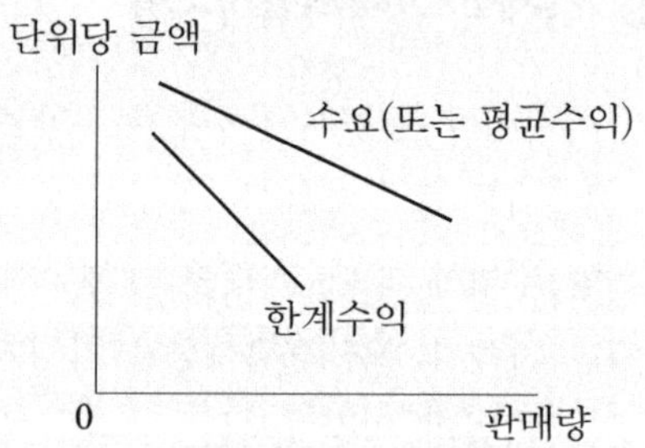

(c) 가격, 수량 및 수익 자료

판매량	판매가격	총 수익	총 수익변화
10단위	$1,000	$10,000	
20단위	$975	$19,500	+$9,500
30단위	$950	$28,500	+$9,000
40단위	$925	$37,000	+$8,500
50단위	$900	$45,000	+$8,000
60단위	$875	$52,500	+$7,500

은 우하향의 곡선을 취하게 된다. 따라서 [그림 13-1]에서와 같이 총 수익곡선, 즉 수요는 판매량이 증가함에 따라서 증가하게 되지만, 체감적으로 증가하게 되어 우상향의 곡선을 취하게 된다.

2) 총 비용, 평균원가, 한계비용 곡선

생산량의 증가에 따르는 총 비용곡선(total cost curve)의 형태는 [그림 13-2]에서 보는 바와 같이 생산량이 증가함에 따라 총 비용은 체감적으로 증가하다가 일정한 단계를 넘으면 체증적으로 증가하는 특성을 가진다. 그것은 생산량이 증가하면 대량생산비체감의 현상에 따라 총 비용은 증가하지만 단위당 원가는 체감하기 때문이며, 일정한 단계를 넘으면 고정비의 추가투입에 따라 단위당 원가가 체증하여 총 비용은 급상향하는 곡선의 형태를 취하게 된다.

[그림 13-2] 총 비용과 한계비용 곡선

(a) 총 비용곡선 (b) 한계비용곡선

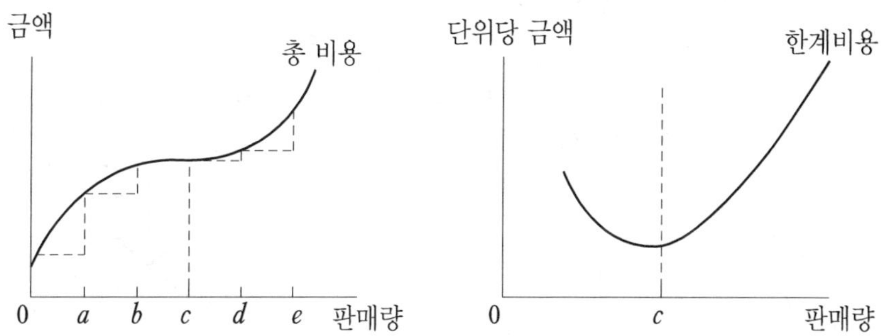

(c) 생산수량에 따른 원가자료

판매량	단위당 평균원가	총 비용	총 비용변화
10단위	$1,920	$19,200	
20단위	$1,240	$24,800	+$5,600
30단위	$970	$29,100	+$4,300
40단위	$800	$32,000	+$2,900
50단위	$820	$41,000	+$9,000
60단위	$940	$56,400	+$15,400

3) 생산판매수량의 변화에 따르는 이익극대화가격

총 수익과 총 비용선은 [그림 13-3]에서 보는 바와 같이 장기적으로 곡선의 형태를 가지게 되는데, 총 수익선은 판매량이 증가함에 따라 증가하지만 그 증가의 기울기는 차츰 희미해져 떨어져(diminish and decline) 가는 대신에 총 비용선은 증가하나 그 증가의 기울기(slope)는 장기적으로 점차 커져 간다. 이것은 물론 고정비의 존재 때문이다.

따라서 손익분기점(break even point)도 두 개가 나타나고, 최초의 손익분기점에서 다음의 손익분기점 사이에 가운데 영역이 수익영역(profit area)이고, 바깥 영역이 손실영역(loss area)이다. 그리고 그 가운데에서 총 수익과 총 비용의 최대($95,000)가 되는 판매량(6,000 units)이 되는 점에서 극대이윤(maximum profit)이 실현된다.

[그림 13-3] 총 수익과 원가, 한계수익과 원가곡선

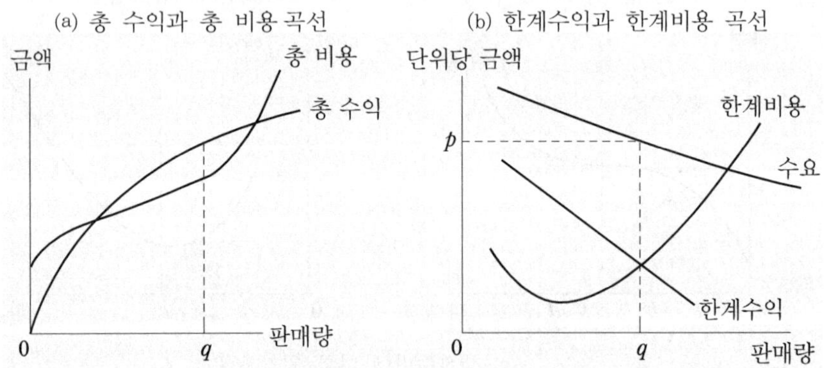

(c) 수익, 원가 및 이윤 자료

판매량	판매가격	총 수익	총 비용	손 익
10단위	$1,000	$10,000	$19,200	($9,200)
20단위	$975	$19,500	$24,800	($5,300)
30단위	$950	$28,500	$29,100	($600)
40단위	$925	$37,000	$32,000	($5,000)
50단위	$900	$45,000	$41,000	($4,000)
60단위	$875	$52,500	$56,400	($3,900)

이를 한계개념을 들어 설명하여 보자. 한계수익(marginal profit)은 현재의 수준에서 한 단위를 추가할 때 발생하는 수익을 말하며, 한 단위를 추가함으로써 발생하는 원가를 한계비용(marginal cost)이라 하는데, [그림 13-3]에서 보는 바와 같이 한계수익선은 우하향하고 한계비용선은 우상향하여 두 개의 선이 만나는 점에서 균형가격이 결정되고, 이 때 극대이윤이 실현된다.

결론적으로 미시경제학이론에 따른다면 장기적으로 극대이윤이 실현되는 균형조업도가 존재하고, 이를 실현시키는 균형가격(optimal price)이 형성되며, 이 때 극대이윤이 달성되는데, 이 때는 한계이익과 한계비용이 같아지는 점이 된다.

2. 원가기준 가격결정모형(cost based pricing model)

제품 및 서비스의 가격결정을 위한 경제학적 모형은 이론적 기반을 제공해 주지만, 실제로 기업에서 경영자들이 구체적인 가격을 결정하는 데에는 회계적 모형(accounting model)을 이용하게 된다.

회계적 모형에 의한 제품이나 서비스의 가격을 결정하는 방법은 기본적으로 원가에 일정한 이윤을 가산하는 원가가산(cost plus) 가격결정모형이 된다.

경영자들이 기업경영현장에서 가격을 결정하는 방법은 여러 가지 다양한 방법(variety of pricing methods)들이 이용될 수 있다. 그들이 가격을 결정하는 것을 도와 주기 위한 전통적이고 객관적인 정형의 가격결정방법들이 있지만, 사실상 경영목적상 경영자들은 이들 방법들을 도외시하고, 경험(experience)에 의존해야만 하는 경우가 많다.

실무에서 기본적으로 가장 많이 사용되는 정형화(formula-driven)된 가격결정방법으로는 ① 총 이익기준 가격결정방법(gross margin based pricing)과 ② 이용자산이익률기준 가격결정방법(return on asset based pricing)이 있다

1) 총 이익기준 가격결정

원가기준 가격결정방법(cost-based pricing method)으로서, 총 생산원가(total production costs)에 일정한 비율의 이익가산률을 적용하여 판매가격을 설정하는 방법이다.

이 때 적용하는 비율을 가리켜 이익가산율 혹은 부가율(markup percentage)

이라고 하는데, 부가율의 산정시 유의해야 할 점은 판매비와 일반관리비를 반드시 포함시켜야 한다는 것이다. 왜냐하면 제조과정에서 발생된 원가 이외의 판매 혹은 일반관리의 과정에서 발생된 원가도 회수해야 할 것이기 때문이다.

총 이익기준 가격결정을 위한 계산식은 아래와 같다.

$$\text{이익가산율} = \frac{\text{기대이익} + \text{판매비와 일반관리비}}{\text{총 생산원가}}$$

$$\text{총 이익기준 가격} = \text{단위당 총 생산비} \times (1 + \text{이익가산율})$$

원가기준의 가격결정모형을 실무적으로 이해하기 위하여 어느 회사의 사례를 들어 설명하기로 한다.

이 회사에서의 가격결정을 위한 총 원가자료는 다음과 같다.

[예제 1] 원가기준 및 이용자산이용률 가격결정

	총 원가	단위원가
변동제조원가		
직접재료비	$88,500	$6.00
직접노무비	66,375	4.50
변동제조간접비	44,250	3.00
총 변동제조원가	$199,125	13.50
고정제조간접비	$154,875	$10.50
판매비와 일반관리비	$132,750	$9.00
총 원가	$486,750	$33.00

* 총 생산량 = 14,750단위
이용자산 기대이익률 = 14%
회사의 기대이익 = $110,625.

이 회사의 원가자료와 기대이익자료를 근거로 총 이익기준가격을 결정하면 다음과 같이 $40.5로 계산된다.

$$\text{이익가산율} = \frac{\text{기대이익} + \text{판매비와 일반관리비}}{\text{총 생산원가}}$$

$$= \frac{110,625 + 132,750}{199,125 + 154,875} = \frac{243,375}{354,000}$$

$$= 68.75\%$$

$$총\ 이익기준\ 가격 = 단위당\ 총\ 생산비 \times (1+이익가산율)$$
$$= \$13.50 + 10.50 + (68.75\% \times \$24.00)$$
$$= \$40.50$$

결국 단위당 변동제조원가 $13.5에 단위당 고정제조원가 $10.5을 합한 총 제조원가 $24에 제조원가의 68.75%에 해당하는 $16.5을 가산하여 판매가격은 $40.5로 결정된다.

총 이익기준 가격결정방법은 제조원가에 기업이 기대이익을 가산하여 판매가격을 결정하는 방법으로 변동제조원가를 기준으로 결정하는 방법과 고정제조원가까지 합한 총 제조원가, 즉 전부원가를 기준으로 구분하여 계산할 수도 한다.

변동원가를 기준으로 가격을 결정하는 경우에는 전부원가를 기준으로 가격을 결정하는 방법에 비교하여 가격이 낮게 계산될 수가 있어 최종적으로 고정원가를 회수할 수 없는 가격이 결정될 수 있기 때문에 경영자는 고정원가와 목표이익을 회수하기 위해서 더 높은 부가율이 적용되어야 할 것이다. 따라서 변동원가기준에 의한 가격결정방법과 전부원가에 의한 가격결정방법에 있어서의 부가율은 아래와 같은 공식에 의하여 서로 다른 부가율을 적용하여 가격을 결정하여야 한다.

$$변동원가기준\ 이익가산율 = \frac{고정원가 + 목표이익}{변동원가가격}$$
$$= 단위당\ 변동원가(1+이익가산율)$$

$$전부원가기준\ 이익가산율 = \frac{판매비와\ 일반관리비 + 목표이익}{전부원가가격}$$
$$= 단위당\ 전부원가(1+이익가산율)$$

2) 이용자산이익률기준 가격결정

이용자산이익률기준 가격결정(return on assets pricing) 방법은 제품이나 서비스의 생산시 이용되는 일정한 자산이익률(rate of return on assets)을 기초로 가격을 결정하는 방법이다.

구체적으로 제품제조를 위하여 소비된 단위당 총 원가 및 비용(total costs and expenses per unit)에 기업이 기대하는 단위당 이익(unit return)을 가산하여 판매가격을 결정하게 되는 것인데, 기업이 기대하는 단위당 이익은 이용된 자산의 총 원가를 예측생산량으로 나누어 이용자산에 대한 단위당 원가를 계산하여 여기에 기대하는 이용자산에 대한 이익률을 곱하여 계산한다.

여기서 이용자산(available assets)이라는 개념은 총 자산, 총 자본 및 투자액의 개념으로 이용될 수 있다. 결국 여기서 말하는 자산이익률은 자본이익률 혹은 투자이익률(return on investment)로 사용될 수 있다. 기대이익률은 기업이 기대하는 최소한의 이윤율(minimum rate of return)의 개념을 가진다.

자산이익률기준 가격을 계산하기 위해서는 다음의 공식(formula)으로 표시할 수 있다.

$$\text{이용자산이익률 기준가격} = \text{단위당 총 원가 및 비용} + \text{기대이익률} \times \frac{\text{총 이용자산의 원가}}{\text{기대생산량}}$$

앞의 [예제 1]에서 제시된 회사의 원가자료를 참고로 이용자산 이익률기준 시장가격을 계산하면, 다음과 같이 $41.75로 결정된다.

$$\begin{aligned}
\text{판매가격} & \\
&= \text{단위당 총 원가} + \text{이용자산에 대한 기대이익} \\
&= \text{단위당 총 원가} \times (1 + \text{이용자산 기대이익률}) \\
&= \text{단위당 총 원가} + (\text{이용자산 기대이익률} \times \text{이용자산의 단위당 원가}) \\
&= (\text{단위당 총 원가}) + \left[\text{이용자산 기대이익률} \times \frac{\text{이용자산의 총 원가}}{\text{기대생산량}}\right] \\
&= (\$13.5 + \$10.5 + \$9.00) + \left(14\% \times \frac{\$921,875}{14,750\text{단위}}\right) \\
&= \$33 + (14\% \times \$62.5) \\
&= \$33 + \$8.75 \\
&= \$41.75
\end{aligned}$$

* 단위당 총 원가=단위당 제조원가+단위당 판매비와 일반관리비.

결국 총 이익기준 가격결정방법은 총 원가를 기준으로 기업이 기대하는 이익률을 적용하는 방법으로서, 제조원가에 판매비와 일반관리비까지를 포함하는 총 원가기준 가격결정법이라고 칭하기도 한다.

이 때 기대이익가산율은 아래와 같이 목표이익을 총 원가로 나누어 계산하여 총 원가에 기대이익을 가산하여 가격을 결정하게 될 것이다.

$$\text{총 원가기준 이익가산율} = \frac{\text{목표이익}}{\text{총 원가}}$$

$$\text{가격} = \text{단위당 총 원가} \times (1 + \text{이익가산율})$$

또 하나의 사례를 이용하여 서로 다른 이익가산율을 적용하여 각 방법에 의한 가격을 결정하는 절차를 살펴보자.

[예제 2] **변동원가, 전부원가, 총 원가기준 가격결정** : 원광상사는 최근에 개발한 신제품을 생산, 판매하는 데 ₩5,000,000의 투자가 필요하다. 이 ₩5,000,000 속에는 설비투자액 이외에 운전자본투자액도 포함되어 있으며, 회사가 목표로 하는 투자이익률은 10%이다. 신제품의 연간 예상생산량 및 판매량은 10,000 단위이며, 이에 관련된 원가자료는 다음과 같다.

	단위원가	총 원가
변동제조원가	₩200	₩2,000,000
고정제조원가	100	1,000,000
변동판매관리비	50	500,000
고정판매관리비	50	500,000

1. 변동원가접근법

1) $\text{이익가산율} = \frac{\text{고정원가} + \text{목표이익}}{\text{총 변동원가}}$

$= ₩1,500,000 + (₩5,000,000 \times 10\%) / ₩2,500,000$

$= 80\%$

2) 판매가격 = 단위당 변동원가(1 + 이익가산율)

$= ₩250 \times 1.8 = ₩450$

2. 전부원가접근법

1) $\text{이익가산율} = \frac{\text{판매비와 일반관리비} + \text{목표이익}}{\text{전부원가}}$

$= ₩1,000,000 + (₩5,000,000 \times 10\%) / ₩3,000,000$

$= 50\%$

2) 판매가격 = 단위당 전부원가(1 + 이익가산율)

= ₩300 × 1.5 = ₩450

3. 총 원가접근법

1) $\text{이익가산율} = \dfrac{\text{목표이익}}{\text{총 원가}}$

= (₩5,000,000 × 10%)/₩4,000,000 = 12.5%

2) 판매가격 = 단위당 총 원가(1 + 이익가산율)

= ₩400 × 1.125 = ₩450

가격결정에 있어서 전부원가접근법이나 총 원가접근법은 기업의 원가행태 파악이 곤란하여 조업도의 변화에 따라 총 원가의 변화를 알 수 없다. 따라서 CVP 분석을 위한 유용한 정보를 제공하지 못한다는 단점이 있는 반면에 다음과 같은 장점이 있기 때문에 기업에서 많이 활용된다.

① 전부원가나 총 원가를 기준으로 판매가격을 결정하면, 판매가격의 정당성을 모든 이해관계자들에게 설득이 용이하다.

② 경쟁업자가 유사한 영업 및 원가구조를 가지고 있을 때, 전부원가에 근거한 판매가격결정 방법은 경영자에게 경쟁업자들이 어떻게 가격을 설정하는가에 대한 통찰력을 제공해 준다.

③ 외부보고용 재무제표를 작성하기 위해서는 전부원가 및 총 원가정보가 필요한데, 이러한 정보는 기존의 원가회계시스템에서 쉽고 저렴하게 입수, 사용할 수 있다.

제 3 절 기타의 가격결정과 목표원가관리

1. 경쟁입찰가격결정

경쟁입찰의 상황은 여러 경쟁업체들과 직접 경쟁하기 때문에 경영자의 가격결정문제를 어렵게 만든다. 경쟁입찰(competitive bidding)에 참여하는 기업들은 제품과 서비스 및 프로젝트에 대한 가격을 비밀리에 잠재고객에게 제출하고, 구매자는 제출된 입찰가격(bid price)과 설계도면 등을 면밀히 검토한 후 하나의 기업을 선택하게 된다.

만일 입찰에 참여하는 모든 경쟁업체들이 동일한 제품이나 서비스를 제시한다면, 입찰가격이 계약자선정의 유일한 기준이 된다. 입찰가격이 높을수록 낙찰되었을 때 이익은 커지겠지만, 높은 입찰가격은 낙찰을 받을 수 있는 확률을 떨어뜨린다. 따라서 높은 가격으로 입찰에 참여하여 이익을 높이려는 것과 낮은 가격으로 입찰에 참여하여 낙찰을 받으려는 것 간에는 상반관계가 존재한다. 경쟁업체들을 물리칠 수 있는 정도의 낮은 입찰가격을 제시하는 회사는 입찰가격이 너무 낮아 충분한 이익을 얻지 못할 것이다. 흔히 이러한 것을 '승자의 불행'(winner's curse)이라고 한다.

일반적으로 경쟁입찰상황에서의 가격결정문제는 앞에서 살펴본 특별주문 수락 여부의 의사결정문제와 개념적으로 동일하다. 특별주문에 대한 의사결정문제는 관련원가분석에 초점을 두고 있는데, 관련원가분석에서는 유휴생산능력의 존재 여부가 중요한 사항이다. 유휴생산능력이 존재할 경우, 특별주문의 수락 여부에 관한 의사결정시 고려할 관련원가에는 기회원가가 포함되지 않는다. 그러나 유휴생산능력이 존재하지 않을 경우에는 관련원가에 기회원가를 포함시켜야 할 것이다. 따라서 모든 관련원가가 확인되고 나면, 의사결정자는 총관련원가와 특별주문가격과 비교하여 특별주문의 수락 여부를 결정한다. 마찬가지로 경쟁입찰상황에 있어서 입찰가격도 관련된 제품이나 서비스 및 프로젝트 등에 대한 관련원가를 분석하여 결정하여야 한다.

2. 신제품의 가격결정

신제품에 대한 가격결정은 경영자가 직면하고 있는 어려운 의사결정문제 중의 하나이다. 왜냐하면 신제품은 기존 제품보다 내재된 불확실성이 높기 때문이다. 예를 들어 신제품을 생산하는 데 부딪치는 장애물에는 어떤 것이 있는지, 원가는 얼마나 되는지, 그리고 어떤 고객이 얼마의 가격으로 구입하기를 원하는지 등과 같은 많은 불확실성이 존재한다. 따라서 신제품의 경우에는 원가추정과 시장조사에 상당한 주의를 기울여야 한다.

한편 생산과 수요에 대한 불확실성과 더불어 신제품은 또 다른 어려움에 직면한다. 신제품을 생산하는 기업이 채택하는 가격전략은 두 가지가 있다.

하나는 상층흡수가격 전략이다. 상층흡수가격 전략(skimming pricing)은 신제품의 가격을 높게 책정하여 단기적으로 높은 이익을 얻으려고 하는 전략이다. 최초의 높은 가격으로 인하여 시장규모는 적을 것이다. 이 가격전략은 신제품에 대한 고객층은 엷지만, 고객이 제품에 대한 가치에 대하여 잘 알고 있기 때문에 어떠한 가격이라도 제품을 반드시 구매하기를 원하고 있으며, 기업이 시장에서 독점적 지위를 누리고 있을 때 가장 효과적이다. 따라서 일단 조기에 시장이 확보되고 나면 점차 가격을 낮추면서 시장을 확대해 나간다. 이러한 가격전략을 채택한 대표적인 제품이 가정용 비디오게임이다. 최초에 가정용 비디오게임의 가격은 매우 높았기 때문에 구매자도 적었지만, 가격이 점차 낮아짐으로써 많은 사람들에 의하여 구매되었다.

또 하나의 가격전략은 시장침투가격 전략이다. 시장침투가격 전략(penetration pricing)은 신제품의 가격을 상대적으로 낮게 설정함으로써 새로운 시장에 침투하여 시장점유율을 빨리 높이고자 할 때 취하는 가격전략이다. 이 가격전략은 고객들이 신제품에 대한 가치에 대하여 경쟁제품보다 높은 신뢰감을 가기고 있지 않을 때 취할 수 있는 가격전략이다.

3. 가격결정과 목표원가관리

목표원가계산(target costing)은 지금까지 논의한 원가기준 가격결정모형(cost-based pricing models)에서 이용되는 절차를 거꾸로 계산된다. 목표원가계산의 기반을 이루는 철학(underlying philosophy)은 제품은 원래부터 시장에 유입되는 즉시 이윤(profit)이 창출될 수 있도록 설계되고, 생산(initially designed and built)되어야 한다는 것이다.

이와 같은 목적을 달성하기 위하여 목표원가계산에서는 다음과 같은 절차의 전제 하에 제품이 생산된다.

① 경쟁가격(competitive price)의 인식
② 최소한의 수용할 수 있는 이윤(minimum acceptable profit)의 결정
③ 가격으로부터 이윤을 차감하여 원가의 결정

이와 같이 목표원가계산은 목표원가 및 그 이하에서 책임을 지고 제품이 설계되고 생산될 수 있도록 기술자(engineers) 및 설계사(designers)들에게 목표

로 하는 원가가 주어진다. 따라서 그 이윤목표(profit goal)가 달성될 수 없다면, 제품은 생산되지 않는다.

목표원가계산은 경영자들에게 제품수명주기(products life cycle)의 계획단계에서 신제품(new product)에 대한 원가를 지시하고 통제(control or dictate)할 수 있는 능력을 부여한다.

원가기준 가격결정이 이용될 때에는 모든 원가통제의 노력은 발생원가(incurred costs)에 집중(focus)되고, 그 이후에 제품이 시장에 도입(introduced to the marketplace)되므로, 이 시점에서 원가통제(controlling costs)는 곤란해진다. 특수한 원가목표(specific cost goal)를 가지고 제품이 설계되고 제조됨으로써 목표원가계산은 원가가 제한되어지거나 발생되기 이전에 통제가 이루어진다.

여기서 제한되는 원가(committed costs)는 추산원가(estimated costs)이며, 통제대상의 원가는 발생원가(incurred costs)이다. 제한원가(committed costs)라는 개념은 임의원가(discretionary costs)에 대칭되는 개념으로서, 경영자의 통제대상에서 제외되는 원가를 말한다.

신제품의 목표원가는 장기적인 예측원가로서, 이 원가는 제품시장에 진입하여 경쟁업체들과 효과적으로 경쟁할 수 있도록 해 준다. 신제품의 목표원가를 설정함에 있어서 원가회계담당자는 제품의 수명주기 동안에 발생하게 될 모든 원가가 포함되도록 주의를 기울여야 한다.

수명주기원가(product life cycle cost)란 제조과정에서 발생한 원가뿐만 아니라 제품기획 및 개념설계 단계, 예비설계단계, 상세설계 및 시험 단계, 유통 및 고객서비스 단계에 관련되는 모든 원가를 말한다. 즉 제조단계의 원가뿐만 아니라 제조 이전의 단계와 제조 이후에 발생하는 모든 단계에서 발생하는 원가를 관리대상의 원가로 계산하는 확대된 원가개념을 말한다.

또한 활동기준 원가계산은 제품설계담당자가 제품의 목표원가를 달성하고자 할 때 특히 유용하다. 활동기준 원가계산은 설계담당자가 신제품의 제조과정을 여러 가지 활동으로 세분화할 수 있게 해 준다.

신제품에 대한 목표원가계산을 인식하기 위해서는 아래의 공식이 적용된다.

목표가격 − 기대이익 = 목표원가

목표원가계산은 엔지니어들과 제품디자이너들에게 그 때 주어지고, 그들은 그것을 발생되어야 할 최대의 원가(maximum cost)로 이용한다. 따라서 이들은 목표원가 및 그 이하의 원가로 생산하여야 할 책임을 가지게 된다.

이와 같은 원가요구에 부응하지 못하는 경우에는 제품의 설계가 재조정되어야 하고, 생산에 대한 접근법이 달라져야 한다. 만일 이와 같은 기도가 실패할 경우에는 조직은 새로운 설비(new equipment)에 투자하거나 그렇지 않으면 그 제품의 계획 자체를 포기(abandon its plans)한다.

제 4 절 분권화와 대체가격결정

1. 조직의 분권화와 대체가격

기업의 규모가 확대되면 목표를 효율적으로 달성하기 위한 새로운 경영조직의 설계가 필요하다. 경영조직의 설계는 조직의 집권화(centralization)와 분권화(decentralization)의 선택의 문제이다. 집권화란 최고경영층이 대부분의 의사결정권을 행사하며 전체조직을 집적적으로 통제하는 조직형태이고, 분권화는 최고경영층이 의사결정을 대폭 하부의 부문경영자에게 위임함으로써 부문의 경영자가 의사결정의 자율성(autonomy)을 가지는 조직형태를 말한다.

의사결정의 자율성이란 조직의 경영에서 발생하는 권한(authority)과 책임(responsibility)을 누가 가지느냐의 문제로서, 집권화조직은 최고경영층이 모든 권한과 책임을 독점하는 경영조직형태를 말하며, 분권화조직이란 권한과 책임을 하위의 부문경영자에게 이양하는 조직의 형태를 말한다.

분권화의 본질은 하부자(subordinates)에 대한 의사결정의 자율성의 부여에 있다고 볼 수도 있다. 이 때의 자율성이란 권한과 책임의 위임(delegation of authority & responsibility)의 문제이다. 권한의 위임은 일정한 업무를 할당하고, 그 수행에 대한 의사결정권을 위임하는 것을 의미하며, 책임의 위임은 권한을 위임받은 하위경영자가 바람직한 성과를 달성하여야 하는 의무(duty)와 권한을 위임한 상위자에게 성과를 보고하고 설명하는 책임을 말한다. 이와 같은 책임은 결국 회계기간별로 성과보고서(performance reports)에 의해서 수행된다.

조직의 분권화에서는 위임되는 권한과 책임은 일원화된 원칙에 따라 진행되어야 한다. 일정한 권한이 부여된다면 반드시 그에 따른 책임도 뒤따르게 되며, 권한이 부여되지 않은 책임은 부당하기 때문이다. 이러한 점을 고려하여 기업은 적절한 분권화의 정도를 선택하게 되지만, 기업의 규모가 커지면 최고경영층의 시간이나 정보의 제약으로 인하여 조직의 분권화의 정도가 당연히 커지는 것이 일반적인 경향이다. 그러나 한편으로는 최근 정보기술의 발달로 과거에 비해 중앙통제가 용이해짐에 따라 집권화의 경향이 심화되는 경향도 배제할 수 없다.

조직이 분권화되어 감에 따라 각 부문 간의 성과를 평가하기 위해서는 대체가격의 문제가 발생한다. 대체가격(transfer price)이란 분권화된 기업에서 내부적으로 부문간 이전하는 부품이나 제품 등에 대하여 부과되는 내부이전가격을 말한다.

기업에서 외부로 판매하는 시장가격과 내부적으로 제품이나 서비스가 이전될 때, 부문간의 성과평가를 위해서 부여하는 이전가격, 즉 대체가격과는 구분되어야 할 것이다. 재화와 서비스가 내부적 이전이 있을 경우, 재화와 서비스를 제공하는 공급부서에서는 공급가격이 수익이 되지만, 공급받는 부서에서는 원가의 성격을 가지게 되므로 대체가격을 어떻게 결정하느냐에 따라 부문의 성과가 달라진다.

공급부문에서는 대체가격을 높게 책정하여 성과를 높이고자 할 것이지만, 공급받는 부문에서는 대체가격을 낮게 책정하여 원가를 줄이고자 하게 될 것이므로, 부문간의 갈등요소가 되어 기업 전체의 입장에서 손실을 가져오는 요소가 될 수도 있다. 그러므로 기업 전체의 입장에서 볼 때, 대체가격은 기업 전체의 성과를 높일 수 있는 적정한 대체가격의 결정은 중요한 문제가 된다.

다음의 사례를 통하여 대체가격의 중요성을 살펴보기로 한다.

[예제 3] 원광산업에서는 A사업부와 B사업부를 운영하고 있다. A사업부에서는 부품을 제조하여 B사업부에 공급한다. 이 번에 A사업부는 제조한 부품을 외부에도 판매할 수도 있고, B사업부에 제공하기도 한다. B사업부가 이 부품을 외부시장에서 구입하려면, 단위당 $250에 구입할 수 있다. 금년도 생산량 400단위 중 100단위를 B사업부에 제공하였다.

이에 관련된 자료는 다음과 같다.

A사업부에서 생산된 부품의 제조원가 :
단위당 변동제조원가 : $200
고정제조원가 : $40,000
외부시장에 판매가격 : $300

대체가격이 $200, $250, $300으로 각각 결정하였다고 가정하고, 각 사업부 및 회사 전체의 이익의 변화를 살펴보면 다음과 같다.

[표 13-1] 각 사업부 및 회사 전체의 이익변화

대체가격	A사업부	B사업부	회사 전체
$200	100단위×($200－$200) ＝－0－	100단위×($250－$200) ＝$5,000	$5,000
$250	100단위×($250－$200) ＝$5,000	100단위×($250－$250) ＝－0－	$5,000
$300	100단위×($300－$200) ＝$10,000	100단위×($250－$300) ＝－5,000	$5,000

회사 전체적으로 볼 때는 대체가격이 얼마로 결정되더라도 결정되는 이익은 항상 일정하게 되지만, 공급부서인 A사업부와 공급받는 B사업부의 기간이익은 대체가격이 달라짐에 따라 부문의 이익이 크게 변화한다. 따라서 각 사업부는 대체가격이 어떻게 결정되느냐에 따라 사업부의 성과에 영향을 받으므로, 외부에서 구입하는 것이 유리할 때에는 사내에서 이전받지 않고 외부에서 구입하는 의사결정을 할 수도 있으므로 기업 전체의 성과에도 영향을 미치게 된다. B사업부는 이 부품을 외부에서 구입하는 것보다 단위당 $50($250－$200＝$50)의 이익이 발생한다.

2. 대체가격(transfer price)의 결정방법

대체가격(transfer price)이란 제품이 조직 내의 한 부문(divisions or segments)에서 다른 부문으로 이전될 때 이용되는 내부이전가격을 말한다. 대체가격의 개념은 분권화조직(decentralized organizations)에서 부문간 혹은 생산공정(production processes)간에 원가 및 이윤중심점이 분리되어 있는 조직에서 이용되어진다.

원가중심점(cost center)이란 경영자가 일정부문에서 발생되는 원가에 대해서만 책임을 가지는 경우의 조직단위(organizational unit)를 말하며, 이익중심점(profit center)이란 경영자가 특정 부문의 수익과 비용, 그 결과 발생하는 이윤에 대하여 책임을 가지는 조직단위를 말한다.

대체가격은 이전(transfer)의 시점에서 형성되는 인공적 가격(artificial prices)으로서, 경영자는 투자이익률(return on investment)의 관점에서 원가 및 이윤중심점에 대한 성과(performance)를 측정할 수 있다. 그러므로 대체가격은 내부성과평가(internal performance evaluation)를 목적으로 이용되는 내부적인 가격(internal prices)이다.

대체가격은 기본적으로 ① 시가대체가격(market transfer price), ② 원가가산대체가격(cost-plus transfer price), ③ 협의대체가격(negotiated transfer price)이라는 세 가지 종류로 나누어진다.

1) 시가대체가격(market transfer price)

사내에서 이전되는 제품 및 서비스에 대하여 시장이 존재하는 경우에 그 시장에서 형성된 가격을 대체가격으로 결정하는 방법이다. 물론 이전되는 제품이나 서비스의 품질 등 여러 가지 면에서 외부시장에서 공급되는 것과 차이가 없는 것을 전제로 한다.

시가를 사내대체가격으로 이용하는 경우 사용할 수 있는 시장가격은 외부시장에서 쉽게 입수할 수 있으며, 기업내부의 각 사업부가 의사결정에 충분한 자율성을 가지고 있다면 제품이나 서비스를 사내의 다른 부문으로 공급하는 사업부는 내부거래되는 제품이나 서비스를 외부시장에 판매할 경우에 획득할 금액에 의해서 수익이 측정되고, 이전받는 사업부도 실제로 외부시장에서 구입할 경우의 금액으로 원가가 측정되므로 목표일치성, 부문의 성과평가 및 자율성이라는 대체가격결정 기준을 모두 만족시킬 수 있는 시장가격은 가장 이상적인 대체가격이 된다.

2) 원가가산 대체가격(cost-plus transfer price)

내부거래되는 제품이나 서비스의 시장이 존재하지 않거나, 시장가격이 존재하더라도 신뢰할 수 없는 경우에는 시장가격으로 대체가격을 이용할 수 없다. 이러한 상황에서 그 대안으로 많이 이용되는 것은 원가기준의 사내이전가격을 적용하게 된다.

원가를 기준으로 사내대체가격으로 결정하는 것은 이용되는 원가가 무엇이냐에 따라 총 원가기준(total cost basis), 전부원가기준(absorption cost basis), 변동원가기준(variable cost basis)으로 분류할 수 있다.

대체가격으로 원가를 사용한다면, 먼저 관련사업부간에 원가에 대한 견해가 일치되어야 하며, 실제원가(actual cost)를 사용할 것인가, 표준원가(standard cost)를 사용할 것인가를 결정하여야 한다. 만일 실제원가가 사용된다면, 공급부서의 비능률이 구매부서에 전가되는 결과를 가져오게 되므로 표준원가를 사용하여야 할 것이다.

어떤 원가라 할지라도 원가 자체를 대체가격으로 이용하는 경우에는 이전되는 제품이나 서비스에 대하여 공급부서에서는 성과가 나타나지 않게 됨으로써 내부대체로 인한 성과는 구매부서에서 독차지하는 결과를 가져와 분권화조직의 장점이 활용될 수 없게 되며, 부문의 성과평가가 불가능하게 되며, 목표일치에 악영향을 끼칠 수 있는 역기능적 행동이 나올 수 있다. 그러므로 공급부문과 수용부문 간의 상호 수용되는 이익을 가산하는 원가가산 대체가격이 이용된다.

원가가산 대체가격이란 각 부문에서 발생된 원가의 총액에 부문간 서로 동의된 이윤률을 가산한 금액(costs incurred + agreed - on profit percentage)을 말한다. 따라서 원가가산 대체가격은 [표 13-2]에서 보는 바와 같이 표준원가에

[표 13-2] 원가가산 대체가격(타부문이전량 = 480,000파운드)

	표준원가	단위원가
직접재료비	1,920,000	@$4.00
직접노무비	2,832,000	@$5.90
변동제조간접비	936,000	@$1.95
고정제조간접비	504,000	@$1.05
(합 계)	$6,912,000	@$12.90
일반관리비 배부액	144,000	
목표이익(부문원가의 10%)	619,200	@$1.29
총 원가	$6,955,200	
원가가산 대체가격		@$14.19

상호 수용되는 일정한 이익가산율을 가산하여 사내이전가격으로 결정하게 된다.

3) 협의대체가격(negotiated transfer price)

분권화조직에서의 사내대체가격은 회사 전체적인 입장에서 볼 때, 항상 목표일치(goal congruence)가 유리한 가격이어야 한다는 것이 대전제가 된다. 부문간 이해가 다를 경우에는 반드시 이해갈등의 요소가 상존하게 되며, 전체적인 입장에서 역기능적 행동이 나올 수 있으므로 대체가격은 부문간의 중요한 조정요인이 되므로 대부분의 경우 협의대체가격이 이용된다.

협의대체가격(negotiated transfer price)이란 판매 및 구매 부문의 경영자들 사이에서 협상(bargaining)을 통하여 서로 수용되는 가격으로 결정하게 된다.

3. 대체가격설정시 고려사항과 일반지침

(1) 대체가격결정시의 고려사항

대체가격을 어떻게 결정하는가는 회사 전체의 이익에 중대한 영향을 미치게 된다.

일반적으로 대체가격결정은 사업부의 책임범위결정(성과평가), 부문의 수익성평가, 재고자산평가액의 결정 및 자원흐름의 측정 등의 목적에 사용된다. 그러나 이러한 목적을 모두 충족시킬 수 있는 대체가격은 사실상 존재하기 어려우므로, 합리적인 대체가격을 결정하기 위해서는 설정목적에 따라 여러 가지의 선택기준을 신중히 고려해야 하며, 대체가격결정의 알반적인 지침을 숙지하여야 한다.

대체가격결정시 고려해야 할 사항으로는 보통 ① 목표일치성, ② 성과평가, ③ 자율성, ④ 공공기관에 대한 재정관리기준이라는 네 가지를 들 수 있다.

1) 목표일치

목표일치성은 각 부문경영자가 자기부문의 이익을 극대화시키고자 할 때, 회사 전체의 이익이 극대화되도록 대체가격을 선택하여야 한다는 것이다.

대체가격설정의 목표는 자율적인 사업부경영자가 회사 전체의 목표를 달성할 수 있는 의사결정을 내릴 수 있도록 유인을 제공하는 것이다. 즉 목표일치성이 달성될 수 있도록 최고경영자는 부문관리자가 자기부문의 목표보다 회사 전체의 목표를 더 중요하게 생각할 수 있도록 동기부여를 하여야 한다는 것이다. 따라서 목표일치성은 대체가격이 동기부여수단으로서의 역할을 수행할 수 있는지의 여부를 평가하는 척도가 된다. 목표일치성은 다음에 설명할 자율성과 성과평가문제 등을 함께 고려할 때, 가장 중시되어야 할 문제로서 이 때의 대체가격은 특정 금액으로 확정되는 것이 아니라 일반적으로 일정한 범위로 설정된다.

2) 성과평가

내부거래시 대체가격이 어떻게 설정되느냐에 따라 각 사업부의 이익은 크게 달라진다. 즉 대체가격은 공급부서에서는 수익이 되고, 구매부서에서는 원가가 되는 성격을 지니고 있기 때문에 대체가격을 얼마로 설정하느냐에 따라 각 사업부의 성과가 크게 달라진다. 그러므로 대체가격이 합리적으로 설정되지 않는다면 각 사업부의 성과평가는 공정성을 상실하게 되며, 이는 각 사업부경영자로 하여금 회사 전체의 목표에 일치하지 않는 행동을 유발시킬 수 있고, 결국에는 이익창출의욕을 저하시킴으로써 분권화의 목적을 달성하지 못할 수도 있다. 따라서 각 사업부의 성과를 공정하게 평가할 수 있도록 대체가격을 결정하여야 하며, 이를 위해서는 내부거래가 이루어지기 전에 최소한 관련사업부경영자들이 대체가격을 협상하는 과정을 거치는 것이 필요하다.

3) 자 율 성

어느 부문에서 생산된 제품을 내부적으로 다른 부문에 대체할 것인가, 혹은 외부에 판매할 것인가에 관한 의사결정문제에 있어서 사업부에 어느 정도의 자율성을 부여할 것인가의 문제가 발생하게 된다. 또한 사업부경영자들이 이와 같은 의사결정문제에 대하여 완전한 권한을 가져야 하는가, 혹은 사업부경영자의 의사결정결과가 준최적화현상이 예상될 때, 최고경영자는 어떠한 조치를 취해야 하는가 등의 문제도 있다. 사업부경영자들은 이러한 문제들이 함께 해결될 수 있도록 노력하여야 할 것이다. 그러나 사업부경영자들이 모든 대체가격에 항상 동의하도록 강요받아서는 안 된다. 즉 특정 사업부경영자가 준최적화현상을 발생시키더라도 어떤 대체가격에 대하여 단호하게 거절할 경우에, 그러한 의사결정이 준최적화현상을 발생시키더라도 존중되어야 한다. 이 때의 준최적화현상으로 나타나는 결과는 사업부의 자율성을 부여함에 따라 치루어야 할 대가로 이해될 수 있기 때문이다.

4) 공공기관에 대한 재정관리

공공기관에 대한 재정관리기준(fiscal management basis)은 국세청, 물가통제기관, 신용평가기관 등의 공공기관의 대체가격자료를 이용함으로써 기업에 미칠 수 있는 불리한 영향을 최소화하고, 유리한 영향을 최대화할 수 있도록 대체가격을 결정하여야 한다. 사업부가 여러 나라에 분산되어 있는 다국적기업의 경우, 각 나라마다 적용되는 세율이나 법률규정이 서로 다르므로 대체가격을 얼마로 결정하느냐에 따라 회사 전체의 세금이 달라질 수 있다. 또한 어느 나라가 외국기업에 대해 본국으로의 과실송금을 제한하고 있는 경우에도 대체가격의 수준에 따라서 본국으로의 송금액이 영향을 받으며, 개별 사업부의 신용평가, 수입관세 및 노사협상 등에서 유리한 위치를 차지하기 위해서 대체가격을 이용하기도 한다.

(2) 대체가격결정의 일반적 지침

대체가격을 결정하는 데 경영자의 목표는 대체에 관련되는 사업부경영자들간에 목표일치성을 이끌어 내는 것이다. 목표일치성을 이끌어 내기 위하여 대체가격결정의 일반적인 지침으로는 공급부문의 최소대체가격, 수요부문의 최대대체가격, 기업 전체의 이익에 미치는 효과를 고려하여 일반적으로 다음과 같은 일반적인 공식이 이용된다.

대체가격 = 대체로 인한 단위당 추가지출원가 + 대체로 인한 회사 전체의 단위당 기회원가
= 단위당 변동원가 + 외부판매의 포기로 희생된 단위당 공헌이익
= 단위당 차액원가 + 외부판매의 포기로 희생된 단위당 공헌이익

위의 일반공식은 사업부간의 적절한 대체가격을 결정하는 데 출발점으로 사용할 수 있다. 이 공식에 따르면 대체가격은 두 가지 요소의 합으로 구성

된다.

첫번째 구성요소는 대체될 제품이나 서비스를 생산하는 사업부에 의해서 발생되는 지출원가이다. 이 지출원가에는 부품이나 제품 등의 변동제조원가뿐만 아니라, 대체로 인하여 발생되는 추가적인 지출원가도 포함된다.

두 번째 구성요소는 회사 전체의 관점에서 대체로 인하여 상실된 기회원가이다.

이렇게 두 가지 요소의 합으로 결정된 대체가격은 '공급부서의 관점'에서 볼 때, 최저대체가격(minimum transfer price)이라고 할 수 있다. 따라서 공급부서에서는 만일 대체가격이 최저대체가격보다 높게 설정되면 내부대체를 수락할 것이며, 반대로 대체가격이 최저대체가격보다 낮게 설정된다면 내부대체를 거부하고 외부시장에 판매를 결정할 것이다.

구매부서에서는 필요한 제품이나 서비스를 내부대체에 의해서 구할 수도 있고, 회사 밖의 외부공급업자로부터 구입할 수도 있다. 따라서 구매부서는 대체가격과 외부구입가격을 비교하여 같은 품질의 재품이나 서비스라면 낮은 가격의 것을 구입하게 될 것이다. 그러므로 구매부서에서의 입장에서는 내부대체에 대하여 지급할 수 있는 상한선은 '외부구입가격'이 된다.

구매부서의 최고대체가격＝외부구입가격

따라서 구매부서에서는 만일 대체가격이 구매부서의 최고대체가격(maximum transfer price)보다 낮게 설정되면 내부대체를 수락할 것이다.

(3) 대체가격의 범위

회사 전체의 입장에서 볼 때, 각 사업부의 자율성을 존중하면서 내부대체가 이루어지기 위한 대체가격의 범위는 [그림 13-4]와 같이 공급부서의 최저대체가격과 구매부서의 최고대체가격과의 사이로 나타낼 수 있다.

공급부서의 입장에서는 대체가격이 최저대체가격보다 높게 설정될 경우 공급부서의 수익이 증가하므로 내부대체를 원하지만, 구매부서의 입장에서는 대체가격이 최고대체가격보다 낮게 설정될 경우 구매부서의 원가를 절감시킬 수 있으므로 내부대체를 원할 것이다. 따라서 대체가격은 공급부서의 최저대체가격과 구매부서의 최고대체가격 사이에서 결정된다면, 회사 전체의 입장에서

[그림 13-4] 대체가격의 범위

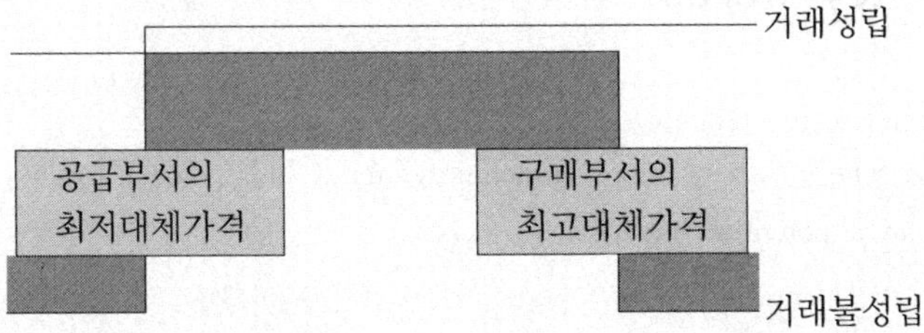

원하는 사내대체가 이루어질 수 있게 됨으로써 목표일치가 이루어진다.

대체가격이 공급부서의 최저대체가격보다 낮게 설정된다면 구매부서는 찬성하지만 공급부서의 반대로 내부이전이 이루어질 수 없게 되며, 반대로 구매부서의 최고대체가격보다 높게 설정된다면 공급부서는 찬성이지만 구매부서의 반대로 내부대체는 이루어질 수 없다. 회사 전체의 입장에서 내부대체가 이루어지는 것이 유리한 데도 불구하고 특정 사업부의 반대로 내부대체가 이루어지지 못한다면, 목표일치성이 달성될 수 없다. 이와 같이 조직의 분권화로 사업부의 최적의사결정이 회사 전체의 관점에서 최적화를 달성하지 못하는 준최적화(sub-optimization) 현상이 발생하게 된다.

제13장 Key Words

경쟁입찰(competitive bidding)
A situation where two or more companies submit bids(prices) for a product, service, or project to a potential buyer.

대체가격(transfer price)
The price at which goods and services are charged and exchanged between a company's divisions or segments.

목표원가계산(target costing)
A pricing method that (1) identifies the price at which a product will be competitive in the marketplace, (2) defines the desired profit to be made on the product, and (3) computes the target cost for the product by subtracting the desired profit from the competitive market price.

발생원가(incurred costs)
The actual costs to produce and market a product.

분권화조직(decentralized organization)
An organization that has several divisions or operating segments; operating control of each segment's activities is the responsibility of the segment's manager.

상층흡수 가격전략(skimming pricing)
Setting a high initial price for a new product in order to reap short-run profits. Over time, the price is reduced gradually.

수요곡선(demand curve)
A graph of the relationship between sales price and the quantity of units sold.

시가대체가격(market transfer price)
A transfer price based on the price that could be charged if a segment could buy from or sell to an external party.

시장침투 가격전략(penetration pricing)
Setting a low initial price for a new product in order to penetrate the market deeply and gain a large and broad market share.

원가가산 가격결정(cost plus pricing)
A pricing approach in which the price is equal to cost plus a markup.

원가가산 대체가격(cost-plus transfer price)
A transfer price computed as the full cost, or the sum of costs, incurred by the producing division plus an agreed-on profit percentage.

원가중심점(cost center)
A responsibility center whose manager is accountable for only controllable costs that have well-defined relationships between the center's resources and products or services.

이용자산 이익률기준 가격결정(return on assets based pricing)
A pricing method in which the objective is to earn a profit equal to a specific rate of return on assets employed in the operation.

이익중심점(profit center)
A responsibility center whose manager is accountable for both revenue and costs and for the resulting operating income.

제한원가(committed costs)
The costs of design, development, engineering, testing, and production that are engineered into a product or service at the design stage of development and that should occur if all design specifications are followed during production.

총 수익곡선(total revenue curve)
Graphs the relationship between total sales revenue and quantity sold.

총 원가곡선(total cost curve)
Graphs the relationship between total cost and the quantity produced and sold.

총 이익기준 가격결정방법(gross margin based pricing)
A cost-based pricing approach in which the price is computed using a markup percentage based on a product's total production costs.

한계비용곡선(marginal cost curve)
A Graph of the relationship between the change in total cost and the quantity produced and sold.

한계수익곡선(marginal revenue curve)

A Graph of the relationship between the change in total revenue and the quantity sold.

협의대체가격(negotiated transfer price)

A transfer price that is arrived at through bargaining between the managers of the buying and selling divisions or segments.

연습문제

* After reading the each problems, Choose the best item.

1. Which of the following is not a major influence on pricing decisions?

A. general outlook

B. customer demand

C. costs

D. competitors

E. political issues

2. Which of the following is not the objectives of a pricing policy?

A. maximizing profits

B. maintaining or gaining market share

C. being manager driven

D. mainteining a minimum rate of ROI

E. setting socially responsible prices

3. Which of the following is not true in uderlying micro-economic theory?

A. Profit will be maximized when the difference of revenue and cost is the greatest.

B. We can see two break-ven points in the B/E chart.

C. Total revenue continues to increase, but the rate diminishes as more units are sold.

D. The slope of the total revenue line declines and curves toward the right.

E. The slope of the total cost line declines and curves toward the right.

4. A company is still increasing its profit margin when :

A. marginal revenue equals marginal cost.

B. marginal cost is greater than marginal revenue.

C. marginal revenue is less than marginal cost.

D. marginal revenue is greater than marginal cost.

E. none

5. The demand curve is also called the :

A. total revenue curve.

B. marginal revenue curve.

C. average revenue curve.

D. marginal cost curve.

E. profit curve.

6. The curve that shows the relationship between the sales price and quantity sold is called the :

A. marginal revenue curve.

B. average cost curve.

C. profit curve.

D. demand curve.

E. revenue curve.

7. The marginal revenue curve shows the :

A. changes in total revenue that accompanies a change in quantity sold.

B. relationship between sales price and units sold.

C. relationship between sales revenue and quantity.

D. average price at which any particular quantity can be sold.

E. relationship between sales revenue and units sold.

8. Which one of the following statements is false regarding price elasticity?

A. The impact of price changes on sales volume is defined as price elasticity.

B. Demand is elastic if a price change has a large negative impaction sales volume.

C. Demand is elastic if price changes have no impact on sales quantity.

D. Measuring price elasticity is an important objective of market research.

E. Demand is inelastic if price changes have little or no impact on sales quantity.

9. Which of the following represents the cost-plus pricing formula?

A. price = cost + (markup percentage × cost)

B. price = cost + markup percentage

C. price = markup percentage × cost

D. price = cost + markup percentage

E. price = cost + (markup percentage + cost)

10. Which of the following formulas represents the markup percentage on total cost?

A. $\text{markup percentage on total cost} = \dfrac{\text{target profit}}{\text{annual volume}}$

B. $\text{markup percentage on total cost} = \dfrac{\text{target profit}}{\text{annual volume} \times \text{total cost per unit}}$

C. $\text{markup percentage on total cost} = \dfrac{\text{target profit}}{\text{total cost per unit}}$

D. $\text{markup percentage on total cost} = \dfrac{\text{target profit}}{\text{annual cost}}$

E. $\text{markup percentage on total cost} = \dfrac{\text{annual volume} \times \text{total cost per unit}}{\text{annual volume}}$

11. Which of the following is not true of target costing?

A. Target costing identifies the price at which a product will be competitive in the marketplace.

B. Target costing defines the minimum desired profit for a product.

C. Target costing allows a company to analyze a product's potential for success before committing resources to its production.

D. Target costing is a cost-based method used to make pricing decisions.

12. Transfer prices are normally used by :

A. major league company.

B. city bus companies.

C. decentralized companies whose divisions use other internally produced products.

D. countries whose currencies are different from that of the company's producing country.

13. If the average invested capital is \$300,000 and the target ROI is 20%, the target profit is calculated to be :

A. \$50,000.

B. \$60,000.

C. \$70,000.

D. \$55,000.

E. \$75,000.

14. If the target profit is \$60 000 for annual volume of 480 units, the total annual fixed cost is $168,000, and the total variable cost per unit is $450, then the markup percentage on total variable cost is calculated to be :

A. 104.56%.

B. 106.00%.

C. 105.56%.

D. 106.45%.

E. 115.00%.

* Use the following information in solving multiple choice problems 15 through 18. The Houston Company manufactures office equipment.

They are ready to introduce a new line of desktop copiers. The following data concerns the copiers.

variable manufacturing cost	$180
applied fixed manufacturing cost	90
variable selling and administrative cost	60
allocated fixed selling and administrative cost	75

15. What price must the company charge if the company uses cost-plus pricing based upon variable manufacturing cost when the markup percentage is 200%?

A. $360

B. $585

C. $450

D. $630

E. $540

16. What price must the company charge if the company uses cost-plus pricing based upon total variable cost when the markup percentage is 150%?

A. $360

B. $525

C. $600

D. $495

E. $650

17. What price must the company charge if the company uses cost-plus pricing based upon absorption cost when the markup percentage is 120%?

A. $459

B. $420
C. $759
D. $594
E. $672

18. What price must the company charge if cost-plus pricing based upon total cost is used when the markup percentage is 40%?
A. $462
B. $567
C. $594
D. $600
E. $513

* Use the following information in solving multiple choice problems 19 through 22.

Silco Inc. manufactures various lines of computer equipment. They are planning to introduce a line of laptop computers in January 200×. Current plans call for the production and sale of 1,000 computers with estimated production costs as follows :

variable costs :		
manufacturing	$450,000	
selling and administrative	100,000	
total variable costs		$550,000
fixed costs :		
manufacturing	300,000	
selling and administrative	180,000	
total fixed costs		480,000
total costs		$1,030,000

The average amount of capital invested in the laptop computer line is $900,000 and Silco's target return investment for the line is 18%.

19. What price must Silco charge if the company uses cost-plus pricing based on total cost?
A. $1,030
B. $868
C. $900
D. $1,192

E. $1,930

20. If Silco uses cost-plus pricing based on absorption cost, the markup percentage the company must use is calculated to be :

A. 58.93%.

B. 21.64%.

C. 15.72%.

D. 29.56%.

E. 33.85%.

21. What price must Silco charge if the company uses cost-plus pricing based on total variable cost?

A. $1,930

B. $712

C. $1,192

D. $1,030

E. $900

22. If Silco uses cost-plus pricing based on variable manufacturing cost, determine the markup percentage the company must use.

A. 164.89%

B. 146.73%

C. 163.00%

D. 155.70%

E. 133.75%

＊Using the following data, Solve the Problems 23－26.

variable costs＝$199,125($13.5 per unit)
fixed manufacturing overheads＝$154,875($10.5 per unit)
selling & administrative expenses＝$132,750($9 per unit)
total costs & expenses＝$486,750($33 per unit)

23. If the company wants $110,625 of the desired profit, what is markup percentage by gross margin pricing?

A. 12%

B. 20.5%

C. 40.5%

D. 60.75%

E. 68.75%

24. How much are the gross margin based price?

A. 12%

B. 20.5%

C. 40.5%

D. 60.75%

E. 68.75%

25. Company uses assets totaling $921,875 to produce 14,750 units, what is return on assets of the company?

A. 12%

B. 20.5%

C. 40.5%

D. 60.75%

E. 68.75%

26. What is the return on assets based price?

A. 12%

B. 20.5%

C. 40.5%

D. 60.75%

E. 68.75%

제 14 장

장기적 의사결정 — 자본예산

■ 학습목표

본 장에서는 의사결정과 자본예산관리에서 장기적 의사결정 및 자본예산에 대해 소개하고 있다.

본 장을 공부하고 난 후 다음과 같은 내용의 능력을 갖추어야 한다.

① 자본투자 의사결정(capital investment decision)에 대한 설명

② 자본예산(capital budgeting) 개념과 수행과정에 대한 설명

③ 투자안의 현금흐름에 대한 설명

④ 고정자산의 현금흐름을 분석하는 자본예산모형에 대한 설명

제 1 절 자본예산의 기초개념

1. 자본예산의 의의와 특징

(1) 자본예산의 의의

자본예산(capital budgeting)은 고정자산에 대한 투자를 효율적으로 수행하기 위해 투자대상을 탐색하고 평가하는 과정을 말한다. 다시 말해서 자본예산은 신설비의 구입, 신제품라인의 도입, 공장설비의 개량 등의 목적에 필요한 자본의 조달 및 지출에 관한 계획 및 통제 또는 최적투자안을 선택하는 의사결정이다.

자본투자 의사결정(capital investment decision)은 회사의 자본시설 및 다른 장기프로젝트에 대하여 언제, 얼마나 소비할 것인가에 관하여 초점을 두는 의사결정이다.

자본투자분석(capital investment analysis) 혹은 자본예산(capital decision)은 다음과 같은 내용으로 구성된다.

① 자본투자의 필요성에 대한 인식(need for a capital investment)
② 필요성에 따른 조치과정(courses of action to meet that need)의 분석
③ 경영자를 위한 보고서(reports for management)의 작성
④ 최선의 대체안(best alternative) 선택
⑤ 경쟁적인 필요성들에 대한 자금(funds among competing needs)의 구분

자본투자분석은 경영순환과정의 네 단계에서 다음과 같이 수행된다.

첫째, 계획단계(planning stage) : 대부분의 자본투자분석은 이 단계에서 발생한다. 자본투자의 이전에 발생되는 것을 스크린하고, 평가하고, 자금배분의 활동들은 계획단계의 부분이라고 할 수 있다.

둘째, 실행단계(executing stage) : 실제적인 자본투자 의사결정이 이루어진다.

셋째, 검토단계(reviewing stage) : 사전완성감사가 검토의 일부분으로 수행된다.

넷째, 보고단계(reporting stage) : 자본투자 의사결정의 결과에 대한 보고서가 생성된다.

자본투자 의사결정은 제한된 기간 및 여러 제약조건 하에서 수행되어지는데, 그 제안조건들은 경제정책, 경제상태 및 조직목적과 국가수준 등이 포함된다. 자본투자 의사결정의 순환과정은 자본투자의 필요성에 대한 탐색으로부터 출발된다. 제안서 혹은 요청서가 그 때 작성되고, 조직의 크기에 따라 하나 혹은 두 개의 과정으로 스크린되기 전에 분석되어진다.

여러 가지의 평가방법과 최소한의 기대이익률에 기초하여 제안서가 수락 혹은 거부되는 것으로 결정된다. 만일 그 제안서가 수락되면 모든 다른 수락된 제안서와 함께 대체안으로서 순위가 정해진다. 자본투자를 위하여 가능한 총금액이 사용되는데, 이것이 제안서의 순위 및 수정보완을 결정하는 요소가 된다. 그 첫단계에서 사전완성감사가 이루어지는데, 이것으로 의사결정에서 사용된 예상자료들의 정확성이 결정되며, 만일 그 프로젝트 중의 몇 개가 교정이 필요한지를 밝혀 내게 된다. 이 의사결정과정에서 경영자의 역할은 자본투자에 대한 필요성을 확인하고 설명하는 일이며, 건전한 자본투자 의사결정이 되도록 돕기 위한 정보를 제공하는 일이다.

경영자가 직면하는 자본예산 의사결정의 유형은 다음과 같다.

① 새로운 공장설비를 직접 구입할 것인가, 또는 임차할 것인가, 아니면 리스로 도입할 것인가?
② 원가를 절감하기 위하여 새로운 설비를 구입할 것인가?
③ 여러 가지 설비들 중 어느 것이 원가의 측면에서 가장 효율적인가?
④ 생산, 판매능력을 높이기 위해 새로운 공장, 창고 기타 설비를 구입 또는 확장할 것인가?
⑤ 기존 설비를 새로운 설비로 대체되어야 하는가, 아니면 차후에 대체되어야 하는가?

자본예산 의사결정은 기업의 장기적 수익성의 핵심요소이며, 기업의 장기적 수익성은 제한된 자금으로 최대의 수익을 창출할 수 있도록 투자안을 선택하고 관리하는 경영자의 능력에 달려 있다. 이 선택과정은 대부분의 투자가 장기적인 성격을 지니며, 미래는 불확실하고 예측하기 어렵기 때문에 복잡해진다. 따라서 현명한 투자의사결정을 위해 경영자는 여러 가지 투자대안의 상대적인 장·단점을 평가할 수 있는 지침이나 도구를 필요로 한다. 이것이 바로 자본예산으로 이용된다.

자본예산 의사결정은 투자의사결정과 자금조달 의사결정으로 구분할 수 있다.

투자의사결정(investment decision)은 고정자산의 취득, 신규사업의 수행, 기업의 인수, 제품라인의 확장 등에 대한 의사결정이며, 자금조달 의사결정(financing decision)은 투자에 필요한 자금을 차입금 또는 자기자본으로 조달하느냐의 의사결정이다. 자금조달 의사결정은 재무관리에서 다루기로 하고, 본 교재에서는 투자의사결정만 다룬다.

(2) 자본예산의 특징

1) 감가성자산

자본예산에서 다루는 대부분의 유형자산은 감가성자산(depreciable assets)이다. 감가성자산은 사용할수록 가치가 하락하며, 내용연수가 경과하면 유형자산의 가치는 거의 없어진다. 반면에 토지와 같은 비감가성자산은 상당한 기간이 경과하더라도 가치가 떨어지지 않는다. 다시 말해서 최초의 투자액이 그 투자안의 종료시점까지 계속 유지될 수 있다.

이러한 차이는 투자이익률에 영향을 미친다. 토지를 임대하여 받는 토지임대료는 전액 토지의 이익이지만, 건물을 임대하여 받는 건물임대료는 그 중 일정한 부분이 건물투자액회수분이며, 그 나머지 부분이 건물의 이익이 된다.

2) 화폐의 시간적 가치

유형자산으로부터 유입, 유출되는 현금은 장기간에 발생한다. 유형자산은 1년 이상 사용하는 자산이므로, 여기에 발생하는 현금의 유입, 유출은 상당히 긴 기간에 걸쳐 나타난다. 사람들은 일반적으로 미래의 불확실성 때문에 1년 후의 ₩110,000보다는 현재의 ₩100,000을 더 선호하게 되는데, 자본예산에서는 이와 같은 화폐의 시간적 가치(time value of money)를 고려하여 의사결정을 내리게 된다.

기계설비투자의 자본예산을 예로 들어 보자. 지금 10억 원의 기계설비를 취득하면 8년간 매년 2억 원의 비용이 절감된다고 하자. 8년 후에 이 설비의 잔존가치가 전혀 없다고 가정하면, 이 투자는 경제성이 있는가? 그 판단을 어떻게 할 수 있는가? 단순히 생각하면 10억 원을 들여서 8년간 총 16억 원의 비용절감을 얻으므로 8년 동안에 총 6억 원의 순원가절감을 주는 타당성 있는 투자안이라 말할 수 있다. 또는 회계지식을 이용하여 10억 원의 설비취득원가를 정액법으로 매년 125백만 원씩 감가상각하면, 매년 2억 원의 비용감소와 125백만 원을 기계설비 감가상각비를 비교하여 매년 25백만 원의 원가절감이 된다고 말할 수 있다.

이러한 단순한 비교는 기계설비투자는 지금 이루어지는데, 그 혜택이 불확실하다는 위험을 고려하지 않는 문제가 있다. 이 문제를 해결하기 위해서 화폐의 시간가치를 사용할 수 있다.

현 재	1년 후	2년 후	–	8년 후
10억 투자	2억 원 절감	2억 원 절감		2억 원 절감

3) 위 험 성

대규모 투하자본이 소요되므로 자본예산이 잘못 수립되면 기업의 생존까지 위협받을 가능성이 있다. 또한 투자의 효과가 장기간에 걸쳐 나타나는데, 투자로 인한 회수가 계속되는 기간에 생산시설의 진부화, 기술의 진부화, 고객의 기호변화 등으로 인하여 많은 불확실성에 노출되어 있다.

이상의 내용은 미래의 현금흐름을 비교하기 위해서는 현재시점에서의 현금흐름으로 변환하여야 한다. 이를 할인현금흐름(discounted cash flows)이라 한다. 이 점이 단기의사결정과 가장 큰 차이점이다.

2. 자본예산의 단계

자본예산의 수행단계는 기업이 처해 있는 상황에 따라 달라질 수 있는데, 기본적으로 다음과 같은 다섯 단계를 걸쳐 이루어진다.

1) 투자기회의 발견

기업내외의 투자환경을 분석, 예측하여 기업가치를 증대시킬 수 있는 투자기회를 발견하는 것이다.

2) 투자안의 미래현금흐름 추정

투자분석의 대상인 투자안의 미래현금흐름을 추정하게 된다.

3) 투자안의 경제성분석

측정된 현금흐름이 기업가치에 어느 정도 공헌할 수 있는가를 분석하는 것을 말한다. 즉 투자안으로부터 기대되는 현금흐름에 대해 시간과 위험을 고려하여 투자안의 현금흐름을 평가하는 단계이다.

4) 최적투자안의 선택

투자안의 현금흐름이 평가되면, 그 투자안 중에서 기업가치를 극대화할 수 있는 투자규모와 투자안을 선택하는 단계를 말한다.

5) 투자 후의 재평가

최적투자안이 선택되면 그 투자안에 투자를 한다. 그 결과 상황변화를 고려하여 투자안의 실행이 기업목표를 달성하고 있는지를 계속적으로 평가하여야 하는데, 이를 투자 후의 재평가라고 한다.

3. 현금흐름의 시간가치

자본예산은 장기간에 걸친 투자안의 의사결정기법이므로, 회계상의 발생주의 가정에 입각한 이익흐름으로 계산하지 않고 현금흐름으로 계산한다. 다시 말해서 자본예산은 현금흐름을 기초로 분석하는데, 이것은 다음과 같다.

(1) 최초투자시점의 현금흐름

최초투자시점의 투자지출액은 현금유출항목으로서 투자대상자산의 취득원가와 투자에 따른 운전자본증가액이 포함된다. 또한 자본예산은 순현금흐름으로 투자액을 결정하므로 신기계를 취득하기 위하여 구 기계를 처분하는 경우에는 신기계의 취득가액에서 구 기계의 처분으로 인한 현금유입액을 차감하여 계산한다.

⇨ 최초투자시점의 현금흐름
: 신기계취득 등으로 인한 현금유출액＝구입가액＋취득관련 부대비용

⇨ 순운전자본에 대한 투자가 있는 경우 최초투자시점의 현금흐름

: 신기계취득 등으로 인한 현금유출액+순운전자본에 대한 투자액

⇨ 구 기계처분 후 신기계취득하는 경우 최초투자시점의 현금흐름

: 신기계취득 등으로 인한 현금유출액－구 기계처분의 현금유입액

(2) 투자기간중의 현금흐름

투자기간중의 현금흐름은 투자기간의 영업현금흐름과 감가상각비의 감세효과로 나누어진다.

1) 투자기간의 영업현금흐름

투자기간의 영업현금흐름은 수익 및 비용에 따라서 증감하게 된다. 만약 법인세가 없는 경우라면 수익과 비용지출액이 금액 그대로 현금흐름에 영향을 미치겠지만, 법인세가 존재하는 경우에는 법인세효과만큼은 현금유입액과 현금유출액에서 차감되므로 실제의 현금흐름은 최초의 현금흐름과 달라진다.

아래의 사례로 살펴보면 다음과 같다.

판암전자에서 김치냉장고 판매로 ₩1,000,000의 매출이 발생하였고 비용은 없다면, 법인세 40%로 인한 현금흐름은 다음과 같다.

	법인세가 없는 경우	법인세가 있는 경우
매 출	1,000,000	1,000,000
비 용	–	–
법인세차감전순이익	1,000,000	1,000,000
법인세	–	(400,000)
법인세차감후순이익 (세후현금흐름)	1,000,000	600,000

법인세가 없는 경우 ₩1,000,000의 현금흐름이 발생하였으나, 법인세가 존재하는 경우에는 법인세로 인하여 세후현금흐름은 ₩1,000,000×(1－0.4)＝₩600,000이 된다. 이를 일반화한다면 다음과 같다.

$$\text{수익의 법인세후현금유입액} = \text{수익} \times (1 - \text{법인세율})$$

한편 비용지출액이 있는 경우에는 비용발생으로 인하여 법인세차감전이익이 감소하고 법인세도 감소하므로 법인세부분만큼 현금지출액이 줄어든다. 위

	비용지출이 없는 경우	비용지출이 있는 경우
매 출	1,000,000	1,000,000
보관료	–	(100,000)
법인세차감전순이익	1,000,000	900,000
법인세	(400,000)	(360,000)
법인세차감후순이익 (세후현금흐름)	600,000	540,000

의 경우에 창고보관료가 ₩100,000 지출되었다면, 위와 같이 된다.

비용지출이 없는 경우에 비하여 비용지출이 있는 경우, 법인세차감후현금흐름이 ₩60,000 줄어든 것은 현금지출이 ₩100,000 있었으나 비용으로 인한 법인세감소효과가 ₩40,000(₩100,000×40%)으로 서로 상쇄되어 ₩60,000만 법인세차감후현금이 감소한 것이다.

비용의 경우도 이를 일반화한다면 다음과 같다.

⇨ 비용의 법인세차감 후 현금유출액은
: 법인세차감후현금흐름 = 비용×(1 – 법인세율)

⇨ 수익과 비용의 법인세차감후현금흐름은
: 법인세차감후현금흐름 = (수익 – 비용)×(1 – 법인세율)

2) 감가상각비의 감세효과

투자기간의 영업현금흐름을 계산할 때 주의해야 할 점은 감가상각비이다. 감가상각비는 취득원가를 기간비용화하는 발생주의 회계개념으로서 현금지출을 수반하지 않으므로, 법인세가 없는 경우라면 영업현금흐름을 계산할 때 제외하여야 한다. 만약 감가상각비를 계산대상에서 제외하지 않으면 기계 등의 취득원가는 이미 최초투자시점에서 현금유출로 감안되어 있으므로 이중반영하게 된다.

그러나 법인세가 존재하는 경우 감가상각비는 그 자체로는 현금흐름을 수반하지 않지만, 법인세의 감소효과를 가져오므로 자본예산에서 매우 중요한 역할을 하게 된다. 감가상각비로 인하여 법인세가 감소하여 현금흐름에 영향을 미치는 것을 감가상각비의 감세효과라고 하는데, 다음의 사례를 통하여 살펴본다. 앞에서 살펴본 사례에서 감가상각비가 ₩80,000 있다고 가정한다.

	감가상각비가 없는 경우 손익계산서	현금흐름	감가상각비가 있는 경우 손익계산서	현금흐름
매 출	1,000,000	1,000,000	1,000,000	1,000,000
창고보관료	100,000	(100,000)	100,000	(100,000)
감가상각비	–		80,000	
법인세차감전순이익	900,000		820,000	
법인세	360,000	(360,000)	328,000	(328,000)
법인세차감후순이익	540,000	540,000)	492,000	572,000)

감가상각비가 없는 경우보다 감가상각비가 있는 경우에는 이익은 ₩48,000 적지만, 현금흐름은 오히려 ₩32,000 많다. 이는 감가상각비의 계상으로 법인세차감전순이익이 동액만큼 적어지고, 법인세도 ₩80,000×40%=32,000 적어지기 때문이다. 결국 감가상각비 자체는 현금흐름에 영향을 주지 않지만, 법인세를 감소시켜 법인세후현금흐름에 영향을 주게 된다.

⇨ 감가상각비의 감세효과=감가상각비×법인세율

위에서 살펴본 투자기간의 영업현금흐름과 감가상각비의 감세효과는 별도의 개념이므로, 이를 통합하여 계산하면 다음과 같다.

투자기간의 현금흐름
=법인세차감후영업현금흐름+감가상각비의 감세효과
=(수익−비용)(1−법인세율)+감가상각비×법인세율
=현금지출항목의 법인세차감후현금흐름
+비현금비용항목의 법인세차감후현금흐름

한편 앞의 사례에서 감가상각비가 없는 경우에는 비현금항목이 없으므로 이익흐름과 현금흐름이 일치하지만 감가상각비가 있는 경우에는 비현금항목인 감가상각비로 인하여 이익흐름과 현금흐름이 달라지는데, 이는 회계학에서 현금흐름과 이익흐름의 차이를 설명하는 매우 중요한 개념이다. 다시 말해서 흑자를 실현하는 기업들이 자금부족으로 인하여 부도가 나는 경우가 있는데, 이는 이익흐름으로는 흑자가 나지만 자금은 부족하여 발생하는 현상으로 주로 외상매출금의 미회수, 과다한 고정자산투자 등에 기인한다. 또한 감가상각비는 손익계산서상 비용으로 회계처리되나 현금흐름은 아니므로 기업의 이익흐름과 현금흐름의 차이를 가져온다.

[예제 1] 서천칼국수집에서 그 동안 손으로 빼던 국수면발을 기계로 빼려고 한다. 고려중인 기계의 취득원가는 ₩1,500,000이고 내용연수 10년, 잔존가치는 취득원가의 10%이다. 이 기계의 사용으로 인해 매년 ₩600,000의 인건비가 절약될 것으로 예상된다. 기계를 취득할 경우 서천칼국수집에서 이를 정액법으로 감가상각할 예정이며, 법인세율은 30%일 때 법인세차감 후 연간순현금유입액을 계산하시오.

[해 답]

수익(인건비절약액)	600,000
감가상각비	(135,000)
법인세차감전순이익	465,000
법인세(30%)	(139,500)
법인세차감후순이익	325,500
감가상각비	135,000
연간순현금유입액	460,500

(3) 투자종료시점의 현금흐름

투자종료시에는 투자했던 기계 등을 처분하므로 현금유입액이 발생하고 또한 재고자산이나 외상매출금 등이 현금화되므로, 투자종료시의 현금흐름은 운전자본회수액과 투자대상자산의 처분에 따른 현금유입으로 구성된다. 다만, 법인세가 존재하지 않는 경우에는 기계 등의 처분가액이 그대로 현금흐름에 영향을 미치게 되나, 법인세가 존재하는 경우에는 유형자산 처분손익으로 인한 법인세효과로 인하여 현금흐름이 달라진다.

유형자산의 처분에 따른 현금흐름은 다음과 같다.

⇨ 처분손실이 발생할 경우

: 법인세차감후현금흐름 = 처분가액 + 처분손실 × 법인세율

⇨ 처분이익이 발생할 경우

: 법인세차감후현금흐름 = 처분가액 − 처분이익 × 법인세율

다음의 사례로 살펴보면 아래와 같다.

취득원가 ₩1,500,000, 잔존가치는 취득원가의 10%, 법인세 40%, 내용연수 10년인 건물이 투자종료(상각완료 후)시 다음의 금액으로 처분하는 경우, 각각의 법인세차감후현금흐름은 다음과 같다.

	처분가액 ₩200,000일 때		처분가액 ₩100,000일 때	
처분현금흐름(①)		₩200,000		₩100,000
장부가액	₩150,000		₩150,000	
처분손익 ②=①−150,000	50,000		(50,000)	
처분손익의 법인세효과 ③=②×40%	20,000	(20,000)	20,000	20,000
총 현금흐름(①+③)		₩180,000)		₩120,000

위에서 처분가액이 ₩200,000인 경우 처분이익으로 인한 법인세효과 ₩20,000은 법인세의 추가납부효과로 나타나므로 처분현금흐름에서 차감하고, 처분가액이 ₩100,000인 경우 처분손실로 인한 법인세효과 ₩20,000은 법인세 절감효과로 나타나므로 처분현금흐름에 가산한다.

[예제 2] 취득원가 ₩500,000 잔존가치는 취득원가의 10%인 차량운반구를 투자종료(상각완료 후) 시점에 각각 ₩60,000과 ₩30,000에 처분하는 경우의 현금흐름은?(법인세율 20%, 내용연수 10년)

[해 답]

	처분가액 ₩60,000일 때		처분가액 ₩30,000일 때	
처분현금흐름(①)		₩60,000		₩30,000
장부가액	₩50,000		₩50,000	
처분손익(②)=①−50,000	10,000		(20,000)	
처분손익의 법인세효과 (③)=②×20%	2,000	(2,000)	4,000	4,000
총 현금흐름=①+③		₩58,000		₩34,000

제 2 절 자본예산의 모형

현재가치개념을 사용하여 장기투자안의 타당성을 평가하는 방법으로 순현재가치와 내부수익률이 있다. 이 방법들은 미래현금흐름을 할인하여 평가하므로 할인현금흐름 분석(discounted cash flow analysis)이라 불린다.

고정자산의 현금흐름을 분석하는 자본예산모형에는 할인현금모형과 비할인현금모형이 있다. 화폐의 시간적 가치를 고려하는 할인현금모형에는 순현가법과 내부수익률법이 있으며, 화폐의 시간적 가치를 고려하지 않은 비할인현금모형에는 회수기간법, 회계적 이익률법이 있다. 먼저 할인현금모형에 대해 알아보기로 하자.

1. 할인현금모형

(1) 순현가법

순현가법(Net Present Value : NPV)이란 투자안의 미래현금유입액의 현재가치에서 현금유출액(일반적으로 투자액이다)을 차감한 순현가를 구한 후 그 순현가를 기준으로 투자안을 비교, 평가하는 방법을 말한다.

순현가=현금유입액의 현가-현금유출액의 현가

여기에서 순현가가 ₩0 이상이면 그 투자안을 채택하고, 반대로 순현가가 음(-)이면 그 투자안을 채택할 수 없다. 다시 말해서 순현가가 양(+)으로 나타나면, 그 투자안의 이익률이 자본비용보다 높다는 것을 의미한다. 투자안의 이익률이 자본비용보다 높아야만 채택하기 때문에 자본비용을 최저필수수익률(minimum rate of return or hurdle rate)이라고도 한다. 자본비용이 높을수록 투자안이 기각될 가능성이 커진다.

순현가법의 의사결정기준 :

순현가의 비교	의사결정
순현가 〉0	투자안의 채택
순현가 〈 0	투자안의 기각

▷ 순현가법의 장점은

① 화폐의 시간적 가치가 고려된다.

② 현금흐름을 기준으로 하고 있다.

③ 재투자한다는 재투자수익률의 가정이 현실적이다.

④ 가치의 합계원칙이 적용된다.

▷ 순현가법의 단점은

① 투자의 규모가 다른 경우에는 적용하기가 어렵다.

② 자본비용의 결정이 주관적이다.

③ 이론적으로는 우수하지만 계산이 복잡하고 어렵다.

[예제 3] 투자안 A, B는 상호 배타적이며, 다음과 같은 현금흐름을 가지고 있다. 자본비용은 5%일 때, 순현가에 의하여 투자안을 평가하시오.

연 도	투자안 A	투자안 B
0	−40,000	−40,000
1	9,000	2,000
2	6,000	4,000
3	5,000	6,000
4	2,000	7,000
5	2,000	10,000

[해 답]

연도	현금유입		현가(5%)	현금유입의 현가	
	A안	B안		A안	B안
1	9,000	2,000	0.95238	8,571.42	1,904.76
2	6,000	4,000	1.85941	11,156.46	7,437.64
3	5,000	6,000	2.72325	13,616.25	16,339.5
4	2,000	7,000	3.54595	7,091.9	24,821.65
5	2,000	10,000	4.32948	8,658.96	43,294.8
				49,094.99	93,798.35
				−40,000	−40,000
				9,094.99	53,798.35

* A〈B이므로 투자안 B의 경제성이 더 높다.

(2) 내부이익률법

내부이익률(internal rate of return)이란 투자로부터 기대되는 현금유입의 순현가와 투자에 소요되는 현금유출의 순현가를 동일하게 하는 할인율을 말한다. 또한 투자안으로부터의 순현가가 ₩0이 되도록 하는 할인율이 내부이익률이다.

$$\text{연금현가계수} = \frac{\text{투자액}}{\text{연간 순현금유입액}}$$

즉 투자액을 연간 순현금유입액으로 나누어 연금현가계수를 구한 다음, 연금현가표를 이용하여 내부이익률을 구한다. 만약 연금현가표에서 정확한 비율을 찾을 수 없다면 가장 근사한 두 개의 연금현가계수를 찾아서 그 비율에 의해 내부이익률을 구해야 하는데, 이러한 방법을 보간법(interpolation)이라고 한다. 여기서 주의할 점은 내부이익률법이나 전술하는 순현가법은 화폐의 시간적 가치를 고려하는 자본예산모형이기 때문에 계산의 편의상 현금흐름이 모두 연말에 일시적으로 발생한다고 가정하여 투자안을 평가한다는 것이다.

내부이익률을 계산한 후 내부이익률과 자본비용을 비교하여 자본예산 의사결정을 한다. 내부이익률이 자본비용보다 높거나 같다면 그 투자안은 채택하며, 반대로 내부이익률이 자본비용보다 낮다면 그 투자안은 기각된다. 여러 개 투자안의 내부이익률이 자본비용도 높다면, 가장 높은 투자이익률을 지닌 투자안을 선택한다.

내부이익률법의 의사결정기준 :

내부이익률의 비교	의사결정
내부이익률 〉 자본비용	투자안의 채택
내부이익률 〈 자본비용	투자안의 기각

▷ 내부이익률법의 장점은

① 화폐의 시간적 가치를 모두 고려하고 있다.

② 내부이익률이 구해지기만 하면 투자의사결정이 간단하다.

▷ 내부이익률법의 단점은

① 계산과정과 절차가 복잡하다.

② 투자안분석시 가치의 합계원칙이 적용되지 않는다.
③ 투자안의 중간 현금유입액을 내부이익률로 재투자한다는 가정이 지나치게 낙관적이다.

[예제 4] 신기계도입을 고려하고 있는 원광(주)는 내용연수 10년인 기계를 ₩671,008에 도입하고자 한다. 이 기계를 도입하여 연간 ₩100,000의 원가가 절감될 것으로 예상된다. 원광(주)의 자본비용은 6%이며, 이 기계의 잔존가액는 없다. 기계의 내부이익률을 구하고, 신기계도입 여부를 결정하시오.

[해 답]

$$\text{연금의 현가요소} = \frac{671,008}{100,000} = 6.71008$$

연금의 현가요소표(부록 1 참조)로부터 기간이 10년이고, 연금의 현가요소가 6.71008인 할인율을 찾으면 8%이므로 내부이익률 8%임을 알 수 있다. 기계의 내부이익률 8%가 자본비용 6%보다 크므로 신기계를 도입하여야 한다.

2. 비할인현금모형

(1) 회수기간법

회수기간법(payback period)이란 투자액을 회수하는 데 걸리는 기간을 뜻한다. 여기에서 회수기간은 보통 1년 단위로 측정된다.

$$\text{법인세를 무시하는 경우} : \frac{\text{투자액}}{\text{연간현금유입액}}$$

법인세를 고려하는 경우 :

$$\frac{\text{투자액}}{\text{연간현금수익} \times (1 - \text{법인세율}) + \text{감가상각비} \times \text{법인세율}}$$

투자안의 회수기간을 중심으로 투자안을 평가하는 기법으로 투자안의 회수기간이 기준회수기간보다 빠르면 채택하고 늦으면 기각한다. 투자안이 여러 개인 경우에는 회수기간이 가장 빠른 투자안을 선택한다. 다시 말해서 회수기간법에서는 회수기간이 짧은 투자안일수록 채택가능성이 높다.

회수기간법의 의사결정기준 : 회수기간이 짧을수록 채택

▷ 회수기간법의 장점은
① 투자결정을 신속하게 할 수 있다.
② 방법이 매우 간단하며 이해하기 쉬워 많이 이용되고 있다.
③ 여러 투자안을 평가할 경우 시간과 비용을 절약할 수 있다.

▷ 회수기간법의 단점은
① 현금흐름과 화폐의 시간적 가치를 무시하고 있다.
② 기준회수기간의 설정이 주관적이며 과학적 근거가 없다.
③ 회수기간만을 고려하므로 투자안의 수익성 자체는 무시되고 있다.

[예제 5] 다음과 같은 투자액의 현금유입액이 예상되는 A, B 건물취득의 투자안을 투자대상으로 검토하고 있다. A, B 투자안의 회수기간을 계산하고, 회사의 선택안을 구하시오.

구 분	A안	B안
최초투자액	10,000	15,000
현금유입액 1년	3,000	4,000
2년	5,000	5,000
3년	4,000	4,000
4년	2,000	4,000

[해 답]

A안 : $2년 + \frac{2,000}{4,000} = 2.5년$

B안 : $3년 + \frac{2,000}{4,000} = 3.5년$

* 회사의 B보다 A의 회수기간이 1년 짧으므로 선택한다.

(2) 회계적 이익률법

회계적 이익률법(accounting rate of return)은 회수기간법과 마찬가지로 비할인현금모형으로서 화폐의 시간가치를 고려하지 않는다. 그러나 발생주의에 따라 투자로부터 실현되는 현금흐름이 아닌 회계적 이익을 기준으로 투자안의 수익성을 분석한다.

⇨ 법인세를 고려하지 않을 때

$$회계적\ 이익률 = \frac{순이익의\ 연평균증가액}{연평균(최초)\ 투자액}$$

⇨ 법인세를 고려할 때

$$회계적\ 이익률 = \frac{연평균\ 증분현금 - 연평균\ 감가상각비 - 연평균\ 법인세}{연평균(최초)\ 투자액^{*}}$$

* 평균투자액 = (최초투자액 + 잔존가액) ÷ 2.

▷ 회계적 이익률법의 장점은

① 계산이 간편하고 이해하기 쉽다.

② 필요한 자료를 재무제표로부터 쉽게 구할 수 있다.

③ 수익성을 평가하기 위해서는 현실적으로 가장 타당하다.

▷ 회계적 이익률법의 단점은

① 현금흐름이 아닌 회계적 이익에 초점을 맞추고 있다.

② 화폐의 시간적 가치를 무시하고 있다.

③ 투자기간이 장기일수록 이익률이 과대하게 계산된다.

④ 기업이 정한 목표 회계적 이익률이 합리적인지의 여부가 의문시된다.

[예제 6] 최근 경기침체로 인한 이익감소를 극복하기 위하여 신규사업을 검토중이다. 신규사업에서 예상되는 당기순이익은 다음과 같다. 최초투자액과 평균투자액 기준으로 회계적 이익률을 계산하시오.

연 도	신규사업으로 인한 당기순이익
1	300,000
2	200,000
3	100,000

회사는 신규사업을 위해 ₩6,000,000을 투자해야 하며, 4년 후에 잔존가액은 ₩1,000,000으로 예상된다. 회사는 정액법에 의해 감가상각한다.

[해 답]

1. 최초투자액을 기준으로 한 회계적 이익률

$$\frac{(300,000 + 200,000 + 100,000) \div 3}{5,000,000} = 0.4$$

2. 평균투자액을 기준으로 한 회계적 이익률

$$\frac{(300,000+200,000+100,000)\div 3}{(5,000,000+1,000,000)\div 2}=0.67$$

3. 순현가법과 내부이익률법의 비교

자본예산모형들 중 가장 이론적이고 대표적인 방법은 순현재가치법과 내부이익률법이다. 그러나 두 방법은 몇 가지 점에서 차이를 보이고 있으며, 전체적으로 순현재가치법이 보다 좋은 방법으로 여겨지고 있다.

첫째, 순현재가치법은 투자로 인한 현금유입액을 투자효과가 지속되는 동안 자본비용으로 계속해서 재투자한다고 가정하고, 내부이익률법은 투자로부터 발생하는 현금유입액을 투자효과가 지속되는 동안 계속해서 내부이익률로 재투자한다고 가정한다.

둘째, 자본비용은 투자환경에 따라 변화할 수 있기 때문에 이를 반영할 수 있는 순현재가치법이 합리적이다. 내부이익률법은 투자의 위험에 따른 할인율을 적용할 수 없다.

셋째, 순현재가치법이 내부이익률법보다 계산이 용이하다. 내부이익률법은 보간법이나 시행착오법과 같은 복잡한 계산의 과정을 거쳐야 한다.

넷째, 투자가치가 있는 투자안의 경우, 내부이익률이 최저필수수익률을 능가한다. 따라서 현재와 같이 치열한 경쟁사회에서 내부이익률로 계속 재투자할 수 있다고 가정하는 것은 지나치게 낙관적이며, 자본비용으로 재투자한다고 보는 것이 현실적이다.

다섯째, 투자액이 최초시점뿐만 아니라 연속적으로 수행되는 경우, 내부이익률을 계산할 수 없거나 복수의 내부이익률이 계산되기도 한다. 복수의 내부이익률이 계산되는 경우에는 투자의사결정에 오류를 범하게 된다.

여섯째, 순현재가치법은 모든 투자안에 대해 동일한 재투자이익률을 적용하므로 재투자이익률이 일관성이 있으나, 여러 투자안이 있을 경우 내부이익률법은 재투자이익률이 여러 개 존재하므로 일관성이 결여되어 있다.

제 3 절 자본예산에 관련된 제 문제

1. 투자안의 투자규모가 다른 경우

투자규모가 상이한 투자안의 경우, 투자규모에 대한 묵시적인 투자수익률의 가정이 순현재가치법과 상이하기 때문에 투자안의 평가가 상이하다. 즉 수익성지수법은 투자규모의 차이를 그 투자안과 동일한 투자수익률을 얻을 수 있는 투자안에 투자할 수 있다고 가정하지만, 순현재가치법은 투자규모의 차이를 순현재가치=0인 투자안에 투자한다고 가정한다.

투자규모가 다른 상호 배타적인 투자안의 경우에 순현재가치법과 내부이익률법에 의한 투자안의 평가결과가 일치하지 않을 수도 있다. 그 이유는 투자규모의 차이에 대한 암묵적인 재투자이익률에 대한 가정에 기인한다. 즉 순현재가치법은 상대적으로 투자규모가 적은 투자안에 투자하고, 남은 유휴자금에 대하여 최적필수수익률과 동일한 투자이익률을 얻을 수 있는 투자안에 재투자할 수 있다는 가정을 하고 있다. 이에 반해서 내부이익률법은 현재의 투자안과 동일한 투자이익률을 가져다 주는 투자안에 재투자할 수 있다는 가정을 하고 있다. 반면에 내부이익률은 투자안의 투자규모나 현금유입액의 크기가 반영되지 않은 평균개념으로서 투자액 ₩1당 유입되는 평균현금유입액을 말한다. 그러나 순현재가치는 투자로부터 얻는 현금유입액의 크기가 반영된 절대액의 개념이다. 내부이익률과 순현재가치의 이러한 차이는 투자규모가 다른 두 투자안을 비교평가할 때 상이한 결과가 발생하게 된다. 왜냐하면 투자액 ₩1당 이익률은 높더라도 투자규모 자체가 작음으로써 순현재가치의 절대금액이 적을 수 있기 때문이다.

그러나 투자규모가 상이한 상호 배타적인 투자안에 있어서 순현재가치법과 내부이익률에 의한 투자안의 평가결과가 항상 상반되는 것은 아니며, 최저필수수익률의 크기에 따라서 달라진다.

2. 투자안의 현금흐름양상이 다른 경우

투자안의 투자규모나 내용연수가 동일하더라도 투자안들의 현금흐름의 양상이 현저하게 다른 경우, 순현재가치법과 내부이익률법의 평가결과는 다를 수 있다. 순현재가치법과 내부이익률법에 의한 투자안의 평가결과가 일치하지 않는 이유는 투자규모가 다른 경우와 마찬가지로 투자기간 이내 현금흐름에 대한 암묵적인 재투자이익률에 대한 가정에 기인한다. 내부이익률법은 순현재가치법에 비하여 상대적으로 초기현금흐름을 더 높이 평가하는 투자안의 평가기법이다.

이는 투자의 한계이익률이 체감하는 현상에 비추어 볼 때 너무 낙관적인 견해이다. 따라서 최저필수수익률로 재투자한다고 보는 순현재가치법의 가정이 더 합리적이다.

한편 투자규모가 상이한 상호 배타적인 투자안과 마찬가지로 현금흐름양상이 다른 상호 배타적인 투자안의 경우도 순현재가치법과 내부이익률법에 의한 투자안의 평가결과가 항상 상반되는 것은 아니며, 최저필수수익률의 크기에 따라서 달라진다.

순현재가치법과 내부이익률법에 의한 투자안의 평가결과가 상이할 경우에는 투자규모가 다른 상호 배타적인 투자안의 경우와 마찬가지로 추가투자의 증분현금흐름을 이용하여 투자안을 평가하는 증분순현재가치법이나 증분내부이익률법을 사용함으로써 순현재가치법과 동일한 결론을 얻을 수 있다.

3. 투자안의 내용연수가 다른 경우

투자수명, 즉 투자내용연수가 서로 다른 투자안들을 평가하기 위해서는 동일한 투자수명을 갖는 것으로 조정하여야 하며, 이 때 의사결정은 다음 두 가지로 나눌 수 있다.

(1) 최저필수수익률로 투자를 가정하는 경우

이는 두 투자안의 내용연수차이 동안에는 최저필수수익률, 즉 자본비용으로 투자할 수 있다고 가정하는 방법이다. 이 경우 투자안들의 내용연수차이를 고려하지 않고 계산된 순현재가치의 비교에 의한 의사결정결과와 동일하다.

(2) 반복투자를 가정하는 경우

이는 투자수명이 상이한 투자안들을 계속 반복투자하여 투자안들의 종료시점이 같도록 하고, 그 기간 동안의 순현재가치를 계산하여 의사결정하는 방법이며, 최소공배수법, 영구투자법, 등가연금법 등이 이용된다.

1) 최소공배수법

이는 투자안들의 내용연수의 최소공배수기간 동안 반복투자된다고 가정하고, 이 기간 동안의 순현가를 계산하여 의사결정하는 방법이다. 예를 들어 내용연수가 2년과 3년인 경우, 최소공배수기간은 6년이다. 그러므로 내용연수가 2년인 투자안은 3회, 3년인 투자안은 2회 반복투자된다.

2) 영구투자법

이는 투자안들이 영구히 반복된다고 가정하고, 영구한 반복투자시의 순현재가치를 이용하여 의사결정한다.

3) 등가연금법

이는 투자안들의 등가연금을 계산하고, 등가연금이 큰 투자안을 선택하는 벙법이다. 등가연금은 연금의 현재가치를 투자안의 순현재가치와 일치시키는 매년의 연금지급액이다.

4. 수익성지수법

투자안을 비교할 때는 대부분 투자의 효율성을 기준으로 평가하기도 하는데, 이 때 효율성의 척도로 수익성지수를 이용한다. 수익성지수법(Profitability Index : PI)이란 투자액에 대한 현금유입의 현가 크기, 다시 말해서 투자규모를 표준화하여 투자안을 평가하는 기법이다. 이 때 수익성지수는 현금유입의 총 현가를 투자액의 총 현가로 나누어 계산된다.

$$\text{수익성지수(PI)} = \frac{\text{현금유입의 총 현가}}{\text{투자액의 총 현가}}$$

예를 들어 투자금액이 ₩1 제시할 때 수익성지수에 대한 효율성을 측정하는 지표로서 ₩1보다 클 때에 투자가치가 있다고 판단한다. 위의 식과 앞에서 살펴본 순현재가치를 계산하는 식을 보면 수익성지수가 ₩1보다 크다는 것은 순현재가치가 ₩0보다 크다는 것과 같은 의미이다.

수익성지수법을 이용하여 투자안을 평가하는 경우는 다음과 같은 두 가지가 있다.

1) 독립적인 투자안인 경우

수익성지수가 ₩1보다 큰 투자안은 채택하고, 반대인 경우에는 투자안을 기각하게 된다. 따라서 수익성지수가 ₩1보다 큰 투자안의 순현재가치는 ₩0보다 크고, 수익성지수가 ₩1보다 작은 투자안의 순현재가치는 ₩0보다 적기 때문에 순현재가치법의 평가결과와 항상 일치한다.

2) 상호 배타적인 경우

수익성지수가 ₩1보다 큰 투자안들 중에서 가장 큰 수익성지수를 갖는 투자안을 채택한다. 이 때 투자규모가 동일한 상호 배타적인 투자안의 경우에는 투자자금 전체에 대한 기업가치의 증분을 나타내는 순현재가치법이나 투자규모를 투자자금 ₩1으로 표준화시켜 투자안의 상대적 수익성의 크기를 나타내는 수익성지수법의 평가결과는 항상 일치한다. 그러나 투자규모가 다른 상호 배타적인 투자안의 경우에는 순현재가치법과 수익성지수법에 의한 투자안평가결과가 일치하지 않을 수 있다.

5. 상호 배타적인 투자안

상호 배타적인 투자안을 평가할 때는 최저투자기준을 만족시키는 둘 이상의 투자대안 중에서 가장 좋은 투자대안을 선택하여야 한다. 그 이유는 상호 배타적인 투자안이란 하나의 투자안이 채택되면, 다른 투자안에는 투자를 할 수 없기 때문이다. 이 때 투자자금제안 여부에 따라 투자안의 선택의 문제가 발생한다.

(1) 투자자금이 제한이 없는 경우

자본을 무제한으로 사용할 수 있다면, 투자지출액의 크기를 고려하지 말고 순현재가치가 가장 큰 투자안을 선택하는 것이 바람직하다. 왜냐하면 이용가능한 투자자금에 제한이 없기 때문에 어떤 규모의 투자안에도 투자할 수 있으며, 또한 순현재가치가 크면 클수록 보다 많은 현금흐름을 제공해 주기 때문이다.

(2) 투자자금이 제한이 있는 경우

일반적으로 투자자금에 제한이 있고, 투자안별 내용연수도 서로 다르기 때문에 상호 배타적인 투자안을 직접 비교한다는 것은 매우 어렵다. 이처럼 자금이용한도에 제약이 있는 경우에는 자금이용한도 내에서 투자안을 채택해야 한다.

1) 둘 이상의 투자안을 결정할 때

투자규모나 투자수명이 다른 경우에는 각 투자안을 독립적으로 놓고 비교평가할 것이 아니라 총 투자액 또는 총 투자기간이 일정하게 되도록 몇 개 투자안을 서로 묶어 투자안들의 조합을 구성한 다음, 이들 조합간의 비교평가를 통하여 투자의사결정을 내려야 한다. 따라서 투자가능한 자본에 제한이 있고, 각 투자안의 내용연수가 서로 다른 경우에는 개별적인 투자안의 순현재가치보다는 선택된 조합 속의 모든 투자안에 대한 순현재가치의 총합을 기초로 회사의 최적투자집합을 결정하여야 한다.

2) 하나의 투자안을 결정할 때

순현재가치법이나 내부이익률법이 같은 결과를 가져오지만, 상호 배타적인 투자안을 평가하는 경우에는 순현재가치법과 내부이익률법 중 어느 것을 적용하느냐에 따라 투자안의 우선순위가 달라질 수 있다. 순현재가치법과 내부이익률법이 상호 배타적인 투자안에 대해 서로 다른 우선순위를 지정하게 되는 기본적인 이유는 재투자기회에 대한 가정의 차이 때문이다. 즉 내부이익률법은 고려중인 투자안에서 회수되는 현금유입액이 또다시 동일한 내부이익률로 재투자된다고 가정하는 반면, 순현재가치법은 기업의 최저필수이익률로 재투자된다고 가정한다.

6. 이용가능한 자금에 제한이 있는 경우의 자본배분문제

자본예산에서 심사과정은 제안된 투자안이 기업에서 설정한 기준을 만족시키는가를 검토하는 단계이다. 즉 심사과정은 경영자가 상세하고 구체적인 분석을 해 보아야 할 투자안과 그럴 만한 가치가 없는 투자안을 구분하는 과정으로서, 심사과정에 합격한 투자안들은 다시 선택과정을 거치게 된다.

선택과정은 심사과정을 통과한 투자안 중에서 가장 바람직한 투자안을 결정하는 과정이다. 만일 기업에 무한한 자금이 있다면, 기업은 순현재가치가 양수(+)이거나 내부이익률이 최저필수이익률보다 높은 투자안에 투자함으로써 기업가치를 최대화할 수 있다. 그러나 현실적으로 볼 때, 심사과정을 통과한 투자안은 다수이나 이용가능한 자금에는 한계가 있기 때문에 대부분의 기업에서는 자본배분문제가 발생한다. 즉 이용가능한 자금에 제한이 있는 경우에는 심사과정을 통과한 다수의 투자안들에 대하여 상세하고 구체적인 분석결과를 토대로 투자의 우선순위를 결정한 다음, 이 우선순위에 따라 제한된 자금을 적절히 배분할 필요가 있다. 그러므로 선택과정이란 제한된 투자자금을 경쟁적인 투자기회에 적절하게 배분하기 위한 순위결정과정 또는 배분결정과정이라고 볼 수 있다.

심사과정을 통과한 투자안이 두 개뿐인 경우에는 우선순위를 용이하게 결정할 수 있지만, 다수인 경우에는 각 투자안의 전반적인 수익성을 비교평가하기가 쉽지 않기 때문에 우선순위를 결정하기가 그리 용이하지 않다. 이 때에 사용할 수 있는 순위결정방법으로는 내부이익률법과 순현재가치지수법 등이 있다.

제14장 Key Words

내부이익률법(internal rate of return)
The discount rate required for an asset's net present value to be zero.

미래가치(future value)
The amount to which invested funds accumulate over a specified period of time.

수익성지표(Profitability Index : PI)
The ratio of the present value of a project's cash inflows to the investment required.

순현가법(net present value method)
A method of evaluating capital investments in which all future cash flows for each proposed project are discounted to their present values, and the amount of the initial investment is subtracted from their sum. The projects with the highest positive net present value – the amount that exceeds the initial investment – are selected for implementation.

이 자(interest)
The cost associated with the use of money for a specific period of time.

자본예산(capital budgeting)
The process of planning significant outlays on projects that have long-term implication such as the purchases of new equipment or the introduction of a new product.

할인율(discount rate)
The interest rate used in computing the present value of a cash flow.

현금할인분석(discounted cash flow analysis)
An investment proposal takes into account the time value of money.

현재가치(present value)
The economic value now of a cash flow that will occur in the future.

화폐의 시간적 가치(time value of money)
The concept that cash flows of equal dollar amounts separated by an interval of time have different present values because of the effect of compound interest.

회계적 이익률법(accounting rate of return)
A percentage formed by taking a project's average incremental revenue minus its average incremental expenses(including depreciation and income taxes) and dividing by the project's initial investment.

회수기간법(payback period method)
A method of evaluating capital investments that bases the decision to invest in a capital project on the minimum length of time it will take to get back in cash the amount of the initial investment.

연습문제

* After reading the each problems, Choose the best item.

1. Capital budgeting decisions primarily focus on :

A. short-term cash savings.

B. cost control.

C. cost analysis.

D. specific projects.

E. general long-term plans.

2. Which of the following pieces of information is not relevant when evaluating a capital investment proposal?

A. residual value of the new capital asset

B. book value of the capital asset being replaced

C. net cash flows from the proposal

D. cost savings from the proposal

3. Annual net cash inflows is defined as :

A. annual cash inflows minus annual cash outflows.

B. annual cash inflows minus the amount of capital investment.

C. annual revenues minus expenses.

D. annual cash inflows minus annual cash outflows minus total depreciation expense.

4. Time value of money is the fundamental concept of :

A. cost analysis.

B. capital budgeting decisions.

C. ranking decisions.

D. annuity decisions.

E. project planning.

5. The use of future value to calculate the present value is called :

A. compounding.

B. the annuity method.

C. discounting.

D. present cost approach.

E. indexing.

6. A series of equivalent cash flows is called a(n) :

A. accretion.

B. payback.

C. accrual.

D. accumulation.

E. annuity.

7. The accounting rate-of-return is calculated as :

A. average investment cost divided by average annual net income from investment.

B. average cash flows from investment divided by average investment cost.

C. average annual net income from investment divided by average investment cost.

D. average investment cost minus average annual net income from investment.

8. In a net-present-value analysis, the discount rate is often called the :

A. net present rate.

B. hurdle rate.

C. minimal value.

D. net rate value.

E. objected rate of return.

9. Both the net-present-value method and the internal rate of return method focus on :

A. periodic depreciation charges.

B. cash flows.

C. annuity discount factors.

D. weighted average costs.

E. total acquisition costs.

10. LT Enterprises is contemplating a major investment is a new Flexible Manufacturing System(FMS). The company's minimum desired rate of return is 6 percent. The total investment is $2,500,000. The FMS should produce $1,400,000 of additional revenue annually and Annual cash operating costs are expected to be $776,375 for 6 years. Using the accounting rate-of-return method. what is the expected rate of return from the proposed FMS purchase?

A. 37.7 percent

B. 26.6 percent

C. 24.9 percent

D. 19.2 percent

11. Using the payback period method, what is the expected payback period for the proposed FMS purchase?

A. 4.009 years

B. 3.954 years

C. 3.125 years

D. 3.625 years

12. What is the present value of net inflow money for 6 years?

A. $3,786,254

B. $3,185,246

C. $3,962,536

D. $3,066,364

13. Using the net present value method, what is the expected net present value of the proposed FMS purchase?

A. positive net present value of $1,051,450

B. negative net present value of $12,455

C. positive net present value of $566,364

D. negative net present value of $62,235

14. Consider the following information :

principal amount = $100
rate of interest = 10%
time in years = 5

Utilizing the tables of Appendix 1(pp. 543-544), the future value of money is calculated to be :

A. $131.10.

B. $150.00.

C. $133.10.

D. $161.10.

E. $155.65.

15. Utilizing the tables on Appendix(pp. 543–544), $5,000 invested at 10% today will accumulate to what amount at the end of five years?

A. $8,810

B. $5,500

C. $8,055

D. $18,955

E. $30,525

16. Utilizing the tables on Appendix(pp. 543–544), what amount of money must be invested today in order to have $25,000 at the end of four years, if the rate of return is 12%?

A. $17,100

B. $19,900

C. $22,300

D. $15,900

E. $39,300

17. You estimate that it will take five years to complete your college education. Your parents want to invest enough money today at 12% to enable you to withdraw $5,000 at the end of each year for the next five years with nothing left at the end of the five-year period. Utilizing the tables on Appendix(p. 537), the amount of money needed today is calculated to be :

A. $8,810.

B. $18,025.

C. $25,000.

D. $2,835.

E. $31,765.

18. Utilizing the tables on Appendix(pp. 543–544), if $2,000 is invested at 10% at the end of every year for three years, the amount of money that will be accumulated at the end of the three years is calculated to be :

A. $6,620.

B. $7,986.

C. $6,340.

D. $6,600.

E. $6,748.

* Using the following information to solve the problems(19-20).

> A machine costs $25,000. It is expected to generate annual revenue of $8,000 and annual expenses of $2,000 each year for five years. The required rate of return is 12%.

19. Utilizing the tables on Appendix(pp. 543-544), the net present value of the machine investment is calculated to be :

A. $21,630.

B. $28,840.

C. $ − 0 − .

D. $(3,370).

E. $(3,840).

20. Utilizing the tables on Appendix(pp. 543-544), what can be said about the internal rate of return?

A. The internal rate of return is greater than 12%.

B. The internal rate of return is between 10% and 12%.

C. The internal rate of return is less than 10%.

D. There is insufficient information to make any comments about the internal rate of return.

E. The internal rate of return must be greater than 15%.

> The mayor of small town, Nevada is considering the purchase of a computer system to automate the city's tax collections. The system costs $75,000 and has an estimated life of five years. The mayor estimates the following savings will result if the system is purchased.

year	savings
1	$20,000
2	25,000
3	30,000
4	15,000
5	12,000

21. Utilizing the tables on Appendix(pp. 543-544), if small town uses a 10% discount rate for capital budgeting decisions, the net present value of the computer system is calculated to be :

A. $79.057.

B. $11,658.

C. $4,057.

D. $63,342.

E. $489.

22. Utilizing the tables on Appendix(pp. 543-544), what can be said about the internal rate of return if the net present value at 12% is positive?

A. The internal rate of return is greater than 12%.

B. The internal rate of return is between 10% and 12%

C. The internal rate of return is less than 10%.

D. The internal rate of return must be less than 5%.

E. There is insufficient information to comment about the internal rate of return.

23. A new machine costing $53,800 is expected to save $20,000 annually over its estimated four-year life. Utilizing the tables on Appendix(pp. 543-544), the internal rate of return is calculated to be :

A. 8%.

B. 12%.

C. 14%.

D. 16%

E. 18%.

24. A piece of equipment has an estimated five-year life, an internal rate of return of 12%, and estimated annual savings of $15,000. Utilizing the tables on Appendix(pp. 543-544), the cost of the equipment is calculated to be :

A. $75,000.

B. $26,435.

C. $54,075.

D. $42,525.

E. $60,000.

25. Bravo Inc. is considering the addition of a new product line. The new product will require an initial capital outlay of $70,000 and is expected to have a five-year life cycle. The manager estimates that because of the new product, cash flow will increase over the next five by the following amounts :

year	increases
1	$20,000
2	25,000
3	24,000
4	18,000
5	15,000

Ignoring income taxes and Utilizing the tables on Appendix(pp. 543-544), if Bravo's hurdle rate is 14%, the net present value of the new product line is calculated to be :

A. $ – 0 – .

B. $71,406.

C. $68,275.

D. $1,406.

E. $1,725.

∗ Using the following information to solve the problems(26-29).

Cubbies Inc. is considering the purchase of a new machine to replace an old machine.
Selected cost data pertaining to the two machines is provided below.

	old	new
purchase price	$10,000	$9,000
accumulated depreciation after four years	10,000	9,000
current disposal value	4,000	
estimated disposal value after four years	– 0 –	2,000
annual operating costs	4,000	3,000

At the end of four years the company plans to discontinue the product line for which the machines are used. Income taxes can be ignored.

26. Utilizing the tables on Appendix(pp. 543-544), the current period cash flows relevant to acquiring the new machine are calculated to be :

A. $9,000 outflow.

B. $15,000 outflow.

C. $4,000 inflow.
D. $3,000 outflow.
E. $5,000 outflow.

27. Utilizing the tables on Appendix(pp. 543-544), the cash flows at the end of year four relevant to acquiring the new machine are calculated to be :
A. $5,000 inflow.
B. $4,000 outflow.
C. $2,000 outflow.
D. $2,000 inflow.
E. $5,000 outflow.

28. Utilizing the tables of Appendix, and if Cubbies Inc.'s hurdle rate is 14%, the net present value of the new machine is calculated to be :
A. $(902).
B. $4,098.
C. $(4,902).
D. $(88).
E. $2,912.

29. Utilizing the tables on Appendix(pp. 543-544), the internal rate of return of the new machine is calculated to be :
A. 14.25%.
B. 10.32%.
C. 6.37%.
D. 8.32%.
E. 6.25%.

제 15 장

21세기의 새로운 원가관리시스템

■ **학습목표**

본 장에서는 21세기의 변화하는 환경에서 적응하기 위한 새로운 원가관리시스템의 개념, 주요 내용 및 방향을 제시하고 있다.

본 장을 공부하고 난 후 학습자들은 다음과 같은 내용의 능력을 갖추어야 한다.

① 경영환경의 변화와 새로운 관리회계시스템의 필요성을 설명할 수 있다.
② 전통적 관리회계시스템과 새로운 관리회계시스템의 차이를 열거하고 설명할 수 있다.
③ 21세기에 새로운 관리회계시스템의 유형을 열거하고 설명할 수 있다.
④ 적시운영철학을 정의하고, 적시운영환경의 요소를 인식할 수 있다.
⑤ 새로운 시스템으로서 ABM과 JIT 시스템을 비교, 설명할 수 있다.
⑥ 제품품수명주기 원가관리의 본질과 수명주기관리의 영향을 설명할 수 있다.
⑦ 품질원가계산의 유형과 과정을 이해할 수 있다.

제 1 절 경영환경의 변화와 새로운 관리회계시스템의 출현

1. 경영환경의 변화

전통적인 관리회계시스템이 변화하는 경영환경에 적합성을 상실하였으므로, 새로운 관리회계시스템의 설계가 필요하다는 개념은 20세기 후반부터 일어나기 시작하여 21세기에 들어서부터 제조기업을 중심으로 기업경영의 환경변화는 가속화되면서 새로운 형태의 관리회계시스템의 도입은 불가피한 상황이 되었다.

21세기 들어 경영환경의 변화의 주요 내용은 주로 다음과 같은 네 가지의 요소로 요약된다.

첫째, 새롭게 무장한 경쟁기업이 진출하기 시작하면서 기업간의 경쟁이 더욱 치열해져 가고 있다. 전통적인 원가절감을 통한 경쟁력의 유지는 지난날의 유산에 불과하고, 새로운 기업경쟁력을 나타내는 요인으로 품질수준의 향상, 유연성의 확보, 신뢰도의 향상 등의 요인들이 원가경쟁력보다 앞서는 경쟁력요인으로 등장하게 되었다.

둘째, 컴퓨터에 의한 정보시스템이 체계화되면서 새로운 품질의 제품개발에서부터 생산방식과 관리시스템에 이르기까지 모든 측면에서 기술수준의 발전이 눈부신 속도로 가속화되어 가고 있다.

셋째, 정부규제기관의 제반 규제조치가 종전까지와는 다른 유형으로 변화되고 있다.

넷째, 소비자의 욕구수준에도 커다란 변화가 일어나고 있어 시장에서 제품의 수명주기는 크게 단축되고 있다.

이러한 외적 환경변화에 적응하기 위해 기업은 향상된 생산방식에 의한 자동화시스템의 도입에 적극적으로 나설 수밖에 없고, 신제품의 개발에 의한 새로운 시장개척의 문제는 끊임없는 과제가 되었으며, 원가절감에 의한 가격경쟁력의 확보에 앞서서 품질 및 납기 등의 측면에서도 경쟁력을 재고시킬 수 있어야 한다. JIT(Just In Time), TQC(Total Quality Control), CIM(Computer Integrated Manufacturing) 및 FMS(Flexible Manufacturing System) 등 새로운 생산시스템의 도입 및 강조가 이를 잘 반영해 주고 있다.

2. 관리회계기능의 변화

사람의 체형이 변화하면 옷이 달라져야 하며, 새로운 체형에 공급하는 영양요소들이 달라져야 하며, 이를 관리하기 위한 방법이 달라져야 하듯이 기업의 환경변화에 따라 경영자에게 유용한 정보를 제공하는 것을 목적으로 하는 관리회계의 역할이 새로운 환경에 적절하게 변화하여야 하는 것은 당연한 일이다.

현재 각 기업에서 도입, 운영하고 있는 관리회계시스템은 이러한 변화하는 제조환경에 탄력적으로 적응하지 못하고 있는 형편인데, 그 이유는 다음과 같이 요약된다.

첫째, 적절한 관리회계의 역할모형이 없다. 생산기술 및 조직운영의 혁신적인 변화는 외부적으로 나타나지만, 원가회계 및 통제시스템을 적절하게 변화시키는 데에는 상당한 시간이 소요되기 마련이다. 또한 지금까지 교과서 및 각종 많은 연구 등에서 제시하고 있는 새로운 관리회계시스템을 실제로 기업에 적용하기에는 더 많은 연구와 시간이 필요할 것이다.

둘째, 컴퓨터화된 회계시스템 때문이다. 컴퓨터는 회계분야에서 큰 변화를 가져다 주었지만, 주로 재무거래를 중심으로 이루어져 왔기 때문에 관리회계시스템으로 적용시키기에는 많은 어려움이 따른다. 왜냐하면 관리회계에 컴퓨터를 사용하기 위해서는 컴퓨터화된 회계정보시스템으로 전반적인 도입, 운용이 필요한데, 새로운 정보시스템의 구축이나 새롭게 익혀야 하는 정보시스템의 운용능력에 대한 부담 때문에 상당한 결단이 필요하며, 경영자뿐만 아니라 종업원에 이르기까지의 새로운 체제에 익숙하기 위한 마인드의 변화가 결코 쉬운 일이 아니다.

최근에는 ERP(Enterprise Resource Planning) 및 EWS(Enterprise Wide System) 기술의 발전으로 많은 기업에서 새로운 ERP 및 EWS의 도입, 운영이 확산되고 있는 것은 고무적인 일이다.

셋째, 기업에서의 관리회계제도가 재무회계식 사고에 그 바탕을 두고 있기 때문이다. 기존의 관리회계는 공장운영에 대하여 많은 지식을 가지고 있지 않은 사람들이 담당하여 왔다. 이들의 주 관심은 재무회계식 사고인 객관적이고 일관성 있는 방법으로 거래를 기록하고, 간접비를 배부하는 데 집중되어 있다.

넷째, 기존 경영층에서 관심이 부족하기 때문이다. 기업의 제조환경이 변화함에도 불구하고 관리회계시스템이 이러한 변화에 적응하고 목적적합한 정보를 제공해 줄 수 있도록 개선되어야 한다는 욕구가 활성화되어 있다고 보기에는 어려운 형편이다.

3. 새로운 관리회계시스템의 기본틀

오늘날의 고객들은 계속해서 새로운 제품과 서비스를 요구하고 있다. 따라서 시장에서의 제품의 수명주기의 단축은 빠르게 진전되고 있고, 마케팅담당자들의 관리방식도 종전까지의 pushed system에서 pooled system으로 변화가 불가피한 실정이다. 더불어 경쟁시장에서의 살아남기 위한 기업간의 경쟁의 심화는 많은 기업으로 하여금 가능한 한 가장 낮은 원가(low costs)로 혁신적 제품과 서비스를 신속하게 출시할 것을 요구하고 있다.

이와 같은 현장에서의 요구에 따라 여러 가지의 새로운 관리회계시스템의 도입, 운영을 통하여 경쟁력을 확보하기 위한 노력이 빠르게 진전되어 새롭게 개발된 혁신적인 방법으로 제품설계 및 개발활동의 업적을 측정하고 평가하는 도구로 사용되고 있다.

이러한 새로운 혁신적 관리회계방법을 가리켜 전략적 원가관리(strategic cost management)라 칭하기도 하는데, 그 주요 내용들은 활동기준관리(Activity Based Management : ABM), 적시운영관리(Just In Time : JIT), 목표원가계산(target costing), 품질원가계산(quality costing), 제품수명주기 원가계산(Product Life Cycle Costing : PLCC) 등으로 일컬어지는데, 이와 같은 혁신적인 전략적 관리회계의 주요 기법들은 [그림 15-1]에서 보이는 바와 같은 틀로 구성된다.

[그림 15-1] 새로운 혁신적 관리회계시스템의 기본틀

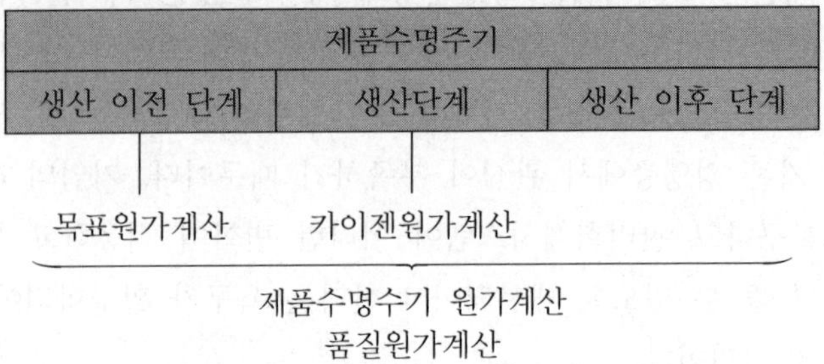

제 2 절 적시운영관리시스템(Just-In-Time : JIT)

1. JIT의 본질과 성공요인

적시운영시스템(just in time system)은 필요한 제품을 필요한 시점에서 요구되는 수량만큼 정확하게 생산하는 시스템을 말한다.

적시운영시스템은 원재료, 재공품, 제품 등의 재고자산을 최소의 비용으로 관리하기 위한 재고관리시스템으로부터 출발하여 원가관리 및 운영 전반으로 확대되었다.

경제적 주문량(Economic Order Quantity : *EOQ*)의 산출과 합리적인 관리로 재고관리비를 최소화하는 것을 기본으로 하는 미국의 전통적인 재고관리모형은 일본의 토요타자동차생산에서 혁신적 운영기법으로 등장한 JIT의 출현으로 그 기반이 퇴색하였다.

전통적으로 재고관리비는 재고유지비와 주문비로 나누어진다. 재고관리비를 최소화할 수 있는 일회의 주문량인 *EOQ*를 계량화하여 산출하고 관리하는 방법인 전통적인 재고관리모형은 한 마디로 무재고 무공손의 개념으로 대표되는 JIT시스템은 주목의 대상이 될 수밖에 없었다.

JIT 운영시스템 하에서는 모든 제조활동은 그 다음 단계의 제조부문에서 요구되어질 때 적시에 이루어진다. 기업이 생산하는 제품에 대한 소비자의 수

요가 먼저 파악되고, 제조공정의 마지막 부문에서부터 시작하여 최종적으로 원재료의 구입활동에 이르기까지 수요가 파악되고 제조활동이 이루어진다. 따라서 전통적인 밀어 내기 공급체제(supply pushed system)가 아니라 수요흡인시스템(demand pooled system)이라 할 수 있다.

이와 같이 다음 단계의 수요에 의하여 그 전 단계의 제조활동이 이루어지게 되는 적시생산시스템의 목적은 소비자들이 요구하는 수량만큼 필요로 하는 때에 생산, 제공함으로써 고객들의 욕구를 충족시키며, 기업은 재고관리원가를 절약하고자 하는 것이다.

이상적인 JIT가 실시되는 기업에서는 당일 필요한 원재료를 당일에 구입하고, 재공품재고는 가지고 있지 않으며, 당일 완성된 모든 제품은 창고에 입고되지 않고 즉각적으로 출하된다. 즉 JIT는 필요한 물품을 필요한 양만큼 필요한 때에 조달하기 위하여 설계된 시스템이다. 즉 판매되는 시점에 완제품을, 완제품이 조립되는 시점에 반제품을, 반제품을 생산하는 시점에 원재료를 조달하고자 하는 것이다.

JIT 환경 하에서는 고객에의 적시배달(JIT delivery)이 그 목표이므로 생산과정에서 공손이 인정되지 않는다. 결국 무재고 무공손의 운영시스템이 되는 것이다.

적시운영시스템을 성공적으로 유지하기 위한 요인으로는 다음과 같은 여섯 가지의 요소를 잘 갖추고 실현하는 데 있다.

(1) 신뢰성 있는 소수의 공급자와 장기계약

JIT를 성공적으로 실행하기 위해서는 소수의 공급자들이 소량의 롯트(lot)로 빈번하게 납품할 수 있어야 한다. 공급자들은 과거처럼 주별, 월별로 원재료 혹은 부품을 납품하기보다는 일별 혹은 시간대별로 공급할 수 있어야 한다.

JIT의 실행은 공급자와 모기업에게 모두 이익이 된다. 모기업에서는 필요한 시기에 원재료를 받기 때문에 거대한 재고창고가 불필요하고, 재고의 보관비용, 이자비용 등을 절감시킬 수 있다. 공급자는 모기업에서 요구하는 거래조건이 일치하는 한 장기적인 계약관계를 보장받을 수 있다.

JIT를 적용하는 어떤 기업에서는 공급자의 수를 종전의 약 10% 수준까지 감축시켰다고 한다. 이에 따라 공급자는 모기업의 거래조건에 일치하기 위하여 노력할 수 있고, 과거보다 규모의 경제를 실현할 수 있게 된다.

(2) 공장설비배치의 개선

JIT를 적절히 수행하기 위해서는 제조공정의 흐름을 개선시켜야 한다. 이는 원재료의 입고에서부터 완제품의 출고에 이르기까지 각종 재공품과 반제품이 제조공정에서 유연하게 흐를 수 있도록 하는 것이다.

전통적으로 기업은 유사한 기능의 기계를 동일한 장소에 모아 두는 기능별 레이아웃으로 공장을 설계하였다. 즉 절삭기계, 밀링기계를 기계별로 각각 다른 장소에 모아 두고, 다른 공정에 어느 정도의 재고가 있는지 혹은 어느 정도 필요로 하는지에 관계 없이 자기공정의 생산에만 관심을 두었으며, 작업장들도 각각 다른 건물에 위치해 있기도 하여 재고처리비용, 작업장간의 이동비용 등 불필요한 비용과 활동들이 발생하게 되어 생산의 효율성을 저해시키게 되었다.

JIT 환경 하에서는 특정 제품을 생산하기 위해 필요한 기계들을 한 곳으로 모아서 배치함으로써 이러한 공장배치에서는 각각의 생산라인이 하나의 작은 공장으로 인식된다.

(3) 소량의 제품생산과 작업준비시간의 단축

전통적인 생산방식에서는 제품생산의 양이 많으면 경제적이라고 하여 대량생산을 위한 막대한 작업배치를 위한 준비시간이 소요되었고, 과잉생산된 제품은 결국 재고로 남게 되고, 이에 대한 과다한 유지비용의 발생으로 결국 비효율적인 생산체제일 수밖에 없었다.

이를 해결하기 위해서는 필요한 수량만큼 소량의 제품을 생산할 수 있도록 작업배치를 간소화하고, 작업준비시간을 단축함으로써 각종 비용의 절감뿐만 아니라 급속하고 다양하게 변화하는 고객의 욕구에 대응할 수 있는 능력을 향상시키는 것이다.

JIT 환경 하에서는 작업준비시간을 줄이기 위하여 한 생산라인에서 한 가지 제품만을 생산하도록 라인을 자동화시스템으로 설계하고, 작업자들을 교육시켜 빠른 작업준비가 필요하다는 것을 인식하도록 하게 함으로써 작업준비시간을 효과적으로 단축시키는 것이다.

(4) 전사적 품질관리(TQC)

JIT 환경 하에서는 다음 작업장에서 요구한 원재료나 부품만 생산해서 제공하기 때문에 한두 개의 원재료나 부품의 불량으로 인하여 전체의 제조공정이 멈추게 된다. 따라서 JIT 시스템을 성공적으로 운영하기 위해서는 원재료나 부품에서부터 제공품, 제품에 이르기까지 불량품이 없도록 하는 품질관리체제가 필요하다. 이와 같은 체제는 원재료 및 부품의 공급자로부터 마무리하여 완성단계에 이르기까지 전반적으로 통합품질관리가 이루어지도록 갖추게 되는데, 이를 가리켜 전사적 품질관리(Total Quality Control : TQC) 시스템이라 한다.

TQC를 달성하기 위해서는 품질과 적시배달을 보증할 수 있는 소수의 공급자를 선정하여야 하며, 기업내부의 생산과정에서도 공정간의 원재료 혹은 부품 가운데 불량이 발견되었다면 조기경보시스템이 작동하여 전생산라인은 그 불량이 처리될 때까지 가동을 중단하게 설계되어야 한다. 그리고 다음 공정으로 양질의 가공품만을 공급하기 위한 작업자들에 대한 교육과 책임을 확실히 하여야 한다.

(5) 노동력의 다기능공화

JIT 환경 하에서는 공장배치가 전통적인 공장과 다르기 때문에 작업자들의 다기능공화가 이루어져야 한다. JIT 공장배치 하에서 각 작업자는 한 기계만을 작동하는 것이 아니라 여러 대의 기계를 작동하여야 한다. 또한 작업자들은 다음 공정에서 요구하는 만큼의 수량만을 생산하기 때문에 간단한 기계고장은 수리할 수 있어야 하고, 기계설비의 상태유지에도 노력을 기울이는 유연화된 노동력을 갖추어야 한다. 이는 한 작업자는 하나의 작업만을 수행하고, 기계설비의 유지보수는 다른 부서에서 전담하던 과거의 체제와는 다른 것이다.

또한 작업자들은 그들이 생산한 제품을 검사해야 하는 책임이 주어져 있기 때문에 이러한 작업자의 다기능공화가 필요하다. 이는 과거와 같이 단조로운 하나의 작업의 반복에서 탈피하여 작업에 흥미를 유발시키는 데도 도움이 된다고 볼 수 있다.

(6) 작은 롯트단위로 생산의 평준화

JIT 시스템 하에서는 제품의 수요나 최종조립공정의 생산에 변동이 발생하면 전공정으로 거슬러 올라가면서 연쇄반응을 일으키기 때문에, 이러한 악순환을 방지하기 위해서는 최종조립공정 이전의 모든 작업장에 균등한 작업량을 부과하여 생산을 평준화하여야 한다. 이를 위하여 일정계획이나 최종조립계획은 작은 롯트단위로 생산하는 소롯트 생산체제로 짜여져야 하고, 노동자의 일정계획도 동일한 양의 제품이 균일하게 생산되로록 수립되어야 한다.

2. JIT의 효익과 ABM과의 관련성

JIT의 적용으로 나타나는 효익은 다음과 같다.

첫째, 폐기물의 감소와 품질향상을 가져올 수 있다. JIT 방법을 적용하면 전 단계에서 생산된 부품 중 불량이 있는 경우에는 바로 다음 단계에서 발견된다. 즉 불량품이 신속하게 발견될 수 있으므로 불량률을 줄이고 품질향상을 가져올 수 있게 된다.

둘째, 작업자들에게 동기부여 효과를 가져오게 한다. 자신의 작업결과를 곧바로 알 수 있게 되는 작업자들은 자연히 작업을 개선시키려는 동기부여를 받게 된다. 썰물이 되면 위험한 암초가 드러나는 것과 마찬가지로 롯사이즈(lot size)를 줄이면 실패의 원인이 쉽게 노출된다.

셋째, 작업자의 책임의식을 제고시킬 수 있다. 오류를 방지할 필요성을 많이 느끼게 되면 자연히 책임의식을 제고시킬 수 있다. JIT 방식 하에서 한 작업자가 불량품을 내면 다음 공정의 작업이 중단되므로 책임감이 진작된다.

넷째, 소집단의 개선활동에 도움이 될 수 있다. 품질관리분임조(quality circle)와 같은 소집단개선활동을 통해서 종업원의 참여의식을 높여서 제조활동에 진념하게 한다.

다섯째, 완충재고(buffer inventory)의 감소가 가능하다. 일본에서 JIT 방식은 희소자원(창고 등도 포함)이 많은 상황에서 이들을 절약하기 위해서 고안되었다. 불확실하고 요인이 많으면 많을수록 완충재고는 더 많이 가져야 한다. JIT에서는 비정상적인 요인제거에 노력을 기울임으로써 완충재고를 줄일 수 있다.

여섯째, 간접노동력의 감소를 가져온다. 재고를 줄이면 자연히 재고를 기록, 운반, 관리하는 데 필요한 인력이 감소된다.

일곱째, 생산성을 향상시킬 수 있다. 예컨대 재고감축, 폐기물감소, 재작업인력감소, 유휴재고감소, 이자비용감소, 재고처리에 필요한 장비절감, 재고자산회계의 간소화, 물리적 재고통제의 감소 등은 모두 생산성향상과 직결되는 문제들이다.

마지막으로, 기업이 신속하게 외부시장변화에 반응할 수 있도록 해 준다.

결국 JIT는 공장이 방해받지 않고 지속적으로 가동되도록 하는 데 있으며, 생산완성 소요시간(throughput time)을 단축시키고, 재고보유비를 절감시키며, 생산성과 품질을 향상시키는 데 있다. 생산완성소요 시간은 가공시간, 검사시간, 운반시간, 대기시간으로 구성되는데, 가공시간을 제외한 나머지는 부가가치를 제공하지 못한다. 따라서 JIT란 어떻게 하면 비부가가치시간을 제거시켜 생산완성소요 시간=가공시간의 등식을 성립시키느냐에 있다.

적시운영시스템은 앞서 다룬 활동기준관리와 본질적으로 많은 유사한 특성을 가진다.

운영시스템의 추구하는 목표에 있어서 ABM과 JIT는 다음과 같은 유사성(similarity)을 가진다.

① 비부가가치활동(nonvalue-adding activities)의 제거 및 절감
② 자원의 배분방법(allocation of resources)의 개선
③ 품질(quality), 효율성(efficiency) 및 생산성(productivity)의 개선
④ 의사결정을 위한 정보의 질(information quality for decision-making)의 개선

JIT와 ABM은 위와 같은 유사성을 가지지만 양 시스템은 주 목표(primary goals)에 있어서 ABM은 ABC를 이용한 가장 정확한 제품원가계산(accurate product cost)에 있는 대신에, JIT는 생산 및 구매활동(activities)의 단순화(simplify) 및 표준화(standardize)에 있다는 차이점을 가진다.

3. JIT 환경 하에서의 원가계산(역류원가계산)

전통적 원가계산시스템에서는 원가의 분류가 처리(processing) 원가, 검사(inspection) 원가, 운반(moving) 원가 및 저장(storage) 원가 등으로 구분되며, 원재료의 구입에서부터 제품의 제조작업에 이르기까지 원가흐름의 순서에 따라 회계기록이 이루어지는 순차적인 추적방법(sequential tracking)을 적용하지만, JIT 시스템 하에서는 모든 간접원가는 작업환경이 자동화(automation)되므로 직접노동시간과는 상관관계가 거의 없게(little correlation) 되므로, 역류원가계산(backflush costing)과 같은 단순한 방법을 사용하여 원가의 흐름에 대한 회계처리를 하게 된다.

역류원가계산은 원가계산의 한 방법으로서 재공품계정은 사용하지 않고, 제조원가를 제품에 직접 추적하는 원가시스템이다. 역류원가계산 시스템을 적용하게 되면 전통적인 원가계산방법과 비교할 때 다음과 같은 두 가지의 측면에서 변화가 있게 된다고 볼 수 있다.

첫째, 원재료가 구입되자마자 즉각 제조공정에 투입되며, 제품의 제조가 완료되는 즉시 완성품으로 대체된다. 따라서 원재료계정과 재공품계정을 합하여 재공원재료(materials in process) 계정으로 사용할 수 있을 것이다.

둘째, 직접노무비와 제조간접원가는 별도로 구분되지 않고, 가공원가라는 통제계정에서 같이 집계된 다음, 제조작업이 완료되는 시점에서 직접적으로 완성품계정으로 대체된다. 이 때 만약 제조가 완료된 제품이 즉시 판매되는 경우라면, 제조원가들은 완성품계정을 거칠 필요도 없이 직접 매출원가계정에 대체하는 것으로 처리될 것이다.

JIT 경영환경에서의 원가에 대한 관리는 제품원가계산(product costing)의 처리시간, 관련원가의 그룹화(재료비 및 전환원가)가 이루어지고, 모든 원가는 부가가치원가와 비부가가치원가로 분류되어 비부가가치원가를 제거 및 감소시키기 위한 것이 목표가 된다.

JIT 환경에서 채택될 수 있는 역류원가계산(backflush costing)은 전통적 원가계산과 비교할 때 아래와 같은 체제로 이루어지는 것으로 해석될 수 있다.

〈전통적 원가계산〉

직접재료비, 직접노무비, 제조간접비 → 재공품 → 제품 → 매출원가

〈역류원가계산〉

매출원가 → 제품 → 직접재료와 가공원가

JIT 환경 하에서의 원가계산 사례로서 차이를 구분하여 보면 다음과 같이 계산될 것이다.

직접재료비사용액＝\$20,000, 직접노무비＝\$8,000, 제조간접비배부액＝\$24,000, 제품완성원가＝\$51,600, 매출원가＝\$51,500

〈전통적 원가계산〉

\$20,000＋\$8,000＋\$24,000－기말재공품 \$400＝제품완성원가 \$51,600

\$51,600－기말제품 \$100＝매출원가 \$51,500

〈역류원가계산〉

매출원가 \$51,500＋기말재공품 \$400＋기말제품 \$100＝총 원가 \$52,000

총 원가 \$52,000＝직접재료비 \$20,000＋전환원가 \$32,000

전환원가 \$32,000＝직접노무비 \$8,000＋제조간접비 \$24,000

JIT가 원가계산에 미친 영향은 크게 두 가지 측면에서 살펴볼 수 있다. 그 내용을 살펴보면 다음과 같다.

첫째, 재고자산평가시 평가방법의 차이에 따른(예를 들면 선입선출법과 가중평균법) 단위당 원가의 차이를 크게 감소시켰다. 이상적인 JIT가 실현될 경우 단위원가의 차이는 완전히 사라지게 된다. JIT 개념 하에서 원자재는 생산에 투입되는 적시에 공급받게 되고, 제품이 조립되는 적시에 반제품 혹은 부품이 제공되기 때문이다.

둘째, 공장배치가 개선된 JIT 환경 하에서는 원가계산방법이 개별 원가계산에서 공정별 원가계산으로 변화되는 경우가 많이 있다. 작업준비시간이 상당히 줄어들었다면, 마치 연속적인 공정흐름의 제조라인에서 생산활동을 하는 것과 거의 동일한 속도로 생산이 이루어진다. 따라서 이러한 기업은 과거의 개별 원가계산에서 공정별 원가계산으로 변화하는 경향이 있다.

JIT를 단순히 하나의 재고관리시스템으로 보아서는 안 된다. JIT에는 재

고감축뿐만 아니라 종업원들의 참여, 지속적인 개선, 전사적 품질관리 등의 개념이 구체화되고 있기 때문에 기업의 생산 및 유통활동에서 모든 구조적인 낭비와 비능률을 배제하여 가는 하나의 새로운 기업경영철학으로 인식되고 있다. 따라서 현재는 JIT 재고관리, JIT 구매관리, JIT 판매관리라는 기능적 기법의 개념을 벗어나 JIT 경영철학으로까지 확대되어 이해되고 있다.

JIT 경영철학의 요소(elements of a JIT)는 다음의 네 가지로 요약할 수 있다.

① 최소의 재고자산수준(minimum inventory levels)의 유지
② 생산계획스케줄에서 pulled 방법의 개발
③ 필요한 만큼 보다 작은 사이즈(in smaller lot sizes)의 재료구매 및 생산
④ 신속하고 저렴한 비용으로 기계설치(quick, inexpensive machine setups)

제 3 절 새로운 원가관리시스템

1. 가치사슬과 전략적 원가관리의 영역

(1) 원가회계와 가치사슬

현대적인 시각의 원가관리시스템은 그 관리의 대상인 원가의 범위확대에 기반을 두고 있다. 즉 관리의 대상이 생산과정에서 발생한 원가뿐만 아니라, 생산 이전과 이후에 발생되는 제품의 수명주기 전반에 걸쳐 발생되는 원가로 확대한다는 것이다.

전통적으로 원가회계는 주로 제조원가의 측정을 다루어 왔다. 그러나 최근에 이르러 기업에서는 제조과정에서 발생한 원가의 정확한 계산보다는 제조 이전과 이후에 제품과 관련하여 발생되는 원가를 측정하고 관리하는 것이 기업에 도움이 된다는 것을 인식하기 시작하였다.

제품과 관련된 생산 이전과 이후에 발생되는 원가들은 연구개발, 제품설계, 그리고 생산시스템 엔지니어링과 같은 생산 이전 단계에서 발생되는 원가들과 완제품재고 보관, 판매, 유통, 대고객서비스 및 보증비용 등과 같은 생산 이후 단계에서 발생된 원가를 통칭한다. 이러한 모든 원가들은 제품의 수익성에 지대

한 영향을 미칠 뿐만 아니라 제품의 수명주기에 연루된 많은 기업기능을 책임지고 있는 인력의 업적평가에도 지대한 영향을 미치는 것으로 생각하게 되었다.

기업이 제공하는 제품이나 서비스에 대해 가치를 제공하는 모든 기능들은 상호 관련된 활동들의 사슬을 형성하게 되는데, 이러한 가치사슬기능의 원가를 측정, 보고하는 것을 가치사슬원가 계산(value chain costing)이라 부른다.

원가회계에서는 일반적으로 제조단계에서 발생하는 원가계산과 원가배부 등 주로 제품의 제조원가의 측정을 강조하였다. 이러한 원가는 제조성과나 제조원가추세를 파악하는 데 중요한 정보일 뿐이며, 이를 통하여 측정된 제조원가는 외부보고목적을 충족시키는 데 필요한 정보일 뿐 기업의 이익창출에 도움이 되는 관리시스템은 아니다.

제품수명주기에 걸쳐 제품을 평가하고 관리하는 데에는 개발, 마케팅, 대고객서비스기능 등 제조 이외의 기능에서 발생된 많은 원가들은 관리의 측면에서 볼 때, 제조원가보다 더 중요할 수 있다. 제품개발에서 시작해서 제품이 폐기되어 더 이상 기업에서 보조하지 않을 때까지의 기간을 가리켜 제품수명주기(product life cycle)라 한다.

제품수명주기 전반에 걸친 원가의 관리를 활성화하기 위해서는 제품이나 서비스를 고객에게 제공하기 위해 제조과정에서 발생된 원가 이외에 생산 이전 단계와 생산 이후 단계에서 발생되는 원가를 추적하여 측정하고 관리할 필요가 있다.

생산 이전에 발생된 활동과 관련된 원가를 상류원가(up-stream costs)라 부르고, 반면에 생산 이후에 발생된 활동과 연루된 원가를 하류원가(down-stream costs)라 부르기도 한다.

일반적으로 제품의 수명주기는 점점 단축되어 가고 있다. 수명주기가 단축되어 갈수록 상류원가가 점점 중요해지고 있다. 제품에 대한 이러한 상류원가의 식별은 제품가격결정에 중요한 정보를 제공한다.

전통적으로 많은 기업들은 상류원가를 개별 제품에 할당시키려는 노력을 보이지 않았다. 보통 기능별로 분류되어진 원가는 다음 회계기간중에 전액 비용화되었다. 그러나 최근에 경영자들은 어떠한 제품은 다른 제품보다 상류원가를 상당히 많이 소비한다는 사실을 인식하기 시작하였다.

제품이 생산된 후에 발생되는 하류원가도 역시 제품, 고객, 시장지역 등

[그림 15-2] 기업의 가치사슬

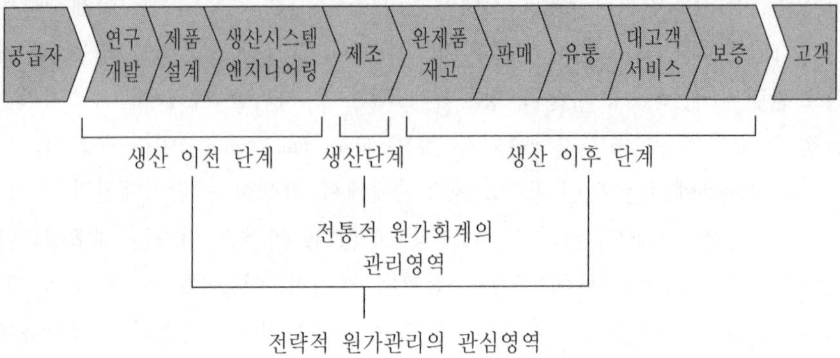

적절한 원가대상별로 식별되어질 수 있다.

가치사슬 원가정보는 전략적 기업의사결정에서 합목적적 원가를 식별해 내는 데 유용성이 크다는 것은 분명하다. 가령 지난 10년간 많은 기업들은 낮은 인건비를 찾아서 제조활동의 많은 부분을 동남아로 내보냈지만, 제조활동을 외국으로 이전시키는 많은 의사결정은 단지 국내임률과 국외임률 간의 인건비 차이에 기초한 것이었다. 여기서는 그 밖에 고려해야 할 원가인 상류원가와 하류원가가 거의 고려되지 않았다. 그 결과 어떤 기업들은 운송비, 외국노동자훈련비, 주재국 세무 및 회계 보고와 관련된 회계처리비, 그리고 대고객이미지실추에 따른 기회비용 등 인건비절감보다 더 큰 손해를 끼치게 되었다는 것이 그 근거가 될 것이다.

2. 제품수명주기 원가관리시스템

(1) 제품수명주기관리의 관점과 기본개념

일반적으로 제품수명주기의 개념은 제품 및 서비스의 마케팅관리상 도입기, 성장기, 쇠퇴기로 구분하여 관리하는 데서 출발하였다. 첨단제품일수록 보통 성숙기와 쇠퇴기가 도입기와 성장기에 비해 매우 짧다. 따라서 기업은 각 제품의 수명주기를 고려하여 이익의 최적화방안을 모색하여야 할 것이다.

수명주기원가 계산에 포함되는 항목으로는 크게 세 가지로 분류할 수 있는데, 초기자본투자액으로 연구개발원가, 설계원가, 제조원가 등이 있고, 운영 및 보수 비용으로는 재료비, 노무비, 제조간접비, 소모품비, 수리비 등이 포함되고, 처분원가로는 철거 및 처분비 등이 있다.

전통적인 제품원가계산 제도는 단지 생산단계에 초점을 맞추고 있기 때문에 제품을 생산하기 이전 단계에서 발생한 원가나 제품이 생산된 이후에 발생된 원가는 모두 기간비용으로 처리된다. 이렇게 발생한 기간비용은 각 제품과 연계되지 못하며, 이로 인해 원가기획 및 원가관리에 충분한 정보를 제공하지 못하고 있다.

한편 일반적으로 제품의 수명주기는 어떤 제품의 연구개발에서 폐기처분에 이르기까지의 과정을 의미하고, 이들의 전체원가를 측정하고 분석하는 기법을 제품수명주기 원가계산(product life cycle costing)이라고 정의한다. 이 원가계산방법은 특히 수명주기가 짧은 고기술제품을 생산하는 기업에 있어서 더욱 적합하며, 대표적인 산업으로는 컴퓨터, 전자, 자동차 산업을 들 수 있다.

제품수명주기는 제품수명주기의 여러 단계에서 경영과 판매방법에 관련이 있는데, 여기에서는 마케팅, 생산자 및 소비자, 그리고 사회적 관점에서 제품수명관리를 살펴보기로 한다.[1)]

[그림 15-3] 전통적원가계산제도의 2단계 원가배분과정

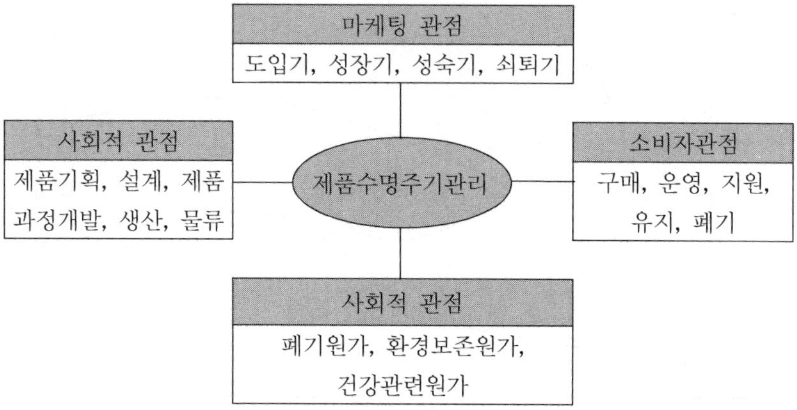

1) G. Susman, "Product Life Cycle Management," *Journal of Cost Management*, Summer 1989, pp. 8-22.

1) 마케팅관점

마케팅분야에서는 모든 제품들이 생물체와 같이 새로이 만들어지고, 성장 및 성숙 단계를 걸쳐 마지막에는 사라지게 되는 제품수명주기에 관한 이론이 오래 전부터 활용되어져 왔다. 기본적으로 마케팅에서의 제품수명주기는 제품의 판매수익곡선에 초점을 두고 있기 때문에 매출액을 예측하고 마케팅전략을 계획하는 데 활용되어 왔다.

일반적인 제품수명주기는 도입, 성장, 성숙, 쇠퇴기의 과정을 거치게 된다. 도입기(start-up)에서는 매출액이 매우 적다. 하지만 시장조사, 제품개발 등으로 인해 비용은 많이 발생하게 된다. 성장기(growth)에서는 제품개량에 관련된 원가와 판매촉진비용이 증가하고 또한 매출도 증가한다. 이 단계에서 이익이 증가하나 재투자로 인해 매우 낮은 현금유입이 있거나 순현금유출이 계속된다. 성숙기(maturity)에서는 이익이 장기적으로 증가하여 초과현금흐름이 실현된다. 이 단계에서 과거자료를 토대로 미래원가를 예측하는 것이 가능하다. 쇠퇴기(harvest)에서는 새로운 투자가 요구되지 않고, 인건비가 감소하기 때문에 비용이 감소하나 점차 매출이 감소하여 이익도 감소추세를 보인다.

[그림 15-4] 제품수명주기곡선

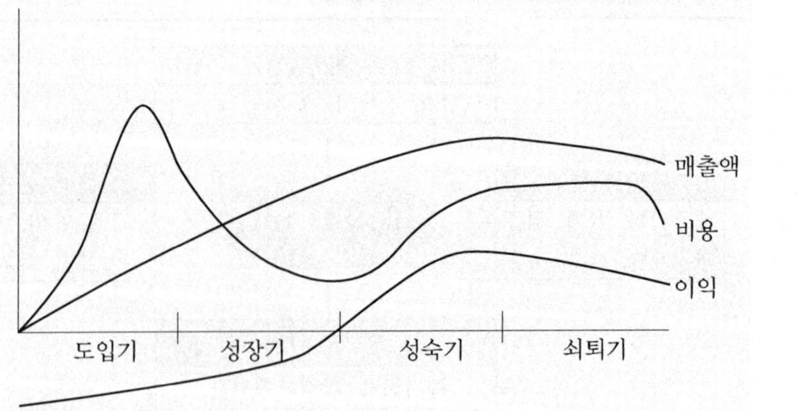

2) 사용자관점

사용자관점에서의 제품수명주기 원가계산은 특정 제조의 취득 및 수명주기 전체기간의 보유원가를 합친 비용을 고려하는 조달과정으로 정의된다. 예를 들어 자동차를 살 경우 일반적으로 구입시 가격을 고려하여 구매하지만, 이와 더불어 자동차의 예상수명 및 수선유지비, 중고판매가 등 자동차의 수명기간 동안의 모든 요소를 고려하게 된다.

이처럼 사용자입장에서 고려해야 할 원가는 제품의 취득원가와 사용원가이다. 이 두 원가의 관계는 서로 상충관계에 있어서, 즉 취득원가가 싸지만 보수, 수선, 처분 등에 드는 비용이 비싼 제품과 취득원가가 비싸지만 그 후에 드는 비용이 싼 제품의 구매에 관한 의사결정을 해야 한다.

제품수명주기 원가계산의 원가요소는 초기투자액, 운영·보수비용, 처분원가의 세 그룹의 상충관계에 의해 결정된다.

[그림 15-5]는 사용자관점의 제품선택시 상충관계를 나타내는 것으로 (a)는 사용자가 내구재의 구매의사결정시 고려할 것으로 여기는 것들을 요약, 제시한 것이고, (b)는 제품의 대안간의 상충관계로서 굵은 선은 구매하고자 하는 제품의 예상되는 원가를 나타내고, 점선은 그 제품의 대안으로부터의 수명원가를 나타내어 양자간의 상충관계를 나타낸다.

[그림 15-5] 소비자관점에서 본 제품수명주기의 상충관계

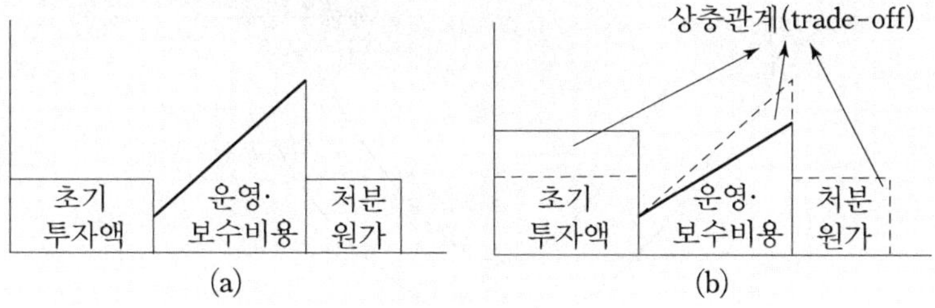

3) 생산자관점

생산자관점에서 제품수명주기 원가를 고려할 때 매출증가에 더 적극적인 전략을 펼치게 된다면 가격을 낮추어야 할 것이고, 결국 생산자는 생산하는 데 비용이 적게 발생하는 제품을 생산하게 될 것이다. 이 때 사용자입장에서 구매원가는 낮아지게 되나, 그 제품은 내구성이나 신뢰성의 저하로 사용자의 사용원가는 증가한다. 반대로 내구성이나 신뢰성이 뛰어난 제품을 설계하면 사용자비용은 적게 들지만, 그 반면 생산자비용은 증가한다. 결국 생산자도 사용자와 마찬가지로 미래의 사용원가가 증가하더라도 생산원가를 줄일 것인가, 아니면 미래의 사용원가를 줄이기 위해 현재의 생산원가를 증가시킬 것인가에 대한 의사결정을 해야 한다.

생산자입장에서도 사용자입장과 마찬가지로 초기투자액, 운영·보수비용, 처분원가의 세 그룹의 원가요소가 상충되는데, 처분원가가 일정하다고 가정하면 초기투자액과 운영·보수비용 간의 상충관계가 남게 된다.

[그림 15-6]을 보면 운영·보수비용 곡선은 제품의 신뢰성 및 내구성에 대해 우하향곡선으로, 초기투자액곡선은 제품의 신뢰성 및 내구성에 대해 우상향곡선으로 나타난다. 이 두 곡선이 만나는 점이 전체 수명주기원가가 최소가 되는 점이며, 경제적으로 최적의 신뢰성 및 내구성을 결정하는 점이 된다.

[그림 15-6] 제품수명주기 원가곡선

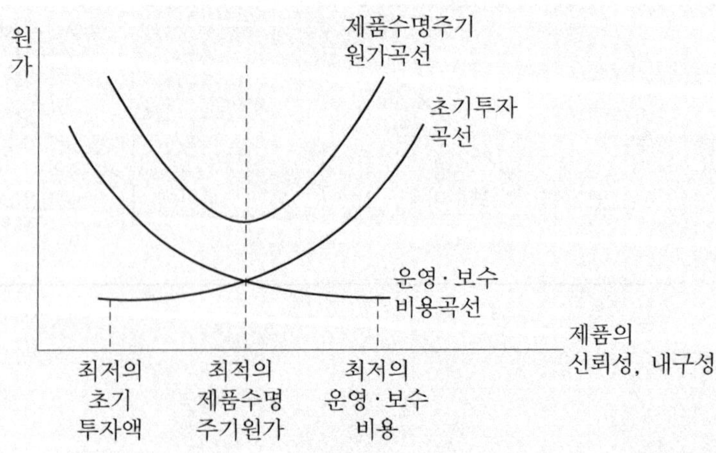

4) 사회적 관점

사회적 관점에서의 제품수명주기 원가는 제품을 생산함에 따라서 발생되는 공해 등의 피해를 줄이기 위한 원가, 그리고 제품의 폐기와 관련해서 발생하는 폐기원가 등을 제품수명주기 원가에 포함하는 관점이다. 예를 들면 제품 오염으로 인한 건강관련원가 등이 있다. 미래에 효과적인 제품수명주기 원가관리를 위해서는 이러한 사회적 관점이 반드시 고려되어야 한다.

(2) 제품수명주기 원가계산의 사례와 목표원가계산

1) 제품수명주기 원가계산의 사례

원광산업에서는 제품 B를 1년에 걸쳐 개발되어 18개월의 수명을 지닐 것으로 예측하고 있다. 전통적인 원가계산에 의한 이 제품에 대한 제조원가보고서와 손익계산서는 다음과 같이 작성될 것이다.

〈전통적 원가계산에 의한 제품 B의 제조원가보고서 및 손익계산서〉

제조원가보고서

원광산업		2007년 1월 1일-2007년 6월 30일
생산량		10,000단위
직접재료비	850,000원	
직접노무비	150,000	
제조간접비	880,000	
총 제조원가	1,880,000	

손익계산서

원광산업		2007년 1월 1일-2007년 6월 30일
판매량		10,000단위
매출액	3,750,000원	
매출원가	1,880,000	
매출총이익	1,870,000	

제품매출총이익률＝1,870,000원/3,750,000원＝49.87%

제품수명주기 원가계산서에서는 전통적인 제조원가에 추가하여 특정 제품과 관련해서 발생한 연구개발, 제품설계 및 생산시스템 디자인, 그리고 생산설비를 위한 특수도구 등과 관련해서 생산 이전에 발생된 원가가 포함된다. 뿐만 아니라 특정 제품과 관련해서 생산 이후에 발생된 원가도 포함된다. 제품수명주기 동안 발생한 이러한 상류 및 하류 원가를 모두 포함시킨 결과 제품의 수명주기원가 및 이에 따른 제품성과보고서는 다음과 같이 나타난다.

〈제품수명주기 원가자료〉

원광산업 2007년 1월 1일-2007년 6월 30일

생산판매량		10,000단위
생산 이전의 원가		
연구개발	350,000원	
제품설계	240,000	
생산시스템설계	170,000	
도구제작	230,000	
(총 생산 이전 원가)		990,000원
제조원가		
직접재료비	850,000원	
직접노무비	150,000	
제조간접비	880,000	
총 제조원가	1,880,000원	
생산 이후 원가		
마케팅	345,000원	
주문처리	75,000	
배 송	65,000	
대고객서비스	160,000	
보 증	280,000	
(총 생산 이후 원가)		925,000원
총 제품수명주기 원가		3,795,000원

단위당 총 제품수명주기 원가 = 3,795,000원/10,000단위 = 379.50원/단위

〈제품수명주기 성과보고서〉

원광산업		2007년 1월 1일-2007년 6월 30일
매출액		3,750,000원
수명주기원가		
생산 이전 원가	990,000	
매출원가	1,880,000	
생산 이후 원가	925,000	
(총 제품수명주기 원가)		3,795,000
기업이익에 대한 제품의 공헌		(45,000)원

위의 제품수명주기 원가자료에 나타난 바와 같이 제조원가와 비교해 볼 때, 비제조원가는 상당히 큰 편이었다. 제품수명주기 원가를 고려한 제품 B의 성과보고서에는 제품수명주기 동안 본 제품은 원광산업 전체에 대하여 45,000의 손실을 가져다 주는 것으로 나타났다.

위의 [사 례]에서 나타난 원가자료에 의하면 단위당 총 제품수명주기 원가는 379.50원으로 판매가격 375원보다 4.5원이나 높은 것으로 나타났다. 회사경영층은 어떤 제품이 전략계획을 달성함에 있어 경쟁적인 요소가 있는지를 결정하기 위해 제품수명주기 원가자료를 가지고 제품을 평가해야 한다. 특히 신제품의 경우 기업은 특정 제품이 기업의 전략적 목표를 충족시키고 있는가를 평가하려면, 생산원가뿐만 아니라 모든 상류 및 하류 원가를 추정해 보아야 한다. 이와 같이 보다 현명한 제품관리 의사결정을 내리기 위해서는 제조원가뿐만 아니라 제품과 관련되는 모든 상류 및 하류 원가를 식별하는 것이 중요하다.

2) 목표원가계산과의 관계

목표원가계산(target costing)이란 불연속적인 제조공정에서 생산되며, 비교적 제품수명주기가 짧은 제품에 초점을 맞춘 수명주기 원가관리와 같은 맥락에서의 원가기획방법이라 할 수 있다. 따라서 목표원가계산은 제품의 기획, 설계 등 제조 이전 단계에서 주로 활용된다.

목표원가계산은 운송장비, 정밀장치, 전자, 기계 등의 산업을 중심으로 일본기업들에서 널리 사용되고 있는 관리회계기법이다. 일본기업들은 적시생산시스템의 성공적인 적용으로 생산단계에서는 더 이상의 원가절감이 곤란해지자

원가절감의 초점을 생산 이전 단계에 맞추어 목표원가계산을 사용하게 되었다. 현재 이 방법은 우리 나라와 미국의 기업들에서도 관심을 가지고 적용되고 있다. 목표원가계산은 단순한 원가통제방법이 아니라 원가 및 이익관리의 종합적인 접근방법이다.

목표원가계산은 전통적 원가계산과 원가절감을 위한 프로세스가 크게 다르다. 즉 전통적 원가계산방법에서 기업들은 고객의 요구사항에 대한 시장조사를 한 후 이에 따라 제품설계에 들어간다. 이 단계에서 제품원가는 제품설계의 중요 요인이 아니다. 엔지니어와 설계자가 제품설계를 결정한 후 기업들은 공급자들로부터 필요한 가격정보를 받아 제품원가를 추정한다. 만약 추정원가가 너무 높다고 판단되면 제품설계를 수정할 수도 있다. 전통적 원가계산방법에서 이익은 기대판매가격과 추정제조원가 간의 차이로 나타난다. 이 관계를 등식으로 표현하면 다음과 같이 표시할 수 있다.

이익＝판매가격－제품원가

또 다른 전통적인 방법인 원가계산방식에서는 추정제품원가에 추정이익을 더해서 판매가격을 산정한다. 이를 등식으로 표현하면 다음과 같다.

판매가격＝제품원가＋이익

이와 같이 전통적인 방법에서는 제품설계자들은 특정 원가목표를 달성하고자 시도하지 않는다.

목표원가계산에서는 제품원가를 결정하는 사고방식과 절차가 전통적 원가계산과는 크게 다르다. 고객요구사항을 결정하는 시장연구와 그에 따른 제품설계 등 처음의 두 단계는 전통적 원가계산과 크게 다르지 않다. 그러나 그 이후의 과정은 크게 다르다. 즉 그 다음 단계인 목표판매가격과 목표제품생산량의 결정은 기업이 인식하는 고객들이 부담하고자 하는 해당 제품의 가치에 의존한다. 목표이익은 보통 매출수익률을 기초로 한 장기이익분석으로부터 산출한다. 매출수익률은 각 제품별 수익성과 가장 밀접하게 연계되어질 수 있기 때문에 가장 널리 사용되는 성과측정치이다. 목표원가는 목표판매가격과 목표이익 간의 차이이다.

목표원가계산 방법에서의 이러한 관계를 등식으로 표현하면 다음과 같다.

목표원가 = 목표판매가격 − 목표이익

(3) 제품수명주기 원가정보의 활용

1) 제품수명주기 예산편성 및 가격결정

제품수명주기 예산편성(product life cycle budgeting)은 제품의 기획, 연구개발에서부터 고객에게 서비스를 제공하는 단계까지 그 제품에 대해 수익과 원가를 추정하는 것을 말한다. 제품수명주기 예산은 경영자에게 제조단계에서 발생하는 원가가 아니라 제조 이전 단계에서부터 제조 이후 단계까지 모든 단계에서 발생하는 원가보다 많은 수익을 얻을 수 있도록 가격을 설정하는 데 중요한 정보를 제공한다.

제품수명주기 원가는 [그림 15-7]에서 보는 바와 같이 하나의 제품을 생산하기 위해서는 시간의 흐름에 따라 크게 제품기획, 예비설계, 상세설계, 제조, 그리고 물류 및 지원단계로 나누어 볼 수 있다. [그림 15-7]에서 확정원가(committed)란 제품의 원가를 결정하는 데 기여하는 크기를 말하며, 이에 반하여 실제발생원가는 제품원가로 인식할 수 있는 비용이 실제로 발생된 것을 말한다.

중요한 점은 제조단계 이전까지의 실제발생원가는 단지 10%에 불과한 반면, 제품수명주기 동안 발생하는 총 원가의 95%가 제조 이전의 단계에서 이미 확정됨을 알 수 있다.

[그림 15-7] 제품수명주기원가

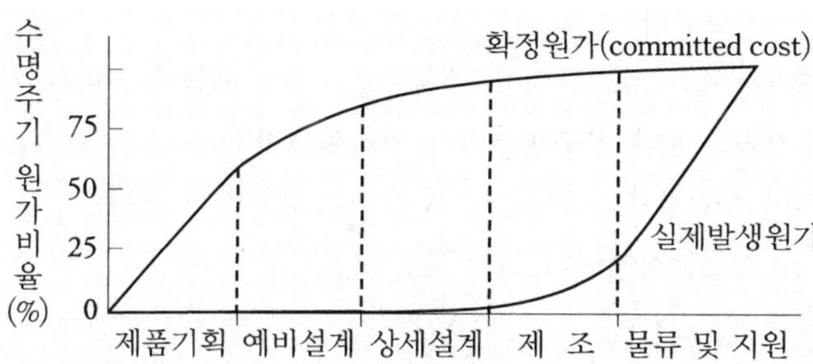

2) 신제품도입에 관한 의사결정

제품수명주기 원가계산은 신제품의 도입 여부에 관한 의사결정에 중요한 정보를 제공해 준다. 즉 신제품의 도입을 정당화하기 위해서는 전술한 바와 같이 해당 제품의 수명주기 동안에 발생하는 모든 원가를 회수할 만큼의 충분한 수익을 창출해야만 한다. 특히 컴퓨터, 전자제품 등과 같은 제품을 생산하는 기업에서는 제품의 수명주기가 짧아 가격정책이나 생산방법 등을 조정할 만큼 시간이 충분하지 않다. 따라서 이러한 제품을 생산하는 기업에서는 제품이 확정되기 전에 제품수명주기 원가의 회수 여부를 확인하여야 한다.

3) 제품수명주기보고서

제품수명주기 보고서(product life cycle report)는 개별 제품별로 다년간에 걸치는 제품수명주기 단계별로 실현되는 수익 및 발생된 비용을 요약한 보고서를 정기적으로 작성하여 보고하는 문서로, 이를 이용하여 경영자는 신제품개발전략의 성과를 일목요연하게 파악할 수 있을 뿐만 아니라 적절한 시정조치를 강구할 수 있다. Horngren과 Foster(1997)는 제품수명주기보고서의 효익을 다음의 세 가지로 요약하였다.

첫째, 각 제품과 관련된 모든 원가가 종전보다 훨씬 명확해진다. 제조원가는 일반적으로 회계시스템에서 명확하게 나타나지만, 제조 이전 단계나 제조 이후 단계와 관련된 원가들은 종종 명확하지 않다.

둘째, 각 제품별로 총 발생원가 중 수명주기 초기단계에서 좌우되는 비율을 계산함으로써 제품별로 상이할 수 있는 초기개발 및 수익예측의 중요성을 파악할 수 있다. 즉 초기단계에서 결정되는 비율이 높으면 높을수록 초기개발의 중요성이 중요하다.

셋째, 원가요소 상호간의 관계를 강조하기 때문에 이들간의 상호 관계가 명확해진다. 예를 들면 연구개발비와 제품설계비를 크게 삭감하는 기업들은 나중에 고객서비스원가가 크게 증가하는 것을 경험하게 된다. 이러한 분석경험이 축적될 경우 설계단계에서의 원가영향 정도(cost impact)를 비교적 정확히 계량화할 수 있다.

3. 품질원가관리시스템

(1) 품질원가의 의의와 분류체제

품질원가(cost of quality or quality cost)란 제품이나 서비스의 품질에 관련해서 발생되는 원가로서, 이미 발생되었거나 발생된 급부에 대한 개념이다. 즉 제품의 세부사항을 지키지 않는 부적합원가라고 할 수 있다. 따라서 제품 그 자체의 제조원가인 재료비, 노무비, 제조경비 등은 이에 포함되지 않고, 다만 불량품의 생산, 예방, 검사, 수리 등과 관련된 원가만을 포함한다. 그런데 이러한 품질원가의 자료는 지금까지 생산자에 의해서 사용되어 왔으며, 그들은 공장중심의 품질과 관련한 제조경비의 측정에 관심을 가져왔다. 그러나 사실 품질원가는 마케팅-설계-제조-출하의 과정에서만 발생하는 것이 아니라 제품의 전체수명주기에 걸쳐 발생한다.

따라서 품질원가의 발생은 생산자뿐만 아니라 소비자와 관련되어 있다. 즉 전체생산과정은 물론 소비과정의 모든 활동과 관련해서 원가가 발생하는 것이다. 그러므로 앞으로의 품질원가이론은 사용자품질원가를 포함하여 제품수명주기 중심의 원가측정으로 발전될 것으로 예상된다.

품질원가의 기본적 개념은 제품을 처음부터 올바르게 제조하였을 경우 추가원가가 발생하지 않는다는 것이다. 예를 들면 제조공정에서의 불량품은 재작업 또는 재검사가 요구되고, 검사에서 불량품이 발견되었을 경우에는 원재료의 재구입 또는 대체나 활동이 추가적으로 실시되어야 하며, 불량품을 판매하였을 경우에는 고객으로부터 클레임을 받게 된다. 아울러 불량이 발생할 것을 방지하기 위해서 품질계획을 수립하거나 회의, 교육 등이 지속적으로 전개되고 있으며, 원자재, 재료, 부품 등 생산시스템에의 투입요소가 요구되는 조건을 만족시키고 있는가와 생산된 제품의 적합성 여부를 판단하기 위해서는 각종의 검사나 시험이 실시되어야 한다. 이러한 모든 경우에는 추가적 원가가 발생되는바, 이것이 곧 품질원가이다.

품질원가는 학자에 따라 여러 가지 유형으로 분류되지만, 최근에 관리회계분야에서는 실패원가를 내적 실패원가와 외적 실패원가로 세분화하여 네 가지로 분류체계를 소개하고 있다. 품질원가의 개념에 의거한 품질원가의 분류체

[그림 15-8] 품질원가의 분류체계

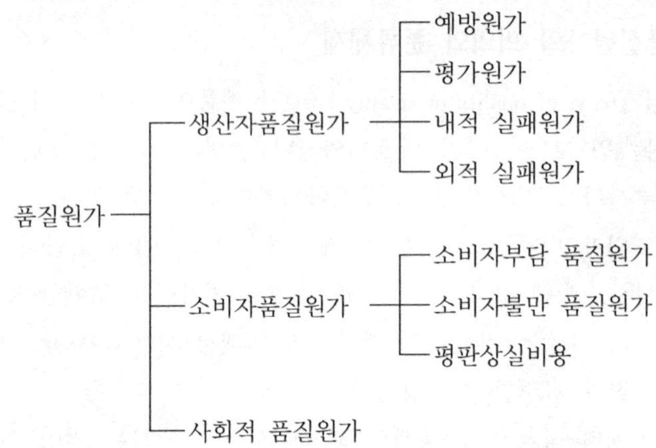

계는 [그림 15-8]과 같다.[2)]

1) 생산자품질원가

생산자품질원가는 생산흐름으로부터 불량을 제거하기 위한 활동에 관련된 생산자의 관리, 통제가 가능한 원가로 예방원가, 평가원가, 실패원가로 세분된다. 이는 처음부터 올바르게 생산되지 못하였거나 또는 그 가능성이 있을 때 생산자가 부담하여야 할 원가를 의미하는 것이다. 올바르지 못한 적합품질의 가능성에 의해 예방원가와 평가원가로 분류하고, 올바르지 못한 적합품질이 존재함에 의해 내부실패원가와 외부실패원가로 나누어진다. 생산자품질원가의 범주는 다음과 같다.

① **예방원가**(prevention costs)

불량품의 생산을 예방하기 위해 지출되는 원가로서 재무적인 관점에서 보면 비용이라기보다는 기계, 기술, 교육에 대한 투자로 볼 수 있다. 이러한 예방원가는 대부분이 고정비이고, 장래의 비용발생을 회피하기 위한 투자이므로 계량화가 어려워 보통 무시하는 경향이 있다.

2) H. L. Gilmor, "Consumer Product Quality Cost Revisited," *Quality Progress*, 1983, p. 33.

② **평가원가**(appraisal costs)

제품이 고객에게 인도되기 전에 품질수준이 규격에 적합한지를 측정, 평가, 검사하는 활동에 소요되는 원가를 말한다. 따라서 평가원가는 제품의 상태를 결정하고, 또는 제품이 시방서를 지키고 있는지를 결정하는 데 발생한다.

③ **내부실패원가**(internal failure costs)

제품, 부분품, 재료 등이 품질요구조건을 충족시키지 못하고 공장내부에서 손실을 유발시키기 때문에 발생하는 원가이다. 즉 이것은 제품 및 용역 등이 외부고객에게 발생되기 전에 발견됨으로써 발생하는 원가이다. 이것은 평가활동에 의하여 발견되는 실패원가를 의미한다. 이러한 실패원가는 불량품이 존재하지 않으면 사라진다.

④ **외부실패원가**(external failure costs)

제품 및 용역이 고개에게 인도된 이후에 품질요구조건을 충족시키지 못했을 때 발생하는 원가이다. 모든 원가 중에서 이 범주에 속하는 것이 가장 낭비적이다. 이러한 원가는 내부실패원가와 같이 불량품이 존재하지 않으면 사라진다.

2) 소비자품질원가

소비자품질원가는 제품의 사용과 관련하여 소비자입장에서 본 소비자품질원가이다. 생산자품질원가에서와 마찬가지로 소비자품질원가도 품질수준과 관련하여 전체품질원가에 영향을 미친다. 소비자품질원가에 관한 최초의 논의는 미군의 구입병기에 대한 라이프 사이클원가로 1950년 경부터 시작되어 1966년에 제도화된 것이다. 그러나 소비자품질원가에 대한 본격적인 논의는 J. M. Juran이 "소비자의 소비원가"[3]라는 용어를 사용하면서 시작되었다. 이러한 소비자품질원가는 ① 소비자부담 품질원가, ② 소비자불만 품질원가, ③ 평판상실원가로 분류할 수 있다.

① **소비자부담 품질원가**

제품의 사용과 관련해서 발생하는 품질원가 중 소비자가 부담하는 원가로서 고장으로 인한 잔업원가, 불량제품을 설비로 사용하기 때문에 나타나는 추

3) J. M. Juran, "Quality Contorl Handbook," *Quality and Income*, 3rd ed., Section 4, McGraw-Hill Book Co., 1979, p. 4.

가비용 및 생산성저하손실, 유휴설비로 인한 인건비, 보증기간중의 수선비용, 교통비 등이 포함된다.

② 소비자불만 품질원가

제품의 품질문제로 발생되는 소비자의 불만과 관련된 품질원가로서 품질에 대한 소비자의 불만정도를 원가의 속성으로 나타낸 질적 품질원가이다. 이는 품질향상에 따라 감소하는데, 일정수준에 도달할 때까지는 급격한 원가의 감소를 나타내지만 그 이후에는 감소율이 급격히 둔화된다.

③ 평판상실원가

이 원가는 일종의 기회원가이며 측정하기가 매우 어렵다. 이는 개별 제품에 관한 것이라기보다는 기업에 대한 소비자가 태도를 반영한다는 점에서 소비자불만 품질원가와 다르다. 평판상실원가는 그 회사에서 생산되는 모든 제품에 확산되기 때문에 개개의 제품별로 파악하기는 어렵지만, 그 기업에서 생산되는 모든 제품을 대상으로 기업 전체적인 영향을 측정하는 것이다.

3) 사회적 품질원가

품질원가는 생산자품질원가에서 사용자품질원가로 발전되었으며, 그 범위가 더욱 확대되어 생산자와 사용자 이외의 제 3 자를 고려한 품질원가인 사회적 품질원가가 전개되었다.

사회적 품질은 특정 산출물의 사용자 이외의 제 3 자, 즉 불특정다수에게 미치는 불편함의 정도 및 자연파괴의 정도이다. 다만, 특정 제품의 이용에 불가결한 부속물인 산업폐기물, 진동, 악취, 공해, 환경오염 및 자연훼손 등 제품 그 자체와 동일하게 취급한다.

사회적 품질원가는 대부분 일본을 중심으로 전개되었고, 일본에서 전개된 사회적 품질원가는 자동차배기가스와 가전제품의 스크랩처리가 사회문제로 등장되면서부터 시작되었고, 그 이후에는 제품이 일반대중과 환경에 미치는 영향에 대한 관심이 고조되고, 아울러 제품책임의 추구가 활발히 진행됨에 따라 본격화되었다.

이러한 사회적 환경 하에서 이루어지고 있는 제품책임 대체원가는 기업의 품질원가를 구성하는 중요한 하나의 사회적 품질원가로 분류하여 포함되어야 한다.

사회적 품질원가를 연구한 L. A. Seder는 사회적 품질원가의 구성내용으로서 ① 법정재판을 위한 원가와 보험료, ② 결점제품 회수원가, ③ 회수 및 재판 등에 따른 기업의 나쁜 평판을 회복하는 데 필요한 원가, ④ 수리나 서비스 등 사용자불만을 해소하기 위한 원가, ⑤ 정부의 규제에 적합하다는 것을 증명하기 위한 시험원가 등으로 규정되었다.

(2) 품질원가의 관리적 이용

품질원가보고서에 의한 품질원가정보를 바탕으로 원가관리활동, 품질관리활동 등에 필요한 정보를 산출하여 품질과 관련된 제 의사결정에 도움을 주는 과정이다. 품질원가의 분석은 크게 분석기준대비 품질원가 비율분석, 품질원가의 구성요소간의 상호 관계분석이 있다.

1) 비율분석

품질경영의 성과측정을 다룬 J. D. Breeze의 연구에 의하면 예방 및 평가원가의 증가가 실패원가의 감소를 가져오는가에 대한 실증연구를 통해 품질개선프로그램은 품질원가의 감소와 생산성향상을 가져온다는 것을 보여 주고, 품질원가의 절감을 위한 방법으로 예방원가와 실패원가의 상호 관계를 고려한 적정비율의 탐색을 주장하였다. 또한 Cawsey의 연구는 무결함제품의 생산쪽으로 접근할수록 예방원가의 비중은 증가하고, 실패원가의 비율은 줄어든다는 것을 제시하였다.

그리고 품질원가의 구성비율의 변화를 시간의 흐름에 따라서 표시한 추세분석은 과거의 품질원가와 현재의 품질원가를 비교하기 위한 가장 단순한 방법으로 품질개선프로그램의 계획 및 평가와 관련한 의사결정목적에 용이하기 위해서는 적어도 1년간 품질원가자료가 축적되어 있어야 의미 있는 이용이 가능하다. 품질원가의 추세분석과 관련하여 품질원가를 조직구성원이 쉽게 알아볼 수 있도록 도식화하는 방법을 고려해야 한다.

도식화는 크게 막대그래프, 꺾은 선 그래프, 도형도표의 형태로 구분할 수 있다.

도형도표는 단일기간의 품질원가의 상대적 구성비를 보여 주는 장점이 있지만, 단기간으로 확대시킬 경우 품질원가의 주요 추세변화를 설명해 주지 못하는 단점이 있다. 이에 반해 막대 및 꺾은 선 그래프는 품질원가의 추세를 보여 준다는 데서 그 장점이 있지만, 이들 그래프는 각 부문의 상대적 기여도 및 품질불량의 원인을 밝혀 주지 못하므로 상대적으로 조직구성원의 품질관련 투입 및 참여를 촉진시키기 어렵다는 한계를 지닌다.

2) 상호 관계분석

상호 관계분석은 생산자품질원가인 실패원가와 예방 및 평가 원가 간의 상호 관계를 규명하는 것이다.

품질원가 상호 관계에 관한 연구는 비율분석연구에 비해 많지 않은 편이다. 상호 관계에 대한 연구는 회귀분석을 이용하여 예방 및 평가 원가의 증가가 실패원가를 어느 정도 감소시키는지에 관심을 둔 Krishnamoorthi의 연구, 그리고 대부분의 일본기업이 품질원가시스템을 채택하지 않고 있음에 착안하여 구미의 품질원가시스템이 생산자품질위주로 되어 있다는 사실을 강조하고 예방원가를 [그림 15-9]와 같이 세분화할 것을 주장한 Masao의 연구가 이에 해당한다.

[그림 15-9] 예방원가의 세분화

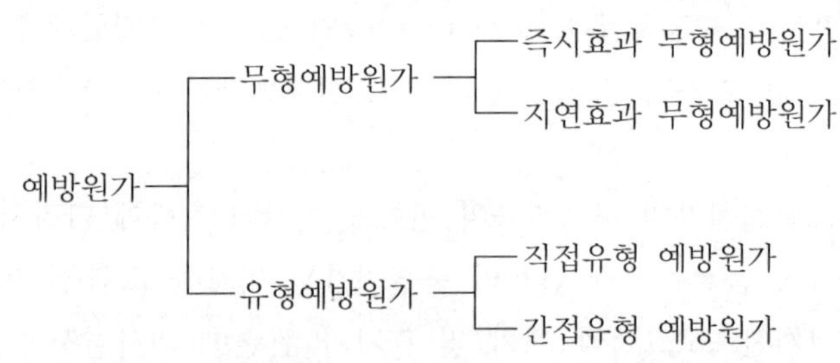

3) 보조분석수단

품질원가를 분석함에 있어 단순히 품질원가의 비율분석과 상호 관계분석으로 품질활동의 능률이나 효율을 분석하는 데는 부족하다. 품질원가는 다음과 같은 관점에서도 분석되는 것이 필요하다.

① **생산성**(productivity measurement)

최소의 품질원가로 최대의 품질활동을 수행하려는 노력을 분석하는 지표로서 투입원가에 대한 품질활동의 크기로 측정된다. 예를 들면 재료를 검수함에 있어 얼마의 검수원가가 투입되었는지를 분석하는 것 등이다.

② **유효성**(effectiveness measurement)

투입원가를 이미 발생된 것으로 보고, 품질실패로 인한 손실과 투입된 품질원가로 수행된 품질활동의 상대적 질의 문제를 분석하는 것이다. 예를 들면 재료검수원가와 관련된 경우 검수활동이 유효하였다면, 검수된 재료로 인한 생산차질은 별로 발생하지 않아야 한다는 것 등이다.

③ **적시성**(timeliness measurement)

재료구입에 따른 품질활동이 적시에 이루어지지 않는 경우에 생산리드타임은 상당히 지연될 수 있으며, 결과적으로 상당한 판매기회의 상실을 가져올 수 있기 때문이다. 따라서 구입재료의 검수와 보관 등 재료처리의 적시성은 매우 중요한 품질활동의 분석지표가 된다.

(3) 품질원가의 유용성과 한계

1) 품질원가의 유용성

품질원가를 분석, 보고하는 이유는 품질원가가 원가관리활동 및 업적평가의 자료로 이용되기 때문이다. 품질원가이론을 바탕으로 하여 품질원가의 분석이 이루어지고 정규적인 품질원가보고서가 경영관리에 이용된다면, 다음과 같은 유용성을 기대할 수 있다. 또한 현재 품질원가시스템을 운영하고 있거나 계획하고 있는 대다수의 기업이 생산품질원가만을 대상으로 하고 있기 때문에 품질원가정보의 유용성과 후술하게 될 한계 역시 생산자품질원가 정보를 위주로 전개한다.

일반적으로 품질원가정보의 유용성은 다음과 같이 요약된다.

① 품질의 재무적 결과에 대해 인식하기 위하여 부문별, 제품별로 의미 있는 정보를 추가시킨다. 품질의 재무적 결과에 대한 인식은 경영자와 종업원에게 품질향상에 대한 동기를 부여한다. 특히 손익계산서에서 품질원가정보는 품질의 재무적 결과에 중요성을 지적하는 매우 효과적인 방법이다.

② 경영자가 품질원가문제의 상대적 중요성을 평가함에 유용하며, 무엇을 먼저 개선해야 하는가에 대한 지침을 제공한다. 이러한 목적을 달성하기 위한 품질원가정보는 부분별 및 제조별 누적된 품질원가가 적정하며, 상세한 품질원가 데

이터베이스가 필수적으로 요구된다.

③ 최고경영자에게 분배된 자료보다 화폐단위로 측정된 자료가 더 의미 있는 자료가 된다. 비적정배분이란 이론적으로 적정배분이 존재한다는 것을 의미하고 있으며, 총 품질원가를 감소시킴으로써 이러한 이론적 적정배분으로 이동할 수 있음을 암시하고 있다.

④ 품질원가 예산편성에 기여한다. 예산편성과정은 과거의 품질원가정보가 특별히 가치를 지닐 수 있는 주요한 자본적 지출로 인식된다. 품질원가의 분류는 경영자가 모든 관련된 원가를 고려하고, 각 원가가 예상지출에 어떤 영향을 미치게 되는가에 대한 확인을 위한 점검에 기여하게 된다. 이와 같이 품질목표달성에 대한 기업의 성공 여부를 평가함에 도움을 준다. 또한 외부자를 위한 것이 아니라 내부관리자들의 이용을 목적으로 하는 것이며, 특히 품질관리활동에 따른 원가동인에 대한 정보를 제공한다.

⑤ 수립된 품질활동계획이 원활히 이루어지도록 통제역할을 한다.

⑥ 현장의 관리자로 하여금 야심적인 목표를 설정하도록 동기부여하고, 아울러 목표를 달성하도록 도울 수 있게 한다.

2) 품질원가의 한계

품질원가는 상기의 제반 유용성과 함께 몇 가지 한계를 지니고 있다. 이 한계 중에 일부는 품질원가정보에 기인된 것이고, 일부는 다른 회계적 정보가 지닌 한계와 관련된 것이다. 이를 요약하면 다음과 같다.

① 품질원가에는 기회원가가 고려되어 있지 않다. 이는 생산자품질원가 위주로 한계점을 고려하는 것이기 때문이며, 소비자품질원가와 사회적 품질원가에 대한 합리적인 측정모델이 개발된다면 해결될 수 있는 한계이다.

② 품질원가 이외의 원가를 고려하지 않는다는 점이다. 이는

이익=수익－비용
　　=수익－품질원가－그 이외의 원가

라는 등식을 출발점으로 얻어진 것으로 품질원가를 단지 이익을 크게 하기 위한 각종 수단의 선택문제해결법으로 산정할 경우에 한계는 옳다.

③ 품질원가 측정 및 보고 그 자체가 품질문제를 해결해 주는 것은 아니다. 즉 품질문제를 해결하기 위해서는 별도의 품질관리활동이 필요하며, 품질원가의 측정과 보고는 품질의 현상을 파악하기 위한 하나의 수단에 불과한 것이다. 품질원가분석은 단지 더 나은 품질과 생산성을 용이하게 하는 하나의 도구이다.

④ 품질원가보고서는 특정 활동을 직접적으로 제시해 주지 못하며, 기업구성원의

품질향상과 품질원가절감의 활동을 선택하는 의사결정에 도움을 주는 하나의 수단이다. 일반적으로 품질원가보고서는 높은 품질원가를 지니고 있거나 품질원가의 잘못된 배분이 발생된 제품이나 조직을 식별하는 데 도움을 주는 반면, 품질향상에 이용될 수 있는 특정한 접근방법을 제시해 주지는 못한다.

⑤ 품질원가정보는 경영자로 하여금 단기적 품질원가의 절감이라는 잘못된 목표를 삼음으로써 품질의 왜곡을 가져올 수도 있다.

⑥ 노력과 성과가 동일기간 내에 대응되기 어렵다. 품질원가의 효과는 일정한 시차를 두고 나타나는 것이 일반적임에도 단기적인 노력과 성과의 대응을 통해 품질관리활동을 평가함으로써 왜곡된 활동을 초래할 수 있다.

⑦ 최소품질원가는 반드시 최대이익과 최소제조원가를 보장하지 않으며, 품질원가정보가 기업의 품질관리활동의 전부를 평가하지 못하는 경우가 많다.

⑧ 기타 원가측정상의 문제들이 나타날 수 있다. 중요한 품질원가가 누락되거나 부적합한 품질원가가 포함될 수도 있고, 측정에 있어 주관적이거나 측정오류를 포함할 수도 있다. 이러한 기록되지 않는 품질원가를 여러 가지 방법을 이용해 측정하려고 하지만 현실적인 한계가 있다.

이상에서 제시한 품질원가이론의 올바른 이해를 기반으로 품질원가시스템이 각 기업들에 적합하게 수정, 실시된다는 현재의 품질관리활동이 한 차원 높아질 수 있으며, 생산성향상으로 기업의 목표달성과 함께 국제경쟁력강화에 일익을 도모하게 될 것이다.

제15장 Key Words

가치사슬(value chain)
A related sequence of value-creating activities in an organization.

내부실패원가(internal failure costs)
The costs incurred when a defect is discovered before a product or service is delivered to a customer : a cost of non-conformance.

목표원가계산(target costing)
A pricing method that (1) identifies the price at which a product will be competitive in the marketplace, (2) defines the desired profit to be made on the product, and (3) computes the target cost for the product by subtracting the desired profit from the competitive market price.

역류원가계산(backflush costing)
A product costing approach, used in a JIT operating environment, in which all product costs are first accumulated in the Cost of Goods Sold account and then, at period end, flushed back into the appropriate inventory accounts,

예방원가(prevention costs)
The costs associated with the prevention of defects and failures in products and services; a cost of conformance.

외부실패원가(external failure costs)
The costs incurred after the delivery of a defective product or service; a cost of non-conformance.

적시운영시스템(Just In Time : JIT)
A production and inventory control system in which materials are purchased and units are produced only as need to meet actual customer demand.

전략적 원가관리(strategic cost management)
Overall recognition of the cost relationships among the activities in the value chain, and the process of managing those cost relationships to a firm's advantage.

전사적 품질관리(Total Quality Control : TQC)
A product-quality program in which the objective is complete elimination of product defects.

전사적 품질관리(total quality management)
The broad set of management and control processes designed to focus and entire organization and all of its employees on providing products or services that do the best possible job of satisfying the customer.

제품수명주기 원가계산(product life cycle costing)
The accumulation of costs that occur over the entire life cycle of a product.

평가원가(appraisal costs)
The costs of activities that measure, evaluate, or audit products, processes, or services to ensure conformance to quality standards and performance requirements : a cost of conformance.

품질(quality)
The result of an operating environment in which a product or service meets or conforms to a customer's specifications the first time it is produced or delivered.

품질원가(costs of quality)
The costs specifically associated with the achievement or non-achievement of product or service quality.

활동기준 원가관리(Activity Based Management : ABM)
Using an activity-based costing system to improve the operations of an organization.

연습문제

* After reading the each problems, Choose the best item.

1. Which of the following is not a basic concept underlying just-in-time operations?
   A. an emphasis on quality and continuous improvement
   B. producing goods only as they are needed
   C. maintaining inventory levels to support probables demand
   D. use activity based costing to calculate product costs

2. Which of the following are not elements of JIT philosopies?
   A. maintain the minimum inventory levels
   B. purchased materials in smaller lot size
   C. set up machines with expensive costs
   D. large space and money are tied up in inventory

3. In a backflush costing system, all product costs are first charged to the :
   A. materials inventory account.
   B. finished goods inventory account.
   C. cost of goods sold account
   D. work in process inventory account.

4. ABM & JIT are not similar in these concepts :
   A. accurate product costs.
   B. reduce or eliminate non-value adding activities.
   C. improve the allocation resource.
   D. improve product quality & efficiency.

5. In a traditional costing system, direct materials that arrive at the factory flow first into the :
   A. cost of goods sold account.
   B. finished goods inventory account.
   C. materials inventory account.
   D. work in process inventory account.

6. Which of the following is not a key feature of the JIT system?
   A. rigid facilities and unskilled workers

B. a smooth uniform production rate

C. total quality control

D. quick and inexpensive setups of production machinery

E. a pull method of coordinating steps in the production process

7. Which of the following statements regarding the pull method is (are) true?

Ⅰ – Goods are produced in each manufacturing stage only as they are needed at the next stage. Ⅱ – The pull method greatly reduces work in process inventory Ⅲ – The pull method reduces waiting time and its associated non-value-added cost.

A. Ⅰ and Ⅱ

B. Ⅰ, Ⅱ and Ⅲ

C. Ⅰ and Ⅲ

D. Ⅱ and Ⅲ

E. Ⅱ only

8. Which of the following statements regarding a JIT system is (are) true?

Ⅰ – Materials are purchased and goods are produced only as required. Ⅱ – Employees are highly-skilled at single tasks in order to maintain quality control. Ⅲ – A JIT system is characterized by small lot sizes.

A. Ⅰ and Ⅱ

B. Ⅰ and Ⅲ

C. Ⅱ and Ⅲ

D. Ⅰ, Ⅱ and Ⅲ

E. Ⅰ only

9. Which of the following is not true regarding a JIT system?

A. A Total Quality Control(TQC) system often accompanies a JIT system.

B. Routine equipment maintenance is necessary in a JIT system.

C. The primary purpose of a JIT system is to reduce or eliminate the inventory of raw materials while increasing the inventory of finished goods.

D. An atmosphere of continuous improvement accompanies a JIT system.

E. Machinery is generally grouped into a cellular configuration.

10. Which of the following statements is (are) true about JIT purchasing as compared with conventional purchasing systems?

Ⅰ – Quality control by the supplier is more crucial. Ⅱ – Adherence to delivery schedules by the vendors is more crucial. Ⅲ – Vendors can be dropped or added more quickly.

A. Ⅰ only

B. Ⅱ only

C. Ⅲ only

D. Ⅰ and Ⅱ

E. Ⅰ, Ⅱ, and Ⅲ

11. Under a typical JIT costing system :

A. conversion costs are applied directly to finished goods.

B. conversion costs are applied to manufacturing overhead only.

C. conversion costs are applied directly to cost of goods sold.

D. conversion costs are applied to work in process inventory.

E. conversion costs are not considered.

12. Under a typical JIT costing system, the journal entry to purchase raw materials on account is to debit :

A. work in process inventory and to credit accounts payable.

B. raw material inventory and to credit accounts payable.

C. raw and in-process inventory and to credit accounts payable.

D. purchases and to credit accounts payable.

E. merchandise inventory and to credit accounts payable.

13. Under a JIT costing system, the journal entry to record total applied conversion costs for the period is the debit :

A. finished goods inventory and to credit cost of goods sold.

B. cost of goods sold and to credit conversion costs.

C. conversion costs applied and to credit finished goods inventory.

D. cost of goods sold and to credit finished goods inventory.

E. finished goods inventory and to credit cost of goods sold.

14. Which of the following statements regarding JIT costing is <u>not</u> true?

A. JIT costing is a simpler and less expensive approach to product costing than the job order costing system.

B. JIT costing provides more detailed information than does a job order costing system.

C. When using JIT costing, a cost-benefit decision needs to be made.

D. It is only likely to be used in an environment where production related inventories are kept low.

E. JIT costing is a simpler and less expensive approach to product costing than the process costing system.

15. A typical JIT costing system can also be called a :

A. hybrid costing system.

B. backflush costing system.

C. operation costing system.

D. standard costing system.

E. process cost system.

16. Which of the following is not a stage in a product's life cycle?

A. product planning

B. preliminary design

C. product pricing

D. distribution and customer service

E. production

17. The design of a product and the processes used to produce it so that the product can be manufactured at a cost that will enable the firm to make a profit when the product is sold at an estimated market-driven price is termed :

A. kaizen costing.

B. product costing.

C. target costing.

D. market costing.

E. strategic costing.

18. The process of cost reduction during the manufacturing phase of an existing product is termed :

A. kaizen costing.

B. product costing.

C. target costing.

D. market costing.

E. strategic costing.

19. The definition of continuous improvement does not include which of the following?

A. eliminate waste

B. reduce response time

C. simplify the design of both products and processes

D. abolish slack time

E. improve quality and customer service

20. Product life cycle costing is :

A. the accumulation of costs for activities over the life of the product.

B. the process of production of a finished product.

C. a process of product design and logistics.

D. the accumulation of production costs.

E. the accumulation of design and production costs.

21. Which of the following is not a nonfinancial measure of product quality?

A. inventory turnover rate

B. number of warranty claims

C. vendor delivery data

D. trend in number of customer complaints

22. The time period between acceptance of order and final delivery of product is :

A. delivery time.

B. purchase order time.

C. production cycle time.

D. delivery cycle time.

23. Safe World Co. produces custom-designed safety gear for police vihicle. During April in 200×, The company incurred the following costs of quality :

product testing costs = \$11,200
product warranty claims = \$13,000
scrap and rework costs = \$10,500
product engineering design costs = \$18,900
employee training costs = \$10,100
product simulation costs = \$16,400
total quality costs of conformance for April were

A. $80,100.
B. $56,600.
C. $40,200.
D. $42,400.

24. Using the same information as in question 23, total quality costs of nonconformance for April were :

A. $42,400.
B. $40,200.
C. $23,500.
D. $13,000.

〈부록 1〉 현금의 미래 및 현재 가치표

〈future value of $1.00〉

periods	4%	6%	8%	10%	12%	14%	16%	18%	20%
1	1.040	1.060	1.080	1.100	1.120	1.140	1.160	1.180	1.200
2	1.082	1.124	1.166	1.210	1.254	1.300	1.346	1.393	1.440
3	1.125	1.191	1.260	1.331	1.405	1.482	1.561	1.643	1.728
4	1.170	1.263	1.361	1.464	1.574	1.689	1.811	1.939	2.074
5	1.217	1.338	1.469	1.611	1.762	1.925	2.101	2.288	2.488
6	1.265	1.419	1.587	1.772	1.974	2.195	2.437	2.700	2.986
7	1.316	1.504	1.714	1.949	2.211	2.502	2.827	3.186	3.583
8	1.369	1.594	1.851	2.144	2.476	2.853	3.279	3.759	4.300
9	1.423	1.690	1.999	2.359	2.773	3.252	3.803	4.436	5.160
10	1.480	1.791	2.159	2.594	3.106	3.707	4.412	5.234	6.192

〈future value of series of $1.00 cash flows〉

periods	4%	6%	8%	10%	12%	14%	16%	18%	20%
1	1.000	1.000	1.000	1.000	1.000	1.000	1.000	1.000	1.000
2	2.040	2.060	2.080	2.100	2.120	2.140	2.160	2.180	2.220
3	3.122	3.184	3.246	3.310	3.374	3.440	3.506	3.572	3.640
4	4.247	4.375	4.506	4.641	4.779	4.921	5.067	5.215	5.368
5	5.416	5.637	5.867	6.105	6.353	6.610	6.877	7.154	7.442
6	6.633	6.975	7.336	7.716	8.115	8.536	8.977	9.442	9.930
7	7.898	8.394	8.923	9.487	10.089	10.730	11.414	12.142	12.916
8	9.214	9.898	10.637	11.436	12.300	13.233	14.240	15.327	16.499
9	10.583	11.491	12.488	13.580	14.776	16.085	17.519	19.086	20.799
10	12.006	13.181	14.487	15.938	17.549	19.337	21.321	23.521	25.959

〈present value of $1.00〉

periods	4%	6%	8%	10%	12%	14%	16%	18%	20%
1	.962	.943	.926	.909	.893	.877	.862	.847	.833
2	.925	.890	.857	.826	.797	.769	.743	.718	.694
3	.889	.840	.794	.751	.712	.675	.641	.609	.579
4	.855	.792	.735	.683	.636	.592	.552	.516	.482
5	.822	.747	.681	.621	.567	.519	.476	.437	.402
6	.790	.705	.630	.564	.507	.456	.410	.370	.335
7	.760	.665	.583	.513	.452	.400	.354	.314	.279
8	.731	.627	.540	.467	.404	.351	.305	.266	.233
9	.703	.592	.500	.424	.361	.308	.263	.225	.194
10	.676	.558	.463	.386	.322	.270	.227	.191	.162

〈present value of series of $1.00 cash flows〉

periods	4%	6%	8%	10%	12%	14%	16%	18%	20%
1	0.962	0.943	0.926	0.090	0.893	0.877	0.862	0.847	0.833
2	1.886	1.883	1.783	1.736	1.690	1.647	1.605	1.566	1.528
3	2.775	2.673	2.577	2.487	2.402	2.322	2.246	2.174	2.106
4	3.630	3.465	3.312	3.170	3.037	2.914	2.798	2.690	2.589
5	4.452	4.212	3.993	3.791	3.605	3.433	3.274	3.127	2.991
6	5.242	4.917	4.623	4.355	4.111	3.889	3.685	3.498	3.326
7	6.002	5.582	5.206	4.868	4.564	4.288	4.039	3.812	3.605
8	6.733	6.210	5.747	5.335	4.968	4.636	4.344	4.078	3.837
9	7.435	6.802	6.247	5.759	5.328	4.946	4.607	4.303	4.031
10	8.111	7.360	6.710	6.145	5.650	5.216	4.833	4.494	4.192

〈부록 2〉 연습문제 용어정리

제 1 장 연습문제 용어정리

1. goals of an organization(조직의 목표)
profitability and growth(수익성과 성장)
cost minimization(원가최소화)
product quality(제품의 품질)
market diversification(시장다양화)
community service(지역사회 서비스)
* produce(생산하다), production(생산), products(생산물, 제품)
profit(이익, 수익, 이윤)은 loss(손실)과 대칭개념이다.
expense & revenue(비용과 수익), cost & benefit(원가와 수익) 등이 같은 대칭개념.

2. management process(기업경영의 과정)
decision making(의사결정)
planning & directing(계획과 지시)
controlling & coordinating(통제와 조정)
manufacturing activity(제조활동)
* manufacture(제조하다)는 produce(생산하다)와 유사어.

3. major objectives(주요 목적)
managerial accounting(관리회계)
alternatives(대체안)
assist & motivate(지원하고 동기부여하다)
manager and employee(경영자와 종업원)
measuring performance(성과측정)
* alternatives : 대체안, 대체적인 방법, 문제해결을 위한 여러 가지 가능한 방법.
measure(측정하다), measurement(측정), measures(측정치, 측정단위), employ

(고용하다), employer(고용자 혹은 사용자), employee(피고용자, 종업원), provide… with…(…에게 …을 제공하다).

4. management function(경영기능)
available alternatives(가능한 대체안들)
budgets for plans(계획에 대한 예산)

5. financial and operational status(재무 및 운영상황)
anticipated result(예상되는 결과)
* anticipate(예상하다)의 유사어로 estimate(추산하다), predict(예칙하다) 등이 있다.

6. quantify management plans(경영계획을 계량화화다)
monetary items(화폐용어, 화폐단위)
evaluate operations(운영을 평가하다)
* value(가치), valuate(가치를 부여하다), evaluate(평가하다), evaluation(평가).

7. human resource(인적자원)
effectiveness & efficiency(효과성과 효율성)
organize resources(자원을 조직화하다)
* 효과성은 투입보다 산출이 큰 결과이며, 효율성은 일정한 목표를 저비용으로 달성
effective(효과적인), effectively(효과적으로), effectiveness(효과성)
efficient(효율적인), efficiently(효율적으로), efficiency(효율성)
organize(조직화하다), organization(조직), management organization(경영조직).

8. operates the organization(조직을 운영하다)
in the intended manner(의도하는 방법으로)
achieve management goals(조직목표를 달성하다)

9. compare …with…(…과 …을 비교하다)
planned goals & actual results(계획된 목표와 실제의 결과)

10. financial data(재무적 자료)
production & distribution data(생산 및 분배자료)
procedures of management accounting(관리회계의 절차)
stock-holder & creditor(주주와 채권자)

reasonable decision(합리적 의사결정)
internal revenue service(미 국세청)
management's information needs(경영자의 정보욕구)
labor union's collective bargaining(노동조합의 단체교섭)
customers' information needs(고객의 정보욕구)
* stock-holder(주주)와 유사어로 share-holder가 있다.
report(보고하다), reporting(보고), reports(보고서, 보고물).

11. accounting system(회계제도, 회계체제, 회계시스템)
GAAP(Generally Accepted Accounting Principles)(일반적으로 인정되는 회계원칙)
internal managers of organization(조직의 내부경영자)
external parties of organization(조직의 외부이해관계자)
financial statement(재무제표)
* parties는 interested parties의 줄인 말이며, prepare는 "작성한다."

12. financial & managerial accounting(재무회계와 관리회계)
external users(외부회계정보 이용자)
historical transactions(역사적 거래, 과거에 실현된 거래)
* manage(경영하다), 경영자는 "manager"보다 "management"를 더 많이 사용한다.

13. objective of managerial accounting(관리회계의 목적)
managers and sub-unit(경영자와 하부단위조직)

14. statements(보고서)는 reports(보고서)와 유사어
true or false(옳은 것과 틀린 것)
be responsible for(…에 책임이 있다), responsibility(책임)
be restricted to(…으로 제한된다)
historical dollar(역사적 금액, 과거에 실제 거래된 금액)
unit of measurement(측정단위)
restrictive guideline(제한지침)
asset, liability, equities(자산, 부채 및 자본)
net income(순손익)

15. manufacturing organization(제조하는 조직, 제조기업)

merchandising organization(상기업조직)
product to sell(판매할 제품)
product ready for resale(재판매를 위해 준비된 제품)
inventory account(재고자산계정)
balance sheet(대차대조표)
* differ(다르다), different(다른), difference(차이)
merchants(상인), merchandise(상품), commerce(상업).

16. performance measures(성과측정단위)
financial or non-financial(재무적, 비재무적)
operating income(영업이익)
return on investment(투자수익률)
sales for the month(월간 매출액)
earning per share(주당 이익)
quality level(품질수준)

17. management philosophy(경영철학)
assist firms competing(회사가 경쟁하는 것을 돕다)
global market(그로벌시장, 국제적으로 열린 시장)
JIT(Just-In-Time) operating philosophy(적시운영철학)
total quality management(통합품질관리)
activity-based management(활동기준관리)
target costing system(타겟트 코스팅 시스팀, 목표원가계산 제도)
standard costing system(표준원가계산 시스템)

18. materials, personnel, and facilities(재료, 인건비 및 시설)
costs for managing the inventory(재고자산관리를 위한 원가)
improve productivity(생산선을 개선하다)
eliminate waste(낭비를 제거하다)
zelo level of inventory(제로수준의 재고자산)

19. activity based management(활동기준관리)
reduces the wast of resources(자원의 낭비를 줄이다)
increases customer satisfaction(고객만족을 증가시키다)

allocate by cost driver(원가동인으로 배부하다)
non-value-adding activities(비부가가치활동)
value-adding activities(부가가치활동)

20. maintain inventory accounts(재고자산계정을 유지하다)
income statement(손익계산서)
CSS(Cost of Service Sold)(매출된 서비스원가)
CGS(Cost of Goods Sold)(매출원가)

21. CGM(Cost of Goods Manufactured)(제조된 제품의 원가, 제조원가)
beginning & ending(기초와 기말)
WIP(Work In Process)(재공품)
manufacturing cost in this period(당기 제조비)
finished goods(제품)
merchandise balance(상품잔액)
net cost of purchases(순매입액)
* CGM(제조원가)=cost of goods completed(당기중 완성된 제품의 원가)
finished goods(끝난 제품)으로 '제품'
purchases=buy(구매하다, 매입하다)로서 sell(판매하다)의 대칭개념
sold(판매된)은 sell(판매하다)의 과거분사형.

22. CGAS(Cost of Goods Available for Sale)(매출가능상품)
ending finished goods balance(기말상품잔액)
* CGAS(Cost of Goods Available for Sale)(매출가능상품)은 '기초의 상품을 포함하여 당기중에 총 매출이 가능한 상품의 합계액'으로 이 금액에서 기말상품재고액을 빼야 CGS(Cost of Goods Sold)(매출원가)가 된다.

23. Cost of Goods Sold(CGS)(매출된 제품의 원가, 매출원가)
manufacturing cost in this period(당기제조비)
* manufacturing cost in this period(당기제조비)=기초재공품을 제외한 이 번 기간중에 제품제조를 위하여 투입된 총 제조비로 '재료비+노무비+제조간접비'의 합계.

24. gross profit margin(매출총이익)
sales profit(매출수익, 매출액)

* gross profit margin은 '매출총이익'으로 sales(매출액) – CGS(매출원가)로 계산되며, CM(Contribution Margin)(공헌이익)의 대칭개념으로 GM(Gross Margin)으로도 표기함.

25. operating income(영업이익)
other expense & revenue(기타 비용과 수익)
income tax(소득세, 법인세)
selling & administrated costs(판매 및 관리비)

* operating income(영업이익)은 영업활동의 결과 발생한 이익개념으로서 gross margin(매출총이익) – operating expense(영업비)로 계산되며, 영업비는 판매비와 일반관리비(selling & general administrated expense).

재무회계상의 이익개념은 다음과 같다.

gross profit margin(매출총이익) = 매출액 – 매출원가
operating income(영업이익) = 매출총이익 – 판매 및 일반관리비
net income before tax(법인세차감전이익) = 영업이익 – 영업외 비용(+수익)
net income(당기순이익) = 법인세차감전이익 – 법인세.

제 2 장 연습문제 용어정리

1. fixed & variable costs(고정원가와 변동원가)
activity level(활동수준 = 생산량 혹은 작업시간 등으로 대표되는 개념)
per unit basis(단위당 기준)
vary inversely(역으로 변화하다)
remain constant(일정하다)

2. unit variable cost(단위당 변동원가 = 총 변동원가/생산량)
proportionately(비례적으로)
increases & decreases(증가와 감소)
fixed amount(고정된 금액)

3. particular products(특정 제품)
manufacturing costs(제조원가)
direct & indirect costs(직접원가와 간접원가)

product costs & period costs(제품원가와 기간원가)
be traced to(…로 추적되다)

4. materials & labor costs(재료비와 노무비)
manufacturing overhead costs(제조간접원가)
other indirect manufacturing costs(기타 제조간접비)

5. depreciation expense of factory equipment(공장비품의 감가상각비)
general administrative costs(일반관리비)

6. prime & conversion costs(기초원가와 전환원가)

7. Cost of Goods Manufactured(CGM : 제조원가)
Cost of Goods Sold(CGS : 매출원가)
Work In Process(WIP : 재공품)
finished goods(제품)
beginning & ending finished goods(기초제품과 기말제품)
* manufacturing cost(당기중의 제품제조를 위한 투입원가)
cost of goods manufactured(완성된 제품의 제조원가).

8. work in process inventory account(재공품계정)
cost of goods sold account(매출원가계정)
finished goods inventory account(제품계정)
* inventory(재고자산)는 재고자산에 해당하는 계정이라는 뜻으로 꼭 번역할 필요는 없다.

9. product costs(제품원가)
transferred from … to…(…계정에서 …계정으로 대체하다)

10. job order costing & process costing(개별 원가계산과 종합원가계산)
jet aircraft company(항공기제조회사)
paint-producting company(페인트제조회사)
chemical manufacturers(화학제품제조회사)
oil-refining company(정유회사)
fertilizer manufacturers(비료제조회사)

11. equivalent units(완성품으로 환산한 수량; 완성품환산량)

weighted-average method(가중평균법)
equivalent units of ending work in process(기말재공품의 완성품환산량)
equivalent units of beginning work in process(기초재공품의 완성품환산량)
units started in this period(당기착수량)
units completed in this period(당기완성량)

12. weighted average method(가중평균법)
FIFO(First In First Out) method(선입선출법)

13. manufacturing cost per equivalent units(완성품환산량 단위당 제조원가)
current costs(당기발생원가)

14. cost of beginning work in process(기초재공품원가)
cost of ending work in process(기말재공품원가)

15. fixed costs per unit(단위당 고정원가)

16. variable costs per unit(단위당 변동원가)

17. total costs(총 원가)
of this amount(이 금액 중에서)

18. 8,000 units are produced(8,000단위의 제품을 생산하다)

19. direct material used(직접재료사용액)
promotion costs(판매촉진비)
overtime premiums paid(초과근무시간에 대한 할증료)

20. prime & conversion costs(기초원가와 전환원가)
* prime costs(기초원가)＝직접재료＋직접노무비
conversion costs(전환원가)＝직접노무비＋제조간접비로 '가공비'를 말함.

21. beginning materials inventory account balance(기초재료계정 잔액)
ending balance(기말잔액)
cost of materials purchased during this time period(당기재료구입액)

22. finished goods inventory at the end(기말재품재고액)
cost of goods sold during the month(금월중 제조원가)

23. Cost of Goods Manufactured(CGM : 제품제조원가)와 manufacturing costs(제조비)는 개념상의 차이가 있다. CGM은 기초재공품+당기제조비-기말재공품으로 계산되는 '완성된 제품의 제조원가'로서 cost of goods completed(완성된 제품의 원가)와 같은 개념으로 쓰이며, manufacturing costs는 manufacturing costs incurred in this period(당기중에 발생한 제조비)의 개념으로 '당기제조비'라고 쓰인다.

일반적으로 말하는 '제조원가'는 CGM을 뜻함.

24. Cost of Goods Manufactured(CGM)(제조원가)
ending finished goods inventory(기말제품재고액)
cost of goods sold(매출원가)

25. month-end cost of goods sold(월말 매출원가)
beginning finished goods inventory(기초제품재고액)
total cost of goods completed and transferred(완성되어 대체된 제품의 총 원가)
* 완성된 제품의 총 원가는 재공품계정에서 제품계정으로 대체한다.

26. various sports equipment(여러 가지 스포츠용품)
four jobs(네 가지 제품제조을 위한 작업)
predetermined overhead application rate(제조간접비 예정배부율)
manufacturing overhead applied(제조간접비배부액)

27. manufacturing overheads applied to(…에 배부된 제조간접비)

28. cost of goods manufactured during the year(연중 제품제조원가)는 1년간 완성된 모든 제품의 제조원가합계액이다.

29. balance of work in process inventory account(재공품계정의 잔액)

30. cost per equivalent unit(완성품환산량 단위원가)
weighted average method(가중평균법)

31. cost per equivalent unit by FIFO(선입선출법에 의한 완성품환산량 단위원가)

32. costs incurred during may(5월중에 발생된 원가)
costs per equivalent units(완성품환산량 단위원가)

33. cost of Goods completed(완성된 제품의 원가=CGM과 같은 개념)

제 3 장 연습문제 용어정리

1. external reporting purposes(외부보고목적)
   generally accepted accounting principles(일반적으로 인정되는 회계원칙)
   absorption costing(전부원가계산)
   variable costing(변동원가계산)
   direct costing(직접원가계산)
   semivariable costing(준변동원가계산)
   activity-based costing(활동기준 원가계산)

2. income statement format(손익계산서양식)
   subtracts variable expenses from sales revenue(매출액 – 변동비)
   contribution margin(공헌이익)
   controllable costing format(통제가능 원가계산양식)
   segmented costing format(부문원가계산 양식)
   variavle costing format(변동원가계산 양식)
   allocated costing format(배분원가계산 양식)
   absorption costing format(전부원가계산 양식)

3. fixed manufacturing overheads(고정제조간접비)
   expensed immediately(즉시 비용화된다)
   inventoried(재고자산에 포함된다)
   applied directly(직접적으로 배부한다)
   never expensed(비용화되지 않는다)

4. absorption costing income statements(전부원가계산 손익계산서)
   parts of manufactured costs(제조원가의 일부분)
   selling and administrative expenses(판매비와 일반관리비)
   product costs(제품원가)

5. income reported under absorption costing(전부원가계산으로 보고된 손익)

6. consider the following statements
production and sales volume(생산량과 판매량)
approximately equal(대략 같다)=approximately the same
significantly different(상당히 다르다)
increase significantly(상당히 증가한다)

7. production exceeding profit margin(매출이익을 초과하는 생산)(생산 〉 매출이익)
production exceeding sales(판매를 초과하는 생산)(생산량 〉 판매량)
sales exceeding production(생산을 초과하는 매출)(생산량 〈 판매량)

8. add, subtracts, multiply, divide(더하기, 빼기, 곱하기, 나누기)
sales revenue=sales profit(매출액)
administrative margin(관리이익)
segmented profit(부문수익)
contribution margin(공헌이익)
gross margin(매출총이익)

9. period revenue(기간수익)
cost of goods sold(매출원가)
gross margin(매출총이익)
sales profit(매출액)

10. no inventory at the beginning(기초재고자산=−0−)
20,000 units of products(20,000단위의 제품)
fixed manufacturing overhead (고정제조간접비)

11. income under variable costing(변동원가계산 하의 순이익)
income reported under absorption costing(전부원가계산 하의 보고된 순이익)
variable production costs(변동생산원가)
inventory increase or decrease(재고자산의 증가 혹은 감소)

12. fixed manufacturing costs per unit(단위당 고정제조원가)
remained constant(일정하게 남아 있다)
multiple choice problems(선다형문제)
beginning inventory in units(기초재고량)

production in units(생산수량)
sales in units(매출수량)
variable selling expenses per unit(단위당 변동판매비)
fixed selling and administrative expenses(고정판매관리비)

13. total fixed manufacturing overhead(총 제조간접원가)
net income under variable costing(변동원가계산 순이익)

14. net income under absorption costing(전부원가계산 순이익)

15. $15,000 higher than(보다 $15,000 더 크다)

16. income reported under absorption costing(전부원가계산으로 보고된 순이익)
remained constant for the past two years(과거 2년 동안 일정하다)
increased 5.000 units(5,000단위 증가)
decreased 2,000 units(2,000단위 감소)
* 변동원가계산 순이익 〉 전부원가계산 순이익은 생산량 〈 판매량의 결과로 재고자산의 감소현상이며, 순이익차이＝재고자산에 포함된 고정재조간접비.

17. sales exceeded production by 4,000 units(판매가 생산을 4,000단위 초과하다)
* 판매량 〉 생산량 → 변동원가계산 순이익 〉 전부원가계산 순이익
순이익의 차이＝기말재고액에 포함된 고정제조간접비.

제 4 장 연습문제 용어정리

1. common characteristic(공통적인 특징)
traditional product costing systems(전통적인 제품원가계산 시스템)
cost of each product(각 제품의 원가)
sum of direct material, direct labor, and overhead(직접재료, 직접노무비, 제조간접비총액)
apply overhead(제조간접비를 배부하다)
predetermined rate based on direct labor(직접노무비를 기초로 한 예정배부율)
volume-based(조업도기준의)
accurate & reasonable product costs(정확하고 합리적인 제품원가)

volume of activity in the factory(공장활동의 조업도)

2. Activity-based costing system(활동기준 원가계산시스템)
single volume basis to assign overheads(제조간접비를 배부하기 위한 단일의 조업도기준)
assign overheads on the activities(제조간접비를 활동에 배부하다)
various cost driver(여러 가지 원가동인)
traditional costing system(전통적 원가계산시스템)
two-stage cost assignment approach(2단계 원가배부법)
tendency to distort product costs(제품원가를 왜곡하는 경향)

3. basis of assignment of costs(원가배부기준)
traditional volume-based product costing systems(전통적인 조업도기준의 제품원가계산 시스템)
machinery hours(기계가동시간)
sales profit(매출액)
management activity(경영활동)
products volume(제품수량)

4. Activity-Based Costing(ABC) procedure(활동기준 원가계산시스템 절차)
analyze the activity(활동을 분석하다)
accumulate the activity costs(활동원가를 집계하다)
determine the activity cost driver(활동원가동인을 결정하다)
unit costs of activity cost driver(활동원가동인 단위원가)
plant-wide overhead rate(공장전체배부율)

5. an activity that adds costs to the product(제품에 원가를 가산하는 활동)
increase its market value(시장가치를 증가하다)
target based activity(목표기준활동)
activity induced cost driver(원가동인을 유발하는 활동)
non-value-adding activity(비부가가치활동)
value-adding activity(부가가치활동)
manufacturing activity(제조활동)

6. component of Activity Based Costing system(ABC의 구성요소)

cost objectives(원가대상)
activity cost pool(활동원가풀)
management functions(관리직능)

7. product sustaining activities(제품유지활동)
batch of product(제품묶음)
unit of product(제품단위)
entire product line(전 제품라인)

8. broad category of cost classification(원가분류의 넓은 범위)
unit level category(단위수준범위)
batch level category(묶음수준범위)
product sustaining category(제품유지범위)
facility category(시설범위)
differential category(차별적 범위)

9. machine set-up(기계설치)
materials handling(재료취급)
equipment insurance(비품보험)
equipment depreciation(비품감가상가)
plant maintenance(공장유지)

10. new product costing system(새로운 제품원가계산 제도)
reported product costs(보고되는 제품원가)
high reported profitability(수익성이 높다고 보고되다)
high-volume products(생산량이 많은 제품)
overhead rates(제조간접비배부율)
product line profit margins(제품라인의 수익)

11. cost management systems(원가관리시스템)
cost of resources used(사용된 자원의 원가)
performing significant activities(의미 있는 활동의 수행)
non-value-added costs(비부가가치원가)
most accurate cost of products(가장 정확한 제품의 원가)
efficiency and effectiveness(효율성과 효과성)

improve the future performance(미래의 성과를 증진하다)

12. non-value-added activity(비부가가치활동)
storage time(저장시간)
waiting time(대기시간)
inspection time(검사시간)
production & moving time(생산 및 운반 시간)

13. cost per unit for setup for one run(1회 가동을 위한 단위당 설치비)
setup labor(설치노동자)
three types of CD players(세 가지 유형의 CD 플래이어)
activity-based product costing system(활동기준 제품원가계산 제도)
budgeted cost and related cost driver(예산원가와 관련원가동인)
material handling(재료취급)
material insertion(재료투입)
automated machinery(자동화기계)
finishing & packaging(완성 및 포장)
number of parts(부분품의 수)
machine hours(기계시간)
direct labor hours(직접노동시간)
orders shipped(선적된 주문서)
units to be produced(생산된 수량)
orders to be shipped(선적되는 주문서)
number of parts per unit(단위당 부분품의 수)
machine hours per unit(단위당 기계시간)
labor hours per unit(단위당 노동시간)

14. cost application rate(원가배부율)
* 원가배부율＝활동예산/총 기계시간.

15. material insertion activity(재료투입활동)

16. automated machinery activity(자동화기계활동)

17. finishing activity(완성활동)

18. packaging activity(포장활동)
order shipped(선적주문서)

19. costs per unit of Cheap(Cheap 제품의 단위당 원가)
* 제품의 단위당 원가＝총 배분원가/생산량.

20. the costs per unit of Econo(Econo 제품의 단위당 원가)

21. the costs per unit of Deluxe(Deluxe 제품의 단위당 원가)

22. volume-based product costing system(조업도기준 제품원가계산 제도)
manufacturing costs assigned to Deluxe(Deluxe 제품에 배부되는 제조원가)

23. manufacturing costs assigned to Econo(Econo 제품에 배부되는 제조원가)
* 제조원가＝원가배부율/배부기준.

24. total manufacturing cost assigned to Cheap(Cheap 제품에 배부되는 총 제조원가)

25. cost per unit assigned to Cheap, Econo and Deluxe(각 제품에 배부되는 단위원가)

제 5 장 연습문제 용어정리

1. activity(활동)
relevant range(관련범위)
marginal cost(한계비용(원가))

2. relevant range(관련범위)
curvilinear cost function(곡선형 원가함수)

3. relevant range(관련범위)
approximate(v …에 가깝다. …에 근접하다 a 근사한, 대략의)
fixed cost(고정원가)
variable cost function(변동원가)

semivariable cost(준변동원가)
marginal cost(한계비용)
step-variable cost(계단형 변동원가)
* approximation(접근, 근사, 어림셈).

4. cost-estimation method(원가추정방법)
ledger accounts(원장계정)
least-squares regression method(회귀분석법)
high-low method(고저점법)
scatter diagram method(산포도법)
account analysis method(계정분석법)
multiple regression method(다중회귀분석법)

5. method of cost estimation(원가추정방법)
scatter diagram(산포도)
cost and activity(원가와 활동(조업도))
least-squares regression method(회귀분석법)
high-low method(고저점법)
visual-fit method(목측법(=scatter diagram method : 산포도법))
account analysis method(계정분석법)
multiple regression method(다중회귀법)

6. visual-fit method(목측법)
cost behavior(원가행태)
fixed cost(고정원가)
variable cost(변동원가)
curvilinear cost(곡선형원가)

7. methods of cost estimation(원가추정방법)
least-squares regression(회귀분석법)
high-low method(고저점법)
scatter diagram method(산포도법)
account analysis method(계정분석법)
multiple regression method(다중회귀법)

8. minimizes(최소로 하다)
the sum of the squared deviations(편차제곱의 합)
least-squares regression(회귀분석법)
high-low method(고저점법)
scatter diagram method(산포도법)
account analysis method(계정분석법)
multiple regression method(다중회귀법)
* minimum(최소, 최저한도).

9. regression analysis(회귀분석)
independent variable(독립변수)
dependent variable(종속변수)
explanatory variable(설명변수)
interdependent variable(상호 의존변수)
functional variable(기능변수)

10. cost estimate method(원가추정방법)
cost behavior(원가행태)
activity variable(활동변수)
linear(선형)
coefficient(계수)

11.-13.
electrical costs(전기원가)
high-low method(고저점법)
variable cost(변동원가)
quarter(분기)
fixed costs(고정원가)

14.-17.
machine hours(기계시간)
utility costs(이용원가)
high-low method(고저점법)
estimate variable cost(추정된 변동원가)

estimated fixed cost(추정된 고정원가)
cost formula(원가방정식)
cost behavior(원가행태)

18.-21.

controller(통제관)
account-classification method(계정분류법)
depreciation(감가상각)
buildings and equipment(건물과 장비)
several invoices(개별 기입청구서)
meat packers(고기포장자)
wage records(임금대장)
employee(고용인)
payroll records(급여대장)
supervisory salaries(감독관급여)
variable cost(변동원가)
fixed cost(고정원가)
cost formula(원가방정식)
cost behavior(원가행태)
production cost(생산원가)
* pemploy(고용하다), employer(고용주).

제 6 장 연습문제 용어정리

1. break-even point(손익분기점)
total revenue(총 수익)
total cost(총 비용(총 원가))
fixed cost(고정원가)
variable cost(변동원가)
product cost(제조원가)
period cost(기간원가)

2. the unit contribution margin(단위당 공헌이익)

the selling price(판매가격)
fixed cost per unit(단위당 고정원가)
variable cost per unit(단위당 변동원가)
product cost per unit(단위당 제조원가)

3. the contribution margin ratio(공헌이익률)
the selling price(판매가격)
the variable cost(변동원가)
fixed cost per unit(단위당 고정원가)
variable cost per unit(단위당 변동원가)
unit contribution margin(단위당 공헌이익)

4. the break-even point in sales dollars(손익분기점 판매금액)
fixed expenses(고정비)
the unit contribution margin(단위당 공헌이익)
variable expenses(변동비)
the contribution margin ratio(공헌이익률)
the selling price(판매가격)

5. the total contribution margin(총 공헌이익)
sales price(판매가격)
variable cost per unit(단위당 변동원가)
fixed cost per unit(단위당 고정원가)
total revenue(총 수익)
total fixed cost(총 고정원가)
total cost(총 원가)
total variable cost(총 변동원가)

6. cost-volume-profit analysis(원가조업도 이익분석)
relevant range(관련범위)
efficiency and productivity(효율성과 생산성)
fixed expenses(고정비용)
variable expenses(변동비용)

7. operating leverage factor(영업레버지리 지수)

contribution margin ratio(공헌이익률)
contribution margin in dollars(공헌이익에서의 금액)
fixed expenses(고정비용)
break-even point in sales dollars(손익분기점의 금액)
percentage change in profit for a given percentage change in sales(주어진 매출변화비율에 대한 수익변화비율)

***8.-10.**
maintenance service(유지보수서비스)
variable costs amount(변동원가총액)
fixed costs(고정원가).

8. revenue(수익)
variable cost(변동원가)
fixed cost(고정원가)

9. the number of customers required to break-even(손익분기점의 고객 수)

10. contribution margin percentage(공헌이익비율)
tax rate(세율)
after-tax profit(세금차감후순이익)

11. the unit contribution margin(단위당 공헌이익)
break-even point(손익분기점)
fixed expenses(고정비용)

12. annual fixed expenses(연간 고정비)
the contribution margin ratio(공헌이익률)
target profit(목표이익)

13. weighted-average unit contribution margin(단위당 가중평균 공헌이익)

14. the sales mix(매출배합)
break-even(손익분기)

15. the sales mix(매출배합)
break-even(손익분기)

16. the sales mix(매출배합)
target profit(목표이익)

17. the sales mix(매출배합)
income tax rate(소득세율(법인세율))
after-tax profit(세금차감후이익)

* **18.-24.**
income statement(손익계산서)
sales revenue(매출액)
manufacturing costs(제조원가)
variable(변동비)
fixed(고정비)
selling costs(판매비)
administrative costs(관리비).

18. break-even point(손익분기점)

19. break-even sales volume in dollars(손익분기점 매출액)

20. total contribution margin(총 공헌이익)

21. cost of goods sold(매출원가)

22. operating leverage(영업레버리지)

23. sales revenue(매출액)
income before income taxes(세금차감전순이익)

24. after-tax profit(세금차감후순이익)
income tax rate(세율)

* **25.-29.**
fixed costs(고정원가)
sales mix(매출배합)
selling price(판매가격)
variable costs(변동원가)
contribution margin(공헌이익).

25. weighted-average unit contribution margin(단위당 가중평균 공헌이익)

26. The break-even volume in units and in sales dollars(손익분기점 수량과 매출액)

27. The break-even volume in units and in sales dollars(손익분기점 수량과 매출액)

28. The break-even volume in units and in sales dollars(손익분기점 수량과 매출액)

29. The break-even volume in units and in sales dollars(손익분기점 수량과 매출액)

* Use the following information in solving multiple choice problems 30 through 32.

variable unit costs(단위당 변동원가)
direct materials(직접재료비)
direct labor(직접노무비)
production supplies(재고유지비)
selling costs(판매비)
depreciation(감가상각비)
advertising(광고비).

30. contribution margin approach(공헌이익접근법)
break-even units(손익분기점 수량)
profit((목표)이익)

31. target profit(목표이익)
advertising costs(광고비)

32. the new selling price(새로운 판매가격)
target profit(목표이익)

* **33.-37.**

sensitivity analysis(민감도분석)
selling price(판매가격)
variable expenses(변동비)
fixed expenses(고정비)
sales volume(매출수량).

33. advertising budget(광고예산)
net operating income(순영업이익)

34. higher-quality components(더 높은 품질의 부품)
variable costs(변동원가)

net operating income(순영업이익)

35. advertising budget(광고예산)
net operating income(순영업이익)

36. net operating income(순영업이익)

37. wholesaler(도매업자)
total fixed expenses(총 고정비)

제 7 장 연습문제 용어정리

1. long-lived assets(장기사용자산)
building and equipment(건물자장비)
proforma budget(형식예산)
master budget(종합예산)
financial budget(재무예산)
profit plan(이익계획)
capital budget(자본예산)

2. evaluate performance(성과평가)
the management cycle(경영사이클)
reviewing(검토)
planning(계획)
reporting(보고)
executing(실행)

3. production budget(생산예산)
selling and administrative expense budget(판매비와 관리비 예산)
sales budgets(판매예산)
operational budgets(운영예산)
budgeted financial statements(예산재무제표)
budgeted balance sheets(예산대차대조표)
capital budgets(자본예산)

4. production budget(생산예산)
sales(매출)
purchases(구매)
direct materials(직접재료비)
direct labor(직접노무비)
ending inventory(기말재고)

5. raw material(원재료)
labor(노무비)
manufacturing overhead(제조간접비)
budgeted income statement(예산손익계산서)
sales forecast(판매예측)
production budget(생산예측)
cash budget(현금예산)
capital budget(자본예산)

6. budgeted income statement(예산손익계산서)
budgeted balance sheet(예산대차대조표)
budgeted statement of cash flows(예산현금흐름표)
master budget(종합예산)
sales forecast(판매예측)
operational budgets(운영예산)

7. production budget(생산예산)
selling expenses(판매비)
sales of goods(상품매출)
capital acquisitions(자본획득)
administrative expenses(관리비)
direct labor(직접노무비)

* **8.-9.**
sales forecast(판매예측)
expected sales(기대매출)
end of month target inventory(기말목표재고량).

8. purchase(구매)

9. budget for June purchases(6월의 구매예산)

*** 10.-11.**

ending inventory(기말재고)
production budget(생산예산).

10. cost of platinum purchased in August(8월의 백금구매원가)

11. direct labor hours(직접노무시간)
cost per labor hour(노무시간당 원가)
budgeted for direct labor(직접노무예산)

12. cash sales(현금판매)
credit sales(신용판매(외상판매))

13. accounts receivable balance(매출채권계정)

*** 14.-17.**

budgeted income statement(예산손익계산서)
sales(매출)
purchases(구매)
expenses(비용)
cash balance(현금잔액)
accounts receivable balance(매출채권계정)
depreciation(감가상각비).

14. cash balance(현금잔액)

15. budgeted cash receipts(예산받을 현금)

16. budgeted cash payments(예산지급할 현금)

17. expected cash balance(기대현금잔액)

18. finished goods inventory(제품재고)
production budget(생산예산)

19.-20.

direct labor costs(직접노무원가)

21. budgeted prime costs(예산기초원가)

22.-26.

cash budget(현금예산)
cash balance(현금잔액)
purchases of inventory(재고구매)
operating expenses(운영비)
equipment purchases(장비구매)
dividends(배당금)
financing(재무상태(현금 조달 및 상환))

제 8 장 연습문제 용어정리

1. production and distribution processes(생산과 분배 과정)
stock of goods(상품의 재고)

2. stockouts(품절비용)
reorder point(재주문점)
safety stock(안전재고)
just-in-time inventory(적시재고생산)
material resource planning(자재소요량계획)
economic order quantity(경제적 주문량)

3. safety stock(안전한계)
stockout cost(품절비용)

4. inventory model(재고모델)

5. just-in-time production(적시재고생산)

6. JIT philosophy(적시재고생산 철학)

7. ABC control method(ABC 관리방법)

8. economic order quality(경제적 주문량)
just-in-time(적시재고생산)

material resource planning(자재소요량계획)
reorder point(재주문점)
safety stock(안전재고)

*** 9.-10.**
lead time(조달기간).

9. economic order quantity(경제적 주문량)

10. reorder point(재주문점)

11. economic order quantity(경제적 주문량)

12. total annual cost of ordering and storing(연간 총 주문과 저장비용)
economic order quantity(경제적 주문량)

13. economic order quantity(경제적 주문량)

*** 14.-15.**
JIT(적시재고생산)
the cost of storing(저장비용)
annual holding cost(연간 재고유지비용).

14. new economic order quantity(새로운 경제적 주문량)

*** 16.-18.**
lead time(조달기간).

16. reorder point(재주문점)

17. level of safety stock(안전한계수준)

18. reorder point(재주문점)

제 9 장 연습문제 용어정리

1. the direct labor efficiency variance(직접노무비 능률차이)
standard direct labor hours(표준직접노동 시간)
standard hours allowed(허용되는 표준시간)

standard rate per hour(시간당 표준임률)
actual direct labor hours(실제직접노동 시간)
direct labor rate per hour(시간당 임률)

2. an unfavorable manufacturing overhead volume variance(불리한 제조간접비 조업도차이)
budgeted manufacturing overhead(제조간접비 예산액)
manufacturing overhead applied(제조간접비 배부액)
the predetermined overhead rate(제조간접비 예정액)

3. direct materials price variance(직접재료비 가격차이)
standard price(표준가격)
actual price(실제가격)
actual quantity(실제수량)
standard quantity(표준수량)

4. a standard unit cost(표준단위원가)
direct materials(직접재료비)
price standard(표준가격)
actual direct labor costs(실제직접노무비)
direct labor(직접노무비)
rate standard(표준임률)

5. cost variance(원가차이)
the difference between the cost of a product and its selling price(생산원가와 판매가격의 차이)
a measure of risk(위험도의 척도)
actual performance and a standard performance(실제성과와 표준성과)

6. standard cost(표준원가)
budget(예산)
a product or service(상품과 서비스)

7. methods for setting standards(표준을 정하는 방법)
task analysis(직무분석)

budgetary analysis and scatter diagrams(예산분석과 산포도)

8. perfection standard(완전표준)
attainable standard(달성가능표준)
average standard(평균표준)

9. price variance(가격차이)

10. a quantity variance(수량차이)

11. labor efficiency variance(노무능률차이)
standard hours(표준시간)
actual hours(실제시간)
standard rate(표준율)
actual rate(실제율)
debit balance(차변잔액)

12. sales manager(판매관리자)
production supervisor(생산감독자)
purchasing manager(구매관리자)
finance manager(재무관리자)
personnel manager(인사관리자)

13. production supervisor(생산관리자)
direct material quantity variance(직접재료비 수량차이)
direct labor efficiency variance(직접노무비 능률차이)
price variance(가격차이)

14. direct materials(직접재료비)
direct material variances(직접재료비차이)

15. actual direct labor(실제직접노무비)
direct labor variances(직접노무비차이)

16. direct materials(직접재료비)
direct labor total variances(직접노무비총차이)

17.-18.

standard cost(표준원가)
direct materials(직접재료비)
direct labor(직접노무비)
manufacturing overhead(제조간접비)
total standard unit cost(총 표준단위당 원가)

19. direct material purchased and used(직접재료 구입량과 소비량)
direct material quantity variance(직접재료비 수량차이)
standard quantity of direct material(직접재료 표준소비량)

20. actual direct labor hours(실제직접노무 시간)
standard direct labor hours(표준직접노무 시간)
direct labor efficiency variance(직접노무비 능률차이)

21.-24.

cost standards(표준원가)
direct material(직접재료비)
direct labor(직접노무비)
direct material quantity variance(직접재료비차이)
direct material price variance(직접재료비 가격차이)
direct labor rate variance(직접노무비차이)
direct labor efficiency variance(직접노무비 능률차이)

25.-26.

direct labor rate variance(직접노무비차이)
direct labor efficiency variance(직접노무비 능률차이)
standard wage rate per hour(시간당 표준임률)

27. actual price(실제가격)
direct material price(직접재료비 가격차이)
debited(차변)
credited(대변)

28. standard costing system(표준원가계산 제도)

actual cost(실제원가)
standard quantity(표준수량)
work in process(재공품)

29. actual quantity(실제수량)
direct labor hours(직접노무시간)
actual cost(실제원가)
standard cost(표준원가)

30.-34.
direct material(직접재료비)
direct labor(직접노무비)
actual production(실제생산량)
direct material price variance(직접재료비 가격차이)
standard material quantity allowed(허용된 표준재료수량)
direct material quantity variance(직접재료비 수량차이)

제10장 연습문제 용어정리

1. planning stage(계획단계)
the balanced scorecard(균형성과표)
performance measures(성과측정치)
financial and non-financial(재무적과 비재무적)

2. processing time(제조시간)
waiting time(대기시간)
move time(이동시간)
inspection time(검사시간)

3. number of process improvements made(기계의 개선 수)
hours of machine downtime(고장난 시간)

4. non-financial performance measures(비재무적 성과측정치)
machinery(기계)

raw material(원재료)
production and delivery(생산과 배송)

5. processing time(생산시간)
inspection time(검사시간)
waiting time(대기시간)
move time(이동시간)

6. a quality cost(품질원가)
overhead costs(제조간접비)
appraisal costs(견적원가)
internal failure costs(내부실패원가)
external failure costs(외부실패원가)

7. customer acceptance(고객만족)
work in process quality control(직무수행 질적 조절)
raw materials quality(원재료품질)
warranty claims(보증요구서)

8. attainment of production schedules(제조시간달성)
labor costs(노동비)
manufacturing cycle time(제조싸이클 타임)
productivity improvement(생산성향상)
product quality(생산품질)

9. goal congruence(목표의 적합성)
planning and control(계획과 통제)
strategic controlling(전략적 통제)

10. responsibility centers(책임중심점)
autonomy(자율성)
decentralization(분권화)
centralization(집권화)

11. responsibility accounting system(책임회계제도)
emphasis on blame(비난의 강조)

to undermine the system(시스템침해)

12. balance sheet(대차대조표)
income statement(손익계산서)
segmented income statement(손익계산서의 구분)
segmented balance sheet(대차대조표의 구분)

13. profit center(이익중심점)
cost center(원가중심점)
revenue center(수익중심점)
investment center(투자중심점)

14. a responsibility center(책임중심점)
cost center(원가중심점)
revenue center(수익중심점)
investment center(투자중심점)

15. the president(사장님)
the controller(감독관)
the cost accountant(원가회계사)
the sales manager(판매관리자)

16. a sales department manager(판매부서의 지배인)
cost center manager(원가중심점지배인)
revenue center manager(수익중심점지배인)
profit center manager(이익중심점지배인)
investment center manager(투자중심점지배인)

17. profit center(이익중심점)
sales department(판매부서)
reservation department(예약부서)

18. budgeted(예산)
responsibility report(책임보고서)

19. a cost pool(공동관리비용)

a collection of costs to be assigned(할당된 비용의 수집)
the joint result of several subunits activities(몇 개의 영역활동의 공동결과)
the primary function of a responsibility accounting(책임회계의 주요한 기능)

20. pricing and bidding(가격과 입찰)
motivation(동기부여)
cost control(비용통제)

21. responsibility centers(책임중심점)
number of employees(종업원 수)
budgeted net income of responsibility center(책임중심예산에 편성된 순이익)

22. cost pool(공동비용)
cost objective(목적비용)

23. proportion to that center's relative amount of liabilities(부채중심적인 상대적인 양에 대한 비율)
proportion to that center's relative amount of profit(이익의 중심적인 상대적인 양에 대한 비율)

24. cost objective(목적비용)
common cost(공통원가)
contribution cost(공헌원가)
absorbed cost(흡수원가)

25. common cost(공통원가)
employees' wages(종업원의 임금)
indirect labor(간접노무비)
direct labor(직접노무비)

제11장 연습문제 용어정리

1. segmented reports(부문보고서)
budgets(예산)

allocated costs(할당된 비용)
common costs(공통원가)
cost object(목적비용)

2. segmented reporting(부문보고서)
income statements(손익계산서)

3. return on investment(투자수익률)
economic value added(경제적 부가가치)

4. capital turnover(자본회전율)
total invested capital(총투자자본)

5. investment centers(투자중심점)
residual income with an imputed interest charge(이자비용이 부과된 잔여이익)
return on investment and residual income(투자수익률과 잔여이익)

6. investment and residual income(투자수익률과 잔액이익)
total stockholders' equity(전체 주주들의 권리)
assets(자산)
average invested capital(평균투자자산)
total liabilities(전체부채)
average cost of capital(평균자본비용)

7. transfer price and capital invested(교환가격과 투자자본)
return investment and cost of capital(회수투자와 자본비용)
sales and transfer price(판매와 교환가격)

8. cost of capital(자본비용)
return on investment(투자회수율)

9. total assets less total liabilities(총 부채보다 작은 총 자산)

10. investment(ROI) and Residual Income(RI)(투자수익률과 잔여이익)
average total liabilities(평균총부채)
total assets(총 자산)

11. flexible budgets(유동성예산)
variances(차이)

12. total productive assets(총 재고자산)
average total assets(평균총자산)

13.-16.
investment center(투자중심점)
rate of ROI(기대이익률)
division(부문)
investment(투자액)
income(순이익)
the sales(매출액)
assets turn-over(자산회전율)
investment(ROI)(투자수익률)
residual income(잔여이익)

17.-19.
sales in dollars(매출액)
cost of goods sold(매출원가)
variable(변동비)
fixed(고정비)
selling expenses(판매관리비)
gross margin(매출총이익)
contribution margin(공헌이익)
net income(순이익)

20.-25.
sales revenue(판매보상)
gross margin(매출총이익)
cost of capital(자본비용)
capital turnover(자본회전율)
sales margin(매출총이익)
RI(Residual Income)(잔여이익)

26. return on investment(투자수익률)
capital turnover(자본회전율)

27.–29.
capital turnover(자본회전율)
net income(순이익)
sales margin(매출이익)

제12장 연습문제 용어정리

1. decision making model(의사결정모형)
characteristics of accounting model(회계적 모형의 특징)
short term model(단기모형)
pursue the maximum profit(극대이윤추구)
concrete model(구체적 모형)
practical model(실무적 모형)
only one break-even point(하나의 손익분기점)

2. definition of managerial decision making(경영의사결정의 정의)
various alternatives(여러 가지의 대체안)
process to clarify the decision problem(문제를 명료화하는 과정)
process to concrete a decision model(의사결정을 구체화하는 과정)
process to identify the problems(문제를 인식하는 과정)
process to solve the problems(문제를 해결하는 과정)

3. six steps for managerial decision making(경영의사결정의 여섯 단계)
identifying the decision problems(의사결정문제의 명료화)
developing a decision model(의사결정모형의 개발)
collecting the data(자료의 수집)
solving the problems(문제의 해결)
identifying the alternatives(대체안의 인식)

4. comparing alternatives(대체안을 비교)

difference in cost & revenue(원가와 수익의 차이)
variable costing(변동원가계산)
incremental analysis(증분분석)
avoidable cost analysis(회피가능 원가분석)
management decision cycle(경영의사결정 사이클)
marginal cost analysis(한계원가분석)

5. accounting information system(회계정보시스템)
qualitative rather than quantitative(양적인 것보다는 질적인 것)
unavailable through other sources(다른 자원을 통해서는 이용할 수 없는)
historical in nature(역사적 성격)
choice between two alternatives(대개의 대체안 중 선택)
relevant, accurate, and timely(적합성, 정확성, 적시성)

6. opportunity cost(기회원가)
benefits of the alternative sacrificed(희생된 대체안의 수익)

7. the book value of an asset(자산의 장부가치)

8. decision to add or drop(폐지 혹은 추가의사결정)
avoidable expense(회피가능비용)
allocated overhead(배부된 제조간접비)
depreciation(감가상각비)
insurance(보험료)
variable overhead(변동제조간접비)
installment payment on machinery(기계설치지급액)

9. decision to accept or reject(수락 혹은 거부 의사결정)
unusual order(비경상적 주문)
outsourcing decision(아웃소싱 의사결정)
special order decision(특별주문 의사결정)
sell or process-further decision(판매 혹은 추가가공 의사결정)
segment profitability decision(부문수익력 의사결정)
product mix decision(제품결합 의사결정)

10. revenue exceeds allocated fixed costs(수익이 고정원가배부액을 초과하다)
excess capacity exists(초과시설 등의 능력의 존재)
regardless of available capacity(이용가능능력을 무시하고)

11. split-off point(분리점)
joint product costs(결합제품의 원가)
process only Product A further(A제품만 추가가공)
sell both products at the split-off point(둘 다 분리점에서 판매)

12. contribution margin per machine hour(기계시간당 공헌이익)
sales margin per unit(단위당 매출이익)
contribution margin per unit(단위당 공헌이익)

13. product costs incurred after the split-off point(분리점 이후 발생된 제품원가)
separable processing costs(개별 가공원가)
joint product costs(결합제품원가)
by-product costs(부산품원가)
scrap costs(폐품원가)
spoilage costs(공손품원가)

14. old acquisition cost(구비품취득원가)
annual cost of depreciation(연간 감가상각비)
total accumulated depreciation(감가상각충당금)
decision to keep or replace(유지 혹은 대체의사결정)
* multiple choice problems(선다형문제)
supervisory salaries(감독관급여).

15. fixed costs per unit(단위당 고정원가)

16. total cost per unites(단위당 총 원가)

17. purchase of equipment(비품의 구매)
annual operating costs(연간 영업비)
useful life of five years(내용연수=5년)
resale value(재판매가치)
ignoring income taxes(법인세를 무시하고)

total effect on cash flow over the next five years(향후 5년간 총 현금흐름효과)

* costs $28,000 to produce 5,000 pairs(5,000벌의 생산원가 = $28,000)

usual price $50.00(정상판매가격 = $5)

evaluating two alternatives(두 대체안을 평가하다)

modify at a cost of $3,000(원가 $3,000로 교정하다)

sell them for a total of $20,000(총 $20,000로 판매하다).

18. increase or decrease in net income(순이익의 증가 혹은 감소)

resulting from modifying(교정의 결과로)

selling "as is"(있는 그대로 판매)

19. except the cost to modify the pants $3,000(팬츠 교정원가 $3,000을 제외하고)

* to make or buy a component(부품의 제조 혹은 구매)

direct variable manufacturing costs(직접 변동제조원가)

direct fixed manufacturing costs(직접 고정제조원가)

allocated overhead(제조간접비배부액)

discontinue production of the component(부분품생산의 중단).

20. cost of purchasing per unit(단위당 구매원가)

21. irrelevant costs in the decision(의사결정을 위한 비관련원가)

22. cash flow increase or decrease(현금흐름의 증가 혹은 감소)

If the product is dropped(제품생산을 중단했을 때).

23. drop the line of cassette players(카세트 플레이어 라인의 생산중단)

no alternative use for the facilities(대체적인 시설사용안은 없다)

24. available capacity to produce(생산을 위해 이용가능한 시설)

25. all conditions remained unchanged(모든 조건이 변화하지 않는다).

26. makes 20,000 units of a certain part(20,000단위의 부품제조)

total cost to make the part(부품제조총원가)

$20 per unit including $15 in variable costs(변동원가 $15 포함하여 단위당 $20)

$5 in fixed overhead applied(고정제조간접비 배부액 = $5)

buys the part from Bricker(브릭커사로부터 부품구매)

relevant costs to make the part total(부품제조를 위한 총 원가)

27. special order for 2,000 units at a price of $6(가격=$6의 특별주문 2,000단위)
budgeted for 20,000 units(2,000단위의 예산)
without considering the special order(특별주문을 고려하지 않고)
$20,000 of fixed manufacturing cost(고정제조원가=$20,000)
*Joint cost of production is $80,000(결합생산원가=$80,000).
sold at split-off for $20(분리점판매가격=$20)
processed further at an additional cost of $20,000(추가원가=$20,000로 추가 가공).

28. increase or decrease in income(순이익 증가 혹은 감소액)
instead of selling it at split-off(분리점에서 판매하는 대신)

29. increase or decrease in company income(회상이익의 증가 혹은 감소액)

제13장 연습문제 용어정리

1. major influence(주요 영향요인)
general outlook(일반적 전망)
customer demand(고객수요)
competitors(경쟁업자)
political issues(정치적 문제)

2. objectives of a pricing policy(가격정책의 목적)
mximizing profits(이윤극대화)
gaining market share(시장점유율의 획득)
being manager driven(경영자지향)
minimum rate of ROI(최소한의 투자수익률
setting socially responsible prices(사회적으로 책임 있는 가격의 설정)

3. micro-economic theory(미시경제학이론)
difference of revenue and cost(수익과 원가의 차이)
break-even points(손익분기점)

slope of the total revenue line(총 수익선의 기울기)
slope of the total cost line(총 원가선의 기울기)
declines and curves toward the right(우하향하다)

4. profit margin(매출이익)
marginal revenue equals marginal cost(한계수익＝한계원가)
Marginal revenue is less than marginal cost(한계수익 〈 한계원가).
Marginal revenue is greater than marginal cost(한계수익 〉 한계원가).

5. demand curve(수요곡선)
total revenue curve(총 수익곡선)
marginal revenue curve(한계수익곡선)
average revenue curve(평균수익곡선)
marginal cost curve(한계비용곡선)
profit curve(효익곡선)

6. sales price and quantity sold(매출가격과 판매수량)

7. changes in total revenue(총 수익의 변화)
accompanies a change in quantity sold(매출수량의 변화에 따라)
average price(평균가격)
at which any particular quantity(일정한 수량의 판매가 가능한)

8. price elasticity(가격탄력성)
impact of price changes on sales volume(판매량의 변화에 따른 가격의 영향)
negative impaction(부(-)의 영향)

9. cost-plus pricing formula(원가가산 가격결정공식)
markup percentage(이익가산율)

10. markup percentage on total cost(총 원가기준 가격결정모형의 이익가산율)
target profit(목표이익)
annual volume(연간생산량)

11. target costing(목표원가계산)
minimum desired profit(최소한의 기대이익)

product's potential for success(제품의 성공가능성)
committing resources to its production(생산자원에 대한 한정된 자원)

12. transfer prices(대체가격)
decentralized companies(분권화된 회사)
Countries whose currencies are different(통화가 서로 다른 국가).

13. average invested capital(평균투하자본)
target ROI(목표투자수익률)

14. target profit(목표이익)
annual volume(연간 생산량)
total annual fixed cost(연간 총 고정원가)
total variable cost per unit(단위당 총 변동원가)
markup percentage on total variable cost(총 변동원가기준 가격결정모형 이익가산율)

15. variable manufacturing cost(변동제조원가)
applied fixed manufacturing cost(고정제조원가 배부액)
variable selling and administrative cost(변동판매비와 일반관리비)
allocated fixed selling and administrative cost(고정판매비와 일반관리비 배부액)

16. cost-plus pricing based upon(…기준의 원가가산 가격결정방법)

17. charge price(가격을 책정하다)
based upon absorption cost(전부원가기준으로)

18. cost-plus pricing based upon total cost(총 원가기준의 원가가산 가격결정방법)
* current plans call for production and sale(현재의 계획생산판매량)
average amount of capital invested(평균투하자본)
target return investment for the line(그 생산라인에 대한 목표투자이윤율).

19. cost-plus pricing based on total cost(총 원가기준의 원가가산 가격결정방법)

20. cost-plus pricing based on absorption cost(전부원가기준 원가가산 가격결정방법)
percentage the company must use(회사에서 사용해야 하는 이익가산율)

21. pricing based on total variable cost(총 변동원가기준 가격결정)

22. pricing based on variable manufacturing cost(변동제조원가기준 가격결정)

23. desired profit(기대이익)
markup percentage by gross margin pricing(총 이익가격결정의 이익가산율)

24. gross margin based price(총 이익기준가격)

25. return on assets(이용자산이익률)

26. return on assets based price(이용자산이익률 기준가격)

제14장 연습문제 용어정리

1. capital budgeting decisions(자본예산 의사결정)
short-term cash savings(단기적인 현금절약액)
cost control(원가관리)
cost analysis(원가분석)
specific projects(특수한 프로젝트)
general long-term plans(일반적인 장기계획)

2. evaluating a capital investment proposal(자본적 투자제안서의 평가)
residual value of the new capital asset(신자본자산에 대한 잔여가치)
book value of capital asset being replaced(대체되어지는 자본자산의 장부가치)
net cash flows from the proposal(제안서상의 순현금흐름)
cost savings from the proposal(제안서상의 원가절약액)

3. annual net cash inflows(연간 순현금유입액)
annual cash outflows(연간 현금유출액)
amount of capital investment(자본투자액)
annual revenues minus expenses(연간 수익 – 연간 비용)
total depreciation expense(총 감가상각비)

4. time value of money(화폐의 시간가치)
cost analysis(원가분석)

capital budgeting decisions(자본예산결정)
ranking decisions(의사결정 순위결정)
annuity decisions(연금의사결정)
project planning(프로젝트의 계획)

5. use of future value to calculate the present value(현재가치 계산하기 위한 미래가치의 사용)
compounding(복리계산)
annuity method(연금방법)
discounting(할인)
present cost approach(현재가치접근법)
indexing(색인)

6. a series of equivalent cash flows(일련의 동등한 현금흐름)
accretion(자연증가)
payback(회수)
accrual(발생)
accumulation(충당금)
annuity(연금)

7. accounting rate-of-return(회계이익률)
average investment cost(평균투자액)
average annual net income from investment(투자로부터의 연간 평균순이익)
average cash flows(투자로부터의 평균현금유출액)
average investment cost(평균투자액)

8. net-present-value analysis(순현가분석)
discount rate(할인율)
net present rate(순현가율)
hurdle rate(장애율)
minimal value(최소가치)
net rate value(순비율가치)
objected rate of return(목표이익률)

9. net-present-value method(순현가법)

internal rate of return method(내부수익률법)
periodic depreciation charges(기간별 감가상각료)
annuity discount factors(연금할인요소)
weighted average costs(가중평균원가)
total acquisition costs(총 취득원가)

10. Flexible Manufacturing System(유연생산시스템(FMS))
minimum desired rate of return(최소한의 기대이익률)
additional revenue annually(연간 추가이익예상액)
annual cash operating costs(연간 현금운영비)
accounting rate-of-return method(회계이익률법)
expected rate of return from the proposed FMS purchase(제안된 FMS 구입으로 기대되는 이익률)

11. payback period method(회수기간법)
expected payback period for the proposed FMS purchase(제안된 FMS 구매의 예상되는 회수기간)

12. present value of net inflow money(순현금유입액의 현재가치)

13. expected net present value of the proposed FMS purchase(제안된 FMS 구매의 예상되는 순현가)
positive net present value(정(+)의 순현가)
negative net present value(부(-)의 순현가)

14. principal amount(원금)
rate of interest(이자율)
time in years(내용연수)

15. utilizing the tables on Appendix(부록표를 사용하여)
accumulate to what amount at the end of five years(5년 말에 총 적립액)

16. amount of money invested today in order to have $25,000 at the end of four years(4년 말에 $25,000을 가지기 위한 오늘의 투자액)

17. withdraw $5,000 at the end of each year(매년 말 $5,000씩 인출하다)

18. amount of money that will be accumulated at the end of the three years(3년 말에 축적될 현금의 액수)

19. expected to generate annual revenue of $8,000(수익증가예상액=$8,000)
required rate of return(요구되는 이윤율)
net present value of the machine investment(신기계투자에 대한 순현가)

20. internal rate of return(내부수익률)
Internal rate of return is greater than 12%(내부수익률 〉 12%).
Internal rate of return is less than 10%(내부수익률 〈 10%).
insufficient information to make any comments(언급할 만한 불충분한 정보)

21. purchase of a computer system(컴퓨터시스템의 구매)
to automate the city's tax collections(세금징수를 자동화하기 위하여)
estimated life of five years(내용연수=5년)
10% discount rate(10%의 할인율)

22. Net present value at 12% is positive(순현가가 정의 12%).

23. save $20,000 annually over its estimated four-year life(내용연수 4년 동안 $20,000의 현금절감)

24. estimated annual savings of $15,000(연간 비용절감예상액=$15,000)

25. addition of a new product line(새로운 제품라인의 추가)
initial capital outlay of $70,000($70,000의 최초자본지출)
ignoring income taxes(법인세를 무시하고)
hurdle rate(장애율)

26. purchase of a new machine to replace an old machine(구 기계를 대체할 신기계의 구매)
current period cash flows(현 회계기간의 현금흐름)
purchase price(구입가격)
accumulated depreciation after four years(4년 후 감가상각충당금 잔액)
current disposal value(현재의 처분가치)
estimated disposal value after four years(4년 후의 처분가치)

annual operating costs(연간 운영비)

27. cash flows at the end of four year(4년 말에 있어서의 현금흐름)

28. hurdle rate(장애율)

29. net present value of the new machine(신기계의 순현가)

제15장 연습문제 용어정리

1. Just-In-Time operations(적시운영체제)
quality and continuous improvement(품질 및 계속적인 개선)
maintaining inventory levels(재고자산수준의 유지)
activity based costing(활동기준 원가계산)

2. elements of JIT philosopies(적시운영철학의 요소)
minimum inventory levels(최소한의 재고자산수준)
in smaller lot sizes(보다 소량단위로)
inexpensive costs(저렴한 원가)
large space & money(넓은 공간과 많은 자금)

3. backflush costing system(역류원가계산 시스템)
be first charged to(…에 최초로 기입한다)
materials inventory account(재료계정)
finished goods inventory account(제품계정)
cost of goods sold account(매출원가계정)
work in process inventory account(재공품계정)

4. similar in these concepts(…한 개념의 측면에서 유사하다)
accurate product costs(정확한 제품원가)
reduce or eliminate(감소 혹은 제거)
non-value-adding activitie(비부가가치활동)
improve the allocation resource(자원배분을 개선하다)
improve product quality & efficiency(제품의 품질과 효율을 개선하다)

5. traditional costing system(전통적 원가계산시스템)
direct materials that arrive at the factory(공장에 도달한 직접재료)

6. key feature of the JIT system(적시운영시스템의 주요 특징)
rigid facilities and unskilled workers(고정된 시설과 미숙련노동자)
smooth uniform production rate(유연하고 일관된 생산율)
total quality control(통합품질관리)
setups of production machinery(생산기계의 설치)
pull method of coordinating steps(생산단계의 풀제도)

7. each manufacturing stage(각 제조단계)
As they are needed at the next stage(다음 단계에서 필요로 하는 때).
reduces work in process inventory(재공품의 주준을 감소시킨다)
reduces waiting time(대기시간을 감소시킨다)
non-value-added cost(비부가가치원가)

8. Materials are purchased and goods are produced(재료구매와 제품생산).
only as required(꼭 필요로 하는 때)
highly-skilled employees(고도로 숙련된 종업원)
single tasks(단일업무)
by small lot sizes(소량단위로)

9. often accompanies(자주 함께 진행된다)
routine equipment maintenance(정례화된 장비정비)
reduce or eliminate the inventory of raw materials(재료를 감소시키거나 제거)
increasing the inventory of finished goods(제품의 증가)
atmosphere of continuous improvement(지속적인 개선분위기)
grouped into a cellular configuration(세포질의 배열로 그룹화)

10. conventional purchasing systems(전통적 구매시스템)
quality control by the supplier(공급업자에 의한 품질관리)
adherence to delivery schedules(배달스케줄을 고수하다)
dropped or added more quickly(보다 신속한 탈락 혹은 추가)

11. conversion costs(전환원가 혹은 가공원가)

12. is to debit(차변에 기입한다)
to credit accounts payable(미지급금계정의 대변에 기입한다)

13. total applied conversion costs(전환원가 배부총액)

14. Which of the following statements regarding JIT costing is not true?
less expensive approach(비용이 덜 드는 방법)
detailed information(보다 상세한 정보)
cost-benefit decision(원가효익 의사결정)
Inventories are kept low(재고자산수준을 낮게 유지한다).

15. A typical JIT costing system can also be called a :
hybrid costing system(개선된 원가계산)
backflush costing system(역류원가계산 시스템)
operation costing system(운영원가계산 시스템)
process cost system(종합원가계산 시스템)

16. product's life cycle(제품수명주기)
product planning(제품의 계획화)
preliminary design(예비디자인)
distribution and customer service(분배 및 고객서비스)

17. at a cost that will enable the firm to make a profit(회사가 이익이 가능한 원가로)
estimated market-driven price(예정 시장지향가격)

18. The process of cost reduction(원가절감의 과정)
during the manufacturing phase(제조단계중의)

19. eliminate waste(낭비요소의 제거)
reduce response time(반응시간)
abolish slack time(느슨한 시간을 폐지하다)
improve quality and customer service(품질 및 고객서비스의 개선)

20. product life cycle costing(제품수명주기 원가계산)
accumulation of costs for activities(활동원가의 집적)
process of product design and logistics(제품설계 및 물류과정)

21. non-financial measure(비재무적 측정치)
inventory turnover rate(재고자산회전률)
number of warranty claims(보증청구의 횟수)
vendor delivery data(공급자의 배달자료)
number of customer complaints(고객에 대한 불만제기 횟수)

22. acceptance of order(주문의 승낙)
delivery time(배달시간)
purchase order time(구매주문시간)
production cycle time(생산주기)
delivery cycle time(배달주기)

23. product testing costs(제품검사비)
product warranty claims(제품보증청구비)
scrap and rework costs(파손품 및 재작업비)
product engineering design costs(제품공학적 설비비)
employee training costs(종업원훈련비)
product simulation costs(제품시뮤레이션비)

24. total quality costs of non-conformance(총 비합치품질원가)

국문색인

〈ㄱ〉

가격결정 430
가격정책 431
가공원가 40
가중평균 공헌이익 206
가치사슬원가 계산 513
간접원가 37
개별원가계산 46
결합원가 53
결합원가계산 53
결합제품 416
경영의사결정 396
경제적 모형 394
경제적 부가가치 378
경제적 주문량 261
계단식 원가 39
계속예산 226
계정분류법 159
계정분석법 159
고객관점 335
고저점법 161
고정원가 39
고정제조간접비차이 297
공통원가 356
공헌이익 186
공헌이익률 188
공헌이익법 195
공헌접근법 81
관련범위 157
관련원가 405
관련원가분석법 406
관련효익 405
관리회계 8
구매비용 260
균형성과표 329
기능적 접근법 81
기준조업도 297
기준표준원가 286
기초원가 41
기회원가 407

〈ㄴ〉

내부실패원가 527
내부이익률법 479
내부프로세스관점 336
능률차이 293

〈ㄷ〉

단위관련활동 122
단위당 공헌이익 186
달성가능 표준원가 287
당좌표준원가 286
대체가격 448
도표법 196
등식법 194

〈ㅁ〉

매몰원가 407
매출배합 206
매출배합차이 373
매출수량차이 373
매출액영업이익률 375
매출조업도차이 371
목적비용 35
목측법 165
목표원가계산 444
목표이익 197
민감도분석 200

〈ㅂ〉

배합 303
배합차이 303
뱃치관련활동 122
변동원가 38
변동원가계산 76
변동제조간접비차이 295
보간법 479
부가가치활동 128
부가원가 35
부문 353
부문경영자 공헌이익 357
부문공헌이익 357
부문별 손익계산서 358
부문보고서 358
부문수익력 413
분권화조직 321
분리점 53
불리한 차이 287
비부가가치활동 128
비용 35

〈ㅅ〉

4분법 299
산포도법 165
3분법 300
상류원가 513
상층흡수가격 전략 443
생산예산 232
설비유지활동 123
성과평가 328
소비차이 295
손익분기점 193
수요곡선 434
수율 303
수율차이 303
수익성지수법 486
수익중심점 326
순소요량 271
순현가법 477
시가대체가격 449
시장침투가격 전략 444
CVP분석 183

〈ㅇ〉

아웃소싱 412
안전재고 265
안전한계 204
ABC 관리법 267
역류원가계산 510
영업레버리지 지수 191
영업레버지리 191
예방원가 526
예산 222
예산대차대조표 243
예산손익계산서 242

예산재무제표 226
예산차이 297
예산편성 222
예산편성시스템 222
완성품환산량 54
완전표준원가 286
외부실패원가 527
운영예산 226
원가 34
원가가산 대체가격 449
원가구조 189
원가대상 120
원가동인 121
원가중심점 325
원가차이분석 287
원가추정 156
원가행태 156
유리한 차이 287
이론적 표준원가 286
2분법 301
이상적 표준원가 286
이용자산이익률기준 가격결정 439
이익중심점 327
임률차이 293

〈ㅈ〉

자본비용예산 239
자본예산 467
자본투자 의사결정 467
자산회전율 375
자원 120
자원동인 120
자재소요계획 270
잔여이익 376
재고관리 259
재고부족비용 260
재고유지비용 259
재무예산 226
재무적 관점 338
재무회계 8
재주문점 264
적시운영시스템 504
전부원가계산 81
전사적 품질관리 507
전통적 원가계산 81
전환원가 41
정상적 표준원가 286
제조간접비예산 236
제조간접비차이 295
제조원가 36
제조원가예산 237
제품믹스 의사결정 415
제품수명주기 보고서 524
제품수명주기 예산편성 523
제품수명주기 원가계산 515
제품유지활동 123
제한원가 445
조달기간 264
조업도기준 원가계산 115
조업도차이 298
종합예산 226
종합원가계산 46
주문비용 259
준고정원가 39
준변동원가 39
중성비용 35
증분접근법 409
직접노무비예산 235

직접노무비차이 293
직접원가 37
직접원가계산 82
직접재료비 가격차이 289
직접재료비 수량차이 291
직접재료비예산 233
직접재료비차이 289
집권화조직 321

〈ㅊ〉

차액접근법 409
책임중심점 323
책임회계 322
총 비용곡선 435
총 수익곡선 434
총 이익기준 가격결정방법 437
총액접근법 408
총 원가 36
최소자승기준 166
최저필수수익률 377
추후납품비용 260

〈ㅌ〉

투자수익률 374
투자의사결정 469
투자중심점 327
특별주문 410

〈ㅍ〉

판매 혹은 추가가공 의사결정 416
판매가격차이 371
판매관리비예산 238
판매예산 230
평가원가 527
표준 284
표준가격 284
표준수량 284
표준원가계산 시스템 284
품절비용 260
품질원가 525
PV 도표 184

〈ㅎ〉

하류원가 513
학습 및 성장 관점 336
학습곡선 170
학습효과 170
한계비용 437
한계수익곡선 434
할인현금흐름 470
할인현금흐름 분석 477
현금예산 240
현실적 표준원가 287
협의대체가격 451
혼합원가 39
활동 120
활동기준관리 135
활동기준 원가계산 112
활동분석 128
활동원가 122
회계 7
회계적 모형 394
회계적 이익률법 481
회귀분석법 166
회수기간법 480
흡수원가계산 81

영문색인

〈A〉

ABC control method 267
absorption costing 81
account analysis method 159
account classification 159
accounting 7
accounting model 394
accounting rate of return 481
activity 120
activity analysis 128
Activity Based Costing : ABC 112
Activity Based Management : ABM 135
activity driver 122
actual standard cost 287
appraisal costs 527
asset turn over 375

〈B〉

backflush costing 510
backlogging cost 260
Balanced Score Card : BSC 329
basic standard cost 286
batch level activity 122
Break Even Point : BEP 193
budget 222
budget variance 297
budgeted balance sheet 243
budgeted financial statement 226
budgeted income statement 242
budgeting 222
budgeting system 222

〈C〉

capital budgeting 467
capital expenditures budget 239
capital investment decision 467
cash budget 240
centralized organization 321
committed cost 445
common costs 356
continuous budget 226
contribution margin 186
contribution margin method 195
contribution margin per unit 186
contribution margin ratio 188
contributional approach 81
conversion cost 41
cost 34
cost behavior 156
cost center 325
cost driver 121
cost estimation 156
cost object 120
cost of goods manufactured budget 237
cost-plus transfer price 449
cost structure 189

cost variance analysis 287
Cost Volume Profit(CVP) analysis 183
current standard cost 286
currently attainable cost 287
customer perspectives 335

〈D〉

decentralized organization 321
demand curve 434
differential analysis 409
direct cost 37
direct costing 82
direct labor budget 235
direct labor variance 293
direct materials budget 233
direct material price variance 289
direct material quantity variance 291
direct material variance 289
discounted cash flow 470
discounted cash flow analysis 477
down-stream cost 513

〈E〉

economic model 394
Economic Order Quantity : EOQ 261
Economic Value Added : EVA 378
efficiency variance 293
equation method 194
equivalent unit 54
expense 35
external failure costs 527

〈F〉

facility level activity 123
favorable variance 287
financial accounting 8
financial budget 226
financial perspectives 338
fixed cost 39
fixed overhead variance 297
four-way analysis 299
full costing 81
functional approach 81

〈G〉

graphical method 196
gross margin based pricing 437

〈H〉

high-low method 161

〈I〉

ideal standard cost 286
imputed cost 35
incremental approach 409
indirect cost 37
internal business process perspectives 336
internal failure costs 527
internal rate of return 479
interpolation 479
inventory holding cost 259
inventory management 259
inventory shortage cost 260
investment center 327
investment decision 469

〈J〉

job-order costing 46
joint cost 53
joint costing 53
joint products 416
just in time system 504

〈L〉

lead time 264
learning and growth perspectives 337
learning curve 170
learning effect 170
least-square regression method 166
least-squares criterion 166

〈M〉

managerial accounting 8
managerial decision making 396
manufacturing cost 36
manufacturing overhead budget 236
marginal cost 437
marginal revenue curve 434
market transfer price 449
master budget 226
Material Requirement Planning : MRP 270
minimum required return 377
mix 303
mix variance 303
mixed cost 39

〈N〉

negotiated transfer price 451
net material requirement 271
Net Present Value : NPV 477
neutral expense 35
non-value added activity 128
normal standard cost 286

〈O〉

operating budget 226
operating leverage 191
operating leverage factor 191
opportunity cost 407
ordering cost 259
outsourcing 412
overhead variance 295

〈P〉

payback period 480
penetration pricing 444
perfect standard cost 286
performance measurement 328
prevention costs 526
price standard 284
pricing 430
pricing policy 431
prime cost 40
process costing 46
product life cycle budgeting 523
product life cycle costing 515
product life cycle report 524
product mix decision 415
product sustaining level activity 123
production budget 232
profit center 327
profit margin 375
Profit Volume graph 184

Profitability Index : PI 486
purchase cost 260
purposive expense 35

〈Q〉

quality cost 525
quantity standard 284

〈R〉

rate variance 293
relevant benefit 405
relevant cost 405
relevant cost analysis 406
relevant range 157
reorder point 264
residual income 376
resource 120
resource driver 120
responsibility accounting 322
responsibility center 323
return on assets pricing 439
Return On Investment : ROI 374
revenue center 326
rolling budget 226

〈S〉

safety margin 204
safety stock 265
sales mix 206
sales budget 230
sales mix variance 373
sales price variance 371
sales quantity variance 373
sales volume variance 371
scatter diagram method 165
segment 353
segment profitability 413
segment report 358
segmented contribution margin 357
segmented income statement 358
sell or process-further decision 416
selling and administrative expense budget 238
semi-fixed cost 39
semi-variable cost 39
sensitivity analysis 200
skimming pricing 443
special order 410
spending variance 295
split off point 53
standard 284
standard cost system 284
step cost 39
stockout cost 260
sunk cost 407

〈T〉

target costing 444
target profit 197
theoretical standard cost 286
three-way analysis 300
total cost 36
total cost approach 408
total cost curve 435
Total Quality Control : TQC 507
total revenue curve 434
traditional costing 81
transfer price 448

two-way analysis 301

〈U〉

unfavorable variance 287
unit level activity 122
up-stream cost 513

〈V〉

value added activity 128
value chain costing 513
variable cost 38
variable costing 76
variable overhead variance 295
visual fit method 165
Volume Based Costing : VBC 115
volume variance 298

〈W〉

weighted average unit contribution margin 206

〈Y〉

yield 303
yield variance 303

〈공저자 소개〉

김 명 희

경희대학교 경영학 박사
미국 일리노이대학교 회계학과 객원교수
한국경영교육학회 회장
원광대학교 경상대학장
원광대학교 교학처장
원광대학교 입학처장
현재 원광대학교 경영학부 교수

저서 및 논문

원가회계론
원가정보의 이해와 이용
경제적 의사결정
물가변동회계에 관한 연구
물류원가의 분류와 한국기업의 물류합리화 과제 외 다수

허 동 욱

원광대학교 경영학 박사
원광대학교 겸임교수
(주)해양산업 지원팀장
한국경영교육학회 이사
한국국제회계학회 이사
현재 호원대학교 겸임교수

저서 및 논문

The Factors Affecting Customer Relationship Management System Performance
보험회사 산업별 CRM 시스템의 경영성과에 관한 연구
균형성과표의 성과지표간 인과관계분석 외 다수

김 준 호

원광대학교 경영학 박사
원광대학교 강의전담교수
한국경영교육학회 이사
한국회계정보학회 이사
현재 원광대학교 경영학부 강의전담교수

저서 및 논문

회계원리
On-Off-Line 병행의 회계교육모형 연구
CRM 특성이 활용성과에 미치는 영향에 있어 고객지향성의 매개효과
BSC를 이용한 ERP 시스템이 경영성과에 미치는 영향에 관한 연구

경영관리를 위한 회계정보의 이해

2007年 8月 5日 初版印刷
2007年 8月 15日 初版發行

共著者 김명희 · 허동욱 · 김준호
發行人 安 鍾 萬
發行處 博 英 社
서울特別市 鍾路區 平洞 13-31番地
電話 (733) 6771 FAX (736) 4818
登錄 1952. 11. 18. 제1-171호(倫)

www.pakyoungsa.co.kr e-mail: pys@pakyoungsa.co.kr

定 價 30,000원 ISBN 978-89-10-30649-8